Teubner Studienbücher
der Geographie – *Regional*

B. Wiese
Afrika. Ressourcen Wirtschaft Entwicklung

Teubner Studienbücher der Geographie – *Regional*

Band 1

Herausgegeben von

Prof. Dr. W. D. Blümel, Stuttgart
Prof. Dr. Ch. Borcherdt, Stuttgart
Prof. Dr. E. Löffler, Saarbrücken
Prof. Dr. Dr. h. c. E. Wirth, Erlangen

Die Studienbücher der Geographie wollen wichtige Teilgebiete, Probleme und Methoden des Faches sowie ausgewählte Großregionen und Länder zur Darstellung bringen. Dabei wird die herkömmliche Systematik der Allgemeinen und der Regionalen Geographie allenfalls als ordnendes Prinzip verstanden. Über Teildisziplinen hinweggreifende Fragestellungen sollen die vielseitigen Verknüpfungen der Problemkreise wenigstens andeutungsweise sichtbar machen. Je nach der Thematik oder dem Forschungsstand werden einige Sachgebiete in theoretischer Analyse oder in weltweiten Übersichten, andere hingegen in räumlicher Einschränkung behandelt. Der Umfang der Studienbücher schließt ein Streben nach Vollständigkeit bei der Behandlung der einzelnen Themen aus. Den Herausgebern liegt besonders daran, übergreifende Zusammenhänge, Problemstellungen und Denkansätze deutlich werden zu lassen. Großer Wert wird deshalb auf didaktische Verarbeitung sowie klare und verständliche Darstellung gelegt. Die Reihe dient den Studierenden zum ergänzenden Eigenstudium, den Lehrern des Faches zur Fortbildung und den an Einzelthemen oder bestimmten Großregionen interessierten Angehörigen anderer Fächer zur Einführung in Teilgebiete der Geographie.

Afrika

Ressourcen, Wirtschaft, Entwicklung

Von Dr. rer. nat. Bernd Wiese
Apl. Professor für Geographie an der Universität zu Köln

Mit 62 Abbildungen und 16 Tabellen

B. G. Teubner Stuttgart 1997

Dr. Bernd Wiese, apl. Prof. für Geographie

1959–1964 Studium der Geographie, Geologie, Germanistik und Kunstgeschichte an den Universitäten Köln und Bonn. 1964 Staatsexamen, 1968 Promotion, 1977 Habilitation in Köln. Seit 1965 Afrikaforschung: Wissenschaftlicher Mitarbeiter am Afrika-Kartenwerk der Deutschen Forschungsgemeinschaft, 1970–1972 Dozent an der Nationaluniversität Zaire, anschließend zahlreiche Forschungs- und Vortragsreisen in West-, Zentral- und Südafrika. Seit 1988 Berater/Gutachter für Entwicklungszusammenarbeit, Ausweitung des Tätigkeitsfeldes auf Nord- und Ostafrika. Lehrtätigkeit mit Schwerpunkt Geographie Afrikas und Entwicklungsforschung an den Universitäten Erlangen, Köln, Mainz, Paderborn, Würzburg.

Die Deutsche Bibliothek – CIP-Einheitsaufnahme

Wiese, Bernd:
Afrika : Ressourcen, Wirtschaft, Entwicklung / von Bernd Wiese.
Stuttgart : Teubner, 1997
    (Teubner Studienbücher der Geographie – Regional ; Bd. 1)
    ISBN 3-519-03460-3
NE: GT

© B. G. Teubner Stuttgart 1997

Printed in Germany
Gesamtherstellung: W. Röck GmbH, Weinsberg
Einbandgestaltung: Peter Pfitz, Stuttgart

Vorwort

Der Verfasser kann auf eine über zwanzigjährige Forschungs- und Lehrtätigkeit in Afrika zurückgreifen, die sich in zahlreichen Veröffentlichungen niedergeschlagen hat (z.B. länderkundliche Darstellungen von Zaire 1980, Südafrika 1980, Elfenbeinküste/Côte d'Ivoire 1988, Senegal 1995). Die Abwägung zwischen dem negativen Bild des Kontinentes in unseren Medien und den mindestens auf lokaler und regionaler Ebene erzielten Entwicklungserfolgen verlangt anhaltende Kontakte und Diskussionen mit afrikanischen Partnern, um ein sachlich-entwicklungsorientiertes Bild des Kontinentes zu zeichnen. Zu dieser Zielsetzung tragen auch die Erfahrungen bei, die der Verfasser seit 1988 im Rahmen seiner Beratertätigkeit für die deutsche Technische Zusammenarbeit in Ländern Afrikas sammeln konnte.

Die vorliegende Darstellung wäre ohne die Gespräche mit zahlreichen Kollegen in Deutschland, Frankreich und unterschiedlichen Ländern Afrikas nicht entstanden. Die Anregungen der Studentinnen und Studenten auf Afrikaexkursionen, in Vorlesungen und Seminaren trugen entscheidend zur Konzeption, Auswahl und Gliederung des Stoffes bei.

Dieses Buch bemüht sich um eine fundierte Sachinformation und trägt zu einer ausgewogenen Urteilsbildung über den afrikanischen Kontinent bei, der eine Schwerpunktregion der deutschen Entwicklungszusammenarbeit darstellt. Für die Studierenden der Geographie bzw. der Afrika-Kunde ist es eine solide Grundlage für das Eigenstudium, den Lehrern bietet es die Möglichkeit zur Fortbildung; entwicklungspolitisch Interessierten und Engagierten vermittelt es Hintergrundwissen, Problemstellungen und Lösungsansätze.

Der Dank des Verfassers gilt
den Herausgebern, Prof. Dr. Eugen Wirth, Erlangen (federführender Herausgeber), und Prof. Dr. Ernst Löffler, Saarbrücken,
dem Schreibbüro für technisch-wissenschaftliche Textverarbeitung,
    Schäfer & Kosubek, Frechen, für Satz und Layout,
Herrn Peter Cuber, Herrn Manfred Vierschilling und Frau Dorothea Wiktorin, Köln, für die kartographischen Arbeiten.

Bernd Wiese   Köln, im August 1996

Inhalt

Verzeichnis der Abbildungen

10   Verzeichnis der Abbildungen

Verzeichnis der Tabellen

Abkürzungen

AfDB	African Development Bank
AKP	Afrikanische, Karibische und Pazifische Vertragstaaten des Lomé-Abkommens mit der EU
ANC	African National Congress
ASS	Afrika südlich der Sahara
BDI	Bundesverband der Deutschen Industrie
BfAi	Bundesstelle für Außenhandelsinformation
BIP	Bruttoinlandprodukt
BMZ	Bundesministerium für wirtschaftliche Zusammenarbeit und Entwicklung
BSP	Bruttosozialprodukt
CEDAO	→ ECOWAS
CILSS	Comité Permanent Inter-Etats de Lutte contre la Sécheresse dans le Sahel/ Zwischenstaatliches Komitee für den Kampf gegen die Dürre in der Sahelzone
CIPEC	Rat der kupferexportierenden Länder
DED	Deutscher Entwicklungsdienst
DEG	Deutsche Investions- und Entwicklungsgesellschaft
DIE	Deutsches Institut für Entwicklungspolitik
DIHT	Deutscher Industrie- und Handelstag
DRK	Deutsches Rotes Kreuz
DSE	Deutsche Stiftung für internationale Entwicklung
DWHH	Deutsche Welthungerhilfe
ECA	United Nations Economic Commission for Africa
ECOWAS	Economic Community of West African States
EEF	Europäischer Entwicklungsfonds
EU	Europäische Union
EZ	Entwicklungszusammenarbeit
FAO	Food and Agricultural Organisation of the United Nations
FCFA	Franc de la Communauté Financìere Africaine
FLS	Frontlinienstaat
FZ	Finanzielle Zusammenarbeit
GATT	General Agreement on Tariffs and Trade
GUS	Gemeinschaft Unabhängiger Staaten
GTZ	Gesellschaft für Technische Zusammenarbeit
HDI	Human Development Index

HDW	Handbuch der Dritten Welt
IFAD	International Fund for Agricultural Development
IGADD	Intergovernmental Authority on Drought and Development
ILCA	International Livestock Centre for Africa
ILO	International Labour Organsation
IWF	Internationaler Währungsfonds
ITC	Innertropische Konvergenzzone
KfW	Kreditanstalt für Wiederaufbau
LDC	Least Developed Countries
MERCOSUR	Mercado Comun de los Paises del Cono Sur/Gemeinsamer Markt der Länder Argentinien, Brasilien, Paraguay und Uruguay
NAFTA	North American Free Trade Agreement
NGO	Non-Governmental Organisation
NIC	Newly Industrializing Countries/Schwellenländer
OAU	Organization for African Unity
ODA	Official Development Assistance
OECD	Organisation for Economic Cooperation and Development
OPEC	Organisation of Petroleum Exporting Countries
PTA	Preferential Trade Area for Eastern and Southern African States
SACU	Southern African Customs Union
SADC	Southern African Development Community
STABEX	Stabilisation of Export earnings from agricultural commodities (Lomé-Abkommen)
SYSMIN	Special financial facility for Mining products (Lomé-Abkommen)
TNC	Transnational Corporation/Transnationaler Konzern, "Multi"
TZ	Technische Zusammenarbeit
UDEAC	Union Douanière et Economique de l'Afrique Centrale/Zoll- und Wirtschaftsunion von Zentralafrika
UMA	Union du Maghreb Arabe
UN	United Nations
UNCED	UN Conference on Environment and Development
UNDP	UN Development Programme
UNEP	UN Environment Programme

UNESCO	UN Educational, Scientific and Cultural Organisation
UNHCR	UN High Commissioner for Refugees
UNICEF	UN International Children's Emergency Fund
USAID	United States Agency for International Development
UVP	Umweltverträglichkeitsprüfung
WHO	World Health Organization
WTA	Welt-Textil-Abkommen
WTO	World Trade Organization

1 Einleitung

Eine Darstellung Afrikas aus der Perspektive geographischer Entwicklungsforschung im Rahmen eines Studien-Taschenbuches verlangt ein hohes Maß an Konzentration der Forschungsergebnisse, eine klare Gliederung und eine bewußte Schwerpunktbildung. Vergleicht man bisher vorgelegte Gesamtdarstellungen Afrikas in deutscher Sprache, so folgen die beiden Afrikabände in der Reihe HARMS Handbuch der Geographie (Bd. 1, 1983; Bd. 2, 1985) einem regionalen Gliederungsprinzip. Nur etwa ein Viertel des Gesamtumfangs ist Fragen der allgemeinen Geographie des Kontinents gewidmet, so daß kein systematischer Überblick über den Kontinent vermittelt wird; aktuelle Themen der Entwicklungszusammenarbeit sind kaum berücksichtigt. Einen regionalen Aufbau besitzen auch andere länderkundliche Standardwerke der Nachkriegszeit wie „Nordafrika" von MENSCHING oder „Afrika südlich der Sahara" von MANSHARD, im Rahmen des Bertelsmann Länderlexikons (1963). Die gleichen Autoren wählten für die Darstellung Nordafrikas und Vorderasiens (MENSCHING und WIRTH 1989) bzw. Afrikas südlich der Sahara (MANSHARD 1988) im Rahmen der „Fischer Länderkunde" dagegen thematische Schwerpunkte aus Bereichen der Kulturgeographie aus. MICHLER veröffentlichte 1991 die zweite Auflage seiner problemorientierten Darstellung „Weißbuch Afrika", eine führende entwicklungspolitische Darstellung Afrikas südlich der Sahara (ASS). Im Rahmen des „Handbuch der Dritten Welt" (HDW) erschienen die jüngsten länderübergreifenden bzw. länderspezifischen Darstellungen der Struktur- und Entwicklungsprobleme Afrikas (Bd. 4: Westafrika und Zentralafrika, 1993; Bd. 5: Ostafrika und Südafrika, 1993; Bd. 6: Nordafrika und Naher Osten, 1994).

Für ein Studien-Taschenbuch empfiehlt sich ein systematisches Vorgehen entsprechend den Sachgebieten der Allgemeinen Geographie, d.h. von den Teilgebieten der physischen Geographie bzw. der Darstellung der natürlichen Ressourcen über bevölkerungsgeographische Inhalte bis zu wirtschafts- und sozialgeographischen Themen. Die einzelnen Themenbereiche enthalten problemorientierte Unterkapitel mit einer betont entwicklungspolitischen Fragestellung. Eine komprimierte Darstellung der Strukturen, Entwicklungsprozesse und Perspektiven der einzelnen Regionen Afrikas ist angesichts der Differenzierung innerhalb des Kontinentes notwendig. Der Nachweis und die Diskussion von Lösungsansätzen endogener und exogener Konzeptionen für die Probleme des Kontinentes schließen das Studienbuch ab, um Perspektiven zu eröffnen.

2 Afrika als Problem- und Entwicklungskontinent

Der afrikanische Kontinent stellt einen der geographischen Schwerpunkte deutscher Entwicklungszusammenarbeit (EZ) dar. Auch nach der Vereinigung Deutschlands und dem Zusammenbruch des Ostblocks mit neuen Partnern der Entwicklungszusammenarbeit in den sogenannten Transformationsländern gehen jährlich ca. 40 % der deutschen bilateralen Entwicklungshilfe (1992/93: ca. 1,5 Mrd. DM) an Afrika südlich der Sahara (ASS); fast den gleichen Betrag stellt Deutschland über multilaterale Geberorganisationen wie Weltbank, Internationalen Währungsfonds (IWF) oder über die Europäische Union (EU) für ASS zur Verfügung. Fördermaßnahmen für die Landwirtschaft und für die Verkehrsinfrastruktur stehen dabei an der Spitze. Dies ist um so verständlicher, als die Volkswirtschaften der meisten Länder Afrikas von der Landwirtschaft abhängig sind und der überwiegende Teil der Bevölkerung von der Landwirtschaft lebt. Trotzdem stellen die prekäre Situation der Ernährungssicherung und episodische Hungersnöte in den Staaten der Sahelzone, in Äthiopien und ostafrikanischen Ländern einen Hauptproblemkreis der Entwicklung dar. Seine Lösung wird erschwert durch Umweltzerstörung, wie die fortschreitende Vernichtung von Tropenwald, durch Bodenerosion und Desertifikation. Immer akuter stellt sich die Frage nach der mittel- und langfristigen Sicherung der Energieversorgung in Afrika. Zirka 90 % der Bevölkerung im ländlichen Raum Tropisch-Afrikas decken ihren Energiebedarf aus Holz, und Erdöl stellt für zahlreiche Länder Nord-, West- und Zentralafrikas die Hauptdevisenquelle dar. Der Raubbau an regenerierbaren und nichtregenerierbaren Ressourcen, wie Wälder und Erdöl, ist so groß, daß die meisten Staaten Sicherungsprogramme einleiten müßten.

Die Befriedigung der Grundbedürfnisse, wie Ernährung, Erziehung, Wasserversorgung und Gesundheit, wird bei sehr niedrigen, z.T. sinkenden Pro-Kopf-Einkommen immer schwieriger: Afrika hat sich in den 70er und 80er Jahren zum „Armuts- und Krisenkontinent" entwickelt (MICHLER 1991). Spontane und geplante Rodungen vollziehen sich in allen Teilen Afrikas, um die landwirtschaftliche Produktionsfläche für Nahrungsmittel und Exportkulturen zu erhöhen. Die Staaten sind gezwungen, die landwirtschaftliche und/oder bergbauliche Produktion zu steigern, um höhere Deviseneinnahmen aus den Exporten zu erzielen, um die Schuldenkrise zu meistern. Eine Erhöhung der Exporterlöse wurde durch den Verfall der Rohstoffpreise, z.B. von Kaffee, Kakao, Phosphat und Eisenerz, auf dem Weltmarkt seit Mitte der 80er Jahre unmöglich. Hinzu kommt eine wachsende Konkurrenz durch Lieferländer aus Lateinamerika, Südostasien sowie dem ehemaligen Ostblock. Die Dauer der jüngsten Preissteigerungen auf den Weltrohstoffmärkten ist ungewiß.

Die wirtschaftlichen und sozialen Folgen der Schuldenkrise schlagen sich in einer zunehmenden Verarmung der ländlichen Bevölkerung und von Teilen der städtischen Mittelklasse nieder. Die „Brot-Unruhen" in Ägypten und Marokko sowie Arbeiter- und Studentenproteste in Senegal und Zaire weisen auf die innenpolitischen Konsequenzen der Verschuldung und sog. „Anpassungsprogramme" hin; die Demonstrationen sind auch Ausdruck einer wachsenden Frustration bei der Masse der Jugendlichen. Strukturanpassungsprogramme des IWF sollen durch Abwertung bisher überbewerteter Währungen (vgl. für den FCFA: KOHNERT 1994), durch den Abbau von Schutzzöllen und die Erleichterung von Importen zur Überwindung der Krise

Tab. 1: Afrika – Fakten Mitte der 90er Jahre

Fläche: 30,3 Mio. qkm; N-S-Erstreckung 8000 km, W-E (max.) 7500 km
Zweitgrößter Kontinent der Erde nach Eurasien, ca. 20 % der Festlandmassen

Bevölkerung: 748 Mio. (12 % der Weltbevölkerung; vgl. EU 346 Mio.)
Zuwachsrate: 2,8 %/Jahr (1995–2000), Verdoppelung in 22/25 Jahren; vgl. BRD: -0,2 %
Bevölkerungsreichster Staat: Nigeria (115 Mio.), vgl. BRD 81,8 Mio.
Verstädterungsrate: ca. 34 %, d.h. die meisten Menschen leben und arbeiten noch auf dem Lande,
und zwar ca. 70 % in der kleinbäuerlichen Landwirtschaft
Dominante Religionen: Christen ca. 40 %, Muslime ca. 40 %, Naturreligionen ca. 20 %

Entwicklungsindikatoren mit Erfolgen:
Säuglingssterblichkeit 1965/85: 152/115 pro 1000;
Einschulungsquote (Grundschule) 1965/85: 42/71 %
Ärztliche Versorgung 1965/85: 1 Arzt pro 37000 E./1 Arzt pro 23000 E. (vgl. BRD 1 Arzt pro 400 E.)

Entwicklungspolitische Gliederung und Situation:
52 Staaten (vgl.: UNO insgesamt 160 Staaten, davon 20 Industrieländer)
LDC-Entwicklungsländer: weltweit 42, davon 28 in Afrika
Nordafrika: 5 Staaten, ca. 6 Mio. qkm, ca. 125 Mio. E.
Afrika südlich der Sahara (ASS): 46 Staaten, 1 besetztes Land (Westsahara),
                                  24,5 Mio. qkm, ca. 623 Mio. E.
1960: „Jahr der Unabhängigkeit" (ca. 100 Jahre nach Südamerika)
Seit 1989/90 in ca. 40 Ländern Beginn des Demokratisierungsprozesses und der Umgestaltung der
Wirtschaft (mehr Privatinitiative, weniger staatlicher Dirigismus), 1994/95 wegen fehlender Stüt-
zung durch die westlichen Industrieländer z.T. bereits pervertiert (Angola, Kamerun, Kenia,
Ruanda, Togo, Zaire)
Pro-Kopf-Einkommen (ASS): 400 US$ (vgl. BRD: ca. 11000 US$),
Tendenz zu steigender Armut
Verschuldung ASS, 1993: ca. 175 Mrd. US$, d.h. gemessen an seiner Wirtschaftskraft ist ASS die
am höchsten verschuldete Region der Dritten Welt

Stellung im Weltaußenhandel:
Anteil an Weltexporten (in % des Wertes in Mio. US$):   ASS (ohne Südafrika) 1,2;
                                                        Deutschland 12

Anteil an Weltimporten (dito):   ASS (ohne Südafrika): 1,1;
                                                        Deutschland 9

90 bis 95 % der Exporte Afrikas sind Rohstoffe

Die afrikanische Misere:
Massenarmut, Bürgerkriege, Flüchtlingsströme, Hunger, Staatszerfall, Korruption, Schmuggel
Ursachen: „Erblasten aus der Kolonialzeit, hausgemachtes Versagen, internationale Einflüsse"
Gegenmaßnahmen:
Entmachtung der Alleinherrscher und Konfiszierung von Fluchtgeldern,
entschlossene Konfliktvermittlung,
abgestimmte zivile und militärische UN-Missionen,
Marshallpläne mit totaler Entschuldung für Länder auf wirklichem Demokratiekurs,
soziale Marktwirtschaft – im nationalen und internationalen Maßstab

nach Michler, in FOCUS 17/94, S. 231; Weltbevölkerungsbericht 1996

---

beitragen und mittelfristig eine positive Entwicklung einleiten, aber für die meisten
Länder Afrikas kann nur ein Schuldenerlaß wirkliche Entlastung bringen. Auf dem
Welt-Gipfeltreffen in Toronto am 9. Juni 1988 erklärte die Bundesrepublik Deutsch-
land Schuldenerlasse für sechs afrikanische Länder (Ghana, Madagaskar, Mosambik,
Sambia, Senegal, Zaire) in Höhe von 2,2 Mrd. DM; damit stieg der Schuldenerlaß für
Afrika insgesamt auf über 7 Mrd. DM an.

Die Industrialisierung, die z. B. im „Lagos Plan of Action" (1980) der OAU als Entwicklungsstrategie empfohlen wird, hat bisher nur geringe Erfolge gebracht. In jüngster Zeit ist sogar von einer De-Industrialisierung zu sprechen, bedingt durch sinkende Pro-Kopf-Einkommen, steigende Billigimporte (zum erheblichen Teil durch Schmuggel), und einen zunehmenden informellen Sektor.

Die rapide Verstädterung mit einem überproportionalen Wachstum der Metropolen durch sehr hohe natürliche Zuwachsraten und Landflucht führt zu tiefgreifenden sozialen Veränderungen und Spannungen sowie zu erheblicher Umweltzerstörung. Allerdings haben die Länder von ASS mit einem Verstädterungsgrad von durchschnittlich 30 % noch lange nicht das Niveau von Südostasien (50 %) und Lateinamerika (80 %) erreicht. Sie weisen jedoch mit 5 bis 7 % die höchsten jährlichen Zuwachsraten der Dritte-Welt-Länder auf.

Kriege, innenpolitische Spannungen und Naturkatastrophen, wie die Saheldürre, ließen die Zahl der Flüchtlinge erschreckend ansteigen. Von den ca. 14,5 Mio. Flüchtlingen auf der Welt (1995) lebten nach Unterlagen des UNHCR ca. 6,8 Mio. in Afrika. Zählt man ca. 2 Mio. Binnenflüchtlinge hinzu, so sind nach Schätzungen internationaler Organisationen wie des UNHCR oder der ILO bis zu 9 Mio. Afrikaner vom Flüchtlingsschicksal betroffen.

Nach den Statistiken der Weltbank muß Afrika als der Kontinent mit den stärksten Merkmalen von Unterentwicklung bezeichnet werden. Von den 42 ärmsten Ländern der Erde, als Least Developed Countries (LDC-Staaten) oder „Vierte Welt" bezeichnet, liegen 28 in Afrika. Alphabetisierungsrate und Gesundheitsversorgung, Industrialisierungsgrad und Diversifikation der nationalen Volkswirtschaften sowie der Exporte stehen weit hinter den Erfolgen der Entwicklungsländer Lateinamerikas und Südostasiens zurück.

Die Entwicklungsländerliste des DAC (Entwicklungshilfeausschuß der OECD), die für die deutsche Entwicklungszusammenarbeit maßgebend ist, umfaßte 1993 140 Staaten und Territorien. Nach dieser Liste gehören, im Unterschied zur Klassifikation der Weltbank, in Afrika alle Länder zu den Entwicklungsländern, außer der Republik Südafrika; sie stellte im Jahre 1993 den Antrag auf eine Aufnahme in die Liste der Entwicklungsländer, um einen Kapitalzustrom von bilateralen und multilateralen Gebern zu erreichen. Die Entwicklungsorganisation der Vereinten Nationen (UNDP) veröffentlicht seit 1990 eine Liste über „das Wohlbefinden der Völker". Hierin wird die wirtschaftliche und soziale Lage in den UN-Mitgliedsstaaten nicht mehr nach dem Bruttosozialprodukt, sondern nach einem breiten Kriterienbündel klassifiziert; Lebenserwartung, Bildungsstand und Pro-Kopf-Einkommen gehen in die Ermittlung des Indikators für menschliche Entwicklung ein. Mitte der 90er Jahre wurden von UNDP als die „sieben glücklichsten Länder" Kanada, USA, Japan, Niederlande, Norwegen, Finnland und Frankreich ermittelt; Deutschland liegt auf Platz 18 der 174 Länder umfassenden Liste. Es macht nachdenklich und betroffen, daß unter den „unglücklichsten Ländern" am Ende der internationalen Skala zahlreiche Länder Afrikas zu finden sind, und zwar Niger, Sierra Leone, Mali, Äthiopien, Burkina Faso, Mosambik, Somalia (Bericht über die menschliche Entwicklung 1996, Indikatoren Tab. 1). Zwar kann die Zugehörigkeit der Länder Afrikas zu „besonderen Ländergruppen" internationaler Zusammenschlüsse wie der OPEC oder der Arabischen Liga bzw.

zu regionalen Zusammenschlüssen wie der Wirtschaftsgemeinschaft Westafrikanischer Staaten (ECOWAS) oder der Entwicklungsgemeinschaft der Staaten des südlichen Afrika (SADC) die politisch-ökonomische Entwicklungsstrategie beeinflussen, aber bisher blieben diese Zusammenschlüsse ohne direkte Auswirkung auf eine Verbesserung der Lebensbedingungen für die Masse der Bevölkerung.

Die Ursachen der Unterentwicklung in ASS sind kürzlich von MEYNS und NUSCHELER (1993) zusammenfassend dargestellt worden. Zwei Faktorenbereiche lassen sich unterscheiden: Exogene und endogene Faktoren. Exogene, „außenbürtige" Faktoren sind wirksam durch das strukturelle Übergewicht der Industrienationen über die ehemaligen Kolonialländer, wobei die Dominanz der „Metropolen" der Industriestaaten über die „Peripherie" in den Ländern der Tropen und Subtropen anhält. Sozial privilegierte Gruppen in den „Submetropolen" der Entwicklungsländer tragen zur Aufrechterhaltung neokolonialer Strukturen bei, während die Masse der Bevölkerung hinsichtlich Einkommen, Lebensstandard und politischer Mitbestimmung an den Rand gedrückt, „marginalisiert" wird. In extremen Fällen besteht eine „Kleptokratie", eine, um das aus dem Griechischen abgeleitete Wort zu übersetzen, „Herrschaft von Dieben"; so führte der Mobutu-Clan Zaire in Armut und Abhängigkeit. „Unterentwicklung" als Folge endogener, „innenbürtiger" Faktoren wird auf Ursachen wie traditionelle Gesellschaftsstrukturen, geringe Produktivität wegen veralteter Arbeitstechniken und überwiegender menschlicher Arbeitskraft, mangelnde Arbeitsteilung und Dominanz der Selbstversorgungswirtschaft zurückgeführt. Entscheidend sind aber auch „staatliches Versagen" wie politische Entmündigung der Bürger, mangelhafte Regierungsführung, fehlgeleitete staatliche Eingriffe in das Wirtschaftsgeschehen, Korruption (JAKOBEIT 1994), Unterdrückung von Minderheiten, anhaltende Verletzung der Menschenrechte, Staatszerfall und Bürgerkriege (GANTZEL u.a. 1992, HOFMEISTER u. MATTHIES 1992, RICHTER 1993).

Diesen unterschiedlichen Interpretationsansätzen zur Erklärung von Unterentwicklung entsprechen verschiedene Wege zu ihrer Überwindung, unterschiedliche Entwicklungsstrategien. Auf der einen Seite steht eine Entwicklung im Sinne der Modernisierungstheorie, mit der Projektion eines „nachholenden" stufenweisen technischen und gesellschaftlichen Fortschritts bis auf das Niveau der westlichen Industrieländer, mit Hilfe von Schlüsselindustrien und Wachstumspolen. Dieser ökonomisch-gesellschaftlichen Modernisierung lassen sich geographisch Stufen der Raumorganisation zuordnen. Industrialisierung als Entwicklungsstrategie spielt eine wichtige Rolle beim „Lagos Plan of Action", den die OAU 1980 vorlegte. Auch auf der Konferenz deutscher Afrika-Botschafter in Dakar, im November 1987, wurde mit Nachdruck auf die Industrialisierung der Länder Afrikas verwiesen als einen wichtigen Schritt, sich vom „Rohstoffproduzenten" zum „Lieferanten von Halbfertig- und Fertigwaren" zu entwickeln. Wie vorne bereits angedeutet, hat diese Strategie bisher in Afrika keinen Erfolg gehabt, sieht man von dem Sonderfall der Republik Südafrika ab (vgl. Kap. 6.5).

Auf der anderen Seite steht das Entwicklungskonzept einer verstärkten Förderung der Landwirtschaft, wie es die Weltbank in ihrer Entwicklungsstrategie für Afrika vorlegte (WORLD BANK 1989a). Dieses Konzept wird allerdings von zahlreichen Ländern Afrikas kritisiert, da sie darin eine „Zementierung von Unterentwicklung" sehen.

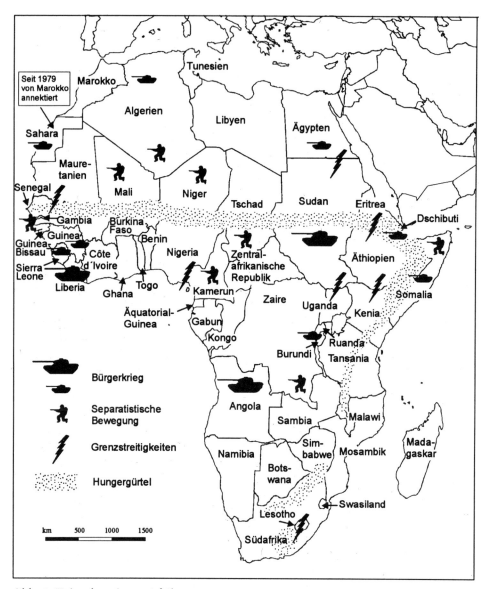

Abb. 1: Krisenkontinent Afrika

Abb. 2: Erfolgsnachrichten aus Afrika: Demokratisierung und Frieden

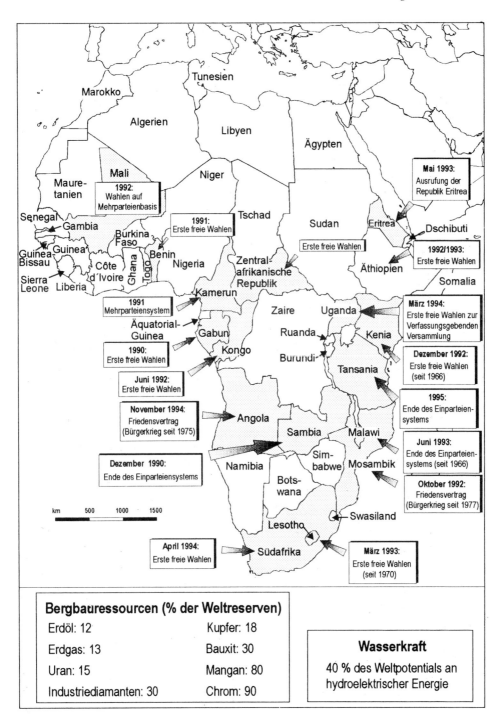

Marokko
Tunesien
Algerien
Libyen
Ägypten
Mali
1992: Wahlen auf Mehrparteienbasis
Niger
Mauretanien
Senegal
Gambia
Burkina Faso
1991: Erste freie Wahlen
Tschad
Sudan
Eritrea
Mai 1993: Ausrufung der Republik Eritrea
Dschibuti
1992/1993: Erste freie Wahlen
Guinea-Bissau
Guinea
Côte d'Ivoire
Ghana
Togo
Benin
Nigeria
Zentralafrikanische Republik
Erste freie Wahlen
Äthiopien
Somalia
Sierra Leone
Liberia
Kamerun
1991 Mehrparteiensystem
Äquatorial-Guinea
Gabun
Kongo
1990: Erste freie Wahlen
Zaire
Ruanda
Burundi
Uganda
März 1994: Erste freie Wahlen zur Verfassungsgebenden Versammlung
Kenia
Tansania
Dezember 1992: Erste freie Wahlen (seit 1966)
1995: Ende des Einparteiensystems
Juni 1992: Erste freie Wahlen
November 1994: Friedensvertrag (Bürgerkrieg seit 1975)
Angola
Sambia
Malawi
Juni 1993: Ende des Einparteiensystems (seit 1966)
Dezember 1990: Ende des Einparteiensystems
Namibia
Simbabwe
Mosambik
Oktober 1992: Friedensvertrag (Bürgerkrieg seit 1977)
Botswana
Swasiland
Lesotho
km   500   1000   1500
April 1994: Erste freie Wahlen
Südafrika
März 1993: Erste freie Wahlen (seit 1970)

Bergbauressourcen (% der Weltreserven)

Erdöl: 12	Kupfer: 18
Erdgas: 13	Bauxit: 30
Uran: 15	Mangan: 80
Industriediamanten: 30	Chrom: 90

Wasserkraft

40 % des Weltpotentials an hydroelektrischer Energie

Angesichts der wachsenden Armut gilt seit den ausgehenden 70er Jahren die Befriedigung der Grundbedürfnisse als eine angepaßte Entwicklungsstrategie. Ernährung, Wasser, Gesundheit und Erziehung sind entscheidende Aspekte menschenwürdigen Daseins, doch ist die Erwartungshaltung der Bevölkerung unter dem Einfluß der Medien und der staatlichen Propaganda auf ein mittleres bis hohes technisches Niveau ausgerichtet, – eine Situation, mit der die Konzeption einer „angepaßten Einfachtechnologie" häufig in Konflikt gerät. Eine Bilanz der Entwicklung der Grundbedürfnisbefriedigung in schwarzafrikanischen Ländern fällt unterschiedlich aus: Bei der Alphabetisierung und der Gesundheitsversorgung wurden Erfolge erzielt, während Ernährungssicherung oder menschenwürdiges Wohnen für die Masse der Bevölkerung bisher nicht erreicht sind.

Einige Länder Afrikas vollzogen nach der Unabhängigkeit eine Abkoppelung vom kapitalistischen Wirtschaftssystem und folgten, wie Äthiopien, Kongo, Angola oder Mosambik, zur Überwindung der Unterentwicklung dem Vorbild der sozialistischen Planwirtschaft. In diesem Zusammenhang sind die Ergebnisse des IFO-Instituts für Wirtschaftsforschung (HALBACH u.a. 1981) hinsichtlich des Fragenkreises „Wirtschaftsordnung, sozio-ökonomische Entwicklung und weltwirtschaftliche Integration" aufschlußreich. Die kapitalistisch-marktwirtschaftlich orientierten Länder, wie Côte d'Ivoire und Kenia, wiesen beim gesamtwirtschaftlichen Wachstum oder bei der Industrialisierung bessere Erfolge auf, die sozialistisch-planwirtschaftlich organisierten Länder schnitten dagegen im Erziehungs- und Gesundheitswesen besser ab. Nach der Auflösung der UdSSR und des Ostblocks sowie nach dem Ende des offenen Ost-West-Konfliktes bei gleichzeitigem Aufbruch der Menschenrechts- und Demokratiebewegungen fand diese Entwicklungspolitik in Afrika ein Ende. Die einstigen sozialistischen Volksrepubliken haben sich marktwirtschaftlich-demokratischen Entwicklungsformen zugewendet und befinden sich in einer Umbruchsphase.

Die folgenden Ausführungen dienen dazu, Situation und Faktoren von Unterentwicklung darzustellen, Lösungsansätze und Erfolge bei ihrer Überwindung aufzuzeigen. Dabei richtet sich das Augenmerk in den verschiedenen Regionen Afrikas sowohl auf die historischen und sozioökonomischen Faktoren als auch auf die geoökologischen Gegebenheiten, im Sinne des „Naturraumpotentials". Man muß sich aber vor Augen halten, daß die globale und regionale geopolitische Situation, in der sich die Länder Afrikas befinden, häufig einen stärkeren Einfluß auf Entwicklungsziele und -strategien besitzt als geoökologische und historische Faktoren, indem sie auf Finanzierung und Entwicklung, oft auch, wie die Weltbank-Konditionen, direkt auf innenpolitische Konstellationen entscheidenden Einfluß ausüben.

3 Natürliche Ressourcen: Entwicklungspotential und -risiken der Naturräume

Die Ausdehnung des afrikanischen Kontinentes, der mit ca. 30 Mio. qkm knapp 20 % der Landfläche der Erde umfaßt, und die im Verhältnis zur Fläche geringe Bevölkerungszahl von ca. 650 Mio. (1993), knapp 12 % der Weltbevölkerung, lassen manche Betrachter von einem „Kontinent mit riesigen Landreserven" sprechen. Die Klima- und Vegetationszonen des immergrünen äquatorialen Regenwaldes und der Feuchtsavanne können tatsächlich den Eindruck eines „fruchtbaren Tropenkontinentes" mit großem Entwicklungspotential erwecken. Der Wasserreichtum Zentralafrikas läßt an ein Energiepotential denken, dessen Leistung die Vorstellung fast übersteigt. Der Reichtum an mineralischen Bodenschätzen und Energieträgern scheint für zahlreiche Länder eine solide wirtschaftliche Basis zu sein. Diesen positiven Faktoren stehen aber ebenso gewichtige negative Umweltfaktoren gegenüber: Trockenheit und Dürregefährdung kennzeichnen etwa Zweidrittel des Kontinentes. Bodenerosion, Desertifikation und Versalzung bedrohen die landwirtschaftlichen Nutzflächen. Tropenkrankheiten, wie Gelbfieber, Malaria und Bilharziose, bedingen eine Schwächung der Arbeitskraft von Millionen Menschen und die Stagnation ganzer Landstriche. Stromschnellen blockieren die Binnenschiffahrt und behindern die Erschließung der Binnengebiete von den schmalen Küstenzonen aus. Die für mittel- und westeuropäische Verhältnisse riesigen Entfernungen, durch Transportkosten als ökonomischer Faktor wirksam, erhöhen die Schwierigkeiten der Kommunikation. So sehen sich die Menschen des Kontinentes, die zu ca. 70 % noch im primären Sektor tätig und von Naturbedingungen bedeutend abhängiger sind als die Einwohner der Industrieländer, mit einer Vielzahl regional differenzierter Positiv- und Negativfaktoren des Naturraumes konfrontiert.

Arbeiten deutschsprachiger Autoren wie ANHUF (1989), BARTH (1986), GIESSNER (1988), JÄTZOLD (1988), LESER (1971), MEURER (1994) oder WINIGER u.a. (1990), betonen den Zusammenhang zwischen den Gegebenheiten des Naturraumes, dem Geoökopotential, und der Entwicklung der Regionen und Nationen Afrikas, insbesondere im Bereich der Landwirtschaft. Eine Evaluierung der Naturräume hinsichtlich ihres Entwicklungspotentials ist eine wesentliche Aufgabe der angewandten physischen Geographie in der Entwicklungsforschung. Ökosystemforschung und die Bewertung der Umweltpotentiale für die Nutzung dürfen heute die soziale und kulturelle Komponente nicht mehr außer acht lassen, um Handlungsanweisungen für eine nachhaltige Nutzung zu erarbeiten. Der Titel einer Publikation der Deutschen Stiftung für internationale Entwicklung (DSE) (1984): „Ländliche Entwicklung und Ressourcenschonung – Herausforderung oder Widerspruch?!" kann als ein Leitmotiv für die folgenden Kapitel gelten. Das Bundesministerium für wirtschaftliche Zusammenarbeit und Entwicklung (BMZ)veröffentlichte 1987 einen Materialband unter dem Titel „Umwelt und Entwicklung", der Perspektiven für eine Entwicklungspolitik in weltweiter und langfristig ökologischer Sicht eröffnete. VON WEIZSÄCKER (1994) wies in „Erdpolitik" Wege einer „ökologischen Realpolitik an der Schwelle zum Jahrhundert der Umwelt" auf. PEARCE und WARFORD (1993) repräsentieren die neuesten Ansätze einer Integration von ökonomischen und ökologischen Faktoren mit dem Ziel einer nachhaltigen Entwicklung.

3.1 Die naturräumliche Großgliederung des Kontinentes

Ein einzigartiges und geographisch bedeutendes Kennzeichen Afrikas ist die fast symmetrische Lage zum Äquator, zwischen 37°51' n. Br. (Kap Blanc) in Tunesien und 34°51' s. Br. (Kap Agulhas) in Südafrika, mit einer Nord-Süd-Erstreckung von ca. 8000 km und einer maximalen Ost-West-Erstreckung von ca. 7000 km. Daher zeigt der Kontinent eine ausgesprochen *breitenparallele Anordnung* der Klima- und Vegetationszonen der Tropen mit angrenzenden subtropischen Randgebieten. Zentralafrika und die Küstenzone Westafrikas gehören den immerfeuchten inneren Tropen an. Polwärts folgen Savannentypen der wechselfeuchten Tropen, wobei die Höhe der Niederschläge und die Dauer der Regenzeit abnehmen. Von den äußeren semiariden und ariden Tropen vollzieht sich in der Sahara bzw. im Trockenraum des südlichen Afrika der Übergang in die ariden und semiariden Subtropen. Nur der äußerste Nord- und Südsaum des Kontinentes gehört den humiden Subtropen an.

Die zonale Großgliederung des Kontinentes wird differenziert durch die Unterscheidung zwischen *Hochafrika* und *Niederafrika*. Letzteres umfaßt Nordafrika, mit Ausnahme des Atlassystems, sowie West- und Zentralafrika mit einer mittleren Höhenlage von 300 m, zu Hochafrika gehören die Hochländer Ost- und Südafrikas mit einer mittleren Höhenlage von 1200 m. Die Hochflächen werden überragt von zwei Hochlandmassiven, dem Hochland von Äthiopien und dem kleineren Hochland von Lesotho (mittlere Höhe über 2500 m). Afrika weist nur in diesen Regionen sowie in den Vulkanmassiven Ost- und Westafrikas eine ausgeprägte Höhenstufung bis in die afro-alpine Stufe auf; großräumig wirksame Gebirgssysteme, wie in den Tropenkontinenten Südamerika und Asien, fehlen.

Eine Abweichung von der zonalen geoökologischen Großgliederung im Sinne einer stärkeren kleinräumigen Differenzierung ergibt sich in Ostafrika durch Relief und Höhenlage mit der Spannweite zwischen Grabenzone, Plateaus und Vulkanmassiven, die gemeinsam mit den Seen (z.B. Viktoriasee, Tanganyikasee) regionale Zirkulationssysteme bedingen. Im südlichen Afrika besteht eine längenkreisparallele Anordnung der Klima- und Vegetationszonen, da der Benguelastrom mit kaltem Auftriebswasser die Aridität auf der Westseite verstärkt, der warme Mosambikstrom die Humidität auf der Ostseite des Subkontinents erhöht.

Hier wird eine weitere Kategorie für die Gliederung des afrikanischen Kontinentes sichtbar: Das Ausmaß der Humidität bzw. der Aridität, das die Unterscheidung zwischen *Feucht-Afrika* und *Trocken-Afrika* notwendig macht. Trockenheit und Dürre gefährden fast 70 % des Kontinentes! Sie stellen einen wichtigen Ungunstfaktor für die Agrarentwicklung dar und werden durch die fortschreitende Desertifikation noch verschärft.

3.2 Relieftypen und morphodynamische Prozesse

Afrika bietet in beispielhafter zonaler Anordnung die Möglichkeit, Relieftypen und morphodynamische Prozesse der Tropen und Subtropen sowie, allerdings in geringe-

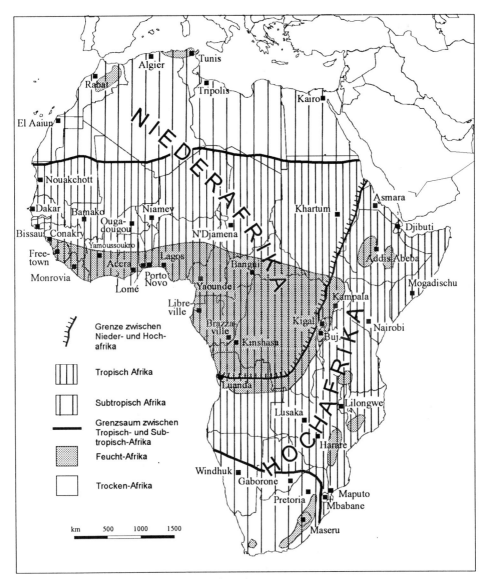

Abb. 3: Physisch-geographische Großstrukturen

rem Ausmaß als in Südamerika oder Asien, die Höhenstufen der Gebirge zu analysieren (PRITCHARD 1979, PETTERS 1990). Man kann sich fragen, wo der Zusammenhang zwischen Relief, Morphodynamik und Entwicklung besteht. Hier sei lediglich verwiesen auf die Zusammenhänge zwischen Oberflächenformen und Siedlungslage, Bodennutzung und Landnutzungsplanung, aber auch auf das Beziehungsgefüge zwischen topographischer Situation und Tropenkrankheiten.

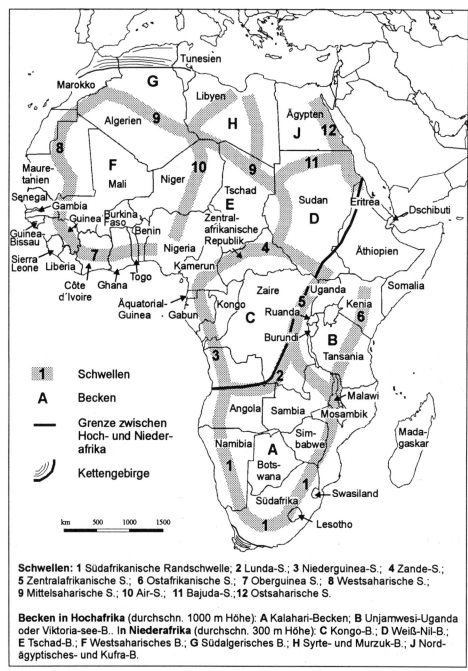

Schwellen: 1 Südafrikanische Randschwelle; 2 Lunda-S.; 3 Niederguinea-S.; 4 Zande-S.;
5 Zentralafrikanische S.; 6 Ostafrikanische S.; 7 Oberguinea S.; 8 Westsaharische S.;
9 Mittelsaharische S.; 10 Air-S.; 11 Bajuda-S.;12 Ostsaharische S.

Becken in Hochafrika (durchschn. 1000 m Höhe): A Kalahari-Becken; B Unjamwesi-Uganda
oder Viktoria-see-B.. **In Niederafrika** (durchschn. 300 m Höhe): C Kongo-B.; D Weiß-Nil-B.;
E Tschad-B.; F Westsaharisches B.; G Südalgerisches B.; H Syrte- und Murzuk-B.; J Nord-
ägyptisches- und Kufra-B.

Abb. 4: Schwellen und Becken als morphologische Großformen

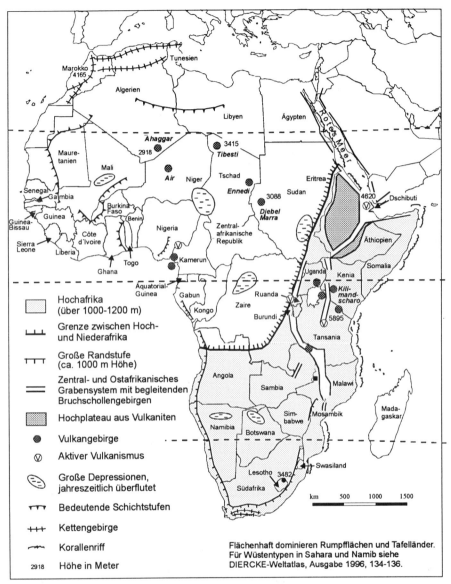

Abb. 5: Relieftypen

Die *Dominanz der Horizontalen* kann als das morphologische Kennzeichen Afrikas bezeichnet werden. Flächen unterschiedlicher Genese sind die typischen Reliefelemente des Kontinentes, seien es weit gespannte Rumpfflächen oder Tafelländer, seien es Aufschüttungsebenen in den Beckenlandschaften und Küstensäumen. Epirogenetische Bewegungen, wie die Aufwölbung der breiten Schwellenzonen und die relative Einsenkung der Großbecken oder die phasenhafte Hebung des südlichen und östlichen Afrika gegenüber Niederafrika, wurden großräumig wirksam. Orogenetische Vorgänge dagegen, wie die Bildung der Faltengebirge im N (Atlasketten) und S (Kapketten) des Kontinentes oder die Bruchtektonik und der Vulkanismus in Ostafrika bzw. entlang der Kamerunlinie in Westafrika, wirkten sich nur in Teilräumen aus. Daher sind Gebirge nur vereinzelte Akzente in der Eintönigkeit der Flächen, nicht konstituierende Elemente des Großreliefs wie in Südamerika oder Eurasien. Neuere geomorphologische Forschungen betonen gegenüber der klimamorphologischen Interpretation der 60er und 70er Jahre, daß die Formenschatztypen der Tropen und Subtropen von endogenen Faktoren bedingt sind, die aktuellen klimamorphologischen Prozesse vorwiegend modifizierend wirken. Immer bedeutender wird auch das Einwirken des Menschen auf die morphodynamischen Prozesse erkannt, erinnert sei nur an Bodenerosion und Desertifikation.

Eine *morphographische Großgliederung* Afrikas muß zwischen Niederafrika (Nordafrika und Äquatorialafrika mit einer mittleren Höhe von 300 m) und Hochafrika (Hochland von Äthiopien, Ostafrika, Südafrika) mit einer mittleren Höhe von über 1200 m unterscheiden. Die Grenzzone zwischen diesen Großräumen folgt der 1000 m-Isohypse vom Hochland von Äthiopien über die Westabdachung der Zentralafrikanischen Schwelle, die Nordabdachung der Lundaschwelle, bis zum Hochland von Bihé in Zentralangola. Phasenhafte epirogenetische Hebungsprozesse trugen seit der Kreidezeit zur Bildung von Hochafrika bei, während die Landmassen Niederafrikas in tieferen Lagen verharrten. Die statistische Verteilung des Anteils der Landflächen an ausgewählten Höhenstufen sieht folgendermaßen aus: unter 200 m 10 %, 200 bis 1000 m 63,5 %, 1000 bis 2000 m 23 %, über 2000 m 3,5 %. Die morphographische Großgliederung des Kontinentes hat erhebliche Auswirkungen auf die klimaökologische Regionalisierung und damit auf Besiedlungsgang (z.B. die Entstehung weißer Siedlungskolonien in bioklimatischen Gunstlagen Hochafrikas) und landwirtschaftliche Nutzung (z.B. tropische Nutzpflanzen der Tiefländer, wie Kakao, Kautschuk und Ölpalme im Vergleich zu Hochlandprodukten wie Arabicakaffee, Tee oder Pyrethrum).

Die großräumige *Becken- und Schwellenstruktur* Afrikas ist ein morphologisches Kennzeichen von kontinentalem Ausmaß. Durch epirogenetische, weit gespannte Aufwölbungen kam es seit dem Tertiär, in Anlehnung an ältere Strukturen, zur Entstehung breiter Schwellenbereiche bei gleichzeitiger relativer Absenkung der Großbecken. Durch die küstenparallelen Schwellenzonen, die durch phasenhafte Hebung und Zerschneidung seit der Kreidezeit zu Rumpfgebirgen umgewandelt wurden, wird der Zugang in das Innere des Kontinentes erheblich erschwert. So fehlen im zentralen, südlichen und östlichen Afrika durchgehende Wasserwege von der Küste in das Binnenland, da Stromschnellen im Bereich der Randschwellen des Kontinentes die Schiffahrt unterbrechen (z.B. Livingstonefälle zwischen Kinshasa und Matadi am Unterlauf des Zairestromes, deshalb Umgehungseisenbahn; Ruacanafälle am Cunene, Südangola; Cabora Bassa-Fälle am unteren Sambesi, Mosambik). Im Verlauf der Schwellen haben sich wichtige Bergbaugebiete entwickelt, da in diesen Aufwölbungszonen der afrikanische Sockel mit präkambrischen und paläozoischen Gesteinen freigelegt ist. Er umfaßt umfangreiche Minerallagerstätten, wie die Kupfer- und Zinklagerstätten in Obershaba (Südzaire) und Nordsambia auf der Lundaschwelle, die Goldlagerstätten in Ostzaire im Verlauf der Zentralafrikanischen Schwelle oder die Uranlagerstätten des Tschad im Zuge der Airschwelle. Die Becken mit Schwemmlandebenen, wie um die Okawangosümpfe im Kalaharihochbecken, im Viktoriaseehochbecken, in den Suddsümpfen im Weiß-Nilbecken, um den Tschadsee oder im Nigerbinnendelta im Westsaharischen Becken, besitzen ein erhebliches Entwicklungspotential, doch ist ihre Inwertsetzung durch die extreme Binnenlage, starke Seespiegel- und Abflußschwankungen sowie unter dem Gesichtspunkt der Wahrung ihrer ökologischen Funktion problematisch.

Als *dominante Relieftypen* in Afrika lassen sich unterscheiden:

- das Rumpfflächen-Inselberg-Relief, dem auch die Frage der Lateritpanzer-Tafelberge und der Rumpfstufen zugeordnet ist;

- das Schichtstufenrelief;

- das Relief der Bruchstufen und der Bruchschollengebirge;

- der Formenschatz des Vulkanismus;

- der Formenschatz der Wüste.

Der Glazialformenschatz besitzt eine äußert geringe Verbreitung, da ausgedehnte Hochgebirgssysteme fehlen. Die großen binnenländischen Alluvialebenen oder die Küstenformen fanden als wenig spektakuläre Reliefformenkomplexe wissenschaftlich bisher nur geringe Beachtung.

Die *Rumpfflächen*, durch Spülmulden (nicht „Täler") weit gewellte Flachformen, die den Gesteinsuntergrund kappen, mit aufragenden Inselbergen, stellen einen dominanten Landschaftstyp Tropisch-Afrikas dar. Die morphologischen Prozesse, die zur Bildung dieses Relieftyps führen, gehören zu den meist diskutierten Fragen der Reliefgestaltung der Tropen. In Afrika lieferten insbesondere die Studien von KAYSER (1983, 1986) im südlichen Afrika, von LOUIS (1964) in Ostafrika und von MENSCHING (1978) in der Sudanzone wichtige Beiträge zu diesem Fragenkreis. BÜDEL (z.B. 1977, Kap. 2.3.2 und 2.3.3) deutete Rumpfflächen- und Inselbergbildung in engstem Zusammenhang mit dem Klima der lang-wechselfeuchten Tropen und einer „doppelten Einebnungsfläche", der „Spül-Oberfläche" und der „Verwitterungs-Basisfläche". Rumpfflächen lassen sich aber auch als polygenetische Flächen interpretieren, und Inselberge können ebenfalls verschiedenartiger Entstehung sein. „Doppelte Einebnungsflächen" können zwar in Äquatorialafrika bei erheblicher chemischer Tiefenverwitterung und flächenhafter Abtragung im Sinne der Flächenspülung sehr schön beobachtet werden, doch wiesen MENSCHING (1958, 1978) und KAYSER (zuletzt 1986) nach, daß der Formenschatztyp „Fläche und Inselberg" als morphogenetische Sequenz (Entwicklungsfolge) Inselberg – Pediment bzw. Glacis – Fußfläche auch unter semiariden morphodynamischen Prozessen gestaltet wird. Rumpfflächen sind zum einen Altflächen (vorwiegend kreidezeitlichen bis tertiären Alters), sie werden aber auch aktuell unter klimazonal unterschiedlichen Bedingungen weitergebildet.

Inselberge treten auf als „zonale Inselberge", gebunden an eine Rumpfstufe, wie im Verlauf der Großen Randstufe Südafrikas, oder als azonale Inselberge, bedingt durch die Auflösung einer Wasserscheide, oder als „Härtlingsinselberge", bedingt durch Intrusionen härteren Gesteins, die im Verlauf des Abtragprozesses freigelegt wurden.

Über den weiten Rumpfflächen Ostafrikas und der Sudanzone stehen häufig *Lateritkrusten-Tafelberge*. Sie sind Zeugen ehemaliger grundwassernaher Flachlandschaften, die durch Hebung, Zerschneidung und Auflösung nur noch in Tafelbergrelikten faßbar sind. Zu beachten bleibt, daß auch flachlagernde Sedimentgesteine oder Vulkanitdecken zur Bildung von Tafelbergen führen, z.B. der Clarens-Sandstein im westlichen Lesotho und auf dem anschließenden Hochland von Südafrika, oder Vulkanitdecken in Ostafrika und im Hochland von Äthiopien.

Eine einfache „Pauschalinterpretation" des Reliefformkomplexes Fläche-Inselberg und/oder Tafelberg ist nicht möglich. Eine Kenntnis der regionalen, oft auch der lokalen Geologie, Tektonik und paläoklimatischen Entwicklung ist zur Interpretation notwendig. Mit Recht betont HÖLLERMANN (1987), als Ergebnis des Göttinger Geomorphologischen Symposiums, „daß mehr als zuvor an die Stelle großzügiger und weitgespannter Synopsen wieder detaillierte empirische Feldstudien mit umfassender Bestandsaufnahme und mit größerer Zurückhaltung und Vorsicht bei allgemein gültigen Folgerungen getreten sind" (S. 64).

Das *Schichtstufenrelief* stellt einen anderen, weit verbreiteten Relieftyp in Afrika dar. Flach einfallende Gesteine unterschiedlicher Härte, als Voraussetzung der Bildung einer steilen Schichtstufe über einem flachen Stufenunterhang im Bereich weniger widerständiger Gesteine, kommen um geotektonische Senkungsbereiche vor, wie sie die Becken Westafrikas darstellen oder um Hebungsbereiche, wie z.B. das Ahoggarmassiv in der Zentralsahara (für Schichtstufen vgl. BARTH 1970, Karte 1 und Fig. 38; GIESSNER 1984, S. 40–41).

BARTH (1970) ging in einer Studie ausgewählter Schichtstufenlandschaften in Westafrika der Frage nach der klimazonalen Morphodynamik von Schichtstufen nach. Die Spannweite des Untersuchungsgebietes aus der semiariden Sahelzone (Bandiangarastufe in Mali) bis in die vollhumiden inneren Tropen der Oberguineaküste (Mampongstufe in Ghana) führte zu folgenden Ergebnissen: Auf die generelle Ausbildung von Schichtstufen hat die klimatische Komponente keinen Einfluß, da diese allein von Lithologie, Struktur und Gesteinswertigkeit abhängt. Die klimatische Abstufung semiarid – semihumid – vollhumid bedingt eine Formenvarianz durch die modifizierte Stufengestaltung, so daß sich das Erscheinungsbild von Stufenrand, Schutthang und Fußhang graduell unterscheidet.

Bruchtektonik und Vulkanismus haben die morphologische Gestaltung Ostafrikas erheblich beeinflußt, in geringem Maße wurden sie im Verlauf der „Kamerunlinie" vom Golf von Guinea bis in die Sahara hinein wirksam. Vom Roten Meer-Graben in Ägypten bis zum Malawisee-Graben (früher Nyassasee-Graben) durchziehen mächtige Grabenbrüche die Osthälfte des Kontinentes. Der Rote Meer-Graben, ca. 2200 km lang, 200–350 km breit, mit einer Wassertiefe bis 2360 m, setzt sich im Danakiltiefland in Eritrea fort. Aus der wüstenhaften Senke des Afardreiecks erheben sich aktive Vulkane; sie gehören zu den eindruckvollsten, aber unzugänglichsten Gebirgslandschaften Afrikas. Der Äthiopische Graben durchschneidet die Vulkanite des Äthiopischen Hochlandes und leitet über zum Rudolfsee-Graben, mit dem das große ostafrikanische Grabenbruchsystem beginnt. Es ist bis auf die Höhe von Nairobi deutlich als Grabenzone entwickelt, mit mächtigen Grabenschultern bis über 2000 m Höhe. Weiter südlich bildet die große ostafrikanische Bruchstufe

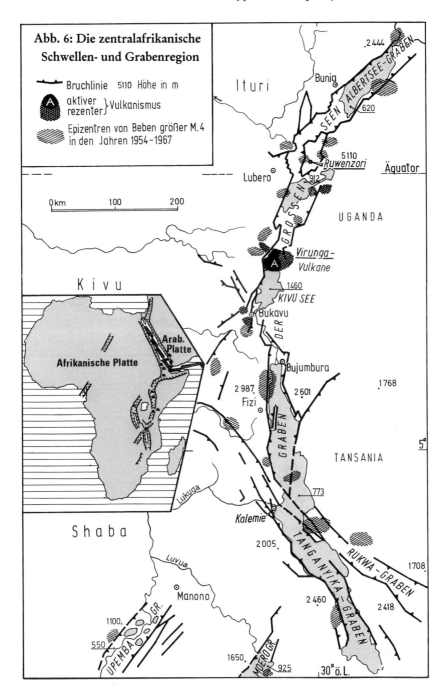

Abb. 6: Die zentralafrikanische Schwellen- und Grabenregion

bis 7° s. Br. die tektonisch-morphologische Fortsetzung. Der Naivashagraben, auch als Großer Graben oder Rift Valley bezeichnet, stellt in Verbindung mit Vulkanen wie Logonot und Suswa modellartig den Formenschatz des ostafrikanischen Grabens dar. Dieser Formenkomplex wiederholt sich in der Zentralafrikanischen Graben- und Schwellenregion zwischen Mobutusee (früher Albertsee) und Tanganyikasee. Auch hier tritt in den Virungavulkanen aktiver Vulkanismus auf, und Erdbeben verweisen auf die anhaltende tektonische Aktivität. Die Grabenschultern von durchschnittlich 2400 m Höhe sind in Bruchschollen-Bergländer aufgelöst und unterliegen aktiver Zerschneidung. In der Grabensohle liegen die Seen Albert- oder Mobutusee (620 m), Eduard- oder Aminsee (920 m), der durch die Virungavulkane aufgestaute Kivusee (1460 m) und der Tanganyikasee (780 m), mit ca. 600 km und einer Tiefe von 1435 m der größte See des Zentralafrikanischen Grabens. Die Grabenzone weist zahlreiche Transversalgräben auf, die nach NW in die Randzone des Zairebeckens überleiten. Nach SW sind der Upembagraben (550 m) zwischen den Rumpfschollen der Hakanssonberge (1115 m) im W und des Bianoplateaus (1600 m) im O sowie die Lufiradepression (850 m) und der Moerograben mit der Luapula-Senke (925 m) bedingt durch Krustenbewegungen und Einsenkungen, die im ausgehenden Tertiär und im Quartär erfolgten.

Im Malawisee- (470 m) und Shiregraben, zwischen den Rumpfflächenlandschaften von Malawi im W und Südwesttansania bzw. Nordwestmosambik im O, setzt sich die Bruchtektonik auf der Ostseite Afrikas fort. Vom Südende des Shiregrabens an ist sie nur noch geologisch-tektonisch greifbar, nicht mehr als morphologische Form.

Das ca. 6500 km lange Grabensystem zwischen Rotem Meer und Südostafrika bildete sich seit dem Alttertiär, wobei die Bewegungen im Osten älter (Alttertiär) sind als im Westen (bis Quartär). So zeigen der Zentralafrikanische Graben und seine Grabenschultern frischere Formen, größere Steilheit und junge Zerschneidung im Vergleich mit dem Ostafrikanischen Graben.

Nach den Erkenntnissen der Plattentektonik liegen die ost- und zentralafrikanischen Gräben in einer großen Zerreißungszone innerhalb der afrikanischen Platte. BISCHOFF (1987) spricht von Tiefenströmungen des Magmas, die die gesamte afrikanische Platte von Norden nach Süden treffen und zu ihrer Destabilisierung beitragen. In Nordafrika vollzieht sich der „dramatischere" und morphologisch wirksamere Prozeß des Zusammenstoßes zwischen der afrikanischen und der eurasiatischen Platte; die verheerenden Erdbeben in den Maghrebländern sowie rezente Hebungs- und Senkungsprozesse an den Küsten Nordafrikas sind Indikatoren dieses Prozesses.

Der *Vulkanismus* in Nordost- und Ostafrika steht in engem Zusammenhang mit der Bruchschollentektonik. Aktive Vulkane finden sich in der Afarsenke sowie im Äthiopischen Graben, in den Virungavulkanen im Grenzgebiet zwischen Zaire und Ruanda (Wiese 1980, Fig. 16) sowie im Verlauf des ostafrikanischen Grabens. Auch im Verlauf der „Kamerunlinie", gekennzeichnet durch tertiäre und quartäre Vulkanite mit einem reichen vulkanischen Formenschatz zwischen dem Golf von Guinea (Insel Sao Tomé) und Nordostnigeria/ Nordkamerun, tritt aktiver Vulkanismus auf (z.B. Lavastrom von 1959 an der Ostflanke des Kamerunberges, Fig. 16 in MURAW-SKI 1980).

Große erloschene Vulkanmassive tertiären und quartären Alters erstrecken sich im Verlauf der mittelsaharischen Schwelle (Hoggar, Air, Tibesti, Ennedi, Djebel Mara/Darfur) und der Ostafrikanischen Schwelle (Kilimandscharo, Meru, Hochland der Riesenkrater, Rungwe). Ausgedehnte vulkanische Deckenergüsse bauen das Hochland von Äthiopien (mittlere Höhe 3 000 m) und das Hochland von Lesotho (mittlere Höhe 2 800 m) auf. Tief zerschnitten, gehören diese Gebiete zu den eindruckvollsten Gebirgsbereichen des Kontinentes.

Die *Kettengebirge* im N (Atlasketten) und S (Kapketten) des Kontinentes stellen Gebiete ausgesprochener Individualität dar, nicht nur auf Grund ihres Reliefs im schnellen Wechsel von Ketten, Becken, Durchbruchstälern und Hochschollen, sondern auch durch ihre Zugehörigkeit zu den subtropischen Winterregengebieten. Die Kapketten wurden bereits in der Triaszeit aufgefaltet, erhielten aber erst durch kreidezeitliche und tertiäre Hebung, Bruchtektonik und quartäre Zerschneidung ihren gegenwärtigen Formenschatz, mit hochgebirgsartigen Graten und Gipfeln in den harten Tafelbergsandsteinen über einem Granitsockel. Die Atlasketten entstanden in mehreren Phasen bei der alpidischen Gebirgsbildung seit der Kreidezeit. Die aktuelle Plattentektonik, insbesondere das Vorrücken der afrikanischen Platte gegen die eurasiatische Platte, bedingt anhaltende Orogenese und zahlreiche Erdbeben an Afrikas Nordsaum. Auch entlang der Bruchlinien im Kapkettengebirge treten Erdbeben auf wie im Verlauf der Worcesterverwerfung im Gebiet um Tulbagh im September 1969.

Der *Formenschatz des Hochgebirges* wurde z.B. von MESSERLI und AERNI (1978) im Simengebirge Äthiopiens bearbeitet. Im Unterschied zu Südamerika tragen nur wenige Gipfelregionen Afrikas eine rezente Vergletscherung (Mount Kenia 5 194 m, Kilimandscharo 5 896 m, Ruwenzori 5 119 m; aktuelle Schneegrenze 4 700–4 800 m). Während des Eiszeitalters betrug die Absenkung der Schneegrenze etwa 800–1 000 m, so daß heute Moränen und Karseen anzutreffen sind. Formen der gebundenen und freien Solifluktion führen zu den bekannten Frostmusterböden.

Der *Formenschatz der Wüste* wurde jüngst von BESLER (1992) zusammenfassend dargestellt. Wie in anderen Wüstengebieten der Erde, so sind auch in Afrika Sandwüsten nicht der vorherrschende Wüstentyp. Steinwüsten mit extremer physikalischer Verwitterung zu Grobschutt nehmen weite Flächen ein, als „Hamada" (totes Gestein) – Felstrümmerwüste bezeichnet, für Karawane und Auto kaum passierbar. Aus vorzeitlichen und rezenten Schwemmfächern entstehen Kiesflächen vom Serirtyp. Der feste Untergrund ist für Karawanen und Autos geeignet. Die Kiesel tragen oft Wüstenlack als Ergebnis von Eisen- oder Mangananreicherung an der Oberfläche und anschließender Politur durch Windschliff. Dieser bedingt auch bizarre Felsformen, da er die Härteunterschiede des Gesteins nachzeichnet. Salztonebenen oder Sebchas als Sammelbecken der endorheischen Entwässerung treten lokal auf, wo sich aus stehendem Wasser Ton absetzt und nach Verdunsten Salz zurückbleibt. Die Gebirgswüsten zeigen Formen extremer Erosion durch fließendes Wasser, das bei fehlender Vegetation eine große Erosionskraft entwickelt. Sind die Hänge meist kahle Felsen, so ertrinken die Fußzonen der Gebirgsblöcke im Schutt, da die Transportkraft des Wassers nur kurzzeitig zur Verfügung steht.

Es liegen nur wenige Studien zur *Küstenmorphologie* von Afrika vor, da die Wüsten, Rumpfflächen und Vulkangebirge eine größere Aufmerksamkeit auf sich zogen. Im Unterschied zu Asien und Südamerika sind Küstentiefländer selten aufgrund der jungen Hebung entlang der Randschwellen des Kontinentes oder der Kettengebirge. Nur die Ostküste von Mosambik bis Somalia hat größere Küstenebenen, mit Lagunen und Flachküsten. Eine Deltaentwicklung findet sich am Nil, wo die ca. 26 000 qkm des Nildeltas zu den dichtest bevölkerten Gebieten Afrikas gehören. Das Nigerdelta in Nigeria ist eines der Hauptfördergebiete von Erdöl in Afrika und als solches geologisch-morphologisch intensiv erforscht. Über 20 % der Küstenlinie Afrikas sind niedrige Steilküsten, an denen zusätzlich eine starke Dünung den Zugang zum Land erschwert. Faszinierend sind die Küstenabschnitte, an denen „Sandwüste" und „Wasserwüste" aneinanderstoßen, wie entlang der Sahara-Westküste, der Namibwüste oder Teilen der Küste von Somalia. Die Lagunen dieser Abschnitte sind wichtige Rast- und Brutplätze der Zugvögel, aber auch von Robben. Der Fischreichtum der kalten Meeresströmungen macht diese Gebiete ökonomisch interessant. So verfügt Afrika nur über wenige Naturhäfen wie in Beira (Mosambik), Durban (Südafrika), Douala (Kamerun) oder Lagos (Nigeria), die jedoch nur durch kostspieligen Aushub zugänglich gehalten werden. Die meisten Seehäfen Westafrikas wie Monrovia, Tema, Lomé und Cotonou wurden mit erheblichen Kosten als künstliche Häfen angelegt.

3.3 Das Klima als erstrangiger Geofaktor: Gunst und Risiken

Die Beschäftigung mit den klimatischen Gegebenheiten und Problemen Afrikas, im Sinne einer wissenschaftlichen Datensammlung und Interpretation, intensivierte sich mit der kolonialen Aufteilung des Kontinentes im 19. Jahrhundert. Praktische Erwägungen, wie die Frage der Anpassung des Europäers an die Klimate der Tropen, der Arbeitsleistung des Afrikaners oder die Möglichkeiten erhöhter landwirtschaftlicher Produktion, ließen umfangreiches Dokumentationsmaterial entstehen. Das Internationale Geophysikalische Jahr (1957/58), die Entwicklung der Luftfahrt und in jüngster Zeit die Satelliten-Meteorologie lieferten völlig neue Beobachtungen und Daten und erlaubten vertiefende Interpretationen der Klimagenese und der Frage der Klimaveränderung.

Die folgenden Abschnitte kennzeichnen zunächst die Klimagebiete, anschließend die Klimagenese; sie werden abgeschlossen durch einen Überblick über Trockenheit und Dürre als Ungunstfaktoren und einen Ausblick auf den Fragenkreis der globalen Erwärmung und der Klimaänderung in Afrika.

3.3.1 Klimagebiete

Afrika ist in seiner Masse ein *Tropenkontinent* (LAUER und FRANKENBERG 1981a, 1981b; LEROUX 1983). Von den vollariden Tropen der inneren Sahara erstreckt er sich über die tropischen Feuchtgebiete West- und Zentralafrikas bis in die semiaride

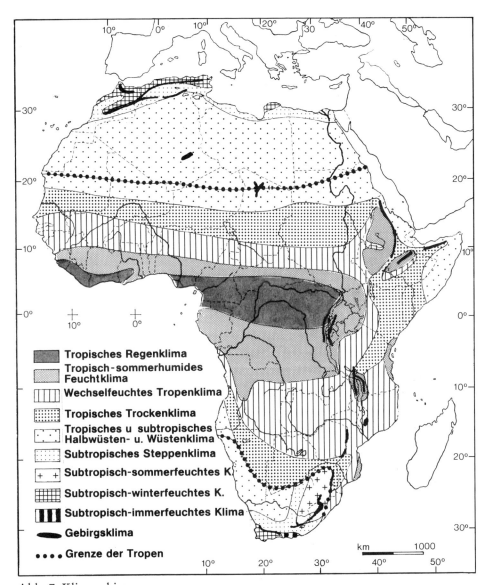

Abb. 7: Klimagebiete

Tropisches Regenklima
Tropisch-sommerhumides Feuchtklima
Wechselfeuchtes Tropenklima
Tropisches Trockenklima
Tropisches u subtropisches Halbwüsten- u. Wüstenklima
Subtropisches Steppenklima
Subtropisch-sommerfeuchtes K
Subtropisch-winterfeuchtes K.
Subtropisch-immerfeuchtes Klima
Gebirgsklima
Grenze der Tropen

Tropenrandzone des Kalaharibeckens. Die Gebirge Ostafrikas und des äthiopischen Hochlandes reichen bis in die Höhenstufe der Kalten Tropen. Nördlich des Wendekreises hat Afrika Anteil an der subtropischen Halbwüsten- und Wüstenzone, an den Steppen sowie am subtropischen Winterregengebiet im Bereich der Atlasketten und dem „mediterranen Saum" Afrikas. Im Süden zeigt das subtropische Hochland Südafrikas mit einer humiden Ostseite und einer vollariden Westseite eigenständige Aus-

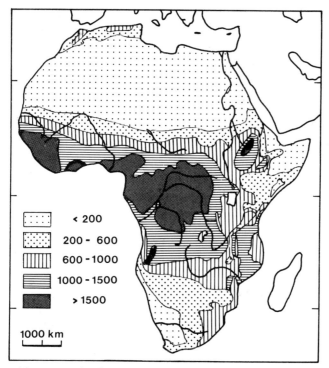

Abb. 8.1: Höhe der Jahresniederschläge

prägungen subtropischer Klimate. Im äußersten SW wird in den Kapketten das subtropische Winterregenklima der Südhemisphäre erreicht. (PRESTON-WHYTE and TYSON 1988)

Der *Wechsel der Jahreszeiten* in Afrika wird bedingt durch den hygrischen Ablauf des Jahres und nicht, wie in Mittel- und Westeuropa, durch thermische Jahreszeiten wie Winter und Sommer. Er bedeutet in den äquatorialen Gebieten eine Veränderung in der Zahl der Niederschlagstage pro Woche und Monat, in den Savannengebieten, Steppen und Winterregengebieten einen Wechsel von Regenzeit und Trockenzeit.

Die mittleren Jahresniederschläge ermöglichen eine grundsätzliche Gliederung des Kontinentes in Feucht- und Trockenafrika sowie Aussagen über hygrische Gunst und Ungunst der landwirtschaftlichen Entwicklung. Feuchtafrika erstreckt sich bis zur klimatischen Trockengrenze, die bei ca. 1000 mm Jahresniederschlag verläuft. Hier beginnt Trockenafrika, in dem bis zur agronomischen Trockengrenze bei etwa 500 mm mittleren Jahresniederschlags in den sommerfeuchten Tropen bzw. 250 mm in den winterfeuchten Subtropen noch Regenfeldbau möglich ist, das aber in seiner Gesamtheit stärker von der Viehhaltung geprägt wird.

Zentralafrika, Teile Westafrikas, das südliche und mittlere Hochland von Äthiopien sowie die Luvseiten der ostafrikanischen Vulkanmassive erhalten mit mehr als 1800 mm pro Jahr außerordentlich reiche Niederschläge. Die Zahl der humiden Mo-

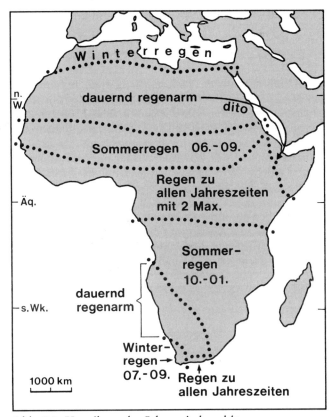

Abb. 8.2: Verteilung der Jahresniederschläge

nate, in denen der Niederschlag die Verdunstung übersteigt, beträgt in diesen Teilen von Zentral- und Westafrika über 10, in Äthiopien 6–9. Das übrige „Feuchtafrika" erstreckt sich aus der südlichen Sudanzone über die Küste und Teile der Hochländer von Ostafrika bis weit nach Südostafrika hinein, ein Großraum, in dem Ackerbau auf Regenfall zuverlässig betrieben werden kann. Dies wird problematisch in Bereichen, in denen die Jahresniederschläge auf 800 bis 400 mm zurückgehen. Von dieser Zone an nimmt die Niederschlagsvariabilität zu, d.h. Zuverlässigkeit und Höhe der Niederschläge können von Jahr zu Jahr oder auch innerhalb der Vegetationsperiode stark variieren. Die Halbwüsten und Wüsten des Kontinentes haben Niederschläge unter 100 mm pro Jahr und weniger als zwei humide Monate. Die Sahara, als die größte Wüste der Erde, ist ein „Trockenkontinent" in Afrika. Im südlichen Afrika gehören das Binnenhochland um die Kalahari und die Westseite des Subkontinents mit der Namibwüste zu den Trockengebieten. Nur die Gebirge der Kapketten im äußersten Südwesten und Süden des Kaplandes sind „feuchte Inseln" im trockenen Südafrika.

Die Veränderung der Klimaelemente, insbesondere des Niederschlags, und die unterschiedlichen Witterungsabläufe machen im Zusammenhang mit Höhenlage und Kontinentalität die Unterscheidung von mehreren Klimagebieten notwendig.

Das äquatoriale Klima West- und Zentralafrikas

Das äquatoriale Klima, auch als tropisches Regenwaldklima bezeichnet, herrscht in Zentralafrika zwischen 3° N und 4° S sowie in den Küstengebieten Westafrikas bis 8° N. Die Gebiete erhalten die höchsten Niederschlagsmengen Niederafrikas mit durchschnittlich über 1700 mm/J. – Boende in Zaire erreicht 2440 mm im langjährigen Mittel –, verteilt auf mehr als 10 humide Monate. Bei generell hohen Niederschlägen treten zwei Maxima auf in den Monaten März–April und September–Oktober, während Juni–Juli und Dezember–Januar einen leichten Rückgang der Menge und Häufigkeit der Niederschläge aufweisen. Der typische Tropenregen, kräftige Konvektions-Gewitterschauer mit Sturmböen und Regengüssen, tritt mindestens jeden dritten Tag, in den Monaten der Niederschlagsminima etwa jeden vierten Tag, auf. Es kann auch aus einer geschlossenen Nimbostratusdecke zwei bis drei Tage leichter Nieselregen fallen, wenn flache Tiefdruckgebiete mit westlichen Strömungen über die inneren Tropen ziehen. Das tropische Regenwaldklima ist an der westafrikanischen Küste von Ghana und Togo unterbrochen. Kaltes Auftriebswasser mindert die tropische Konvektion und blockiert die ganzjährige Humidität. In Ostafrika verursacht der monsunal-passatische Luftmassenwechsel zwischen Afrika und Asien jahreszeitliche Niederschläge im Frühjahr und Herbst und zwei markante Trockenzeiten.

Die mittleren Jahrestemperaturen in der äquatorialen Klimazone von Zentral- und Westafrika bewegen sich zwischen 24 und 26 °C. Die Jahresschwankungen sind mit 1–2 °C sehr gering, im täglichen Temperaturgang aber werden Tagesamplituden von 10 °C und mehr verzeichnet (mittleres tägliches Max. gegen 14.00: 29–30 °C, mittleres tägliches Min. gegen 6.00: 18–19 °C). Es herrscht ein Tageszeitenklima, wie es in den von TROLL entwickelten Thermoisoplethendiagrammen sichtbar wird. Dem äquatorialen Klima fehlt die für Mitteleuropa typische Veränderung im Jahresgang der Temperatur. Um so deutlicher erlebt der Mensch die Tageszeiten, den frischen, nebeligen Frühmorgen, den warmen Vormittag, die heiß-schwüle Mittags- und Nachmittagszeit und die nach den Gewitterschauern des Spätnachmittags bzw. des Abends, aber auch in der Nacht eintretende Abkühlung auf 18–19 °C, die einen frösteln macht. Besonders nach kräftigen Sturmböen bis zu Windstärke 6, max. 8 mit Temperaturstürzen, wie sie in Verbindung mit Gewitterfronten auftreten, trifft man häufig Afrikaner, z.B. auch Pygmäen, fröstelnd und frierend um das Feuer geschart (Diagramme zum Tagesgang der Temperatur und der Luftfeuchtigkeit in Äquatorialafrika vgl. WIESE 1980, Fig. 23).

Gewitter treten an ca. 100 Tagen/Jahr auf, in den östlichen Bergländern von Zaire sogar an ca. 180–200 Tagen/Jahr, wobei die Region um Bukavu in Ost-Zaire mit 221 Gewittertagen/ Jahr als eine der gewitterreichsten Gegenden der Erde anzusprechen ist.

Hohe thermische Schwülewerte während des ganzen Jahres sind ein Charakteristikum der äquatorialen Breiten. Die Verbindung von hoher Luftfeuchtigkeit mit hohen Temperaturen ruft oberhalb eines Wasserdampfdruckes von 14,08 mm Hg ein Unbehaglichkeitsgefühl hervor, das man mit dem von SCHARLAU (1952) entwickelten Index angeben kann. Besonders die Küstengebiete Westafrikas und Zentralafrika besitzen eine hohe Luftfeuchtigkeit im Jahres- und im Tagesmittel. Die mittlere tägliche

Luftfeuchtigkeit beträgt 85 %. So herrscht in Verbindung mit den hohen Temperaturen (Tagesmittel 25 °C) in Städten wie Abidjan, Lagos, Douala oder Libreville permanente Schwüle. In Kinshasa dagegen, bereits in der Feuchtsavanne von West-Zaire, sind die Monate Juli bis September schwülefrei, da die Luftfeuchtigkeit in der Trockenzeit merklich herabgesetzt ist.

Da jede Luftbewegung das ermüdende Schwülegefühl lindert, legte man bei der Anlage der Europäersiedlungen und der Konstruktion der Kolonialarchitektur größten Wert auf Beschattung und Luftzirkulation; für erschöpfte Tieflandtätige richtete man zur Erholung Höhenstationen wie Buea (1 200 m) bei Douala in Kamerun ein. Doch auch der Afrikaner leidet unter dem Treibhausklima, das die Arbeitskraft und den Einsatz schmälert und eher zum Verweilen im Liegestuhl als zu körperlicher oder geistiger Arbeit anregt. Hier stellt sich ein arbeitsmedizinisches Problem (LEHMANN 1965); beschattete, luftige, eventuell klimatisierte Räume sind unbedingt erforderlich für Leistungen, wie sie in mittleren Breiten erbracht werden, was der Verfasser selbst bei Studenten häufig beobachten konnte. Auch Maschinen, Ausrüstungsgegenstände oder Fabrikationsverfahren der gemäßigten Zone unterliegen der Belastung durch hohe Luftfeuchtigkeit und Temperaturen, wodurch sie in kurzer Zeit unbrauchbar werden können.

Ein relativ unbekanntes, aber recht typisches Phänomen der inneren Regenwaldteile ist die große Nebelhäufigkeit, vor allem in den frühen Morgenstunden, wenn sich von den zahllosen Wasserläufen und Wasserflächen aus die Nebel bis ca. 8 Uhr ausdehnen und z.B. den Flug- und Schiffsverkehr beeinträchtigen. Als Folge der nächtlichen Abkühlung in Bodennähe entstanden, lösen sie sich mit der Erwärmung der Atmosphäre bei steigender Sonne auf.

Mit der Entfernung von der äquatorialen Zone nimmt die Höhe der Niederschläge und die Zahl der humiden Monate ab. Während in einer Übergangszone noch neun humide Monate erreicht werden, bei einer Akzentuierung der beiden Niederschlagsmaxima, vollzieht sich südlich 4° s. Br. und nördlich 3° n. Br. der Rückgang der humiden Zeit auf 6–7 Monate.

Das tropisch-sommerhumide Feuchtklima

Ein tropisches Feuchtklima mit 7–10 humiden Monaten und mittleren Jahresniederschlägen zwischen 1 200–1 600 mm herrscht beiderseits der äquatorialen Klimazone. Vegetationsgeographisch ist dies der Gürtel der Feuchtsavannen mit Galeriewäldern vom Regenwaldtyp. Der Jahresablauf wird bestimmt durch zwei Regenzeiten, auf der Südhalbkugel im April und Oktober, auf der Nordhalbkugel Juni bzw. September. Sie werden bedingt durch die jahreszeitliche Verlagerung der innertropischen Konvergenzzone. Mit ihr dringen instabil-feuchte Luftmassen gegen die stabil-trockeneren Luftmassen der Randtropen vor und führen mit Frontensystemen zu heftigen jahreszeitlichen Niederschlägen. Sie fallen als Starkregen von ca. 100 mm in wenigen Stunden; vereinzelt wurden katastrophale Niederschläge gemessen, so z.B. in Kinshasa/Zaire 165 mm in 24 Stunden. Manchmal treten ausgesprochene Sturzregen auf und richten erhebliche Schäden durch Überflutung und Abspülung an; so liegt aus Zentralshaba (Zaire) ein Fall vor, in dem 160 mm in 2 Std. 40 Min. fielen!

Die Luftfeuchtigkeit bleibt in diesem Klimagebiet fast das ganze Jahr hindurch hoch, so daß die Schwüle oft lähmend wirkt. Nur während der Trockenzeit oder in Höhenlagen über 800 bis 1000 m sinken die Schwülewerte auf ein erträgliches Maß. Die Bewölkung dauert in der Regenzeit oft mehrere Tage an. Höchstwerte werden an der Küste und im Mayumbe in West-Zaire erreicht, wo die *cacimbo* oder *lisala* genannten Küstennebel, die sich über dem kalten Benguelastrom bilden, zur Feuchtigkeitsbildung beitragen; die Nimbostratusdecke löst sich oft tagelang nicht auf und bedingt auch in der Trockenzeit häufig hohe Schwülewerte. Der Tagesgang der Temperatur sorgt mit der abendlichen Abkühlung für eine gewisse Erholung.

Die Sommerregengebiete

Die Plateaulandschaften des südlichen Zentralafrika sowie von Ost- und Tropisch-Südafrika und die Sudanzone gehören den wechselfeuchten Sommerregengebieten der äußeren Tropen an. Die Regenzeit konzentriert sich auf 6–7 Monate bei Jahresmitteln von 1000–1300 mm. Ihr steht eine geschlossene Trockenzeit gegenüber, auf der Südhalbkugel in den Monaten Juni bis Oktober, auf der Nordhalbkugel von Oktober bis April. Die Variabilität der Niederschlagsmenge und der Niederschlagsverteilung kann bereits zu einer Behinderung für die landwirtschaftliche Nutzung werden. Ein Problem für die Landwirtschaft ergibt sich in diesen wechselfeuchten Gebieten durch den oft lokalen Charakter der Niederschläge: So erhielten z.B. Kaniama/NW-Shaba am 12. Januar 1949 nur 4 mm, das 25 km entfernte Kasimba dagegen 103 mm; Kaniama erhielt am 9. Dezember 1949 sogar 114 mm, Kasimba dagegen lediglich 2 mm. Mit der Entfernung vom tropischen Regenklima werden Niederschlagsmenge und -verläßlichkeit geringer, Stark- und Sturzregen häufiger. Diese Irregularitäten übertragen sich auf den Abfluß, der exzessiver wird: Generell beträgt die mittlere jährliche Abflußmenge ca. 200 mm, da 900–1000 mm durch die jährliche Evapotranspiration verloren gehen.

In den Höhenlagen bis ca. 900 m ist die mittlere Jahrestemperatur mit ca. 23–25 °C relativ hoch; erst auf den Plateaus von 1200–1300 m Höhe sinkt sie auf ca. 20–22 °C. Die Jahresamplitude nimmt allmählich von 4 °C auf 7 °C zu, die Tagesamplituden wachsen auf 10–15 °C, zum Teil auf über 20 °C an.

Die Individualität der Plateaulandschaften Zentral-, Ost- und Südafrikas wird verstärkt durch die extreme Kontinentalität. Das Jahresmittel der Temperatur, z.B. von Lubumbashi, beträgt zwar ca. 20 °C, aber in der Trockenzeit herrschen mittlere Monatstemperaturen von weniger als 18 °C, mittlere Minima von 13 °C, und oft genug sinkt das Thermometer in den Monaten Juli und August auf 0–1 °C ab; in Senken tritt schon Bodenfrost auf. Thermische Schwüle ist in den Höhenlagen über 1000 m nur episodisch in den Monaten Dezember bis März zu erwarten.

Die Höhen- und die Hochgebirgsklimate Tropisch-Afrikas

Die Bergländer und Gebirgsmassive über 1200 m Höhe von der Zentralafrikanischen Schwelle in Ost-Zaire bis nach Ost- und Südostafrika gehören zu den tropischen Höhenklimaten. Hochländer, Schwellenregionen und Einzelmassive sind der feuchttemperierten Höhenstufe zwischen 1100–1200 und 2200–2400 m zuzuordnen. Der große Vorteil dieser mit der *tierra templada* Südamerikas vergleichbaren Höhenstufe liegt in den thermischen Gegebenheiten. Die Jahresmitteltemperatur nimmt in 1900–2000 m Höhe auf 17–18 °C ab, die mittleren täglichen Max. betragen nur noch 20–21 °C, die mittleren täglichen Min. sinken auf 10–11 °C. „Emporgehoben" über die Hitze und Schwüle des tropischen Tieflandes, bleibt der Bewohner im temperierten Bergland von Tropenkrankheiten wie der Malaria und der Schlafkrankheit verschont. Da die Nachttemperaturen auf 5–6 °C sinken, treten dagegen Erkältungskrankheiten und Lungenentzündungen gehäuft auf.

Für die Besiedlung und Landnutzung wirkte sich entscheidend aus, daß einer der wichtigsten Gegner des wirtschaftenden Menschen in Tropisch-Afrika, die Tsetsefliege (*Glossina morsitans*), in diesen Höhenregionen nicht mehr auftritt; sie hat ihre Höhengrenze etwa in Ost-Zaire bei 1100–1200 m. Deshalb gehören die tropischen Hochländer Afrikas zu den bevorzugten Standorten der Rinderviehwirtschaft, sei es in Form des Halbnomadismus oder sei es in Form der Stallhaltung (Westkamerun, Dschagga am Kilimandscharo). Zugleich ist die untere Höhenstufe der innertropischen Bergländer frostfrei, so daß ein breites Spektrum tropischer Nutzpflanzen wie Arabicakaffee und Tee angebaut werden kann, in den höheren Lagen ergänzt durch Anbaufrüchte aus den mittleren Breiten wie Kartoffeln, Gemüse und Obst. Hagelschlag beeinträchtigt an 3 bis 5 Tagen/Jahr die Landnutzung in den Bergländern oberhalb 1800 m, er kann aber auch bis 1000 m Höhe eintreten. Er richtet erhebliche Schäden an Bananen, Kaffee und anderen Kulturpflanzen an.

An der Obergrenze der *tierra templada* in 2200–2400 m Höhe erreichen die Niederschläge an der zentralafrikanischen und der ostafrikanischen Schwelle sowie an den Riesenvulkanen und Bergmassiven Ostafrikas Höchstwerte. In dieser Stufe liegt fast ganzjährig ein Kondensationsniveau, in dem der Regenfall durch Nebelfeuchte ergänzt wird. Auf der Luvseite, z.B. der zentralafrikanischen Schwelle, verursachen Steigungsregen sehr hohe Niederschläge. Sie betragen im Mittel 2200–2400 mm und liegen auf der Westseite des Ruwenzorimassivs sogar bei ca. 4000 mm. Die Effektivität der Niederschläge wird durch hohe Bewölkungsgrade erhöht, die die Verdunstung herabsetzen.

In der zwischen 2200–2400 und 3700–3800 m sich erstreckenden feuchtkühlen Höhenstufe, vergleichbar mit der *tierra fria* Lateinamerikas, herrschen bei über 10 humiden Monaten mittlere Jahrestemperaturen von lediglich 6–16 °C. Über 2500 m finden sich in den Schwellenregionen oder Einzelgebirgsmassiven keine Dauersiedlungen mehr, da Kühle, Nässe und Wind den Aufenthalt nahezu unmöglich machen. Wenn auch die Gesamtniederschlagsmenge oberhalb 2400–2500 m abnimmt, so sorgen doch Nebel und Sprühregen für ständige Feuchtigkeit und bedingen fast undurchdringliche bartflechtenbesetzte Nebel- oder Bambuswälder.

In den höchsten Teilen der zentralafrikanischen Schwelle wie auf dem Uviraplateau, im Ruwenzorimassiv und an den Virungavulkanen wird bei ca. 3800 m die Höhenstufe der *tierra helada* erreicht, die sich oberhalb 4000 m voll durchsetzt, gekennzeichnet durch die afroalpine Paramo-Vegetation. Über 3200–3500 m bereits bleibt die Temperatur des wärmsten Monats unter 10 °C. Wind, Kälte, Frost und Schneefall kennzeichnen die Plateaus, Hang- und Gipfelgebiete dieser Höhen, die einen außerordentlich hohen Bewölkungsgrad haben. Die klimatische Schneegrenze wird am

Ruwenzori bei 4600–4700 m erreicht, an den Vulkanmassiven Ostafrikas bei ca. 4300 m.

Die tropischen und subtropischen Trockenklimate

Zwischen dem Atlantik und dem Roten Meer spannt sich eine fast 5000 km breite Zone von tropischen Trockenklimaten. Von Süden nach Norden nimmt die Zahl der humiden Monate von 4,5 auf 2 ab, um dann fast unmerklich auf weniger als zwei zu sinken, und in die tropischen Halbwüsten- und Wüstenklimate der Sahara überzuleiten. Lediglich durch das Verhältnis von Jahresamplitude zu Tagesamplitude unterschieden, aber im Grad der Aridität gleich, schließen sich nordwärts über 2000 km die subtropischen Wüsten- und Halbwüstenklimate des saharischen Großraumes an. Im südlichen Afrika vollzieht sich ein ähnlicher Übergang aus dem tropischen Trockenklima der Kalahari mit Niederschlägen um 400 mm in die subtropischen Halbwüsten- und Wüsten des zentralen und westlichen südlichen Afrika (u.a. Namib-Wüste). Niederschlagsmangel, extreme Verdunstung über freien Wasserflächen, extreme Trockenheit der Luft bei absoluter Wolkenarmut sind Kennzeichen der Halbwüsten und Wüsten. In ihren Randzonen, den tropischen Dorn- und Sukkulentensavannen bzw. den subtropischen Steppen, nimmt die Dauer der humiden Jahreszeiten zwar bis zu drei Monaten zu, aber die Variabilität der Niederschläge sowie Dürreperioden begrenzen die wirtschaftlichen Aktivitäten. Es sind die Räume, in denen die Desertifikation, das durch den Menschen verursachte Vorrücken wüstenhafter Bedingungen, voranschreitet. Dies trifft auch für die Trockengebiete Nordost- und Ostafrikas zu, die sich von Somalia durch die Tiefländer von Kenia nach Tansania erstrecken und durch einen „Trockenkorridor" mit den Trockenklimaten des südlichen Afrika in Botswana verbunden sind.

Die winterfeuchten Subtropenklimate

Aus den binnenländischen, z.T. bis an die Küste reichenden Trockenräumen gelangt man am äußersten Nordwest- und Südwestsaum des Kontinentes in das typische „Mediterranklima". Aus der Westwindzone, im Winter der jeweiligen Hemisphäre, in den Kontinent driftende Tiefdruckgebiete bringen diesen Bereichen subtropischer Hartlaub- und Nadelgehölze winterliche Niederschläge von 600 mm bis 1000 mm in bis zu fünf humiden Monaten. In den Höhenlagen kommt es zu Schneefall, doch wird nirgendwo die klimatische Schneegrenze erreicht. Frost stellt einen wichtigen Risikofaktor für die landwirtschaftliche Nutzung dar. Genauso können Dürren zu wirtschaftlichen Katastrophenjahren führen, wenn nicht für vorsorgende Wasserspeicherung oder entsprechende Agrartechniken gesorgt ist.

Das subtropisch-sommerfeuchte Ostseitenklima

Im äußersten Südosten des Kontinentes schließt sich an das randtropisch-sommerhumide Küstenklima des Tieflandes von Mosambik ein schmaler Streifen an, der sommerfeuchtes subtropisches Klima zeigt. Diese Region zwischen Maputo und Port Elizabeth gehört zu den schwierig einzuordnenden Regionalklimaten der südhemisphärischen Ostküsten. Ständige Feuchte bei sommerlichem Niederschlagsmaximum verbindet sie mit den feuchten Tropen, doch weicht der Jahresgang der Temperatur von den Verhältnissen in den Tropen ab; auch das episodische Auftreten von Frost kennzeichnet diese Bereiche bereits als Teil der Subtropen.

In extremen Maße gilt dies für das sommerfeuchte, wintertrockene subtropische Höhenklima auf der Ostseite Südafrikas. Circa sechs bis sieben humide Monate mit 500 mm–1000 mm Niederschlag während des Sommers kontrastieren mit ariden, kalten Wintermonaten, in denen bis zu 60 Tage Frost auftritt. Dieser wird von manchen Geoökologen als wesentlicher Faktor für die baumlosen Kurzgrassteppen angesehen, die für das Hochveld von Transvaal, Natal und Oranje-Freistaat typisch sind. Episodische Schneefälle bei Kaltlufteinbrüchen aus der Subpolarzone können erhebliche Verluste für die Viehwirtschaft sowie bei den Sonderkulturen (Obstbau) hervorrufen.

Das subtropisch-immerfeuchte Klima

Im äußersten Süden des Subkontinents tritt im Hinterland von Mosselbay-Knysna immerfeuchtes subtropisches Klima mit über 1000 mm Jahresniederschlag und Jahresmitteltemperaturen von 18 °C–20 °C auf, bedingt durch die Überlagerung von Winterregen und Sommerregen. Auf dieser Basis gedeihen die berühmten subtropischen Regenwälder von Knysna, in denen es bis in das 19. Jahrhundert noch Waldelefanten gab.

3.3.2 Klimagenese und Klimadynamik

Versucht man, die Klimazonen des Kontinentes, die so bilderbuchhaft zonal angeordnet sind und nur im Süden eine ausgesprochene longitudinale Komponente erhalten, genetisch abzuleiten, so muß zunächst auf die atmosphärische Zirkulation und auf die Windsysteme in Afrika und den angrenzenden Ozeanen eingegangen werden. Steuerungselemente für die Verteilung der Feucht- und Trockenklimate sowie für den jahreszeitlichen Wechsel der Niederschläge, sind die randtropisch-subtropischen Hochdruckgebiete der Nord- bzw. Südhemisphäre und die innertropische Konvergenzzone (ITC) mit den eingelagerten äquatorialen Tiefdruckgebieten. Die hohe Globalstrahlung in den äquatorialen Breiten bedingt etwa zwischen 5° n. Br. und 5° s. Br. ganzjährig ein hochreichendes Aufsteigen (ca. 15000 m) der Luftmassen, die dann polwärts fließen und absinken. Bei dieser Absinkbewegung kommt es im Bereich der Wendekreise zur Entstehung der randtropisch-subtropischen Hochdruckgebilde. Diese schließen sich im Dezember/Januar auf der Nordhemisphäre zu einer großen Hochdruckbrücke zusammen, die vom Atlantik durch die Sahara bis nach Asien reicht. Aus dem subtropisch-randtropischen saharischen Raum weht der Nordostpassat kräftig und beständig südwärts. Er reicht in dieser Jahreszeit als Regionalwind mit der Bezeichnung Harmattan bis an die Guineaküste. Es ist die winterliche Trockenzeit in Afrika nördlich von 5° n. Br. Nur der äußerste Norden des Kontinentes erhält Winterregen durch Tiefdruckgebiete aus der Westwindzone. In der gleichen Jahreszeit ist die große Hochdruckbrücke auf der Südhemisphäre, die vom Südatlantik über Südafrika bis zum Südindik reicht, durch ein flaches kontinen-

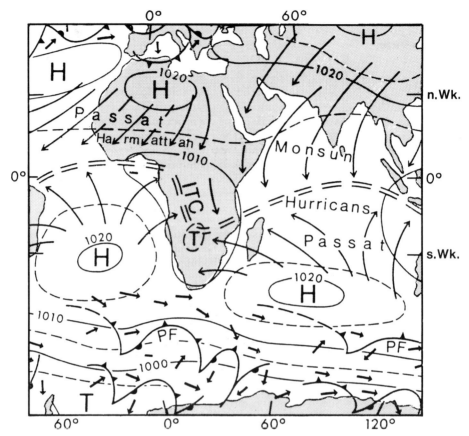

H = Kern eines Hochdruckgebietes; T = Kern eines Tiefdruckgebietes;
PF = Polarfront; ▶▲▲ = Kaltfront; ▬▲▬ = Warmfront

Abb. 9.1: Atmosphärische Zirkulation und Windsysteme im Januar

tales Hitzetief unterbrochen. Dieses Hitzetief saugt maritim-instabile Luftmassen in das südliche Afrika ein, wo der über dem warmen Mosambikstrom mit Feuchtigkeit angereicherte Südost-Passat der Ostseite und dem Binnenland Südafrikas ergiebige Sommerregen bringt. Gleichzeitig erhalten das südliche Afrika und Ostafrika durch die weit nach Süden ausschwingende ITC tropische Zenitalregen aus feuchten, instabilen Luftmassen, die aus dem Kongobecken nach Süden strömen. Im Juni/Juli dagegen hat sich mit der Veränderung des Zenitstands der Sonne das Gesamtsystem der atmosphärischen Zirkulation und mit ihr die ITC weit nach Norden verlagert: Tropische Regenfälle erreichen Westafrika, wo der Monsun bis etwa 15° n. Br. ergiebige Sommerregen bringt. Durch das Vorrücken instabil-feuchter innertropischer Luftmassen gegen die trocken-heißen passatischen Luftmassen entstehen über Westafrika typische Wolkenformen, die den Verlauf der Niederschlagszonen anzeigen. Zu Be-

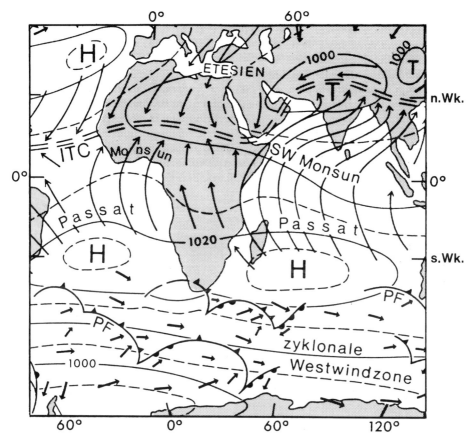

H = Kern eines Hochdruckgebietes; T = Kern eines Tiefdruckgebietes;
PF = Polarfront; ▶◀ = Kaltfront; ▶◀ = Warmfront

Abb. 9.2: Atmosphärische Zirkulation und Windsysteme im Juli

ginn und gegen Ende der Regenzeit bilden sich lokal und regional wirksame Gewitterstürme an linienhaften Störungen, im engl. als squall lines, im frz. als lignes de grains bezeichnet.

Das südliche Afrika und das südliche Zentralafrika sowie Teile Ostafrikas hingegen haben im Juni/Juli eine Trockenzeit, bedingt durch die kräftige Ausprägung der randtropisch-subtropischen Hochdruckbrücke mit absinkenden Luftmassen. Nur die äußerste Südspitze des Kontinentes wird von Tiefdruckgebieten aus der südhemisphärischen Westwindzone erreicht und erhält Winterregen.

Die innertropische Konvergenzzone (ITC) stellt den entscheidenden Faktor der Niederschlagsverteilung in Tropisch-Afrika dar. Die ITC markiert den Verlauf der Achse der innertropischen Tiefdruckgebiete, an der sich der Kontakt zwischen den passatisch-kontinentalen und den maritimen Luftmassen vollzieht. Im Juli–August hat die ITC eine ausgeprägte Nordlage bei ca. 18° n. Br. Maritime Luftmassen dringen vom Südatlantik nach West- und Zentralafrika ein und rufen ein Niederschlagsmaximum in der Sudanzone hervor. In Zentralafrika herrscht ein Niederschlagsminimum, im südlichen Afrika Trockenzeit. Mit der Verlagerung der Zirkulationsgürtel wandert die ITC südwärts; Ende September/Anfang Oktober liegt sie über dem Äquator, so daß die äquatoriale Zone zwischen 5° n. Br. und 5° s. Br. zu dieser Zeit ein Niederschlagsmaximum aufweist. Während in den nördlichen Savannengebieten die Trockenzeit einsetzt, bahnt sich im südlichen Zentral- und in Südafrika die Regenzeit an. Mit der Verlagerung der ITC in eine ausgesprochene Südlage erreicht das südliche Afrika im November–Januar sein Niederschlagsmaximum. In der nördlichen Savannenzone herrscht in dieser Zeit der NO-Passat, der mit trocken-stabilen kontinentalen Luftmassen den Höhepunkt der Trockenzeit bringt. Mit der wieder einsetzenden Nordwärtsverlagerung der ITC gerät die äquatoriale Zone erneut unter den vollen Einfluß dieser maximalen Niederschlagszone und erhält im März–April ein zweites Niederschlagsmaximum, während im südlichen Afrika die Regenzeit zu Ende geht.

Kalte Auftriebswasser im Verlauf des Benguelastroms vor Namibia-Angola oder des Kanarenstroms vor Marokko-Mauretanien besitzen erhebliche Bedeutung für die Aridität der Küstenbereiche: Sie verstärken die Aridität bzw. rufen in den inneren Tropen Westafrikas wie im bekannten Trockenbereich von Ghana-Togo-Benin regionalen Niederschlagsmangel hervor.

LEROUX (1983) macht deutlich, wie die Hochflächen und Hochplateaus Ost- und Südafrikas als regionale Heizflächen fungieren, die die zonale Zirkulation durch thermische Tiefdruckgebiete unterbrechen und ein stärker regional bedingtes Zirkulationsmuster hervorrufen. Somit wird die klimatische Feingliederung Ostafrikas verständlich, das sich nicht einfach in die zonale Grundstruktur des Kontinentes einordnen läßt.

3.3.3 Trockenheit und Dürren als Risikofaktoren der Entwicklung

In einem Kontinent, in dem ca. 70 % der Bevölkerung ihre Erwerbsgrundlage in der Landwirtschaft finden, ist die Kenntnis der Niederschlagsvariabilität von Bedeutung für die Beurteilung des landwirtschaftlichen Nutzungspotentials. Man muß sich jedoch vor Augen halten, daß Höhe, Verteilung und Verläßlichkeit der Niederschläge nur einen groben Rahmen abgeben zur Beurteilung des landwirtschaftlichen Potentials; Bodenfeuchte, Bodennährstoffgehalt, Mikroklima und menschliche Eingriffe sind kleinräumige Standortfaktoren.

Die äquatorialen Breiten erhalten relativ zuverlässige Niederschläge, doch auch hier können in West- und Zentralafrika, unter dem Einfluß des Passats, in den Monaten Dezember bis Februar max. 34 Tage ohne Niederschlag auftreten, eine Trockenperiode für die bäuerlichen Betriebe und Plantagen im äquatorialen Saisonregenwald, die jedoch ohne gravierende Folgen für die Agrarproduktion bleibt. Die Savannengebiete erleben Verzögerungen im Beginn und Veränderungen in der Dauer der Regenzeit

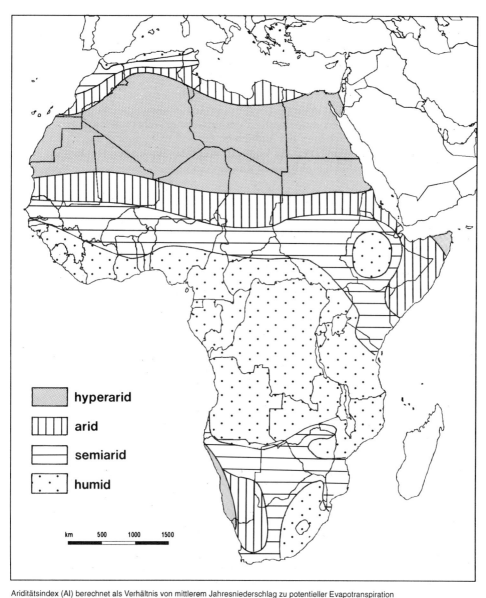

Ariditätsindex (AI) berechnet als Verhältnis von mittlerem Jahresniederschlag zu potentieller Evapotranspiration
AI < 0,05 = hyperaride Gebiete, Jahre ohne Niederschlag, interannuelle Niederschlagsvariabilität 100 %
AI 0,05 bis 0,20 = aride Gebiete, Jahresniederschlag in Winterregengebieten bis 200 mm, in Sommerregengebieten bis 300 mm, interannuelle Variabilität 50–100 %
AI 0,21 bis 0,50 = semiaride Gebiete, Jahresniederschlag in Winterregengebieten bis 500 mm, in Sommerregengebieten bis 800 mm, interannuelle Variabilität 25–50 %
AI > 0,50 = humide Gebiete; im Übergang zu den ariden Gebieten schmale „trocken-subhumide Zone" mit AI zwischen 0,50 und 0,65; Niederschlagsvariabilität in humiden Gebieten < 25 %

Abb. 10: Trockengebiete

sowie ungünstige Verteilung der Niederschläge innerhalb der Regenzeit. So geschieht es in Zentral- und Ostafrika, daß bei einer sehr stabilen Lage der innertropischen Konvergenz und weitem Vordringen des NO-Passats die große Trockenzeit der Monate Dezember bis Februar durch das Aussetzen der ersten Regenzeit (April–Mai) und verspäteten Beginn der großen Regenzeit (August–Oktober) so verlängert wird, daß statt einer zweimonatigen eine vier- bis fünfmonatige Trockenzeit auftritt. Die in der ersten Regenzeit gesäten und gepflanzten Feldfrüchte bringen keine oder unzureichende Frucht, und es kommt zu episodischem Nahrungsmittelmangel und Hunger. Auch in den Savannen des südlichen Zentralafrika und Südostafrikas können Beginn und Ende der Regenzeit sehr variieren; die Dauer der Trockenzeit kann zwischen drei und fünfeinhalb Monaten schwanken.

Trockenheit und Dürre werden zu entscheidenden limitierenden Faktoren der Landwirtschaft in den Gebieten jenseits der agronomischen Trockengrenze bei ca. 500 mm Sommerregen (JÄTZOLD 1988, ANHUF 1989). Die mittlere Niederschlagsmenge pro Jahr beträgt für ca. 40 % des Kontinentes weniger als 500 mm. Diese Niederschlagsmenge, die in den Tropen generell als die Grenze eines verläßlichen Regenfeldbaus angesehen und als „agronomische Trockengrenze" bezeichnet wird, liegt bei ca. 4 humiden Monaten. Durch angepaßte Sortenwahl, z.B. bei den Hirsen in Westafrika oder durch entsprechende Feldbautechniken wie das „dry farming" in Ost- und Südafrika, kann die Grenze des Regenfeldbaues in sommerfeuchten Gebieten bis zu 350 mm Jahresmittel vorgeschoben werden (JÄTZOLD 1985, S. 13), in winterfeuchten Gebieten bis 250 mm. Gerade an der Regenfeldbaugrenze wird ein besonderes Problem der tropischen und subtropischen Trockengebiete Afrikas sichtbar: Die Gefährdung der Landwirtschaft durch Dürren. Ihre katastrophalen Folgen traten der Welt angesichts der Dürrekatastrophe im Sahel in den Jahren 1968 bis 1973 erschreckend vor Augen. In der Sahelzone stellen, wie in allen semiariden bis semihumiden Teilen Afrikas, „Ausnahmen die Regel" dar: Schwankungen der Niederschlagsmengen von Jahr zu Jahr, Unregelmäßigkeiten in der Verteilung der Niederschläge, Folgen von „mageren" und „fetten" Jahren. So besagen mittlere Jahresniederschläge von 350 bis 500 mm in der Sahelzone oder in den Ländern des südlichen Afrika nichts angesichts der starken Variabilität. Die Auswirkungen von Dürren sind auch im „Südsahel" erheblich: Die Maisernte in Südafrika oder die Entwicklung des Rinderbestandes in Botswana, Simbabwe und Namibia spiegeln die Folgen von niederschlagsreichen und niederschlagsarmen Perioden wider. Südafrikanische Wissenschaftler untersuchten den Wechsel von Feuchte- und Dürreperioden zwischen 1910 und 1980 (TYSON 1981). Zur Verfügung standen die Daten von 62 Stationen im Sommerregengebiet Südafrikas für die Jahre zwischen 1910 und 1977. Die Abweichung der Jahresniederschläge vom langfristigen Mittel (in %) läßt einen 20jährigen Zyklus von Dürre- und Feuchteperioden erkennen. Zu beachten ist, daß es sich um ein statistisches Mittel handelt, dessen Signifikanz zu diskutieren bleibt: Ein 22jähriger Zyklus entspricht der doppelten Sonnenfleckenperiode, ein 18,5jähriger Zyklus einer spezifischen Konstellation von Sonne, Mond und Planeten. Die Forschung nach den Ursachen von Dürren soll Prognosen erleichtern, um die Folgen wie Hunger, Flucht und Tod zu minimieren, die die ländliche Bevölkerung der Trockengebiete treffen. Dabei interessiert der Zusammenhang zwischen natürlichen Prozessen und den Folgen menschlicher Eingriffe in

Landnutzung und Klima, wie sie auch im Rahmen der Desertifikationsforschung im Mittelpunkt stehen (FRANKENBERG und ANHUF 1989).

Die vorhergehenden Darstellungen zeigten, wie differenziert eine klimageographische Gliederung von Afrika ansetzen muß, wie Jahres- und Tagesgang von Temperatur und Niederschlag, wie Witterungsverhältnisse regional und lokal variieren und zudem große Schwankungen von Jahr zu Jahr auftreten können. Die Planung der landwirtschaftlichen Nutzung, der Bau von Straßen oder Kanalisationssystemen und die Nutzung der Wasserressourcen können nur bei entsprechender Kenntnis der lokalen und regionalen Verhältnisse durchgeführt werden. Hier sind noch manche Wissens- und Deutungslücken zu schließen.

3.3.4 Globale Erwärmung und Klimaveränderung

Im Mai 1990 fand in Nairobi eine internationale Konferenz über die globale Erwärmung und ihre Konsequenzen für Klimaveränderungen in Afrika statt. Ihr Schlußdokument wird als die „Nairobi Declaration on Climatic Change" (1990) bezeichnet. Als Ergebnis der Anreicherung von Treibhausgasen wie Kohlendioxid oder FCKWs in der Atmosphäre, die die Erwärmung bedingen, prophezeien die Konferenzteilnehmer erhebliche ökologische, ökonomische und politische Konsequenzen für Afrika. Die Wissenschaftler stimmen darin überein, daß die globale Erwärmung zu einer Ausdehnung der Trockengebiete und zu einer Verschärfung der Notsituation führt, – eine katastrophale Perspektive angesichts der Tatsache, daß 21 Länder Afrikas in der Sudan-Sahel-Zone und 10 Länder im Umkreis der Kalahari von Dürren betroffen werden. Der erwartete Anstieg des Meeresspiegels wird erhebliche Auswirkungen auf mindestens sechs Länder Afrikas haben, und zwar Ägypten, Kenia, Mosambik, Nigeria, Senegal und Gambia; dort sind nicht nur Hafenanlagen, Industriegelände und Flughäfen, sondern auch wichtige Anbaugebiete durch Überschwemmung und Versalzung bedroht. Es wird umfangreiche Forschung, Innovationen und finanzieller Anstrengungen bedürfen, um dieser Gefährdung zu begegnen (OMINDE 1991, ENGELHARDT und WEINZIERL 1993). Es gilt, energiepolitische Möglichkeiten zu prüfen und auszuwählen, die sowohl ökonomisch als auch umweltpolitisch sinnvoll sind. Wieweit jedoch die Entwicklungsländer Afrikas in der Lage sind, sich auf saubere Brennstoff- und Technologiealternativen zu verlegen und die Effizienz der Energieerzeugung zu verbessern ist angesichts der Erfahrungen in den Industrieländern, der gravierenden Armut in Afrika und dem minimalen Technologietransfer äußerst fragwürdig (CHURCHILL und SAUNDERS 1991).

3.4 Die Gewässer als natürliche Ressourcen

Angesichts der Ausdehnung von Trockengebieten in Afrika, der Notwendigkeit der Steigerung der Agrarproduktion, zum erheblichen Teil auf der Basis der Bewässerungswirtschaft, sowie der Notwendigkeit der Verbesserung der Brauch- und Trinkwasserversorgung erhält die Darstellung der Gewässer des Kontinents eine hohe Aktualität (BEADLE 1992, Management of Water Resources 1986, JUNGFER 1990). Für die Länder Nordafrikas und des Sahel, aber auch für Namibia, Südafrika und Botswana wurden erste Einschränkungen im Wasserverbrauch notwendig. Die Konflikte um Wassernutzung haben sich zum Beispiel in der Sahelzone seit den ausgehenden 60er Jahren andauernd verschärft. Im April 1989 kam es zu einem regelrechten „Wasserkrieg" zwischen Mauretanien und Senegal: Der Konflikt zwischen Bauern und Nomaden brach offen aus (WEGEMUND 1991). Der Streit führte zur Ausweisung von zehntausenden von Staatsbürgern der jeweiligen Länder und zu Flüchtlingsmigration. Trinkwasser wird auch in Nord- und Südafrika zu einem „begrenzten Rohstoff".

Abflußmenge, Abflußverhalten – Saisonalität und Einzugsgebiete der Stromsysteme in Afrika hängen eng zusammen mit der geomorphologischen und klimatischen Großgliederung des Kontinentes. Das immerfeuchte Zentral- und Westafrika hat perennierende Flüsse mit hohen durchschnittlichen Abflußmengen wie Kongo-Zaire, Ubangi, Ogowe, Sanaga oder Niger-Unterlauf. Da sich die Einzugsgebiete dieser Flußsysteme bis in die wechselfeuchten Savannen erstrecken, werden die Abflußmengen von den dortigen Niederschlags-Jahreszeiten mitbestimmt. Die Gebiete der wechselfeuchten Tropen zeigen immer noch erhebliche Abflußmengen, doch weist der Jahresgang starke Schwankungen mit einem ausgeprägten Spätsommermaximum auf. Die Flüsse der trockenen Tropen wie Senegal, Niger und Sambesi haben ein Abflußregime, das durch große Schwankungen innerhalb eines Jahres sowie über mehrere Jahre gekennzeichnet ist. Auswirkungen von Dürreperioden sind von Niger- und Senegalstrom bekannt: Rückgang der Arten, verstärkter Holzeinschlag, verschärfte Überweidung, Versalzung in den Hochflutbereichen; Folgen des Süßwassermangels tragen zur Vernichtung der Mangroven bei, da der Salzgehalt des Gezeitenwassers zunimmt. In den Trockengebieten tropisch- und subtropisch Afrikas, mit weniger als zwei humiden Monaten, vollzieht sich der Übergang vom saisonalen zum episodischen Abfluß. Hier werden Wadibetten oder Riviere (Namibia) meist nur wenige Male pro Jahr, oft nur einmal in mehreren Jahren, durchflossen. Die subtropischen Winterregengebiete kennen aufgrund des Niederschlagscharakters und des Gebirgsrelief vorwiegend kurze, stark abkommende Gewässer; in den Sommermonaten trifft man nur Trockenflußbetten an, die allerdings bis weit in das Frühjahr hinein aus den schneebedeckten Gipfelregionen gespeist werden können.

Für die Erschließung, für den innerafrikanischen Verkehr sowie für die Entwicklungsperspektiven des Kontinents wirkt sich die Gliederung in Großbecken und Schwellen nachteilig aus: Im Unterschied zu Asien liegen die ausgedehnten Schwemmlandebenen im Binnenland, z.B. das Niger-Binnendelta (BARTH 1977, 1986), die Ebenen um den Tschadsee oder die Aufschüttungsflächen um das Okavangodelta (KLIMM u.a. 1994, Kap. 3.3.3). Stromschnellen behindern im Zuge der Schwellenzonen den Zugang in den Kontinent auf dem Wasserweg. Die geomorphologische Entwicklung führte dazu, daß große endorheische Flußsysteme bestehen, ausgerichtet auf Binnenseen wie den Tschadsee, den Viktoriasee oder das Okavangodelta. Auch die ostafrikanischen Seen haben weder untereinander noch seewärts schiffbare Verbindungen, da sie in ihrer Entstehung auf tertiäre und quartäre Bruchtektonik oder weiträumige Verbiegungen zurückzuführen sind und ein zusammenhängendes Gewässernetz noch nicht entstanden ist.

Die großen Stromsysteme

Der *Nil* stellt mit 6671 km den längsten Fluß der Erde dar. Mit seinen Quellarmen bis in die ostafrikanischen Kleinstaaten Ruanda und Burundi zurückgreifend, wird der Weiße Nil aus den äquatorialen Niederschlagsgebieten Zentralafrikas gespeist. Der Blaue Nil entspringt im regenreichen äthiopischen Hochland und garantiert unterhalb von Khartum die Existenz des Fremdlingsflusses und der Stromoase. Das ca. 22 000 qkm umfassende Delta stellt einen wichtigen agraren Wirtschaftsraum Ägyptens dar. Von Juni bis Oktober reicht die jährliche Überschwemmung, mit der bis in die 60er Jahre der fruchtbare Nilschlamm auf die Felder gelangte. Zur Regulierung des Abflusses entstand bereits 1899–1902 am ersten Katarakt ein großer Staudamm. Zwischen 1960 und 1971 wurde nur sieben Kilometer oberhalb der Assuan-Hochdamm (Sadd el Ali) gebaut, der den Nil zum Nasser-Stausee, dem zweitgrößten der Welt, aufstaut. Die Zielsetzung war Ausdehnung der Bewässerungsflächen, Schutz vor Überschwemmungen, Sicherung der Wasserversorgung, Energiegewinnung (10 Mrd. kWh/Jahr) und Schaffung einer Wasserstraße. Das Ausbleiben der Nilflut bedingt jedoch seit 1964 die Notwendigkeit einer künstlichen Düngung in der gesamten Nilstromoase, eine ökonomisch und ökologisch problematische Folge. Während die Sedimentation im Stausee schnell zunimmt, fehlt die Sedimentzufuhr im Delta, wo Küstenerosion eintritt. Die Beschleunigung der Bodenversalzung ist bedingt durch Überbewässerung, unzureichende Drainage des salzhaltigen Nilwassers und Grundwasseranstieg. Durch Bevölkerungswachstum, Verstädterung, Industrialisierung und landwirtschaftliche Intensivierung hat die Wasserverschmutzung des Nils katastrophale Ausmaße erreicht. Im Rahmen der ägyptisch-deutschen Technischen Zusammenarbeit (TZ) besteht ein Projekt zur Verbesserung der Wasserqualität. Ein Vertrag über die Aufteilung des Nilwassers zwischen den Ländern Äthiopien (Blauer Nil, Atbara), Uganda (Viktoria-Nil) und Zaire (Albert-Nil) mit den Quellgebieten und Sudan bzw. Ägypten als den Hauptnutzern steht noch aus.

Der *Niger* entspringt auf den Plateaus der Nordguineaschwelle in Guinea und quert in einem großen, nordwärtsgerichteten Bogen die Sahel- und Sudanzone, um in einem mangrovenbestandenen Deltagebiet im Tiefland von Nigeria in den Golf von Guinea zu münden. Auf weite Strecken stellt er als Fremdlingsfluß eine wichtige Entwicklungslinie im trockenen Westafrika dar, mit einem ganzjährigen Wasserangebot für Mensch und Tier. Von besonderem Interesse wurde seit den 30er Jahren das Niger-Binnendelta, ein riesiges, jahreszeitlich überflutetes Gebiet von der Größe der Schweiz unterhalb von Ségou. Hier, wie im Gesamtverlauf, wirken sich die Wasserstandsschwankungen von bis zu 10 m Höhe nachteilig auf die Schiffahrt aus, während sie für den Nachflutanbau von Hirse, Reis und Gemüsen bzw. für die jahreszeitliche Beweidung positive Bedingungen schaffen. Der Bau des Kainjistausees in Westnigeria, insbesondere aber die Erdöl- und Ergasförderung im Nigerdelta und dem anschließenden Schelfbereich stellen gravierende, zerstörerische Eingriffe in die Strom- und Küstenökosysteme dar.

Der *Kongostrom*, seit Anfang der 70er Jahre im Rückgriff auf einen alten afrikanischen Namen als Zairestrom bezeichnet, ist der wasserreichste Strom Afrikas, nur vom Amazonas an Wassermenge übertroffen. Sein Einzugsgebiet erstreckt sich durch das gesamte Kongobecken, eines der größten äquatorialen Flußsysteme der

Welt. Vom Atlantik durch die Kataraktenstrecke der Livingstonefälle unterhalb von Kinshasa/Brazzaville getrennt, bietet der Hauptstrom mit seinen Nebenflußsystemen von Ubangi und Kasai eine entscheidende Verkehrsmöglichkeit für das gesamte Zentralafrika. Das gewaltige Energiepotential wird seit 1968/72 durch das Ingakraftwerk unterhalb von Kinshasa teilweise genutzt.

Der *Sambesi* mit den Nebenflüssen Kuando und Kubango entwässert die Südabdachung der Lundaschwelle und durchbricht in einem kataraktenreichen Engtal die Randschwelle Südafrikas, um in Mittel-Mosambik in den Indischen Ozean zu münden. Seine Wassermassen speisen die Viktoriafälle, wo bis zu 340 000 m³/min. in eine 110 m tiefe und 1,7 km breite Spalte im Doleritgestein donnern. Die zahlreichen Schlucht- und Kataraktstrecken bedingen, daß er für die Schiffahrt nur streckenweise Bedeutung hat. Um so wichtiger ist seine Funktion für die Energiegewinnung, liegen doch zwei der größten Stauseen und Kraftwerksanlagen Afrikas an diesem Strom, der Karibasee an der Grenze zwischen Simbabwe und Sambia sowie der Cabora Bassasee in Mosambik. Auch für die regionale Fischerei und den Tourismus hat der Strom eine erhebliche Bedeutung, insbesondere die Viktoriafälle und der Karibasee.

Tab. 2: Ströme Afrikas

Strom	Lauflänge (km)	Einzugsgebiet (Mio. qkm)	mittlerer jährlicher Abfluß an der Mündung (qm/s)	Nutzung (zusätzlich zu Fischerei und Regionaltransport)
Nil	6671	2,8	1590 (vor Fertigstellung des Assuan Hochdamms)	Bewässerung, Energiegewinnung
Niger	4160	2,09	5600 max. 30000 min. 1200	Nachflutanbau, jahreszeitliche Beweidung, Bewässerung, Energiegewinnung (Kainji-Kraftwerk in Nigeria)
Senegal	1430 (1630)	0,44	750	wie Niger
Kongo/Zaire	4375	3,82	42000 bei Kinshasa	Energiegewinnung (Inga-Kraftwerk)
Sambesi	2660	1,45	2500	Nachflutanbau, Bewässerung, Energiegewinnung (Kariba- und Cabora-Bassa-Kraftwerk)
Oranje	2100	0,85	356	wie Sambesi, zusätzlich Wassertransfer
Vergleiche — Rhein	1320	0,25	bei Emmerich: 2450	
Vergleiche — Mississippi/Missouri	3750	3,21	19000	
Vergleiche — Amazonas	6400	7,18	100000–120000	

Der *Oranje* quert als Fremdlingsfluß das semiaride und aride subtropische Südafrika. Seine Quellgebiete liegen im niederschlagsreichen Hochland von Lesotho in über 2 000 m Höhe. Mit seinem Nebenfluß, dem Vaal, ist er von entscheidender Bedeutung für die Trink- und Brauchwasserversorgung hochentwickelter Industrieregionen wie der Witwatersrand-Agglomeration um Johannesburg oder volkswirtschaftlich bedeutender Bewässerungsgebiete im Mittel- und Unterlauf. Aufgrund des enormen Wasserbedarfs der industriell-städtischen Ballungsgebiete und der Bewässerungslandwirtschaft erfolgt inzwischen ein „Wassertransfer" von der feuchten Ostseite der südafrikanischen Randstufe in Natal zum Vaal (das sog. Tugela-Vaal-Scheme) und vom Ende der 90er Jahre an aus dem Hochland von Lesotho ebenfalls zum Vaal (das sog. Lesotho-Highlands-Water-Scheme, WIESE 1997).

Afrikas große Seen

Wie die Ströme, so haben auch die Seen des Kontinentes zunächst einmal eine wichtige Bedeutung für die lokale und regionale Fischerei. Dies gilt sowohl für die außeror-

Tab. 3: Seen und Stauseen

Name	Anrainerstaaten	Fläche (qkm)	Größte Tiefe (m)
Viktoriasee	Tansania/Uganda/Kenia	68 800	80
Tanganyikasee	Tansania/Zaire/Sambia	32 880	1 470
Tschadsee	Tschad/Nigeria/Niger	10/25 000 (min/max)	4-11
Malawisee	Malawi/Mosambik	30 800	706
Mobutusee	Uganda/Zaire	5 350	48
Mwerusee	Sambia/Zaire	4 920	12
Tanasee	Äthiopien	3 100	72
Bangweulu	Sambia	5/15 000 (min/max)	5
Bodensee	BRD, Österreich, Schweiz	539	252
Stauseen (Fläche, qkm)		Stauinhalt (Mrd. qm)	installierte Leistung in MW
Cabora Bassa (2700)	Mosambik	160	2 200
Kariba (5000)	Sambia/Simbabwe	183	1 600
Sadd el Ali (Nasserstausee) (5000)	Ägypten	150	2 100
Volta (8500)	Ghana	146	883

dentlich tiefen Seen der zentralafrikanischen- und ostafrikanischen Grabenzone als auch für die Flachseen wie den Tschadsee oder den Okawango-Endsee. Ortsansässige oder zugewanderte Bevölkerungsgruppen liefern Frischfisch, gesalzenen oder geräucherten Fisch, der über hunderte von Kilometern gehandelt wird. Auch für den lokalen und regionalen Handelsaustausch sind diese Seen von Bedeutung, wie es etwa für den Viktoriasee oder den Malawisee dokumentiert ist.

Die Stauseen wie der Voltastausee in Ghana oder Karibastausee in Simbawe/Sambia haben eine ähnliche Funktion für Fischerei und Transportwesen; sie dienen jedoch in erster Linie der Energiegewinnung. Im Zusammenhang mit der Entstehung der Stauseen kam es zu kontroversen Diskussionen über das Verhältnis von ökonomischer Notwendigkeit, technischer Dimension und ökologischen sowie sozialen Auswirkungen. Die Staaten Afrikas drängen auf eine Nutzung des enormen Wasserkraftpotentials, um preiswerte Energie für die Verarbeitung von bergbaulischen Rohstoffen zu schaffen, die jungen Industrien mit billigem Strom zu versorgen, die Elektrifizierung der Städte und von Teilen des ländlichen Raums voranzutreiben, eine Verbesserung der Ernährungssituation bzw. der agraren Exportproduktion durch Bewässerung zu erzielen. Demgegenüber müssen die sozialen Folgen bei Umsiedlungsmaßnahmen wie am Voltastausee in Ghana (SCHMIDT-KALLERT 1988, 1993) oder die ökologischen Folgen wie beim Nassersee in Ägypten (IBRAHIM 1996) oder beim Karibasee in Sambia/Simbabwe (BALON and COCHE 1974) in den Hintergrund treten. Zu denken ist auch an Nutzung der Seen durch den Fremdenverkehr, wie er zum Beispiel am Karibastausee durch Kreuzfahrten und Fotosafaris erfolgt.

Das Grundwasser

In den humiden Gebieten Zentral-, West- und Ostafrikas stellt die Verfügbarkeit von Oberflächen- und Grundwasser selten ein Problem dar. Flüsse, Quellen und abflußlose Senken spenden das ganze Jahr über Trink- und Brauchwasser. Die hohen Niederschläge garantieren eine Auffüllung der Grundwasserspeicher, die aber nur in wenigen Fällen, etwa in den Groß- und Mittelstädten, durch Tiefbrunnen genutzt werden. Anders ist es in den Trockengebieten Afrikas. Hier reicht das Oberflächenwasser nur während weniger Monate im Jahr für die Trink- und Brauchwasserversorgung aus, so daß auf Grundwasser zurückgegriffen werden muß. Angesichts des Bevölkerungswachstums, des steigenden Verbrauchs von Landwirtschaft und Industrie kann man das zunehmende Auseinanderklaffen zwischen Bedarf- und Verfügbarkeit von Grundwasser leicht einsehen. Da die Niederschläge für eine dauerhafte Anreicherung des oberflächennahen Grundwassers nicht ausreichen, die Wasserentnahme die verfügbaren Mengen bereits in zahlreichen Fällen übersteigt, wird in zunehmendem Maße auf fossile Grundwasservorräte zurückgegriffen. Dies geschieht sowohl auf der Ebene der Farm, als auch in den Industriebetrieben, immer stärker auch für die städtische Trinkwasserversorgung. Der Einsatz leistungsstarker Motorpumpen verschärft die Situation. Mit Recht sprechen Ökologen und Planer von einem „Water mining", einem Raubbau an den Grundwasservorräten, der nicht nur ökologische Schäden anrichtet, sondern auch sozialökonomische und politische Folgen hat (für Nordafrika JUNGFER 1990, POPP und ROTHER 1993; für Namibia vgl. KLIMM und u.a. 1994). Der Bau des „Großen Künstlichen Flusses" in Libyen in den 90er Jahren erregte erhebliches Aufsehen. Wissenschaftler des Sonderforschungsbereichs „Geowissenschaftliche Probleme in ariden Gebieten" der TU/FU Berlin wiesen zwar nach, daß die fossilen, ca. 4000 bis 5000 Jahre alten Wasservorräte unter der Sahara sehr umfangreich sind (ca. 150000 Kubikkilometer) und auf Jahrzehnte genutzt werden können, daß aber die oberflächennahen Oasen-Wasservorräte in 80 bis 100 Jahren erschöpft sein werden.

3.5 Böden, Bodenerosion und Bodenkonservierung

3.5.1 Die Böden

Typen und Verbreitung der Böden in Afrika werden entscheidend geprägt durch das Klima, das Temperatur und Niederschlag als bodenbildende Faktoren bestimmt. So folgen die *Bodenzonen* weitgehend der breitenparallelen Erstreckung der Klimazonen (MANSHARD und MÄCKEL 1995, Tab. 8; ZEESE 1996), im südlichen Afrika ihrer längenparallelen Erstreckung; in Ostafrika bedingt das Mosaik von Relief- und Klimagebieten, daß die einfache breitenparallele Zonierung unterbrochen wird. Eine Unterscheidung ist zu treffen zwischen den Böden der perhumiden bzw. humiden Tropen und den Böden der randtropisch-subtropischen Trockengebiete. In den perhumiden Tropen dominiert die chemische Verwitterung in Form der Desilifizierung bei gleichzeitiger Neubildung von Tonmineralen der Kaolinitgruppe. In den langwechselfeuchten Tropen herrscht die Ferrallitisierung vor. Bei Abnahmen der Jahresniederschläge auf 1 500 bis 1 000 mm und weniger als sieben humide Monate tritt zunächst Lessivierung, dann Verbraunung ein. In den Trockengebieten mit weniger als 1 000 mm Jahresniederschlag und unter vier humiden Monaten bestimmen die physikalische Verwitterung, Karbonatisierung und Versalzung Bodenbildung und Bodentyp. Nur randlich treten auf dem afrikanischen Kontinent Böden der feuchten Subtropen auf. SEMMEL (1993, 33) betont, daß auch Gestein und Relief maßgeblich an der regionalen und lokalen Differenzierung der Böden beteiligt sind und typische Bodencatenen entstehen.

In den perhumiden und humiden Tropen Afrikas, mit Jahresniederschlägen von über 1 000 mm, stellen die Böden den entscheidenden ökologischen Problembereich der ländlichen Entwicklung dar, während das Klima als wichtiger Positivfaktor anzusehen ist. Als Folge der in den immerfeuchten Regenwaldgebieten Zentral- und Westafrikas ganzjährig hohen Temperaturen und der ständigen Durchfeuchtung des Bodens führen Hydrolyse und Oxidation zur Bildung von *Ferralsolen* als zonale Böden. Diese tiefgründigen, rot, ocker bis braun gefärbten Böden besitzen einen hohen Verwitterungsgrad, so daß nur noch Quarz aus dem „Altbestand" und Kaolinit als Tonmineralneubildung vorhanden sind. Aufgrund der ständig abwärtsgerichteten Bewegung des Bodenwassers sind die austauschbaren Ionen in für die Pflanzen nicht mehr erreichbare Tiefen abgeführt. Das hohe Alter der Bodenbildung, – Afrika erlebte keine „eiszeitliche und nacheiszeitliche Neuformung" der tertiären Altböden auf alten Landoberflächen wie große Teile Europas –, trägt zur Nährstoffarmut bei. Die Böden sind meist stark sauer (pH-Wert 4–4,9), und die meisten Austauschplätze sind durch H^+-Ionen belegt. Damit ist ihre Austauschkapazität fast völlig verloren, so daß sie auf

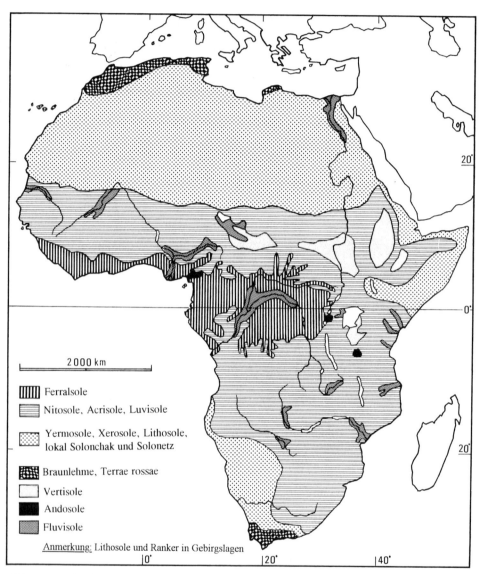

Abb. 11: Verbreitung von Bodentypen

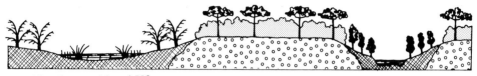

Raphiapalmenwald und Ufer-
vegetation auf Fluvisol

immergrüner Tieflands-Regenwald auf Ferralsol

Trockensvanne auf Luvisol   Karbonat-
                                   krusten   Talauenvegetation über Vertisol

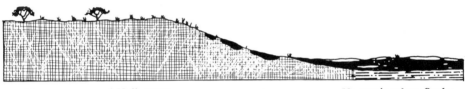

Dornsavanne und Halbwüste   Karbonatkrusten   Vegetationslose Senke
über Yermosol/Xerosol   mit Solonchak

Abb. 12: Bodencatenen

Stickstoff- (N), Kalium- (K) und Phosphor- (P) *düngung* minimal reagieren. Der äußerst geringe Nährstoffgehalt und die geringe Sorptionsfähigkeit veranlaßten WEISCHET (1977), von der „Unfruchtbarkeit" der tropischen Böden zu sprechen und diese als einen entscheidenden Faktor der Unterentwicklung zu betrachten. Doch stehen der „chemischen Armut" gute physikalische Eigenschaften wie Krümelgefüge und hohe Porösität gegenüber, die der wirtschaftende Mensch sich zunutze macht (BRUNNER und THÜRMER 1981; vgl. Kap. 3.5.2).

Mit zunehmender Entfernung vom Äquator und einer Abnahme der Niederschläge auf 1500 bis 1000 mm/Jahr dominieren im regengrünen Feuchtwald Nitosole und Acrisole. Über silikatreichen Gesteinen sind *Nitosole* verbreitet. Bei ihnen dominiert Kaolinit als Tonmineral, doch sind noch verwitterbare Minerale vorhanden. Im Unterschied zu den Ferralsolen weisen die *Acrisole*, gekennzeichnet durch ihre starke Versauerung (pH-Werte 4–4,9), neben Kaolinit noch Dreischichttonminerale und verwitterbare Silikate auf, d.h. sie reagieren auf Düngung positiv. Bei mittleren Jahresniederschlägen von weniger als 1000 mm und unter sieben humiden Monaten gelangt man in den kurzwechselfeuchten Tropen in die Zone der *Luvisole* und *Cambisole*. Durch den jahreszeitlichen Wechsel von Auswaschung (Sommerregen) und Anreicherung von Mineralen (Trockenzeit) besitzen diese plastischen bis vererdeten Lehme noch Mineralreserven, und die Kationenauswaschung ist mäßig.

Die Bildung von Eisenkonkretionen in den lateritischen Verwitterungsböden ist typisch für die wechselfeuchten Tropen. Während der Trockenzeit von fünf und mehr Monaten kommt es zur Verfestigung von Eisenoxiden. Es treten aber auch fossile, tertiäre Verwitterungsböden auf. Bei Rodung oder Brennholzeinschlag kommt es zu Vegetationsvernichtung, und eine übermäßig lange Feldbaunutzung bedingt die Abtragung des Oberbodens und erosive Freilegung des Laterithorizonts. Dieser verhärtet bei Austrocknung zu einer *Lateritkruste* (engl. ferricrete). Es entstehen kahle, land- und forstwirtschaftlich unbrauchbare Flächen. An den Hängen und in der Fußzone der Lateritpanzer-Tafelberge kommt es zu Sekundär-Lateritisierung, so daß auch dort landwirtschaftliche Nutzflächen verloren gehen.

Mit Abnahme der Niederschläge unter 500 mm und weniger als drei humiden Monaten beginnt die Zone der *Yermosole* und *Xerosole*. Diese Böden der Dornsavannen, Halbwüsten und Wüsten zeigen durch die nur noch schüttere Vegetationsbedeckung niedrige Gehalte organischer Substanz. Da unter den semiariden bis ariden Klimabedingungen die physikalische Verwitterung vorherrscht, weisen diese meist grauen Böden mit grober Textur eine geringe Mächtigkeit und Profildifferenzierung auf (A-C-Profil). Die meist alkalische Reaktion beruht auf der Anreicherung von Salzen und Ca-Verbindungen, die nicht wie in humideren Klimazonen ausgewaschen werden; oberflächennahe Kalkkrusten nehmen weite Flächen ein. In abflußlosen Endpfannen liegen Sebken mit Gips- oder Salzkrusten.

In den sommertrockenen Subtropengebieten des Mittelmeerraums und des Kaplands treten humusarme, rötliche Böden mit mäßiger Versauerung oder sekundärer Kalkanreicherung auf. Tonreiche Böden über Kalkstein sind die für den Mittelmeerraum typischen rotfarbenen *Terrae rossae*. Bei ausreichender Wasserkapazität lassen sich zufriedenstellende Ernten erzielen. Über degradierten flachgründigen *Rankern* und *Rendzinen* ist eine extensive Weidenutzung möglich.

Neben den bisher gezeigten „zonalen" Bodentypen treten Böden auf, deren Bildung nicht in erster Linie auf die klimatischen Faktoren Temperatur und Niederschlag zurückzuführen ist, sondern vom Ausgangsgestein, vom Relieftyp und vom Zeitfaktor bedingt wird. In der Diskussion um die „Bodenfruchtbarkeit in den Tropen" nehmen diese Böden eine besondere Stellung ein.

Andosole, Böden über jungen vulkanischen Aschen in den feuchten Tropen, gehören zu den bevorzugten Ackerböden. Der sehr humusreiche A-Horizont gibt ihnen ein hohes Agrarpotential. Bei diesen Böden wirkt die intensive Verwitterung positiv, da sie aus den vulkanischen Aschen ständig neue mineralische Nährstoffe freisetzt. Dies trifft vor allem bei basischem und intermediärem Material zu. Ihr hoher landwirtschaftlicher Wert bleibt allerdings nur bei der Nachlieferung frischer Aschen erhalten, so daß sie an die Gebirge Afrikas mit quartärem bis rezentem Vulkanismus gebunden sind. Tertiäre flächenhafte Vulkanite sind bereits stark verwittert, und die Böden über diesen Gesteinen entsprechen Ferralsolen.

Die *Fluvisole*, Flußauen- oder Küstenschwemmlandböden, erfüllen eine ähnliche positive Funktion für die Agrarproduktion. Sie sind nährstoffreicher als die Böden der benachbarten Landflächen, da sie durch die jährlichen Überschwemmungen frische Nährstoffe erhalten. Im Unterschied zu Asien verfügt Afrika kaum über Tieflandströme mit großen Deltagebieten, da die Randschwellen und Schichtstufen des Kontinentes dies verhindern (vgl. Kap. 3.2). So liegen die wertvollen Fluvisole vorwiegend in den zentralen Teilen der binnenländischen Beckenbereiche wie im Niger-Becken, im Niger-Benue-Tiefland, in den Schwemmlandebenen im Barotseland am Sambesi oder im Okavangodelta in Botswana; es sind schwer erreichbare Binnengebiete, die sich bisher nur in beschränktem Umfang in „Reisbaukammern" umwandeln ließen.

Die *Vertisole* in den Mulden und Senken der Savannen oder auf den Plateaus des äthiopischen Hochlandes sind tonreiche und humose Böden, die auch als Tirse bezeichnet werden. Es sind zwar schwer zu bearbeitende „Minutenböden", bei denen es auf den günstigen Zeitpunkt des Pflügens und der Einsaat ankommt, aber ihr durch Peloturbation und Selbstmulchung bedingter Humusgehalt gibt ihnen einen besonderen landwirtschaftlichen Wert. Durch Wechsel von Schrumpfen und Quellen in den wechselfeuchten Tropen wird die in den Spalten akkumulierte organische Substanz in das Bodengefüge eingearbeitet (Peloturbation), so daß die Vertisole wichtige Anbauflächen für Getreide wie Tef (Äthiopien), Mais und Reis, für Baumwolle sowie für Gemüse bilden.

Tropische *Podsole* treten auf sehr mineralarmen kieselsäurereichen Sanden wie auf Küstendünen oder auf Sandflächen der Binnenländer auf. Humus und Eisen sind ausgewaschen und in die Tiefe abgeführt, selten, wie beim Podsol der gemäßigten Breiten, im B-Horizont abgelagert. Die Nährstoffarmut und das geringe Sorptionsvermögen dieses Bodentyps läßt nur eine Nutzung als Wald- oder Weidefläche zu. In den Trocken- und Dornsavannen finden sich über sandigem Substrat wie über den Kalaharisanden des südlichen und zentralen Afrikas oder über den Sandflächen der Sahelzone *Arenosole* mit grober Textur.

Ähnliche bodenphysikalische Merkmale wie die Yermosole und Xerosole in Halbwüsten und Wüsten weisen die *Lithosole* der Halbwüsten und Wüsten sowie steiler Hanglagen der Gebirge auf. Der hohe Skelettanteil und die geringe Bodenmächtigkeit und -entwicklung resultieren in den Gebirgen aus der reliefbedingten, ständigen Abtragung. Durch die Abfuhr des Feinmaterials und der wasserlöslichen Stoffe mit dem Abflußwasser an den Hängen treten allerdings in diesen Böden auch unter ariden Klimaverhältnissen keine Salz- oder Kalkakkumulationen auf.

In semiariden und ariden Gebieten entstehen in Senken (Dayas, Sebchas) mit tonigem Material *Solonchake*. Bei diesen Böden werden durch die Verdunstung des aufwärts gerichteten Wasserstroms gelöste Salze an der Oberfläche angereichert. Je nach Art des Salzes zeigen die Böden eine stark alkalische (Soda), schwach alkalische (Chloride) oder neutrale Reaktion. Häufig bilden sich Solonchake anthropogen durch Versalzung bei unsachgemäßer Bewässerung. Eine Entsalzung der Böden bedarf großer Wassermengen und wird durch den meist hohen Tongehalt (Quellen/Staunässe) erschwert.

Einen weiteren Bodentyp der ariden Gebiete stellt der *Solonetz* dar. Eine hohe Na-Sättigung und pH-Werte von 8,5–11 kennzeichnen diese dunklen, tonreichen Böden. Der hohe Ton- und Na-Gehalt bedingen Verschlämmung, eine schlechte Durchlüftung und Wasserundurchlässigkeit der Böden im feuchten Zustand, bei Austrocknung bilden sich harte Schollen und tiefe Schrumpfungsrisse. Durch diese Ungunstfaktoren in Kombination mit dem extrem alkalischen Milieu scheiden diese Böden für eine Nutzung aus.

3.5.2 Zum Fragenkreis der Bodenfruchtbarkeit

Die von WEISCHET (1977) betonte „Unfruchtbarkeit" der tropischen Böden trifft, wie die vorhergehenden Ausführungen zeigen, nur bedingt zu. Zwar ist auf Ferralsolen, aufgrund der chemischen Merkmale, der Anbau anspruchsvoller Baum- und Strauchkulturen nicht möglich, aber diese Böden eignen sich durchaus für Maniok, Ölpalme und Kautschuk. Die bessere Nährstoffversorgung der Nitosole und ihr günstigeres Gefüge erlauben sogar die Kultur anspruchsvoller Nutzpflanzen wie Kaffee, Kakao, Zuckerrohr und Tee. Selbst die extrem sauren, nährstoffarmen Acrisole, die meist nur periodisch im Landwechselfeldbau genutzt werden, reagieren aufgrund ihrer Sorptionsfähigkeit auf Düngung und können in permanent nutzbare Böden verwandelt werden. Die hervorragende Eignung der Vertisole für Baumwollanbau führte in der Sudanzone zur Bezeichnung dieses Bodentyps als „Black Cotton Soil". Wirklich „unfruchtbare" Böden der inneren Tropen sind die tropischen Podsole, die nur als Weide- oder Waldflächen genutzt werden können. Die hohe Fruchtbarkeit der Andosole schlägt sich in der Bevölkerungsverdichtung in den Regionen mit jungem Vulkanismus nieder (West-Kamerun, Ost-Zaire, ostafrikanische Vulkangebiete). Hier wird ein erheblicher Teil der Grundnahrungsmittel (z.B. Kochbananen) und der agrarischen Exportprodukte (z.B. Arabicakaffee) Afrikas erzeugt. Auch die Fluvisolgebiete stellen Gunsträume für die Agrarproduktion dar. Nigerbinnendelta, Niltal oder Senegaltal besitzen eine besondere Stellung für die aktuelle Agrarproduktion (Hirse, Reis, Weizen; Obst, Gemüse; Weidewirtschaft) sowie für die Planung von Maßnahmen zur Steigerung der Agrarproduktion.

Traditionelle und moderne Methoden der *Bodenverbesserung* tragen zur Überwindung des Handicaps der Mineralarmut innertropischer Böden bei. Wie schon LUDWIG (1967) für agrartechnische Maßnahmen auf der Insel Ukara im Viktoriasee nachgewiesen hat, oder wie KRINGS (1992) in einer jüngsten Zusammenstellung nachwies, tragen die traditionellen Methoden der Anlage von Beeten oder Pflanzhügeln mit der Einbringung von Gründüngung zur Bodenverbesserung bei. Mulchtechniken und „minimum tillage" (lediglich Auflockerung des Bodens zur Saat) gelten heute als angepaßte Techniken zur Verbesserung der Bodenfruchtbarkeit.

Ein Vergleich der mittleren Hektarerträge afrikanischer Bauernbetriebe mit den Ergebnissen von Europäer-Farmbetrieben bzw. von Versuchsstationen zeigt das niedrige Ertragsniveau des afrikanischen Feldbaus. Die Hektarerträge der Grundnahrungsmittel Mais, Bohnen, Bataten und Maniok, weisen auf die katastrophalen Auswirkungen des Rückganges der Bodenfruchtbarkeit hin und die kritische Ertragssituation der Kleinbauernbetriebe im Rahmen des traditionellen semipermanenten Feldbaues oder eines Dauerfeldbaus ohne Düngung, der, wie RUTHENBERG (1965, S. 29) bemerkt: „vom Standpunkt einer landwirtschaftlichen Evolution [...] in einer Sackgasse endet".

Schon die Kolonialverwaltungen versuchten durch die Einführung von Bodenschutz- und Bodenerhaltungsmaßnahmen die Erträge zu verbessern. Die Aktionen bezogen sich zunächst auf die Einführung geeigneter Kulturpflanzenkombinationen, auf die Regelung des zeitlichen Ablaufs der Fruchtfolgen sowie der Untersuchungen zur Wirkung unterschiedlicher Ruhezeiten und Brachgesellschaften auf die Bodenertragsfähigkeit. Besondere Aufmerksamkeit schenkt man den Auswirkungen des alljährlichen Brennens auf die Erträge. Es stellte sich heraus, daß die sich spontan einstellende Sekundärvegetation ohne den Einfluß der Savannenfeuer die beste Grundlage für eine Regenerierung der Ertragsfähigkeit bildet, während das allgemein praktizierte, mehrmalige Brennen den Nährstoffaufbau beeinträchtigt; die mit Kosten verbundene Verwendung von bodenverbessernden Kulturen, wie Leguminosen, schlägt sich in den Gewinnen nicht nieder (vgl. GOLDAMMER 1993).

Da der Regenerierungseffekt vom Grad der Bodenerschöpfung abhängig ist, gehen die Empfehlungen dahin, die Dauer der Anbauzeit von Durchschnittlich 4–6 Jahren auf 2½ bis 3 Jahre zu verkürzen, um nach einem geringeren Abbau der Bodenfruchtbarkeit eine bessere Regenerierung zu gewährleisten. Leider können diese Maßnahmen selten verwirklicht werden, da in folge von Landmangel wegen Bevölkerungswachstum und Bodenspekulation generell eine Tendenz zur Verkürzung der Bodenruhezeit besteht.

Die Anwendung von mineralischem *Dünger* könnte aus europäischer Sicht als eine Lösung für das Problem der dringend notwendigen Ertragssteigerung und der Versorgung der Bevölkerung erscheinen. Doch ist sie angesichts der hohen Transportkosten in den abgelegenen Binnenräumen wirtschaftlich nicht tragbar. Selbst eine Ertragssteigerung um 20 bis 30 % würde bei den niedrigen Erzeugerpreisen für Grundnahrungsmittel die Ausgaben für die Düngemittel sowie den Arbeitsaufwand nicht rechtfertigen; nur bei Industriepflanzen, wie der Baumwolle oder bei genußmittelliefernden Pflanzen wie dem Kaffee, ist eine Anwendung ökonomisch tragbar. Als notwendig und sinnvoll erwies sich die Anwendung von Kunstdünger in der Landwirtschaft „weiterentwickelter Länder" wie der Staaten Nord- und Südafrikas. Mit ca. 400 kg/ha/Jahr hält z.B. Ägypten eine Spitzenposition, die sich im Rahmen der Grünen Revolution als notwendig für die Erzeugung von Grundnahrungsmitteln (Weizen), Exportprodukten (Gemüse, Obst) und Industriepflanzen (Baumwolle) erwies (nach HDW Band 6, S. 169). Bei Einsatz von organischem Dünger zur Verbesserung der Bodenfruchtbarkeit und zur Steigerung der Produktion zeigt sich, daß nur massive Dünger-

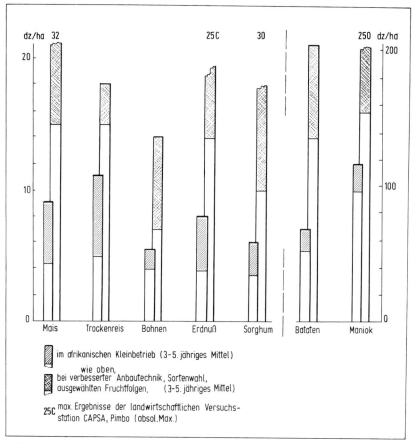

Abb. 13: Hektarerträge landwirtschaftlicher Produkte:
Kleinbauernbetriebe in Nordost-Zaire

Die Erträge von Bohnen nach Sekundärvegetationstypen
(Beispiel: Montane Stufe in Nordost-Zaire)

Art der Vegetation während der Ruhezeit	Ertrag (dz/ha)	im Vergleich zu nicht gebrannter Sekundärvegetation (in %)
Sekundärvegetation, nicht gebrannt	8,9	100
Sekundärvegetation, regelmäßig gebrannt	4,8	54
Durch Stecklinge vermehrte Leguminosen (Erythrina, Albizzia)	7,9	89
Leguminosen, im Wurf gesäht	7,2	81
Pflanzung von Pennisetum	7,0	79

aus: Wiese 1979, Tab. 23

gaben von durchschnittlich 40 t/ha/Jahr zu einer Erhöhung der Erträge führten, was bei der Dungleistung der einheimischen Rassen nicht zu erreichen ist. Zugleich ist die Wirksamkeit der Düngeranwendung auf armen bis mittelmäßigen Böden mit geringer Sorptionsfähigkeit unter den Bedingungen eines vollhumiden Klimas umstritten, da sie den generellen Rückgang der Bodenfruchtbarkeit nicht verhindern kann; dies ist nur bei angepaßten Agrartechniken möglich.

3.5.3 Bodenerosion und Bodenkonservierung

Die Bodenerosion gehört zu jenen Prozessen, die als wirkliche Entwicklungshemmnisse bezeichnet werden müssen. Jährlich gehen durch anthropogen verstärkte Bodenabtragung, sei es durch den Wind, sei es durch das fließende Wasser, sei es durch schwerkraftbedingte Rutschungen, Tausende von Tonnen fruchtbaren Landes verloren. Nach Unterlagen von KÖNIG (1994, S. 35, 41) betragen die Verluste durch Bodenerosion in der zentralafrikanischen Schwelle (Ruanda, Burundi, Kivu/Zaire) auf steilen Hängen (ca. 60 % Hangneigung) ohne bodenkonservierende Maßnahmen ca. 100 t/ha/Jahr. Im Flachrelief der Feuchtsavannen von Westafrika beträgt die Bodenabtragung unter natürlicher Savannenvegetation ca. 900 kg/ha/Jahr, nach Rodung erreicht die Bodenerosion Abtragungswerte bis zu 14 t/ha/Jahr; zum Vergleich seien folgender Wert aus Mitteleuropa genannt: Abtragung auf Ackerflächen über Löß bis zu 4 t/ha/Jahr im langjährigen Mittel (SCHRÖDER, H. u.a. 1995, S. 164). So verwundert es nicht, daß zahlreiche Studien zu diesem Themenkreis existieren, und daß angewandte Geomorphologie sowie Bodenkunde in der Bodenkonservierung eine wichtige Aufgabe haben (KÖNIG 1992, 1994; Erosion des sols. Themenheft der Cahiers d'Outre-Mer 47, 1994).

Die natürliche *Bodenabtragung* durch Wasser oder Wind gehört zu den allgemeinen morphologischen Prozessen. Sie kann bei Starkregen, steiler Hangneigung, bei bestimmten Bodenarten bzw. Ausgangsgesteinen bis zu natürlicher Badland-Bildung führen, so daß tiefe Erosionsrisse und -rinnen die Hänge zerfurchen und einer Nutzung entziehen. Die Einflußnahme des Menschen durch Rodung in steilen Hanglagen, Vernichtung der Grasdecke durch überhöhten Viehbesatz, durch Veränderung des natürlichen Abflusses beschleunigt den natürlichen Abtragungsprozeß ohne entsprechende technische Vorkehrungen katastrophal. Es kommt zur Bodenzerstörung oder *Soil Erosion*. Sie ist in zahlreichen Formen verbreitet. Erosionsrinnen und -kerben bis zu Gullis und V-förmigen Dongaschluchten von 2–6 m Tiefe zerfurchen die überweideten Hänge. Tiefe Erosionsrinnen durchziehen auch Ackerflächen, so daß ganze Bereiche aus der ackerbaulichen Nutzung ausscheiden. Auf schwachgeneigten Ebenen überwiegt die Sheet Erosion, die flächenhafte Abspülung des humusreichen Oberbodens. Die Vegetations- und Bodenzerstörung lassen den Grundwasserspiegel absinken, da der oberirdische Abfluß erhöht und nicht genügend Feuchtigkeit in den Untergrund abgeführt wird (PRINZ 1986, Kap. 3.3.2).

Bodenkonservierung

Bereits seit den 30er Jahren bemühen sich Landwirtschaftsverwaltungen, der Bodenverheerung Einhalt zu gebieten. Folgende kulturtechnische Verfahren werden z.B. im

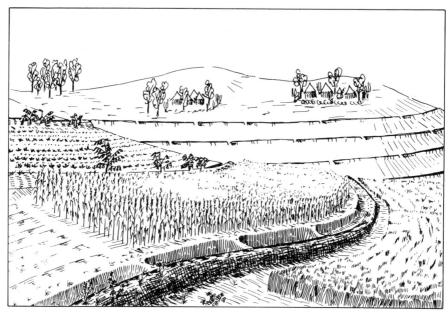

Terrassierung

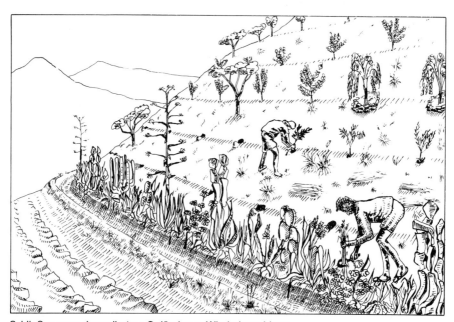

Schließung von degradiertem Gelände zur Wiederbewaldung

Abb. 14: Maßnahmen der Bodenkonservierung

Rahmen der Entwicklungszusammenarbeit zwischen der Schweiz und Äthiopien angewendet (HURNI 1986):

- Das Anlegen von abspülungshemmenden Hecken (z.B. aus *Pennisetum purpureum* in den Höhengebieten bzw. unter Verwendung der Sisalagave in den Trockengebieten).

- Die Einführung des strip cropping, des Konturstreifenbaus, d.h. des Wechsels von ca. 20 m breiten, abtragungshemmenden Wildlandstreifen, angereichert durch *Setaria sp.* und *Albizia sp.*, mit Mischkulturanbaustreifen in hängigem Gelände.

- Die Anlage von Konturwällen, an denen sich bei Neigung von mehr als 10° nach einigen Jahren sog. Wallterrassen konsolidieren.

- Die Anlage von Forstparzellen und Gehölzstreifen auf den Wasserscheiden und auf isolierten Kuppen, um einer Zerstörung durch Überweidung zuvorzukommen.

Die oben genannten Maßnahmen haben bisher in zahlreichen Fällen einen Beitrag zur Erhaltung des Bodens geleistet, der sonst bei dem anhaltenden Bevölkerungswachstum und der Verkürzung der Bodenruhezeiten einem kaum wiedergutzumachenden Raubbau anheimgefallen wäre. Glücklicherweise haben zahlreiche Bauern den Sinn dieser Maßnahmen erkannt: Die Konturwälle werden gepflegt; die Feuerschutzstreifen und die Forstbestände bestehen trotz der Holzentnahme, dank der großen Wachstumsrate etwa von Kiefern und Eukalypten, weiter und werden teilweise aufgepflanzt (WIESE 1979, HURNI 1990). Doch stehen die Bodenkonservierungsmaßnahmen in einem Wettlauf mit der Zeit: Das Bevölkerungswachstum und die zunehmende Zahl landwirtschaftlicher Kleinstbetriebe, der Zusammenbruch der Beratungsdienste, Überweidung und Brennholzgewinnung gefährden die Erfolge. Entscheidend ist eine Motivation der Landwirte, daß die eingeschlagenen Maßnahmen zur mittelfristigen Einkommenssicherung beitragen.

Moderne Verfahren des ökologischen Landbaus (Ecofarming) und der Agroforstwirtschaft können neue Beiträge zur Bodenkonservierung und Bodenverbesserung liefern. KÖNIG (1992, S. 178,179) betont, daß das in Ruanda realisierte Konzept isohypsenparalleler Erosionsschutzgräben sich als nicht standortgerecht erwies; es war durch erhebliche Arbeitsintensität und Kulturflächenverluste belastet. Standortgerechte Agroforstsysteme zeigen wesentlich bessere Ergebnisse nicht nur zur Verhinderung des Bodenabtrags, sondern auch zur Verbesserung der Bodenqualität (vgl. Kap 6.2.2).

3.6 Zonen und Höhenstufen der Vegetation

Afrikas Tropenwaldformationen reichen von immergrünen äquatorialen Tieflandregenwäldern über Feuchtsavannenwaldungen bis zum Miombotrockenwald der Lundaschwelle und Bergwäldern der Mittelgebirge und Vulkanmassive (KNAPP 1973, WHITE 1981, 1983). Neben den Waldformationen bestehen ausgedehnte Savannenformationen; in ihnen herrscht eine lockere bis dichte Grasvegetation unterschiedli-

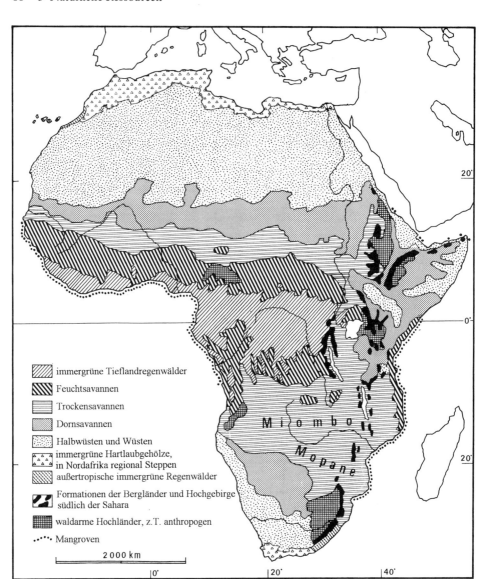

Abb. 15: Vegetationsformationen

cher Höhe mit eingestreuten Baum- und Buschgruppen vor (JÄTZOLD 1985). Die Höhenstufen reichen von der afromontanen Vegetation der Mittelgebirge bis zur afroalpinen Stufe der Hochgebirge, z.B. im Ruwenzorimassiv, in den ostafrikanischen Vulkangebirgen wie dem Kilimandscharo oder in den Hochgebirgslagen von Äthiopien. Die Formationen der Subtropen umfassen die Halbwüstenvegetation

o.l.: Paramo-Vegetation in der Gipfelregion des Mt Kenia; o. r.: Mahagoni-Bäume mit Brettwurzeln im Kongo-Regenwald; u.: Parksavanne mit Schirmakazien im Ostafrikanischen Hochland

Abb. 16: Szenen afrikanischer Landschaften

spärlicher Sträucher und Büsche, Dornbusch-, Sukkulenten- und Grassteppenformationen, immergrüne Busch- und Waldformationen, die bis zur alpinen Mattenstufe hinaufleiten.

3.6.1 Der äquatoriale Regenwald

Etwa 50 % der Fläche zwischen 3° n. Br. und 5° s. Br. sind von immergrünen und halbimmergrünen Feuchtwäldern bedeckt. Beim Flug von Douala in Westkamerun über das Staatsgebiet von Gabun bis Kinshasa in Westzaire überfliegt man über ca. 1 000 km nichts als die dunstige, feuchtigkeitsverhangene Masse des Urwaldes; beim Flug von Kinshasa nach Osten erreicht man in der Nähe des Mai Ndombesees den „großen Wald", der als ein dichter grüner „Pelz" weitgehend unbesiedeltes Gebiet überzieht, unterbrochen nur durch schwarze Regenwaldflüsse, kleine Rodungsinseln der Brandrodungsfeldbauern oder durch Plantagen; aus der Höhe unsichtbar bleibt der selektive Einschlag von Tropenholz durch die Holzindustrie, die zusammen mit den Ackerbauern und Pflanzern zur Waldvernichtung bzw. zur Expansion vom Sekundärwäldern beiträgt. Von der Zentralafrikanischen Schwelle im Osten von Zaire überblickt man aus ca. 1 500 m Höhe das „Meer" des Regenwaldes, der sich als eines der größten Waldgebiete der Erde von hier westwärts bis zur Atlantikküste von Gabun und Rio Muni über ca. 2 000 km Luftlinie erstreckt.

Immergrüne Tieflandregenwälder

Die immergrünen Tieflandregenwälder, auch als immergrüne ombrophile („regenliebende") Regenwälder bezeichnet, bedecken in Zentralafrika ein Gebiet von ca. 1 100 km O-W- und ca. 800 km N-S-Erstreckung. Sie setzen sich aus Zentralzaire in den SW der Zentralafrikanischen Republik und den NO der Republik Kongo fort; von hier aus reichen sie bis an die Atlantikküste zwischen Douala in Kamerun und bis fast an die Mündung des Kongostromes (für Westafrika: MARTIN 1989). Bei mittleren Jahresniederschlägen von 1 800–2 000 mm, über 10 humiden Monaten und Jahresmitteltemperaturen von mehr als 20 °C hat sich im feucht-heißen äquatorialen Klima der die Entdeckungsreisenden so beeindruckende „Urwald" Zentralafrikas noch in großen Gebieten, zum Teil in primärem Zustand, erhalten. Die *Primärwälder* heterogener Zusammensetzung erreichen eine mittlere Höhe der Hauptkronenschicht von 30 m, über die sich bis zu 40 m hohe „Urwaldriesen" erheben. Bei ca. 10 m und bei ca. 5 m Höhe bestehen lockere Stockwerkverbände. Der *Gilbertiodendron Dewevrei*-Primärwald hat die Hauptkronenschicht bei ca. 25–30 m Höhe und ein niedriges Stockwerk bei ca. 5–7 m Höhe. Doch ist dieser von RICHARD (1952) für Westafrika betonte Stockwerkbau eine sehr generalisierte Darstellung, die sich nur selten klar nachweisen läßt.

Die *Sekundärwald-Formationen* zeigen regional und lokal starke Unterschiede: Während ein Typ, wie der von BOUILLENNE u.a. (1955) am Tumbasee erforschte heterogene Sekundärwald, hoch aufgewachsen und überaus artenreich ist, sind die Sekundärwälder mit dem Schirmbaum (*Musanga cecropioides*) als Charakterbaum im Endstadium nur ca. 20 m hoch und im Baumbestand sehr artenarm. Mächtige Einzelexemplare von *Terminalia superba* oder *Entandophragma sp.* stehen über diesem Sekundärwald, da die Brandrodungsfeldbauern sie mit ihren einfachen Werkzeugen nicht roden können.

Der scheinbar „undurchdringliche" Regenwald besteht nur entlang der Flüsse und Wege; mikroklimatische Unterschiede bedingen den Gegensatz zwischen geschlossenem, mauerartigem Waldrand und schattigem, gangbarem Inneren, das den schweifenden Jagd- und Sammelgruppen der Pygmäen als Lebensraum dient.

Ein beachtlicher *Artenreichtum* kennzeichnet den immergrünen äquatorialen Regenwald. In der Umgebung von Yangambi im Zairebecken z.B. umfaßt der primäre Regenwald heterogener Struktur 542 Baumarten, wobei als charakteristische Vertreter zu nennen sind: *Gilbertiodendron dewevrei, Brachystegia laurentii, Diogoa zenkeri, Diospyros div. sp., Julbernardia sereti, Schotia romii* (KNAPP 1973). Es treten aber auch in weiten Gebieten relativ einheitliche Bestände auf, wie die *Gilbertiodendron dewevrei*-Wälder in NO-Zaire.

Ebenso überrascht es den Mitteleuropäer immer wieder von neuem, Bäume mit Blättern, Blüten und Früchten das ganze Jahr über zu sehen, oft alle drei Erscheinungen an einem Baum, oft den gleichen Baum teils entlaubt, teils blühend. Die gleichmäßig über das Jahr, zum Teil auch über mehrere Jahre verteilte Entwicklung der Sprosse, der Blüten und des Laubfalls hat zur Folge, daß der Wald stets einen „immergrünen" Eindruck macht. Ausgesprochene Periodizität besitzen nur wenige Arten des sog. Saisonregenwaldes, z.B. *Entandophragma* und *Khaya*, bzw. die höheren Schichten in den randlichen Regenwaldgebieten der immergrünen Wälder. Während die Blüten im allgemeinen klein und unscheinbar sind, aber oft einen starken Duft entwickeln, erhält die „grüne Masse" des Regenwaldes durch das sog. *Schüttellaub* etwas Farbe: In kurzer Zeit entwickelt sich ein starker Laubaustrieb, der wegen Chlorophyllmangels eine weißliche bis rötliche Färbung besitzt. Häufig zeigen die Blätter der unteren und mittleren Schicht sog. *Träufelspitzen*, die ein rasches Ablaufen des reichlich anfallenden Wassers fördern. In den höchsten Kronenteilen dagegen bedingen mikroklimatische Verhältnisse wie hohe Mittagstemperaturen und niedrige Feuchtewerte bei starker Sonneneinstrahlung xerophytische Merkmale der Blätter, wie glänzende Blattoberflächen und eine dicke Cuticula.

Ein besonderes Merkmal der Regenwaldbäume bilden die imponierenden *Brettwurzeln* (z.B. bei *Piptadenia africana, Ceiba pentandra*), die bis zu 4 m Höhe und 6–7 m Breite erreichen. Sie entstanden „durch einseitiges extremes Dickenwachstum auf der Oberfläche von Seitenwurzeln" (KNAPP 1973, S. 45). Stelzwurzelgerüste, hervorgegangen aus Adventivwurzeln, finden sich bei *Musanga cecropioides*. Zahlreiche Baumarten des Regenwaldes besitzen die sog. Kauliflorie, die *Stammblütigkeit*, die z.B. auch beim Kakaobaum zu beobachten ist. Lianenreichtum, aber Epiphytenarmut kennzeichnet den Regenwald. Der aus *Landolphia*-Lianen gewonnene Wildkautschuk wurde eines der wichtigsten Exportgüter der frühen Kolonialepoche. Ein Element des südamerikanischen und südostasiatischen Regenwaldes, der Reichtum an Orchideen, fehlt in Afrika fast ganz.

Im Unterschied zu den Regenwäldern der Terra firme auf Plateaus finden sich entlang der Stromgebiete oder um die Seen große Strecken nasser oder zeitweise überfluteter Standorte mit eigenen Regenwaldformationen. *Auenregenwälder* begleiten

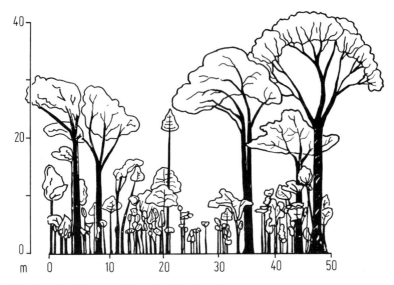

Primärwald mit *Scorodophlaeus Zenkeri* als Leitbaum.
Typ des Primärwaldes heterogener Struktur. Auf 500 m² treten ca. 75 Baumarten
(z. B. *Afrormosia elata, Entandofragma utile, Blighia wildemania*) und Straucharten
über 4 m Höhe auf sowie weitere ca. 55 niedrige Straucharten.

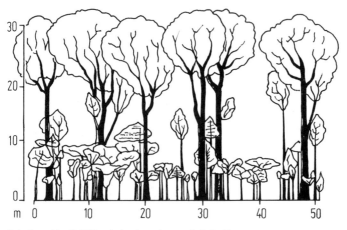

Primärwald mit *Gilbertiodendron dewevrei* als Leitbaum.
Typ des sehr einheitlich zusammengesetzten Primärwaldes, wie er besonders in
den nördlichen und östlichen Teilen des Regenwaldgebiets als immer grüner
Saisonregenwald auftritt.

Abb. 17: Typen äquatorialer Regenwälder

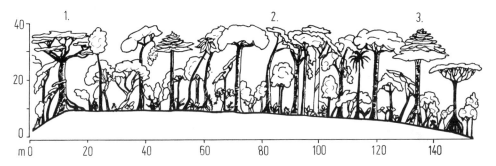

Sekundärwald nördlich des Tumbasees.
Typ des heterogenen Sekundärwalds der feuchtesten Teile des Kongobeckens. Unter den Baumarten (1. *Piptadenia africana*, 2. *Albizzia feruginea*, 3. *Ceiba pentandra*) zahlreiche Arten mit Brettwurzeln.

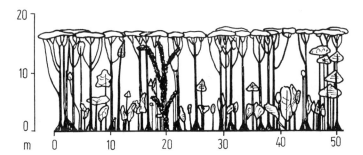

Sekundärwald sehr einheitlicher Ausprägung mit *Musanga cecropiodes* (Parasolier, Schirmbaum) als Leitbaum.
Derartige, hier ca. 6 Jahre alte Sekundärwälder mit fast reinen Beständen an „Schirmbäumen" sind innerhalb des immergrünen Regenwaldgebiets häufig anzutreffen.

die periodisch Hochwasser führenden Ströme und Flüsse. Die nährstoffreichen Feinsedimente und der hohe Sauerstoffgehalt des Wassers bieten sehr gute Wachstumsbedingungen für durchschnittlich 25–30 m hohe, lianenreiche Regenwaldformationen, in denen *Chleistopholis patens* und *Elaeis guineensis*, die Ölpalme, als Leitbäume auftreten. In einigen Teilen West- und Zentralafrikas haben die fast stagnierenden, sauerstoffarmen „Schwarzwasser" der Regenwaldflüsse bei zwei Überschwemmungen pro Jahr die Entwicklung einer Formation der Überflutungsbereiche und der Moorgebiete begünstigt. In der erstgenannten Formation sind Strauch- und Krautschicht nur gering entwickelt, Lianen in den im allgemeinen mittelhohen Regenwäldern sehr stark vertreten. In den sog. *Moorregenwäldern* herrscht dagegen eine dichte Kraut- und Strauchschicht mit einem stark lianenbewachsenen mittelhohen Baumbestand. Obwohl die Zugänglichkeit außerordentlich mühsam ist, hat der Mensch diese Waldgebiete beträchtlich verändert, indem er die vielseitig nutzbare Raphiapalme selektiv förderte. Die 10 bis max. 15 m hohen Raphiapalmenwälder (*Raphia vinifera, R. gentiliana, R. laurentii*), die bei hohem Grundwasserstand auch anhaltende Überflutungen vertragen, wurden für zahlreiche Zwecke schon traditionell genutzt: Gewinnung von Baumaterial, Möbelholz, Grundstoffe zur Faser- und Palmweinherstellung. Die Gewinnung von Kopal aus der *Copaifera demeusei* der Überschwemmungswälder ist bis heute Ziel der Sammelwirtschaft.

Ein eigenartiges Phänomen innerhalb des äquatorialen Regenwaldes bilden lokale Lichtungen, offene gehölzfreie Grasflächen, die als *Esobe* bezeichnet werden. Die Genese dieser als Dambo-ähnlichen *Hyparrhenia-Diplandra*-Grasfluren innerhalb des „Meeres von Bäumen" wurde von GERMAIN (1965) in Zaire ausführlich untersucht. Er deutete sie als edaphisch-hygrisch bedingte natürliche Rasenformation, zu unterscheiden von den ansonsten anthropogen bedingten Pennisetumgrasfluren, die Ergebnis völliger Waldvernichtung sind.

Die Außenzone des äquatorialen Regenwaldes

Der immergrüne Regenwald wird im N, S und SW umschlossen von einem ca. 100 km breiten Band sog. halbimmergrüner, teilweise laubwerfender Regenwälder, auch als immergrüne Saisonregenwälder bezeichnet. Bei 1400–1800 mm Jahresniederschlag erfolgt bereits periodisch in der 3- bis 3½monatigen Trockenzeit ein Laubwechsel in den oberen und mittleren Schichten des Waldes (besonders bei *Albizzia gummifera, Ceiba pentandra, Terminalia superba*); auch Blüte und Fruchtreife haben schon eine stärkere Periodizität. Holzwirtschaftlich sind diese Wälder von besonderem Wert, da afrikanische Edelhölzer der Gattungen Entandophragma und Khaya hier stark vertreten sind.

Kulturhistorisch war von großer Bedeutung, daß die halbimmergrünen Regenwälder im Unterschied zu den immergrünen äquatorialen Regenwäldern feueranfälliger sind. So entstanden in der Randzone des äquatorialen Regenwaldes, wo die Niederschlagsverläßlichkeit höher ist als in den anschließenden Savannen, wo aber andererseits der Rodungsvorgang leichter fällt als im inneren Regenwald, schwerpunktartige *Bevölkerungskonzentrationen*, wie im Uele und im Ubangi am Nordrand des Zairebeckens, in Nordkasai auf der Südflanke des zentralafrikanischen Regenwaldes oder im bekannten „Baule-V" der Côte d'Ivoire in Westafrika. Die Primärwälder sind weitgehend in Sekundärwälder oder in ein Galeriewald-Grassavannenmosaik, die „*derived savanna*", umgewandelt.

3.6.2 Die Savannengebiete

Savannenformationen umschließen die immergrünen Tiefland- bzw. Saisonregenwälder. Bei Trockenzeiten zwischen drei und sieben Monaten und mittleren Jahresniederschlägen zwischen 400–1600 mm reicht das Spektrum der Formation von Feuchtsavannenwaldungen über regengrüne Trockensavannengehölze bis zu Dornsavannendickichten. Während in den regenwaldnahen Gebieten bei zwei Regenzeiten noch halbimmergrüne Arten vorherrschen, sind die Savannen der Sommerregengebiete bei einer Regenzeit durch den *trockenzeitlichen Laubfall* und das Schwinden der Nahrungsreserve für Wild und Vieh in der Kraut- und Grasschicht gekennzeichnet, die Wanderungen erforderlich machen. Regional sind die schon lange von Hackbauern, ohne oder mit Rinderhaltung, bevölkerten Savannenlandschaften stark *anthropogen überformt*, wobei generell Waldungen in Grasfluren umgewandelt wurden. Die Frage nach der anthropogen bedingten Genese der Savannen besitzt bis heute ihre Aktualität (AUBREVILLE 1949, GOLDAMMER 1993).

Ein großer Teil der gegenwärtigen Gehölzformationen, auch ausgedehnte Grassavannenformationen, sind auf den Eingriff und die Vegetationsdegradierung durch den Menschen zurückzuführen. Bei der Vernichtung der Waldbestände und ihrer Umwandlung in lichte Gehölz- oder Grasfluren spielen regional und zeitlich verschiedene Ursachen mit. In zahlreichen Fällen wurde die Wirkung des Brandrodungsfeldbaus betont, der bei zu kurzen Bodenruhezeiten zu einer Vegetationsdegradierung und zur Ausdehnung von Grasformationen führt. Als wichtiger Faktor ist das *Feuer* anzusehen, das in der Trockenzeit zum Zwecke der Jagd, zur Vernichtung der Altgrasbestände zwecks besserer Übersicht und Kommunikation oder zur Schaffung frischer Weiden und zur Bekämpfung der Tsetsefliege von den Rinderhirten bzw. auf den Ranchen und Farmen angezündet wird. Die Untersuchungen von AUBREVILLE (1949) zeigten, daß die für Afrika bereits von den ersten Entdeckungsreisenden geschilderten Buschfeuer eine kontinuierliche Degradierung der Waldformationen in lichte Gehölzformationen und in Grasfluren zur Folge haben, sowie die Erhaltung dieser Grasfluren fördern. Es entsteht eine sogenannte *Feuerklimax*, eine an die jährlichen Brände angepaßte anthropogene Vegetationformation, wie sie durch die *Themeda triandra-*, *Pennisetum purpureum-* bzw. *Hyparrhenia*-Grasfluren repräsentiert wird. Versuche ergaben, daß sich bei entsprechenden Schutzmaßnahmen in derartigen Grasländern Gehölze und lichte Waldformationen wieder einstellen. Die Wirkung dieser Buschfeuer als „heiße Feuer" gegen Ende der Trockenzeit bei reichlicher Biomasse kann verheerend sein, da es zur Zerstörung des organischen Materials kommt, zu einer Reduzierung des Humusanteils und zu einer beschleunigten Abtragung der Böden bei Starkregen. Bei Überlegungen über die Savannengenese muß man auch im Auge behalten, daß durch Blitzschläge bei den heftigen Tropengewittern Brände ausgelöst werden können.

Auch die edaphisch und hygrisch bedingte ökologische Differenzierung der Standorte innerhalb der klimatisch bestimmten Vegetationsgebiete ist für die lokale Entstehung von Savannenformationen nicht zu unterschätzen: so entwickeln sich zum Beispiel über Lateritkrusten nur lichte Parksavannen, während klimaökologisch ein teilweise laubwerfender tropischer Regenwald zu erwarten wäre. Um die jeweilige Situation zu deuten, bedarf es regionaler Studien; eine für Gesamt-Afrika gültige Aussage läßt sich nicht machen, da anthropogen bedingte und ökologisch verursachte Savannenformationen nebeneinander existieren.

Der Grad der Vegetationsdegradierung nimmt in allen Teilen Afrikas zu, und zwar als Ergebnis des starken Bevölkerungswachstums sowohl im ländlichen Raum als auch im Umkreis der Städte. Die Umwandlung von Tropenwald in baumfreie Grasfluren ist an zahlreichen „Fronten" zu beobachten: der Erweiterung der landwirtschaftlichen Nutzfläche, der Verkürzung der Brachzeiten, der Waldvernichtung durch Brennholzeinschlag und Holzkohleherstellung sowie dem Tropenholzeinschlag für industrielle Zwecke steht keine entsprechende Waldpflege gegenüber. Aufforstungen sind in Tropisch-Afrika nur lokal zu verzeichnen und werden häufig nicht gepflegt; Waldreservate werden angesichts der Nachfrage nach Holz und des Nutzungsdrucks durch Ackerbauern und Viehhalter nicht respektiert, sondern weitgehend ruiniert.

Die Feuchtsavannen

In der Übergangszone zwischen dem äquatorialen Regenwald und den laubwerfenden Savannenformationen finden sich Mosaike von halbimmergrünen Wäldern, von Galeriewäldern und Grasfluren, wie im Ubangi in Nordostzaire oder im Baule-V der Côte d'Ivoire. Die *derived savanna* ist das Ergebnis menschlicher Eingriffe durch den Brandrodungsfeldbau und systematisch angelegter Savannenbrände, u.a. zu Jagdzwecken. Zugleich ist sie eine Anpassung an pelologische Differenzierung etwa zwischen tiefgründigen Ferralsols (Waldbedeckung) und oberflächennahen Lateritkrusten (Graslandbedeckung). Die Arten und die Physiognomie der Vegetationsformationen wechseln nach Standortbedingungen und Grad der menschlichen Beeinflussung. In günstigen Fällen erreichen die Feuchtsavannenwaldungen eine Höhe von 18–20 m und beinhalten zahlreiche von der Holzwirtschaft gesuchte Arten. In den Savannen zwischen dem Kasaistrom und dem Lualaba in Zentralafrika treten *Cussonia angolensis*, *Strychnos spinosa*, *Annona sp.* und Borassuspalme (*Borassus aethiopum*) als Leitbäume auf. In großen Teilen West- und Zentralafrikas spielen subspontane Bestände der Ölpalme (*Elaeis guineensis*) eine wichtige wirtschaftliche Rolle als Basis der Palmölwirtschaft.

Neben den Waldungen finden sich im Gebiet der Feuchtsavannen 1,5 bis 2 m hohe Grasfluren mit lichten Gehölzbeständen, sog. *Parksavannen*, für die eine lange Feuereinwirkung angesetzt wird. In extremen Fällen, wie in den dicht bevölkerten östlichen Bergländern von Zaire, wurden die Gehölze und halbimmergrünen Wälder durch Langgrassavannen aus 2–3 m hohen perennierenden Gräsern ersetzt, Horstgräsern wie *Hyparrhenia*- und *Andropogon*-, zum Teil auch *Imperata*arten.

Bei Ausschaltung des Feldbaus, der Beweidung und des Brennens stellte man auf Grassavannenflächen der Landwirtschaftlichen Versuchsanstalt bei Nioka in Nordostzaire fest, daß sich diese nach ca. 8 Jahren mit einem dichten Baumwuchs bedeckten, der zum Teil sogar die Gramineen ausschaltete. Ähnliche Ergebnisse liegen aus Südwest- und Westzaire und aus den Savannen des südlichen Kongo (KOECHLIN 1961) vor. Es sind aber auch Grasfluren bekannt, die sich ohne Feuereinwirkung einstellen. So bedecken *Loudetia*-Grasfluren die sandig-grusigen Böden über Graniten und *Loudetia-Aristida*-Kurzgrassavannen die Kalaharisandgebiete im westlichen und nordwestlichen Zaire bis in die Republik Kongo hinein. Die Genese dieser Grasformationen wird unterschiedlich interpretiert, doch wird ein großer Teil der Kurzgrassavannen als „natürliche" Savannen bezeichnet, edaphisch bedingte Gesellschaften auf äußerst nährstoffarmen, wasserdurchlässigen Sanden, wie den Kalaharisanden, auf denen trotz mittlerer Jahresniederschläge von über 1400 mm nur dürftige Grasfluren gedeihen.

Die Trockensavannen

Mit der Abnahme der Zahl der humiden Monate auf weniger als sechs bis sieben und der mittleren Jahresniederschläge auf unter 1000 mm wird die Zone der Trockensavannenformationen erreicht. Die regengrünen *Miombowälder*, die charakteristische Formation der Plateaulandschaften des südlichen Zentralafrika in 900 bis 1500 m Höhe, erstrecken sich auf der Lundaschwelle zwischen dem Lualaba und dem Sambesi, zwischen Ostangola und Zentraltansania über ca. 1000 km mal 1000 km. Der Name dieser Formation leitet sich her von der afrikanischen Bezeichnung für die vorherrschende Baumart *Brachystegia*. Sie wird in Tansania als „Miombo" bezeichnet. Die mittlere Höhe der Baumschicht beträgt 10–12 m. Die Busch- und Krautschicht ist je nach Standort verschieden, im allgemeinen licht ausgebildet. Das Holz der Miombowälder eignet sich als Brennholz sowie zur Herstellung von Holzkohle, so daß sie von Köhlern ausgebeutet werden. Doch weisen sie eine starke Regenerationsfähigkeit durch Stockausschlag auf und bedecken auch heute noch weite Teile der Plateaulandschaften.

Eine Besonderheit im Bereich der Miombotrockenwälder bilden die *Dambos*. Es handelt sich um gehölzfreie Kurzgrasfluren von runder oder ovaler Form, zum Teil auch um langgestreckte, bachbettlose Grasflächen auf der gesamten Lundaschwelle (MÄCKEL 1975). Sie finden sich in feuchten, periodisch überfluteten Senken, unter deren sauren, lehmig sandigen Böden Lateritkrusten bzw. gelartige Lateritverbindungen in 3–5 cm, aber auch in einigen Metern Tiefe auftreten. Aufgrund der Standortverhältnisse kann sich in diesen Bereichen nur eine Grasflora entwickeln, da die Ausbildung von Bäumen durch den hohen Grundwasserstand verhindert wird.

Die Trockenwälder sind häufig durchsetzt mit 2 bis 3 m, maximal 5 m hohen, spitzen Termitenhügeln. Sie treten sowohl innerhalb der Miombowaldformationen auf wie in gehölzarmen Hochgrasfluren. Es lassen sich fossile neben aktiven Termitenhügeln finden, so daß sie nicht generell als Vorzeitform anzusprechen sind. Die Existenz einer typischen *Termitensavanne*, wie sie TROLL (1936) charakterisierte, d.h. das Auftreten von Waldinseln an Termitenhügeln in einer fast gehölzfreien Grasflur, ist aus allen Feucht- und Trockensavannengebieten bekannt. Von den Hackbauern wird das Erdreich der Termitenhügel wegen des günstigen Humuszustandes und des reichen Gehaltes an Pflanzenährstoffen gerne zur Bodenverbesserung verwendet. Für eine mechanisierte Landnutzung stellen sie, falls sie in größerer Zahl auftreten, einen erheblichen Kostenfaktor dar, da das Nivellieren von Termitenhügeln mehrere hundert Dollar je Hektar kostet.

Xerophytische Formation der Trockensavanne bestehen aus Kandelaber- Euphorbien und Trockendickichten (Dornakazien, *Balamites aegyptiaca*, *Butyrospermum parcii*, *Aloe*-Sukkulenten, *Sansevieria* und Schirmakazien). Ein artenreicher Baobabtrockenwald (*Adansonia digitata*) war für weite Gebiete Westafrikas typisch. Als Folge des Brandrodungsfeldbaus ist er in eine lichte Parksavanne mit einjähriger Grasflur umgewandelt, aus der die mächtigen Baobabbäume aufragen.

Die Dornsavannen

Bei nur noch 2 bis 4,5 humiden Monaten und 250 bis 500 mm mittleren Jahresniederschlags wird die Grasdecke schütterer, und es treten lediglich weitständige Dorngehölze auf. Minimierung der Blattoberfläche gegen Verdunstungsverluste und Bedornung als Schutz gegen Tierfraß kennzeichnen die Vegetation. In großen Teilen des Kontinentes kam es bereits durch Überweidung zu einer Zerstörung der Grasflur und zur *Verbuschung*, d.h. zu einer exzessiven Ausdehnung der Dornbüsche. Im Umkreis der Städte werden auch die Dornformationen durch die Brennholzgewinnung zerstört.

3.6.3 Azonale Vegetationsformationen der Tropen Afrikas

Vegetationsstufen der Bergländer und Hochgebirge

In den Bergländern vollzieht sich bei 1 500–1 700 m der Übergang aus der submontanen Stufe des immergrünen Regenwaldes zu den montanen Feuchtwäldern. Da der Bevölkerungsdruck und die Erweiterung des Siedlungsraumes, etwa auf der dicht bevölkerten zentralafrikanischen Schwelle und an den großen Vulkanmassiven Ostafrikas, zu einer starken Umwandlung bis zur Vernichtung der submontanen und der montanen Regenwälder geführt hat, sind Teile der Gebirge bereits in den dreißiger Jahren in Nationalparks integriert worden. So ist im Nationalpark der Virungas und am Ruwenzorimassiv in Ost-Zaire die Abfolge der Vegetationsstufen noch eindrucksvoll zu beobachten.

Zwischen 1 600–1 700 und 2 200–2 400 m erstreckt sich im Bereich der tierra templada die Bergwaldstufe, auch als *montane Regenwaldstufe* bezeichnet. Bei 2 000 mm mittleren Jahresniederschlag bestehen Bergregenwälder mit Leitbäumen wie *Podocarpus milanijanus*, *Albizzia gummifera*, *Ocotea usambarensis* und *Entandophragma excelsa*. Diese Wälder sind reich an Baumfarnen und Wildbananen (*Musa ensete*).

In den dicht bevölkerten Hochländern der zentralafrikanischen Schwelle sowie in Westkamerun sind die Bergregenwälder oberhalb von 1 100–1 200 m bis an die Grenze der Dauersiedlung bei ca. 2 400–2 500 m fast völlig vernichtet. Eine Höhengrassavanne mit *Digitaria sp.* und *Hyparrhenia sp.* oder *Acanthus pubescens*-Buschland ist als Sekundärformation anzutreffen.

Bereits in den oberen Teilen der Bergwaldstufe treten vereinzelt Bambusbestände auf. Eine geschlossene *Bergbambusstufe (Arundinaria alpina)* schließt sich in 2300–2800 m Höhe am Ruwenzori, an fast allen Virungavulkanen und an den Randgebirgen westlich des Tanganyikasees an; sogar vom Kudelunguplateau Mittelshabas ist diese Formation bekannt (ROBERT 1956). Ein fast undurchdringliches Bambusdikkicht von 10–12 m Höhe erschwert das Vordringen in diesen Höhen sehr. An der Obergrenze der Bambusstufe und in den unteren Teilen der folgenden *Hageniastufe* machen zudem in Senken und auf Verebnungen *Sphagnum*flächen eine Begehung fast unmöglich. Aufgrund der klimatischen und vegetationsgeographischen Gegebenheiten erreicht die Dauersiedlung bei ca. 2400–2500 m ihre Grenze. Darüber finden sich periodische und episodische Siedlungen von halbnomadischen Rinderhirtengruppen.

An einzelnen Vulkanen der Virungagruppe im Grenzgebiet zwischen Zaire, Ruanda und Uganda, so an Karisimbi und Nyaragongo, tritt in 3000–3500 m Höhe ein lichter, mittelhoher *Hagenia*wald auf, der am Karisimbi und am Mikeno den Lebensraum des Berggorillas bildet. In der anschließenden Baumheidenstufe, die am Ruwenzori zwischen 2700 und 3700 m, am Karisimbi oberhalb der Hageniastufe bei 3500 bis 3800 m erscheint, bilden *Erica arborea*-Heiden einen 4–10 m hohen, an *Epiphyten*- und *Usnea*-Bartflechten reichen Wald. Er geht oberhalb von 3300 bis 3500 m in *Philippia*-Strauchheiden über, so daß die Waldgrenze in den Gebirgen der zentralafrikanischen Schwelle bei ca. 3300–3500 m, max. 3700 m anzusetzen ist.

In der *Erica arborea*-Baumheidenstufe liegt fast ständig eine Wolkenschicht, deren Nebelniederschlag für eine permanente Durchfeuchtung dieses Nebelwaldes sorgt. Der Boden ist mit einer dicken *Sphagnum*- und *Breutelia*-Torfmoosschicht bedeckt, so daß regelrechte Bergmoore bestehen.

Das Auftreten von großwüchsigen Baumsenecien – es handelt sich um Schopfbäume, die aber nicht dazu berechtigen, die Baumgrenze oberhalb der Senecienstufe anzusetzen – und Riesenlobelien kündigen die *afro-alpine Vegetationsstufe* zwischen 3700–3800 und 4400–4500 m Höhe an, vergleichbar mit der Paramostufe Südamerikas. Diese Formation kennt z.B. am Ruwenzorimassiv oder am Karisimbi eine üppige Entwicklung und ist Ziel wissenschaftlicher Expeditionen und touristischer Besteigungen. Seneciengruppen der Subgattung *Dendrosenecio* von 6–8 m Höhe und Schaftlobelien beherrschen das Bild in durchschnittlich 3800–4000 m Höhe in der subalpinen Stufe der Tierra helada. Am Ruwenzori finden die Dendrosenecien wegen der großen Feuchtigkeit, bei ausgesprochener Oligothermie, ihre beste Entwicklung in Zaire. An das Glazialrelief des Ruwenzori knüpfen die in Mulden zwischen 3900 und 4200 m auftretenden *Carex*sümpfe an. Oberhalb 4300 m verbleiben noch *Helichrysum*-Strohblumen-Strauchformationen auf trockenen, felsigen Standorten und *Alchemilla*-Halbstrauchformationen auf Geröll- und Schuttfeldern. Zwischen 4500–4700 m, zum Teil bis 5000 m, vertreten noch Flechten den Pflanzenwuchs. Bei ca. 4600 m ist die klimatische Schneegrenze erreicht (vgl. für Kilimandscharo ENGELHARD 1988, 1994; für Mt Kenia WINIGER u.a. 1990; für Simen in Äthiopien MESSERLI und AERNI 1978, Managementplan 1986)

Tab. 4: Höhenstufen von Klima und Vegetation am Ruwenzori, Zaire (Westseite, extrem feucht)

Höhenerstreckung [in m]	Mittlerer Jahresniederschlag [in mm]	Mittlere Jahrestemperatur [in °C]	Klimastufe	Vegetationsstufe
Gipfel 5110 Schneegrenze ca. 4600			Nivale Stufe (Kargletscher)	
Vegetationsgrenze ca. 4400	1600–1700	1,5	Tierra helada (Solifluktion und Frostmusterböden)	Subalpine und alpine Stufe sog. Paramovegetation oder afro-alpine Vegetation: *Senecio sp.; Lobelia sp.; Alchemilla-* u. *Helichrysum*-Formation
4000	1900	5		
3700 / 4000 (Baumgrenze: ca. 3700) (Waldgrenze: ca. 3300)	1900	5	Tierra fria feinregen- und nebelreich	Stufe der Baumheiden *Erica Bequertii; Philippia sp.;* sehr starkes auftreten von *Usnea*-Bartflechten
2700 / 2800	3000	12,4		
2600 / 2700	3000 max. 3950	12,4		Bergbambusstufe *Arundinaria alpina;* ausgedehnte *Sphagnum*flächen
2200 / 2300		16		
2000	2250	16	Tierra templada mit ausgesprochenen Starkregen	Bergregenwald *Albizzia gummifera; Podocarpus milanjianus;* Lianenreichtum
1600	1800	20,5		

nach Wiese 1980, Tab. 12

Tab. 5: Agroklimatische Höhenstufen und Landnutzung in Äthiopien

Höhe in Metern			
Über 3700			**Hohe Wurch** A: Kein Anbau, über der Frostgrenze B: Inexistent C: Black Soils D: Montanes Grasland, keine Baumvegetation
3700 bis 3200		**Feuchte Wurch** A: Hafer, 1 Ernte/Jahr B: Seltendrainage C: Black soils, degradiert D: Erica, Hypericum	**Nasse Wurch** A: Hafer, 2 Ernten/Jahr B: Drainagewälle weitverbreitet C: Black soils, stark degradiert D: Erica, Hypericum
3200 bis 2300		**Feuchte Dega** A: Hafer, Weizen und Knollenfrüchte, 1 Ernte/Jahr B: vereinzelt Terrassierung C: Braune Tonböden D: Juniperus, Hagenia, Podocarpus	**Nasse Dega** A: Hafer, Weizen, Knollenfrüchte, 2 Ernten/Jahr B: Drainagewälle weit verbreitet C: Dunkelbraune Tönböden D: Juniperus, Hagenia, Podocarpus, Bambus
2300 bis 1500	**Trockene Woina Dega** A: Weizen, Tef, selten mais B: Terassen weitverbreitet C: Hellbraune bis gelbe Böden D: Akazien-Savanne	**Feuchte Woina Dega** A: Mais, Hirse, Tef, Weizen, Hafer B: Terassen weitverbreitet C: rotbraune Böden D: Savannen mit Akacia, Cordia, Ficus	**Nasse Woina Dega** A: Tef, Mais, Hafer B: Drainage weitverbreitet C: rote tonige Böden, tief verwittert; weitverbreitet Bodenerosion (Gullies) D: Savannen mit Ficus, Acordia, Acacia
1500 bis 500	**Trockene Kolla** A: Tef, selten Hirse B: Terassen zur Wasserspeicherung C: gelbe, sandige Böden D: Acacia-Buschland	**Feuchte Kolla** A: Hirse, selten Tef, Erdnüsse B: Terassen weitverbreitet C: gelbe, schluffige Böden D: Savanne mit Acacia, Erythrina, Cordia, Ficus	
unter 500	**Berha** A: Bewässerungsfeldbau B: Inexistent C: gelbe, sandige Böden D: Acacia-Buschsavanne		
	unter 900	900 bis 1400	über 1400
		mittlerer Jahresniederschlag in mm	

A: Hauptanbaufrüchte; B: traditionelle Methode der Bodenkonservierung; C: Böden in hängigem Gelände; D: natürliche Vegetation/Baumvegetation

nach Hurni 1986, S. 9

Die Mangroven

Die den Gezeiten unterworfene Zone der Flachküsten von der Senegalmündung bis Mittelangola bzw. von Port Said bis Maputo trägt eine Mangrovenvegetation aus *Rhizophora racemosa* und *Avicenna tormentosa* in den täglich überfluteten Bereichen (BLASCO u.a. 1980). Zum Festland hin schließen sich in *Phoenix reclinata*-, *Raphia laurentii*- und *Pandanus*-Bestände an. Holzeinschlag für Bau- und Brennholz sowie Vegetationsvernichtung zur Anlage von Naßreisbaufeldern tragen zunehmend zur Zerstörung der Mangroven bei. An der westafrikanischen Küste hat die verminderte Süßwasserzufuhr während der Dürrejahre zu einer zunehmenden Versalzung, zum Beispiel am Gambiafluß und in der Casamance, geführt, die ebenfalls zum Rückgang der Mangroven beitrug (SALOMON 1987).

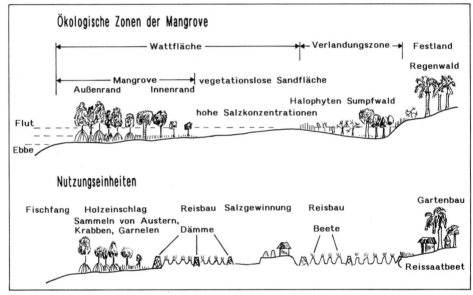

Abb. 18: Umwandlung von Mangroven in Westafrika

3.6.4 Formationen der Halbwüsten und Wüsten

Es mag erstaunen, von Vegetation in den Halbwüsten und Wüsten zu sprechen, doch finden sich vegetationslose Vollwüsten nur in Teilen der Sahara und der Namib, wo Hamada- und Serirflächen auftreten. In den Dünengebieten vom Ergtyp finden sich in Mulden Gräser, die vom Wild beziehungsweise von den Dromedaren und Schafen der Nomaden episodisch beweidet werden. Flechtenbewuchs einmaliger Art ist aus den Nebelwüsten von Namibia und Mauretanien bekannt. Zu den Sonderformen der Pflanzenentwicklung in Wüstengebieten gehört die *Welwitschia mirabilis* in Namibia (SCHNEIDER und WIESE 1996).

Halbwüstenformationen aus Gräsern und dornigen Kleinsträuchern umgeben den saharischen Wüstenraum, finden sich in den Tiefländern NO-Afrikas sowie im Umfeld der Namibwüste. Im Regenschatten der Kap-Ketten im südlichen Afrika tritt die Karru-Halbwüste auf, die im Nordwesten eine Sukkulentenvegetation umfaßt. Nur in den Wadis kommt es bei hochliegendem Grundwasserstand zum Wachstum von Sträuchern und Bäumen wie Tamarisken und Akazien. Von Bedeutung für die Weidewirtschaft ist die sogenannte Regenvegetation; sie keimt nach episodischen Niederschlägen aus viele Jahre im Boden liegenden Samen kurzfristig auf. Nicht zu vergessen ist die ausgeprägte Kulturvegetation der Oasen, mit ihren Dattelpalmen sowie den Gemüse-, Obst- und Getreideflächen; allerdings stellen Versalzung und Sandeinwehungen eine erhebliche Gefährdung dar (PÉRENNÈS 1993).

3.6.5 Formationen der Winterregengebiete

Der mediterrane Nord- und Südsaum des Kontinents zeigt die typischen Hartlaubgewächse bzw. Macchienformationen. Die mittelhohen Büsche und Sträucher sind immergrün, und verwandeln sich im Frühjahr in ein duftendes Blütenmeer. Die Kapflora Südafrikas, der sogenannte Fynbos, ist gekennzeichnet durch das Auftreten der *Proteaceen*. MEURER (1986) hat einen Beitrag über eine standortgemäße Nutzung der mittelmeerischen Hartlaub-Formation veröffentlicht. In Nordafrika lassen sich vier Höhenstufen der *Waldformationen* unterscheiden: Die Korkeichenstufe, die Steineichenstufe, die Zedern- und Tannenstufe sowie die Höhenstufe mit phönizischem Wacholder. Die vorgenannten Formationen sind durch den Einfluß des Menschen im Rahmen der Ausdehnung des Feldbaus, der Weidewirtschaft und des Holzeinschlags degradiert und weiterhin erheblich gefährdet; die Schaffung von Nationalparks sowie angepaßte Formen nachhaltigen Managements sollen die Wald- und Strauchformationen schützen (GIESSNER 1990).

Ähnliche Degradierungsprozesse vollziehen sich auch in den *Steppen*: Diese baumlosen Grasfluren des nordhemisphärischen Winterregengebietes bzw. Sukkulenten- und Kleinstrauchformationen im südlichen Afrika sind die bevorzugten Weidegebiete der Nomaden bzw. heute der Farmen und Ranchen. Nach Degradierung der Vegetation unterliegen sie einer erheblichen Bodenerosion und der Desertifikation.

Immergrüne *subtropische Regenwälder* finden sich noch im äußersten Südosten des Kontinentes südlich von Port Elizabeth. Seit dem 17. Jahrhundert durch den Einschlag von Edelhölzern wie Outeniqua Yellowwood (*Podocapus falcatus*) oder Stinkwood (*Ocotea bullata*) für Möbel- und Parkettherstellung genutzt, stehen sie seit dem Beginn des 20. Jahrhunderts unter einer nachhaltigen forstlichen Bewirtschaftung. Durch Regeneration ist die Wiederherstellung quasi-natürlicher Bestände gelungen.

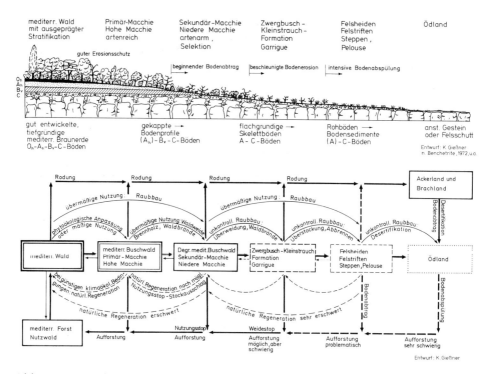

Abb. 19: Degradierung und Regeneration mediterraner Waldformationen in Nordafrika

3.7 Tropenwaldvernichtung, Tropenwaldaktionsplan

Die Vernichtung der Tropenwälder spielt in der Entwicklungsdiskussion seit den 70er Jahren eine erhebliche Rolle. Für zahlreiche Länder wie Côte d'Ivoire, Kamerun und die Zentralafrikanische Republik sind tropische Edelhölzer ein wichtiges Außenhandelsgut. Die Haupteinschlagsgebiete haben sich wegen Erschöpfung der Bestände von West- nach Zentralafrika verlagert; die Hauptexporteur tropischer Edelhölzer sind heute Malaysia, Indonesien, die Philippinen und Brasilien. Landwirtschaftliche Rohstoffe wie Kaffee und Kakao aus den Zonen des tropischen Regenwaldes von Côte d'Ivoire und Kamerun oder Baumwolle und Erdnüsse aus den Tropenwaldzonen von Sudan bis Senegal sind erstrangige Exportgüter. Die Produktionserhöhung beruht vorwiegend auf einer Flächenausdehnung, so daß die Raten der Waldvernichtung für Pflanzungen und Plantagen erheblich sind. Das Bevölkerungswachstum im ländlichen Raum und die steigende Nachfrage nach Grundnahrungsmitteln bei der rapide zunehmenden städtischen Bevölkerung läßt gleichzeitig die Anbauflächen für Nahrungsmittel wie Hirsen, Mais, Maniok oder Bananen steigen.

Brennholzeinschlag und Holzkohleherstellung gehören zu den lukrativsten Geschäften, und haben weitreichende Folgen für die Waldvernichtung (für Westafrika vgl. WIESE und SCHWEDE 1987; WIESE 1988a, Kap. 4.4.2; ANHUF 1992; ANHUF und WOHLFART-BOTTERMANN 1994). Die FAO beziffert den Anteil der Tropenwaldverluste durch Landnahme und Brennholzgewinnung auf 50 bis 60 %. Plantagenwirtschaft, Schaffung von Weidearealen und das massive Wachstum der Städte haben einen Anteil von ca. 30 %; nur 10 % werden durch unangepaßte Nutzung vernichtet. Wichtig ist eine differenzierte Betrachtung der Waldverluste nach den Formationen:

Tab. 6: Vernichtung tropischer Regenwälder*

Land	Bestandsfläche (Primärwald, 1980 in qkm)	Entwaldungsrate (qkm/Jahr, von 1987 hochgerechnet bei gleichbleibendem Einschlag)	Jahre bis zur völligen Zerstörung
Angola	29 000	400	66
Benin	470	15	23
Côte d'Ivoire	44 580	3 100	7
Gabun	205 000	270	752
Ghana	17 180	150	108
Kamerun	179 200	800	214
Kenia	6 900	110	56
Kongo	213 400	700	30
Liberia	20 000	410	42
Nigeria	59 500	2 850	14
Zaire	1 056 500	1 650	633
Zentral Afr. Rep.	35 900	50	743
vgl.: Brasilien	3 317 500	13 600	237
Indonesien	1 135 750	5 500	200
Philippinen	93 200	1 000	86

* = immergrüne Tieflandwälder, Berg- und Monsunwälder   nach Eichler 1987, S. 48

Weltweit sind nur noch 20 % der potentiellen Trockenwaldflächen mit Wald bedeckt, noch 46 % der Feuchtwaldgebiete und noch 76 % der immergrünen Regenwaldgebiete. Die FAO berechnete 1993 auf der Basis von Satellitenbildauswertungen die durchschnittliche jährliche Entwaldungsrate für die Tropenwälder mit 0,8 %; Asien und der pazifische Raum liegen mit 1,2 % über dem weltweiten Mittel, die Werte für Südamerika betragen 0,8 %, für Afrika 0,7 %.

Für die Industrieländer hat die Erhaltung der Tropenwälder in ihrer Funktion für das globale und regionale Klima, für die Erhaltung der Artenvielfalt und die langfristige Sicherung der Lebensgrundlagen in den Tropenländern eine hervorragende Bedeutung (BMZ 1992a, 1992b, 1993a, SERAGELDIN 1992). Der deutsche *Tropenwaldaktionsplan*/das Tropenwaldprogramm und der deutsche Beitrag zum Weltbankprogramm Global Environment Facilities (GEF) zielen auf die Entwicklung von Methoden nachhaltiger Nutzung sowie auf die Förderung von Forstprojekten in den Tropenländern. Mit ca. 300 Mio. DM (Mitte der 90er Jahre) ist Deutschland wichtigster Geber auf dem Gebiet der Tropenwalderhaltung. Forderungen zu einer nachhaltigen Bewirtschaftung werden aber von den Holzkonzessionären oder den Plantagengesellschaften nicht eingehalten. Es herrscht Raubbau, und die Forstbehörden sind zu schlecht ausgestattet oder zu bestechlich, um eine wirkungsvolle Kontrolle durchzuführen. Aufklärung, Information und langfristige Konzessionen, die die Holzunternehmen zu einer nachhaltigen Bewirtschaftung führen sollen, haben sich angesichts der anhaltenden Waldvernichtungsraten als unwirksam erwiesen. Sogar die Einrichtung von Waldschutzgebieten und Nationalparks blieb regional wirkungslos: der Tai-Nationalpark an der Grenze von Côte d'Ivoire zu Liberia, in den 80er Jahren die letzte zusammenhängende Restfläche von primärem Regenwald in Westafrika, wurde wegen des über 10jährigen Bürgerkrieges in Liberia zum Siedlungsgebiet der Flüchtlinge. Das Bevölkerungswachstum führt zu illegaler Landnahme in Nationalparks in fast allen Ländern Afrikas. Wilderei für inländische und ausländische Abnehmer trägt in Zentral- und Ostafrika zur Vernichtung der Fauna bei, wobei hochrangige Politiker und Militärs involviert sind.

Nachhaltige Nutzung im Sinne einer geregelten, ökologisch und sozial verträglichen Waldnutzung nimmt einen hohen Stellenwert in der deutschen EZ ein. Dabei kann an das vorhandenen indigene Wissen der Waldnutzer, seien es Wildbeuter wie die Pygmäen, Wald- oder Savannenbauern angeknüpft werden. Wie BRUENIG und CSOMÓS (1994) dargelegt haben, sind ausreichend Kenntnisse und Technologien für eine Nachhaltigkeit der Holz- und Forstwirtschaft im tropischen Afrika vorhanden, auch stehen Mittel der bilateralen und multilateralen EZ zur Verfügung, doch haben politische Wirren, Korruption und Inkompetenz ihre Umsetzung bisher verhindert.

3.8 Desertifikation – ein aufhaltbares Verhängnis?

Mit Desertifikation bezeichnet man die vom Menschen verursachte Landschaftsdegradierung und die Ausdehnung wüstenhafter Bedingungen in den ariden, semiariden und subhumiden Regionen der Erde. Deutsche Geographen haben wesentlich zur Erforschung dieser Erscheinung in der Sahelzone und weltweit beigetragen (KLAUS 1986, MENSCHING 1990). Das Sammelwerk von ROCHETTE (1989) bietet Einzeldarstellungen zahlreicher Projekte, die unter Beteiligung des Internationalen Komitees für den Kampf gegen die Dürre in der Sahelzone (CILSS) durchgeführt wurden. An diesen Aktivitäten hat Deutschland durch das Sahelprogramm der GTZ, sowie durch Aktivitäten von Nichtregierungsorganisationen (NGOs) wie Misereor oder Deutsche Welthungerhilfe erheblichen Anteil. Für bilaterale deutsche EZ-Projekte zur Desertifikationsbekämpfung sind Mitte der 90er Jahre ca. 1 Mrd. DM allein in Afrika im Einsatz oder geplant. Von den 95 Projekten, die im Rahmen der deutschen EZ weltweit existieren, liegen 71 in Afrika, das von der Desertifikation besonders betroffen ist. Im World Atlas of Desertification (UNEP 1992) finden sich im

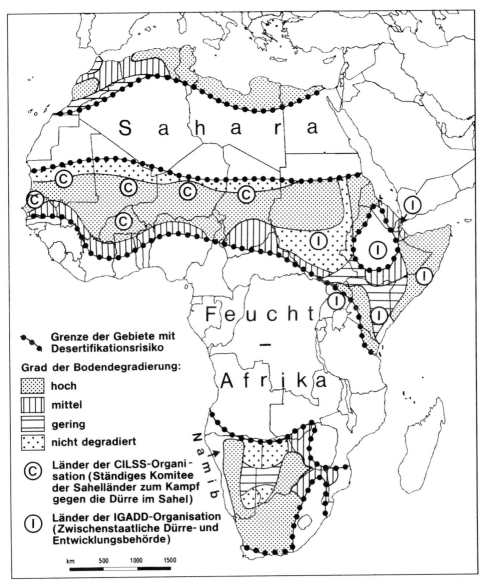

Abb. 20: Bodendegradierung als Indikator der Desertifikation

Teil 2 zahlreiche Übersichtskarten mit Erläuterungen zur Desertifikation in Afrika, in Teil 3 Fallstudien aus Kenia, Mali und Tunesien.

Eine eindeutige Zuordnung der Erscheinungsformen der Desertifikation wie Bodenerosion, Staubstürme, Versiegen von Quellen, flächenhaftes Absterben von Bäumen oder die Mobilisierung von Dünen zum Ursachenbereich „Mensch" oder „Natur"

Abb. 21: Ursachen und Folgen der Desertifikation

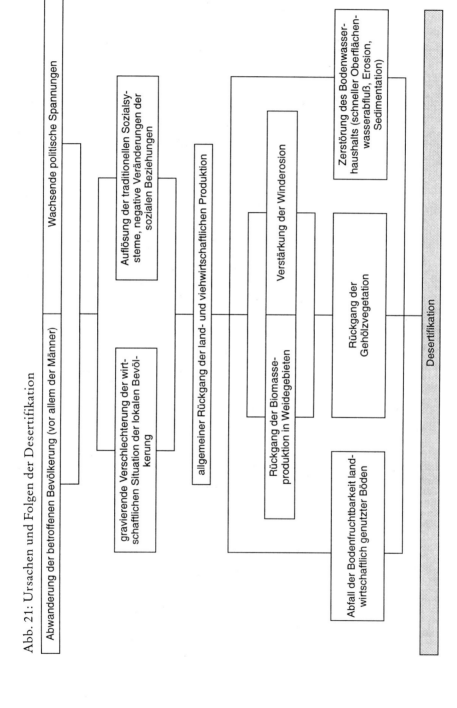

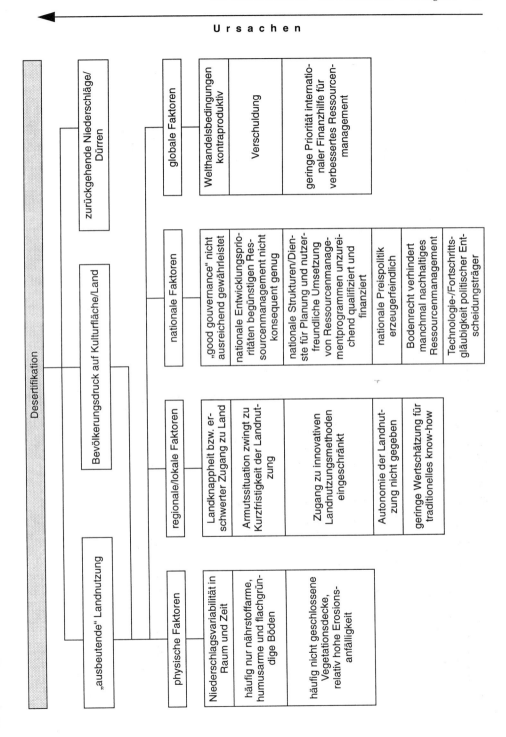

U r s a c h e n

Desertifikation

"ausbeutende" Landnutzung

Bevölkerungsdruck auf Kulturfläche/Land

zurückgehende Niederschläge/Dürren

physische Faktoren

Niederschlagsvariabilität in Raum und Zeit

häufig nur nährstoffarme, humusarme und flachgründige Böden

häufig nicht geschlossene Vegetationsdecke, relativ hohe Erosionsanfälligkeit

regionale/lokale Faktoren

Landknappheit bzw. erschwerter Zugang zu Land

Armutssituation zwingt zu Kurzfristigkeit der Landnutzung

Zugang zu innovativen Landnutzungsmethoden eingeschränkt

Autonomie der Landnutzung nicht gegeben

geringe Wertschätzung für traditionelles know-how

nationale Faktoren

"good gouvernance" nicht ausreichend gewährleistet

nationale Entwicklungsprioritäten begünstigen Ressourcenmanagement nicht konsequent genug

nationale Strukturen/Dienste für Planung und nutzerfreundliche Umsetzung von Ressourcenmanagementprogrammen unzureichend qualifiziert und finanziert

nationale Preispolitik erzeugerfeindlich

Bodenrecht verhindert manchmal nachhaltiges Ressourcenmanagement

Technologie-/Fortschrittsgläubigkeit politischer Entscheidungsträger

globale Faktoren

Welthandelsbedingungen kontraproduktiv

Verschuldung

geringe Priorität internationaler Finanzhilfe für verbessertes Ressourcenmanagement

wird erschwert durch die Tatsache, daß die Zerstörung der Ökosysteme eng mit der naturbedingten Ungunst und den geoökologischen Risiken der randtropisch-subtropischen Trockengebiete zusammenhängt. Die Konferenz der Vereinten Nationen über Desertifikation in Nairobi 1977 trug dazu bei, die Rolle des Menschen bei der Zerstörung der Ökosysteme in den Trockengebieten der Erde deutlicher zu erfassen. Klar wurde auch, daß die unangepaßte Nutzung der natürlichen Ressourcen nicht nur Vegetation, Boden und Wasserhaushalt lokal zerstört, sondern auch Wasserhaushalt und Klima regional bis global verändert. Der Aridisierungstrend in West- und Nordafrika ist nach jüngsten Forschungen das Ergebnis einer Kombination solarer Einflußgrößen und anthropogen bedingter Reduktion des verfügbaren Wassers in der Atmosphäre durch Vegetationsveränderung (FRANKENBERG und ANHUF 1989, Abb. 60 und 124).

Bodenerosion, Dünenmobilisierung, Versalzung

Erscheinungsformen, Faktoren und Prozesse der Desertifikation lassen sich in Senegal als einem Land der Sahelzone modellhaft nachweisen. Die Savannengebiete Westafrikas stellen seit Jahrtausenden einen bevorzugten Siedlungs- und Wirtschaftsraum dar. Die bäuerliche Bevölkerung in den südlichen und mittleren Landesteilen verwendet die wenig arbeitsaufwendige Brandrodung während der Trockenzeit. In der Sahelzone nutzt sie die leicht zu bearbeitenden sandigen Böden und das vielfältige Ökotopgefüge von den Plateaus bis in die Flachmuldentäler bzw. die Niayes der Küste. Jahreszeitlich nährstoffreiche Weidegründe ziehen Nomaden an. Die Bemühungen um eine Steigerung der exportorientierten Erdnußproduktion trugen zur Vegetationsvernichtung im Erdnußbecken bei. Mit dem starken Bevölkerungswachstum von über 3 % im langjährigen Mittel, das durch verbesserte medizinische Versorgung seit den 50er Jahren einsetzte, expandierten Anbau und Viehhaltung in der Risikoregion Sahel. Die zunehmende Zahl der bäuerlichen Betriebe, Rodungsprozesse und Vorrücken der Beweidung führten zu einem wachsenden Mißverhältnis zwischen ökologischen Rahmenbedingungen und landwirtschaftlicher Nutzung. Ausdehnung der Anbauflächen in Risikogebiete, Verkürzung der Brachzeiten, Überweidung und Holzeinschlag sind als wichtigste Faktoren der Desertifikation zu nennen.

Es treten unterschiedliche Prozesse der *Bodendegradierung* auf. In den westlichen und zentralen Landesteilen von Senegal, dem Erdnußbecken, herrscht eine verstärkte Winderosion. Die Deflation trägt das tonige Feinmaterial fort, das durch die Bindung der Nährstoffe an Tonminerale eine wichtige Funktion für die Bodenfruchtbarkeit hat. Die verstärkte Windabtragung zeigt sich in der Zunahme der Staubstürme, die durch ihre Aerosolbelastung den Flugverkehr beeinträchtigen bzw. episodisch zum Erliegen bringen. Aus dem zurückbleibenden Grobmaterial entwickeln sich Böden, die arideren Verhältnissen entsprechen. Es setzt ein „Teufelskreis" ein, da die verringerte Ertragsfähigkeit der Böden zu neuer Expansion der Anbaufläche, zu Vegetationszerstörung und Bodendegradierung führt. Bei den sandigen Substraten besteht die Gefahr der Mobilisierung vorher durch die Vegetation fixierter Sandmassen. Reaktivierte Dünen im Norden des Landes, aber auch schon in der unmittelbaren Umgebung von Dakar markieren eindrucksvoll das „Vorrücken der Wüste", das sich auch in neuen Barchan- und Flugsandfeldern zeigt.

Durch die Zerstörung der Vegetationsdecke und die Bodenabtragung wird auch der Wasserhaushalt negativ beeinflußt. Nach Starkregen erhöht sich der oberirdische Abfluß, da die Fließgeschwindigkeit nicht mehr gebremst wird. Die Erosion durch Wasser hat sich daher regional deutlich verstärkt. Zusätzlich sinkt der Grundwasserspiegel, da weniger Wasser in den Boden eindringt und sich das Auffüllen des Grundwassers verringert. Der Rückgang in der Abflußmenge der Binnengewässer und die verminderte Süßwasserzufuhr, lassen verstärkt Meerwasser in die Mündungsgebiete und weit flußauf vordringen, wobei insbesondere die Mangrovenwälder durch Versalzung betroffen sind. Ist die Versalzung im Delta des Senegal noch schwach, so erreicht sie im Saloum und in der Casamance katastrophale Werte (Revue de hydrobiologie tropicale, Vol. 20, 3–4, 1987: Sonderheft über die Situation in der Casamance).

Die *Savannenfeuer* stellen eine umstrittene Praxis dar. Das Abbrennen der Savanne findet zum einen bei der Jagd statt, zum anderen dient es am Ende der Trockenzeit der Vernichtung des Gras- und Buschbestandes zur leichteren Bestellbarkeit der Felder und zur Aschedüngung. Es reduziert aber mittelfristig die Artenvielfalt und zerstört die Ökosysteme. Bei fortgeschrittener Desertifikation wird zudem die Asche bei erhöhter Deflation durch den Wind abgetragen.

Das Endstadium der Desertifikation stellt eine verödete Landschaft dar, wie sie allenthalben in den Sahelländern zu sehen ist. Die Bodendegradierung ist so weit fortgeschritten, daß die Oberflächen durch Bodenversiegelung hart wie Beton sind, den keine Pflanzen mehr durchbrechen, oder daß lateritische Verwitterungsböden an die Oberfläche gelangen und zu Eisenpanzern verhärten: Eine spontane Entwicklung von Vegetation ist unmöglich. Infolge des Futtermangels weiten die Nomaden ihre Wanderungen immer weiter nach Süden in die Trockensavanne, vereinzelt bereits bis in die Feuchtsavanne aus, so daß eine regelrechte „Front" der Weidewirtschaft nach Süden vorrückt. Dieser Begriff ist berechtigt, da Konflikte zwischen Viehhaltern und seßhaften Bauern zunehmen, die mit Waffengewalt gelöst werden. Sie haben 1989/90 zu einem kleinen Grenzkrieg zwischen Senegal und Mauretanien geführt. Hier wird deutlich, wie Desertifikation soziokulturelle Konflikte verschärft und zu innen- und außenpolitischen Problemen führt (WEICKER 1992).

Holzeinschlag ist als ein wesentlicher Faktor der Desertifikation zu bezeichnen. Holz ist bis heute die wichtigste Energiequelle im ländlichen Raum und in den Städten des Senegal, der Sahelzone und Tropisch-Afrika gesamt (AGEL 1983; GRENIER 1987, 1988). Es dient als Brennholz oder in Form von Holzkohle zum Kochen, zur Teebereitung, zum Wärmen in der zwei- bis dreimonatigen kühlen Trockenzeit; Pfähle werden zum Bau der Häuser und Viehkraale verwendet. Nach amtlichen Schätzungen werden in Senegal jährlich ca. 5 Mio. m³ Holz verbraucht; dem steht ein jährlicher Zuwachs von nur 2 Mio. m³ gegenüber. Der Holzeinschlag für den Eigenbedarf wird durch die kommerzielle Holzgewinnung zur Holzkohleherstellung für die städtische Bevölkerung übertroffen. Für viele Bauern ist der Holzverkauf in Trockenjahren eine wichtige Einnahmequelle. Dieser Raubbau am Tropenwald muß als eine ökologische Katastrophe bezeichnet werden. In wenigen Jahren wird der Senegal seine Restwälder verlieren, – ein regionaler „Beitrag" zum Treibhauseffekt und zur weltweiten Klimaveränderung.

Zu den ökologischen Folgen der Desertifikation treten soziale, wirtschaftliche und politische Auswirkungen. Die Niedrige bis sinkende Agrarproduktion, schlechte Ernährung, unzureichende Einkommen, Landflucht und Verstädterung verschärfen die innenpolitische Situation. Die Bekämpfung der Desertifikation besitzt daher eine hohe Priorität in Senegal, sowie im Rahmen der bilateralen und multilateralen Entwicklungszusammenarbeit in der gesamten Sahelzone; sie wird durch das Zwischenstaatliche Komitee zur Bekämpfung der Dürren im Sahel (CILSS) koordiniert mit Sitz in Ouagadougou, der Hauptstadt von Burkina Faso.

Der Kampf gegen die Ausbreitung der Wüste

Die Auswirkung der Desertifikation haben bereits ca. 70 % von Senegal erfaßt. Ertragsrückgänge bei Nahrungsmitteln und Exportprodukten oder Kämpfe um Weidegründe wie 1989 zeigen, wie gravierend die Desertifikation das Land trifft. Artikel in der Tageszeitung „Le Soleil" in Dakar mit Titeln wie *„Le Sahel en péril"* (Der Sahel im Abstieg, 22.11.1985), oder *„Mobilisation"* („Mobilmachung im Kampf gegen die Desertifikation", 21.11.1985) sind bis heute üblich. Die gleiche Situation findet sich in der gesamten Sahelzone und in den nördlichen Teilen der Sudanzone; sie setzt sich in den Trockengebieten am Horn von Afrika, in Ostafrika und bis in das südliche Afrika fort.

Voraussetzung für die mittel- bis langfristige Bekämpfung der Desertifikation und eine Umkehrung der Landschaftsdegradierung ist die Rückkehr zu ökologisch angepaßten Nutzungstechniken, wobei die *Landnutzungsplanung* eine wichtige Rolle spielt. In Senegal z.B. wäre eine „Arbeitsteilung" auf nationaler Ebene sinnvoll: Konzentration des Regenfeldbaus auf die südlichen Landesteile mit mehr als 500 mm mittleren Jahresniederschlag und auf die bewässerten Flächen der Flußregionen, Reservierung der semiariden Sahelregion für eine planmäßige, extensive Weidewirtschaft. Doch diese etwa im „Süd-Sahel" des südlichen Afrika (Botswana, Namibia, Südafrika) praktizierte technologisch-ökonomische Lösung ist in den Agrargesellschaften Westafrikas aus sozio-kulturellen und ökonomischen Gründen z.Z. nicht realisierbar. Von Experten wird eine „Sensibilisierung" und „Mobilisierung" der Bevölkerung empfohlen, um Verhaltensmuster zu verändern und Einsicht in die Notwendigkeit von Maßnahmen zur Desertifikationsbekämpfung und zum Ressourcenschutz zu schaffen. Maßnahmen zur Veränderung dürfen nicht „von oben" kommen, vom Staat auferlegt werden – und damit scheitern, sondern müssen an das vorhandene Wissen der Bauern und Hirten anknüpfen. Zum Konzept ökologisch angepaßter Landnutzungssysteme gehören die Integration von Bäumen wie *Acacia albida* als „Nährstoffpumpe" und Obstbäume wie Mango oder Kashew in die Feldflur, Gründüngung und Mulchtechnik, sowie die Integration von Feldbau, Futterbau und Viehwirtschaft im bäuerlichen Betrieb. Die Wirklichkeit in Senegal und in den Staaten der Sahel-Sudan-Zone ist anders: Zwar existieren Projekte zur ressourcenschonenden Landnutzung etwa im Sine-Saloum, im Erdnußbecken und in der Casamance, auch von deutscher Seite unterstützt, doch sind dies mehr Demonstrationsprojekte und „Tropfen auf dem heißen Stein" als Lösungsansätze mit Breitenwirkung gegen die ökologische Katastrophe in der Sahelzone, wo die ökologische, die soziale und ökonomische Nachhaltigkeit fehlen (KRINGS 1994). In Einzelfällen sind Maßnahmen der EZ hilfreich, z.B. die Stabilisierung von Dünen und die Förderung von Gartenbauprojekten im westlichen Senegal (WIESE 1995).

Wenig Erfolg hatten bisher Maßnahmen gegen die Versalzung. Es fehlt an ausreichenden Mengen von Süßwasser zur Durchspülung der Böden, und die Anlage tiefer Drainagegräben ist manuell schwierig. Die Versalzung durch Meerwasser in den Ästuaren und Mangrovegebieten kann nur bei erhöhtem Süßwasserabfluß zurückgehen, der bei zunehmender Aridisierung nicht zu erwarten ist. Die Inbetriebnahme des Wehres von Diama am unteren Senegalstrom soll das Eindringen des Meerwassers stoppen, bedeutet aber einen umstrittenen Eingriff in das Ökosystem des Senegaldeltas.

Die extensive Weidewirtschaft in Form des Nomadismus stellt zwar eine ökologisch angepaßte Nutzungsform der Dornsavanne und Halbwüste dar, sie ist aber wegen des großen Viehbestandes, sowie wegen der Flächenkonkurrenz der Ackerbauern und der Bewässerungswirtschaft heute nicht mehr praktikabel (vgl. Kap. 6.2.1). Die Reduzierung der Herdengröße, die Einführung kontrollierter *Weiderotation* und Zufütterung sind zwar technisch möglich und in Einzelfällen erprobt, aber z.Z. in Senegal und in der Sahel-Sudan-Zone insgesamt nicht durchführbare Innovationen. Die Viehhalter streben nach großen Herden, da dies im Krisenfall das Überleben einer Kernherde garantiert. Investitionen in Zäune und Tränken werden selten getätigt, solange die Fleischpreise niedrig sind und stark schwanken. So sind zwar die Aussaat ertragreicher Futtergräser oder Heugewinnung als Maßnahmen zur Regeneration gestörter Weidegebiete möglich, in der Realität der Sahelzone aber nicht flächenhaft anwendbar.

Gegenmaßnahmen gegen die Vernichtung der Wälder und Gehölze werden angesichts des steigenden Energiebedarfes dringend notwendig. *Aufforstung* und die Integration von Bäumen in den bäuerlichen Betrieb reichen nicht aus, das Energieproblem zu lösen. Die Nutzung alternativer, erneuerbarer Energiequellen wie Sonne und Wind sind notwendig. Seit 1986 fördern zahlreiche Länder das „Sonderenergieprogramm" in Senegal. *Solarenergieanlagen* in Dörfern werden errichtet; bei Fatick wird seit 1990 ein 20 kW-Solarkraftwerk betrieben, das die Bundesrepublik Deutschland mit 1 Mio. DM finanzierte, und solargetriebene Wasserpumpen, Kühlanlagen oder Einrichtungen zum Fischtrocknen wurden eingerichtet. Die Erfahrungen zeigen, daß Übersandung durch Staubstürme, sowie die Wartung der wertvollen Anlagen Schwierigkeiten bereiten. Nur in ausgewählten Fällen wie an Krankenanstalten (Kühlung, Beleuchtung) wurden bisher nachhaltige Erfolge erzielt. Notwendig wäre die Umstellung der Haushalte auf die Nutzung von Butangas, wie es mit großem Erfolg in Algerien, in Ansätzen in Mauretanien, Gambia und Burkina Faso geschieht. Kurzfristig können in Senegal wie in Burkina Faso und Niger energiesparende Herde den Holzverbrauch der Haushalte um bis zu 40 % reduzieren, was mit Erfolg bereits in Kenia praktiziert wird.

Eine Einschränkung der Desertifikation auf nationaler Ebene, oder auf der Ebene der Sahelländer oder in den Trockengebieten Afrikas insgesamt ist aber trotz des umfangreichen Wissens um Gegenmaßnahmen und von Erfolgen auf lokaler Ebene sowie Entwicklungshilfemitteln in Milliardenhöhe bisher nicht erfolgt. Es fehlt nicht an technischem know-how, und auch nicht an Finanzmitteln, vielmehr stehen soziokulturelle Verhaltensformen und die Armut der Bevölkerung einer flächenhaften Bekämpfung der Desertifikation entgegen: Einsicht in die Notwendigkeit von arbeitsaufwendigen Bekämpfungsmaßnahmen ist bei der hohen Leidensbereitschaft und angesichts der Lebenserfahrung der Bevölkerung kaum zu erreichen. Inmitten der Armut hat der Kampf um das tägliche Brot und um ein ausreichendes Familieneinkommen Vorrang vor Ressourcenschutz, dessen Erfolge nur langfristig zu erkennen sind. Auch die Organisationen der Entwicklungszusammenarbeit brauchten Zeit, um sozio-ökonomisch und sozio-kulturell angepaßte Techniken zu entwickeln. Ihre systematische Verbreitung scheitert häufig an der fehlenden Kooperation der Geber, an ihrer mangelnden Zusammenarbeit mit den Zielgruppen, an unzureichenden nationalen Beratungsdiensten, – oder am fehlenden politischen Willen der Staaten. Die 1994 von über 100 Ländern unterzeichnete „Desertifikationskonvention" (Internationale Konvention zur Desertifikationsbekämpfung) legt Richtlinien und Verpflichtungen zur Erstellung nationaler und regionaler Aktionspläne zum Management der natürlichen Ressourcen und ihrer Umsetzung fest (WINCKLER und EGER 1996).

3.9 Die natürlichen Großregionen Afrikas: Nutzungspotential, Risiken und Ressourcenmanagement

Nach der Darstellung der natürlichen Geofaktoren geht es um eine synthetische Betrachtung unter praxisorientierten Gesichtspunkten der Entwicklungszusammenarbeit. Die Notwendigkeit für eine geoökologisch fundierte Evaluierung des landwirtschaftlichen Entwicklungspotentials ergibt sich aus der Tatsache, daß ca. 70 % der Erwerbstätigen in Afrika in der Landwirtschaft tätig sind, aus der drängenden Aufgabe der Ernährungssicherung für die stark wachsende Bevölkerung, aus der Abhängigkeit der meisten Länder Afrikas südlich der Sahara vom Export tropischer Nutzpflanzen sowie aus der Notwendigkeit, mittel- bis langfristig ökologisch tragbare Entscheidungen zu treffen.

In der Praxis der deutschen EZ werden in Afrika drei Ökoregionen unterschieden: feuchte Tropen, aride und semiaride Gebiete, Berggebiete in Tropen und Subtropen. Die Kenntnis des natürlichen Entwicklungspotentials dieser Ökoregionen und ihrer Subzonen ist eine Voraussetzung für die Beurteilung von Zielbereichen wie Sicherung der Nahrungsmittelversorgung, Schaffung von Beschäftigung und Einkommen, langfristige Schonung der natürlichen Ressourcen. Die Übersicht über natürliches Entwicklungspotential und ökologische Tragfähigkeit der Regionen muß um das „sozio-ökonomische Entwicklungspotential" und die sozio-kulturelle Komponente erweitert werden ohne deren Kenntnisse keine Empfehlungen für Entwicklungsmaßnahmen mit nachhaltiger Wirkung gemacht werden können.

Ein Überblick über das *Entwicklungspotential* der „Ökoregion feuchte Tropen" zeigt, daß das natürliche Potential der Feuchtsavannen sowie der Flußniederungen und Überschwemmungsgebiete als „groß" bis „sehr groß" bezeichnet wird. Hier sind Temperatur- und Wasserangebot als Faktoren der natürlichen Fruchtbarkeit nahezu optimal. Die westafrikanische Reisbauzone von der Casamance in Senegal bis in den

Westen von Côte d'Ivoire ist ein eindrucksvolles Beispiel für diese Aussage. Wie die „Empfehlungen" zeigen, sind nachhaltige Nutzungssysteme traditioneller Bauernwirtschaften wie der Senufo in der Grenzregion zwischen Côte d'Ivoire und Burkina Faso oder jüngere Intensivsysteme wie in Südost-Nigeria bekannt; mit ihnen lassen sich die aktuellen Zerstörungen minimieren. Für ökologisch fragile Subregionen wie die immergrünen Regenwälder oder die Mangroven werden Maßnahmen des Naturschutzes empfohlen. In der „Ökoregion semiaride und aride Gebiete" wird dem Produktionssystem der Bewässerungslandwirtschaft ein erhebliches Entwicklungspotential zugesprochen. Neben dem verbesserten traditionellen Nachflutanbau, wie er an allen Flüssen praktiziert wird, haben sich kleine bis mittlere Bewässerungsgebiete bewährt, während Großprojekte wie die „Urbarmachung" des Niger-Binnendeltas scheiterten.

Eine Abwägung des Naturraumpotentials macht deutlich, daß von einer generellen „ökologischen Benachteiligung" der Tropen (WEISCHET 1977, S. 9) als entscheidenden Faktor der „Unterentwicklung" nicht gesprochen werden kann. Eine differenzierte Betrachtung der ökologischen Verhältnisse zeigt vielmehr ein ähnliches Nebeneinander von Ökotopgefügen wie in den mittleren Breiten. Entscheidend ist die Rolle des Menschen als „Gestalter" und „Zerstörer", – und hier liegt in den meisten Ländern Afrikas die *Grundproblematik*: Traditionelle Sozial- und Nutzungsysteme, Bodenrecht und Landnutzungsregelungen, Tausch- und Handelsbeziehungen sind in der Kolonialzeit verändert worden, und haben sich unter dem Einfluß von ökonomischen, sozialen und politischen Faktoren in den über dreißig Jahren der postkolonialen Phase seit 1960 weiter gewandelt. Starkes Bevölkerungswachstum, Staatsversagen, Staatszerfall und Zusammenbruch der Rechtssysteme, mehrjährige Bürgerkriege und zunehmende Massenarmut sowie Korruption und Machtmißbrauch haben in allen Ländern Afrikas die Zerstörung der natürlichen Ressourcen beschleunigt; ökologische Katastrophen wie Dürren haben diese Prozesse noch verschärft.

Landnutzungsplanung (mit Unterstützung durch Fernerkundung und GIS) nimmt in den jüngsten Bemühungen um eine Reduzierung der Naturzerstörung, um eine nachhaltige Nutzung bzw. den Schutz bedrohter Ökosysteme einen hohen Stellenwert ein (GTZ 1995). Dabei wird die partizipative Planung bis auf Dorfebene (SCHWEDERSKY 1996) unter Einbeziehung der „Zielgruppe" wie der Bauern, der Hirten oder Wildbeuter, der Aufbau von Kapazitäten bei der staatlichen Verwaltung und die enge Zusammenarbeit zwischen Hilfsorganisationen betont; Projekte dieser Art existieren mit Erfolg in Mali und Burkina Faso. Schaut man aber in das Register der Faktoren, die einer Landnutzungsplanung im Wege stehen, so läßt die lange Liste an einer flächenhaften Umsetzung des Konzeptes zweifeln; u.a. werden genannt: „der politische Wille fehlt; keine Aussicht auf Umsetzung besteht; andere Problemlösungen sind dringlicher (Flüchtlingsproblematik, ungerechte Landverteilung, Naturkatastrophen); die politischen Verhältnisse oder die Sicherheitslage erlauben weder Rede- noch Versammlungsfreiheit" (GTZ 1995, S. 166–167) – Faktoren, die durch einen Blick auf Abb. 1 für viele Länder Afrikas zutreffen.

Man muß sich auch die Frage stellen, ob der von zahlreichen Gruppen vertretene Ansatz einer Weiterentwicklung traditioneller Nutzungssysteme, des Rückgriffs auf überkommene Herrschafts- und Bodenrechtsstrukturen nicht aus der nostalgischen

Tab. 7: Entwicklungspotential der Ökoregionen und Subregionen in Afrika
Tab. 7.1: Ökoregion feuchte Tropen

Subregion	natürliches Entwicklungspotential	anthropogene Einflüsse auf die Ökosysteme	aktuelles sozio-ökonomisches Entwicklungspotential	Empfehlungen
Immergrüner tropischer Regenwald	gering: - Klima zwar günstig, aber Böden nährstoffarm; Nutzung möglich durch - Jäger, Sammler, Fischer - Wanderfeldbau - selektive Holznutzung - Dauerkulturen - Agroforstliche Systeme	Zusammenbruch von Ökosystemen durch: - Dauerfeldbau, - industrielle Holznutzung, - Plantagen, - große Siedlungsprojekte - Verstädterung - Bergbau	gering: - schlechte Infrastruktur - geringes Angebot an Dienstleistungen - Holzindustrie, Plantagenwirtschaft, Großprojekte des Städte- und Wasserbaus vertreiben Wildbeuter und Kleinbauern	- Erhaltung großer Teile im Urzustand (Naturschutz) - Erhaltung der genetischen Ressourcen - Förderung von Sammelwirtschaft, Wildwege und Fischzucht - kleinbäuerliche Betriebssysteme mit Kleinvieh- und Geflügelhaltung
Laubabwerfende Feuchtwälder und Feuchtsavannen	groß: - Klimawerte günstig - Mineralreserven in Böden vorhanden - Hohes Potential für Ackerbau und Dauerkulturen, aber Seuchengefahr für Rinderweidewirtschaft	- Degradierung der Feuchtwälder durch zu kurze Brandrodungszyklen und Neulandgewinnung - Bodenverarmung und Bodenerosion bei Monokulturen, Plantagen, Überweidung	groß: - Kernräume präkolonialer afrikanischer Staaten mit arbeitsteiliger Gesellschaft - Vorherschend von klein- und mittelbäuerlichen Familienbetrieben mit Marktorientierung - Infrastrukturausbau fortschreitend - geplante und spontane Agrarkolonisation	- Förderung kombinierter nachhaltiger Ackerbau-Viehhaltungssysteme klein- bis mittelbäuerlicher Struktur - Förderung von Reisanbau und Fischzucht - Standortgerechte Baum- und Straucharten zur Gewinnung von Brennstoffen und Baumaterialien - Bekämpfung von Tierseuchen

Tab. 7: Entwicklungspotential der Ökoregionen und Subregionen in Afrika
Tab. 7.1: Ökoregion feuchte Tropen

Subregion	natürliches Entwicklungspotential	anthropogene Einflüsse auf die Ökosysteme	aktuelles sozio-ökonomisches Entwicklungspotential	Empfehlungen
Berg- und Höhenwälder (montane Stufe)	sehr gering: - Topographie (Hangneigung) begrenzt die Nutzung - Dauerkulturen und agroforstliche Systeme begrenzt möglich	- Gefahr starker und schneller Erosion - Starke Wasserstandsschwankungen und Sedimentation in tiefer gelegenen Regionen - Waldvernichtung vermindert Wolkenbildung und verändert Wasserhaushalt der Einzugsgebiete	sehr gering: - Infrastruktur unzureichend - Dienstleistungen unzureichend	- Förderung von Sammelwirtschaft, Jagd, Fischfang - Kleinbäuerliche Betriebssysteme - Dauerkulturen - Agroforstliche Systeme - Zuwanderung vermeiden, evtl. Abwanderung fördern
Flußniederungen und Überschwemmungsgebiete	groß bis sehr groß: - Klima günstig - Nährstoffreiche Böden - Landnutzung in Trockenzeit durch Zusatzbewässerung möglich - Naßreis und Gemüseanbau möglich - Großes Fischereipotential	- Grundwasserkontamination durch überhöhte Düngung und Pflanzenschutzmittel - Schäden durch starke Überschwemmungen - Versalzungsgefahr	gering bis mäßig: - nur Jahreszeitlich erreichbar - Bewässerungsanlagen überdimensioniert/ unangepaßt - Infrastruktur- und Dienstleistungsausbau fortschreitend	- Intensivierung der Fischereiwirtschaft - Kleinräumige Wasserregulierung zur Anbauintensivierung - Förderung des Naßreisanbaus - Flurholzanbau auf unbewässerten Flächen - Mangroven und Lagunen unbedingt schützen

nach Ländliche Entwicklung 1984, S. 46/47

Tab. 7: Entwicklungspotential der Ökoregionen und Subregionen in Afrika
Tab. 7.2: Ökoregion aride und semiaride Gebiete

Subregion	natürliches Entwicklungspotential	anthropogene Einflüsse auf die Ökosysteme	akt. Sozioökonomisches Entwicklungspotential	Empfehlungen
Gebiete extensiver Weidewirtschaft	gering: - Nutzung nur durch extensive Viehhaltung möglich - Wassermangel schließt Ackerbau aus - Ressourcen für nichtlandwirtschaftliche Nutzung nur punktuell (Bergbau)	- Überweidung gefährdet labiles ökologisches Gleichgewicht - Erosionsgefahr an Hängen	gering: - schlechte Infrastruktur - geringes Angebot an Dienstleistungen - geringe Besiedlungsdichte - teils nichtseßhafte Bevölkerung	- Verhinderung der Überweidung - Regeneration geschädigter Weiden - Agro-silvo-pastorale Systeme - Regelung der eigentumsverhältnisse an Weide und Vieh - Schaffung zusätzl. Einkommensmöglichkeiten
Areale mit Regenfeldbau	unterschiedlich, aber vorhanden: Abhängigkeit von verfügbarer Feuchtigkeit und Bodenqualität	sehr unterschiedlich: - Gefahr abnehmender Bodenfruchtbarkeit durch Aufgabe von Mischkulturen und Brache - Erosionsgefahr an Hängen, vor allem nach Abholzung	mäßig bis gut: - infrastrukturelle Ausstattung befriedigend - Produktionssteigerung durch technologische Verbesserung möglich - zunehmende Besiedlungsdichte	- standortangepaßte, wassersparende Landnutzung - Regelung der Bodenrechtsverhältnisse - Integration von Ackerbau/ Vieh/Forst - Nutzung alternativer Energiequellen - Ernährungssicherungsmaßnahmen
Areale mit Bewässerungslandwirtschaft	sehr hoch, wenn Faktor Wasser gesichert - für vielfältige Intensivlandwirtschaft geeignet	- Gefahr der Versumpfung und Versalzung - hoher Erhaltungsaufwand notwendig - Kontamination des Grundwassers durch Insektizide und Pestizide	hoch: - gute Infrastruktur und Dienstleistungen - relativer Wohlstand - attraktiv für Investitionen	- keine Bewässerung ohne Entwässerung - sparsamer Wassereinsatz - kontrollierte Ausdehnung der Bewässerungsflächen - Regelung des Boden- und Wasserrechtes - Integration der Fördermaßnahmen mit den andern o.g. Produktionssystemen

nach Ländliche Entwicklung 1984, S. 76/77

Perspektive einer Wohlstandsgesellschaft erfolgt. Es hilft nichts, im Sinne einer politisch-ökologischen Betrachtungsweise die Destabilisierung der traditionellen Sozial- und Produktionssysteme zu beklagen. *Modernisierung* ist ein dynamischer Prozeß, – und Modernisierung ist gefragt: die Landwirte fragen nach Traktoren, nach Mähdreschern, nach Hochleistungsrindern, nach Hybridsorten der Anbaufrüchte; die Frauen schätzen Brunnen und Zisternen, die ihnen die Wasserbeschaffung erleichtern; sie wollen Elektrifizierung und eine Maniokmühle – statt der Schwerarbeit des Stampfens; alle Dorfbewohner fragen nach einer Schule, nach einer Gesundheits- und Entbindungsstation, nach Wegebau ... und in wohlhabenden Gebieten auch nach der Einrichtung von Handwerksbetrieben, Transportunternehmen und Bankfilialen. Ressourcenmanagement wird Teil einer „*Grünen Revolution* für Afrika", wie sie der Direktor der FAO, ein Senegalese, 1995 forderte. Sie ist eingebettet in ein multisektorales Gesamtprogramm „Ländlicher Regionalentwicklung", das Landwirtschaft, Handwerk/Kleingewerbe, Infrastruktur und Dienstleistungen umfaßt (GTZ 1993b; vgl. Kap. 9.4).

In einem solchen Rahmen hat auch der *Naturschutz* ausgewählter Ökosystemkomplexe seinen Platz. „Totaler Schutz" für Flora und Fauna wird allerdings angesichts der Armut, der Ernährungsengpässe und des Willens nach „Erschließung" in den meisten Ländern Afrikas nicht mehr akzeptiert. Im „neuen" Südafrika gibt es sogar seit 1994 eine starke Bewegung im ANC, die Nationalparks abzuschaffen oder mindestens erheblich zu verkleinern, da sie als Relikte einer bourgeoisen Apartheidgesellschaft verstanden werden, – heute als Zielgebiete von Mitgliedern ebenso bourgeoiser Industrieländer. Die Strategien des Naturschutzes haben sich in den 80er Jahren erheblich verändert, – auch hier wird bei Planung und Schutz auf die Partizipation der Anwohner/Nutzer großer Wert gelegt, und Naturschutz wird als eine besondere Form der ländlichen Bewirtschaftsysteme gesehen. Doch machen Siedlungs- und Rodungsprozesse, Straßen- und Staudammbau, international organisierte Wilderer, Bürgerkriege oder Eingriffe von internationalen Konzernen (Shell im Nigerdelta von Nigeria) in zahlreichen Ländern Afrikas auch die besten Konzepte und Pläne zunichte; sogar Naturschutzgebiete der „Welt-Erbeliste der UNESCO" (PLACHTER 1995) sind Mitte 1996 in Afrika nicht mehr existent. Da sich die „Geißel der Unterernährung" nach einer Studie der FAO von 1995 von Südasien nach Afrika verlagert, und sich mit ca. 300 Mio. Menschen die Zahl der Unterernährten in Afrika verdoppeln wird, verschärft sich der Konflikt zwischen Entwicklung und Umwelt noch, – und die Hoffnung auf eine „nachhaltige Nutzung" der Ressourcen erweist sich als eine Illusion außer in solchen Ländern Afrikas, in denen die Rahmenbedingungen mittelfristig eine adäquate Umsetzung wahrscheinlich machen (z.B. Marokko, Tunesien, Burkina Faso, Tansania, Botswana). Seit den ausgehenden 80er Jahren werden unter Federführung der Weltbank sogenannte Umweltaktionspläne für die einzelnen Länder Afrikas aufgestellt. Sie sind die Ausgangsbasis für nationale Umweltpolitik-Formulierungen und umweltpolitische Entscheidungen. Leider erfolgt die Umsetzung nur schleppend, da sowohl die Institutionen unbefriedigend arbeiten als auch finanzielle und politisch-kulturelle Hindernisse bestehen.

Tab. 8: Naturerbe von internationalem Rang

Land	Name	Zustand
1. Algerien	Felsbilder des Tassili n' Ajjer	Natur und Kulturaspekte geschützt
2. Äthiopien	Nationalpark Simien	Nach Bürgerkrieg stark beschädigt
3. Côte d'Ivoire	Naturschutzgebiet Nimba-Berge	Auf der „Roten Liste", aber kritischer Zustand, gefährdet durch vordringende Landwirtschaft und benachbarten Bergbau
4. Côte d'Ivoire	Nationalpark Comoé	Gefährdet durch Vordringen der Landwirtschaft
5. Côte d'Ivoire	Nationalpark Tai	Durch Flüchtlinge aus Liberia, illegalen Holzeinschlag, Anlage von Pflanzungen und Goldbergbau in Auflösung begriffen
6. Guinea	Naturschutzgebiet Nimba-Berge	s. Nr. 3
7. Kamerun	Tierreservat Dja	wegen Abgelegenheit gut erhalten
8. Malawi	Nationalpark Malawi-See	Gut geschützt, lokal durch Überfischung bedroht
9. Mali	Felsen von Bandiagara	Gut erhalten, vom Tourismus bedroht
10. Mauretanien	Nationalpark Banc d'Arguin	Durch Saharakonflikt bedroht
11. Niger	Naturparks Air und Ténéré	Durch Krieg mit Libyen und Tourismus bedroht
12. Sambia	Viktoria-Fälle	Gut geschützt
13. Senegal	Nationales Vogelschutzgebiet Djoudj	Vorbildliche Schutzmaßnahmen, aber bedroht durch Plantagenwirtschaft und Gewässerverschmutzung
14. Senegal	Nationalpark Niokola-Koba	Wegen Abgelegenheit gut erhalten, vereinzelt Wilderei
15. Simbabwe	Mana-pool-Nationalpark	Wegen Abgelegenheit gut erhalten
16. Simbabwe	Viktoria-Fälle	Gut geschützt
17. Tansania	Nationalpark Serengeti	Gut geschützt
18. Tansania	Nationalpark Kilimandjaro	Gut geschützt, von Kleinbauern bedroht
19. Tansania	Naturschutzgebiet Ngorongoro	Gut geschützt
20. Tansania	Selous-Wildreservat	Gut geschützt, vereinzelt Wilderei
21. Tunesien	Ichkeul	

Tab. 8: Naturerbe von internationalem Rang

	Land	Name	Zustand
22.	Uganda	Nationalpark Ruwenzori	Aufgenommen 1994, gut geschützt
23.	Uganda	Nationalpark Bwindi	Aufgenommen 1994, gut geschützt
24.	Zaire	Nationalpark Garamba	Durch Flüchtlinge aus Sudan und Wilderer gefährdet
25.	Zaire	Nationalpark Kahuzi-Biega	Durch Straßenbau und Kleinbauern gefährdet
26.	Zaire	Nationalpark Virunga	Nach Ruanda-Bürgerkrieg durch Flüchtlinge besiedelt (1994)
27.	Zaire	Nationalpark Salonga	Durch Wilderer gefährdet
38.	Zentralafrikanische Republik	Nationalpark Manovo-Gounda	Durch Wilderer gefährdet

nach Welterbeliste der UNESCO 1995, Übersichtskarte, Beilage zu GR 47,6 (1995)

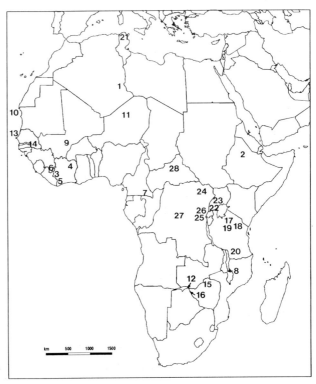

Abb. 22: Naturerbe von internationalem Rang

4 Epochen der Kulturlandschaftsentwicklung

Der afrikanische Kontinent verbindet sich für die meisten Menschen in den Industrieländern mit der Vorstellung von Unterentwicklung, Hunger, Krieg und Flüchtlingselend. Das kulturelle Erbe der Völker dieses Kontinentes ist weitgehend unbekannt und wird erst langsam von den jungen Staaten wiederbelebt. Dabei gehört der Nordosten des afrikanischen Kontinentes mit dem Hochland von Äthiopien zu den alten Hochkulturgebieten der Erde, bestanden in den Savannen West-, Ost- und Südafrikas in vorkolonialer Zeit Königreiche als Staaten mit erheblicher Raumwirksamkeit, verbanden transkontinentale Handelsrouten die Großregionen des Kontinentes. Während der Kolonialzeit z.T. vernichtet bzw. zivilisatorisch überfremdet, haben Ausgrabungen der Nachkriegszeit das Bild von den Epochen und Räumen der Kulturentwicklung Afrikas vertieft und erweitert, erreichten moderne Archäologie und Ethnologie neue, z.T. überraschende Forschungsergebnisse. Für den Geographen stellt sich nicht die Aufgabe, historische Daten aufzuzählen, sondern Epochen der Kulturlandschaftsgestaltung aufzuzeigen, räumliche Dynamik nachzuvollziehen, ihre Spuren und Nachwirkungen in der Gegenwart zu benennen. Die Kenntnis der historischen Hintergründe ist zum Verständnis der aktuellen kulturellen, politischen und wirtschaftlichen Entwicklungstendenzen unerläßlich.

Folgende *Kulturregionen* sind in Afrika zu unterscheiden:

- *Nordafrika* mit der Nilstromoase, den Maghrebländern und der nördlichen Sahara, Teil des Mittelmeerraumes der Antike, seit dem 9. bis 11. Jahrhundert der orientalisch-islamischen Welt.

- Das *Horn von Afrika*, seit dem 8. Jahrhundert von der arabischen Halbinsel aus islamisiert und Teil der orientalisch-islamischen Welt.

- Das *äthiopische Hochland* mit engen Verbindungen zu den Nilstromländern und zur arabischen Halbinsel. Es kann mit der auf frühchristliche Ursprünge zurückgehenden äthiopischen Kirche sowie seiner nur durch die italienische Besetzung 1936 bis 1941 unterbrochenen Unabhängigkeit als eine eigene Kulturregion bezeichnet werden.

- Die *Sudanzone* als eine Großregion, die sich von der Küste Senegals über das Nigerstromgebiet und die Tschadseeregion bis in das Mündungsgebiet von Weißem und Blauem Nil erstreckt. In dieser Zone liegen Zentren alter Königreiche (Mali, Ghana, Songhai), historische Handelsmetropolen wie Djenné oder Timbuktu, Handelsemporien und Staatengebilde wie Bornu und Kamen. Als Zone bedeutender Bevölkerungskonzentrationen und traditionsreicher Handelskontakte durch die Sahara zum Mittelmeerraum bzw. südwärts zur Regenwaldzone der Guineaküste, ist die Sudanzone bis heute eine der bedeutendsten Kultur- und Wirtschaftsregionen. Sie wird durch das Band des Islam eng an Nordafrika und die arabische Welt angebunden.

- Die *Regenwaldzone Westafrikas* erlebte nach dem 2. Weltkrieg die Entdeckung von Altkulturen: In Zentralnigeria wurde die Nokkultur entdeckt, die Bedeutung der Königshöfe von Benin in Südnigeria oder der Ashanti in Südghana voll erkannt. Handel und Handwerk hatten einen hohen Stand. Die künstlerischen Schöpfungen seit etwa Christi Geburt bis in das 18. Jahrhunderts in Ton, Elfenbein und Bronze gehören zu den bedeutendsten Kulturschätzen Afrikas.

- Die *Regenwaldgebiete Zentralafrikas* blieben bis in unsere Tage Hauptsiedlungsgebiet der Wildbeuterbevölkerung der Pygmäen, die die Kulturstufe der Jäger und Sammler ohne festen Wohnsitz, ohne Feldbau und ohne weiterentwickelte gesellschaftliche Organisationsformen repräsentieren. Seit der Kolonialzeit entstanden Städte-, Feldbau- und Plantagen-„Inseln".

- Die *„Königreiche der Savanne"* bestehen in den Randgebieten des äquatorialen Regenwaldes von Zentralafrika seit dem 16. Jahrhundert: Das Reich Kongo am unteren Zairestrom, das Reich der Luba am Südrand des Regenwaldes, die Mangbwetu-Herrschaft am Nordostrande der Regenwaldregion. Zu dieser Gruppe gehört auch das Lundareich im Gebiet der Lundaschwelle, dessen Herrschafts- und Sozialstrukturen wie die anderer vorkolonialer Staaten bis heute greifbar sind.

- *Ostafrika* nimmt im Rahmen der kulturellen Entwicklung des Kontinentes eine Sonderstellung ein. Hier sind *Küstenzone* und Binnenland zu unterscheiden: Erstere erhielt durch den frühen Kontakt (seit dem 7. Jahrhundert nachgewiesen) mit der arabischen Welt, aufgrund des Handels mit der Arabischen Halbinsel und den Ländern um den Persischen Golf, eigene kulturelle Prägung. Diese wurde verstärkt durch die Arabisierung und Islamisierung von Teilen der afrikanischen Küstenbevölkerung, die auch am arabischen Sklavenhandel Anteil hatte. Die Sonderstellung ist heute in Städten der ostafrikanischen Küste (Mogadischu, Lamu, Mombasa, Sansibar, Kilwa) oder in den arabischen und persischen Lehnwörtern der ostafrikanischen Verkehrssprache Suahili zu erkennen.

- Die *Binnenregionen Ostafrikas* liegen in der großen Wanderungsbahn der Bantuvölker und stellen einen Kontaktraum zwischen Kuschiten, Niloten, Bantu und Küstenbevölkerung dar. Kulturell-zivilisatorisch nahmen die Königreiche des Zwischenseegebietes vom 15. bis 19. Jahrhundert eine bedeutende Stellung ein. Die Königreiche von Ruanda und Urundi sowie Ankole, Toro, Bunjoro und Buganda im heutigen Uganda vereinigten Twa-Pygmäen, Bantu-Hackbauern (z.B. Hutu) und Rinderhalter (Hima, Tutsi) in einer feudalistischen Klassengesellschaft. Die Kolonialzeit veränderte diese Strukturen kaum, z.T. bediente sie sich dieser Herrschafts- und Sozialstruktur, um Koloniale Interessen durchzusetzen. Wie konfliktreich diese Gesellschaften waren, zeigen die Bürgerkriege in Uganda, Ruanda und Burundi.

- Das *südliche Afrika* gehörte bis um Christi Geburt und mit Reliktformen bis in das 19. Jahrhundert, zum Siedlungsraum der halbnomadischen bzw. wildbeuterischen San, wie Felsbilder, Gravuren und Ortsnamen dokumentieren. Die sogenannten Buschmänner und Hottentotten sind letzte Zeugen dieser Kulturen. Seit der Zeitenwende drangen Bantu mit ihren Sprachen und kulturellen Merkmalen (Ackerbau, Eisenverarbeitung, Töpferei) nach Süden vor. Das südliche Afrika erlebte die Gründung von Herrschaftszentren und Reichen seit dem 11. Jahrhundert, wie die großartige Ruinenstätte der Great Zimbabwe Ruins in Simbabwe dokumentiert. Im äußersten Süden des afrikanischen Subkontinents prägen seit dem ausgehenden 17. Jahrhundert, verstärkt seit dem 19. Jahrhundert, europäische Sprachen (Holländisch/Afrikaans, Englisch), christliche Religionen sowie eng an die westliche Zivilisation angelehnte Wertvorstellungen die weiße Bevöl-

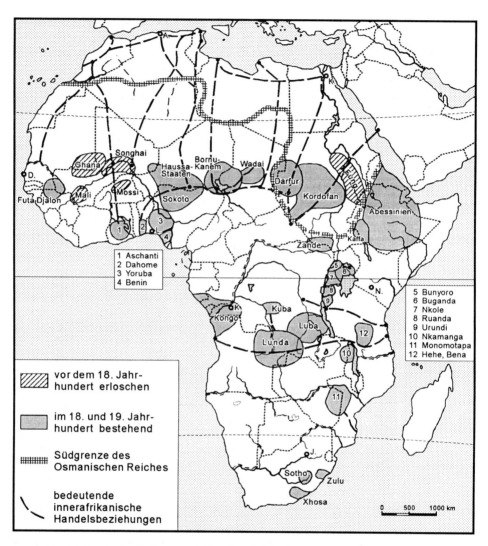

Abb. 23: Afrikanische Reiche und Fernhandelsbeziehungen im 17. bis 19. Jahrhundert

kerung, die Gruppe der Mischlinge und erhebliche Teile der schwarzen Bevölkerung. Ein wichtiges individualisierendes Element des südlichen Afrika, nach Norden bis nach Ostafrika hinaufreichend, stellt die indische Bevölkerung dar. Sie gehört seit der britischen Kolonialzeit zu einer eigenständigen afro-indischen Kulturwelt von Moslems und Hindus.

Wie die Ausführungen gezeigt haben, muß bei der Betrachtung des afrikanischen Kontinentes, der Epochen und Räume der Kulturentwicklung, eine regionale Differenzierung vorgenommen werden. Dabei lassen sich in zahlreichen Gebieten Reste von Hochkulturen und alten afrikanischen Reichen nachweisen, die im kulturellen Erbe der Staaten Afrikas greifbar sind und auch für den mittel- und westeuropäischen Interessenten ein anderes Bild des Kontinentes zeichnen als das eines „verarmenden Entwicklungskontinentes".

4.1 Nordafrika

Nordafrika muß in einem Spannungs- und Ergänzungsverhältnis zu benachbarten Großräumen gesehen werden: Zum einen zu den Gegenküsten in Südeuropa, zum anderen zum Vorderen Orient, zum dritten zu Sudanafrika. Innerhalb von Nordafrika sollte eine Unterscheidung getroffen werden zwischen den östlichen und den westlichen Teilen, den „Nilländern" und dem „Maghreb" mit der Übergangszone von Tripolitanien/Libyen.

Zu den Ländern der *Nilstromoase* gehören Ägypten und das alte Nubien, die durch den Nil mit dem äthiopischen Hochland verbunden sind. Diese „Nilstromachse" stellt eine der ältesten Kulturregionen Afrikas und eine erstrangige Zugstraße von Innovationen dar. Ägypten ist ein Teil der Hochkulturgebiete der Alten Welt; es ist der südwestliche Flügel des „fruchtbaren Halbmondes", der sich vom unteren Niltal über die Länder des Vorderen Orients bis in das Zweistromland von Mesopotamien erstreckt, mit alten Zentren städtischer Kultur, wie Memphis, Alexandria und Kairo.

Von dieser Nilstromoase müssen die westlich anschließenden Mittelmeerländer abgehoben werden: Zum einen die mit Ägypten in Kontakt, aber auch im Konflikt stehende Region des heutigen Libyen, zum anderen der *Maghreb* mit Marokko als dem „Fernen Westen" (Maghreb al-aqsa) der arabisch-islamischen Welt. Der südwestliche und westliche Mittelmeersaum Afrikas trat zum ersten Mal deutlich in Erscheinung mit der Ausbreitung der Phönizier; sie erschlossen mit ihren Handelsflotten von der Küste der heutigen Levante (Syrien, Israel) aus den zentralen und westlichen Mittelmeerraum und errichteten Handelsmetropolen wie Carthago, die Vorgängerin des heutigen Tunis.

Mit dem Eintritt des *römischen Reiches* in die Weltgeschichte verschob sich das Zentrum der politischen und wirtschaftlichen Entscheidungen von der Altkulturregion des Vorderen Orients und des unteren Niltales nach Italien: Von hier aus wurde zwischen dem 3. Jahrhundert v. Chr. und dem 4. Jahrhundert n. Chr. der Mittelmeerraum umfassend gestaltet. Gegen Ägypten und die phönizischen Siedlungen, gegen die Westgoten und die Völker Süd- und Südosteuropas dehnte Rom sein politisches, wirtschaftliches, geistiges und künstlerisches Imperium über den Mittelmeerraum aus. In Nordafrika sind die Monumente der römischen Zeit von Marokko (z.B. römische Ruinenstadt Volubilis bei Meknes), Algerien, Tunesien und Libyen bis hin nach Ägypten nachgewiesen. Nördlich der Limes-Zone wurden das Straßenwesen, die Stadtentwicklung, die Gestaltung der Agrarlandschaft, aber auch die Vernichtung der Wälder und die Auslösung erster Erscheinungen der Desertifikation bis heute wirksam. Die Funktion Nordafrikas in der Antike war die einer Lieferregion von agrarischen Rohstoffen, wie Getreide und Olivenöl, von Holz, seltenen Mineralien, aber auch von Berber-Soldaten; die Grabsteine römischer Legionäre in Frankreich und Deutschland legen davon ein Zeugnis ab. In den Ruinenstätten von Ägypten bis Marokko oder in Museen wie dem Bardo-Museum in Tunis wird die Kultur dieser Epoche sichtbar.

Gegen Ende der Antike gewann Nordafrika eine führende Stellung im frühen *Christentum*: Bedeutende Kirchenväter wie Augustinus sowie Kunstdenkmäler in den Katakomben und alte Kirchengrundrisse erinnern heute im islamischen Nordafrika noch an diese Phase. Die koptische Kirche Ägyptens stellt ein Relikt dieses frühen Christentums dar. Auch in der nubischen Kunst Oberägyptens wird der Nachklang des nordafrikanischen Christentums greifbar, das hinüberweist zur alten christlichen Kirche Äthiopiens, die erst beim Sturz Kaiser Haile Selassies II. durch das marxistisch-leninistische Regime des Oberst Mengistu im Jahre 1976 ihrer Machtstellung enthoben wurde.

Das frühe Mittelalter brachte einen fundamentalen Umbruch in der kulturräumlichen Gestaltung Nordafrikas: Die *Islamisierung* griff von Mekka über Ägypten weit nach Westen aus und erreichte im 9. Jahrhundert das südliche Spanien. Sie band die Gegenküste Südwesteuropas in ein völlig neues Funktionsgefüge ein, den arabisch-islamischen Großraum. Während der spanischen Reconquista aber (9. bis 15. Jahrhundert) prägte sich ein geistiger und kultureller Gegensatz aus zwischen dem christlichen Süd- und Mitteleuropa und dem islamischen Nordafrika-Vorderen Orient. Im hohen Mittelalter, der Phase der Kreuzzüge, der Bekämpfung der „Heiden" der islamischen Welt, entwickelte sich eine geistige Antipathie gegen die Muslime, die bis heute das psychologische Verständnis Nordafrikas und des Orients für den Mittel- und Westeuropäer belastet.

Die Islamisierung Nordafrikas bedeutete zugleich eine zunehmende *Arabisierung*, die Ablösung der spätantiken Stadt durch die islamisch-orientalische Stadt (Beispiel Gründung von Kairouan (671) im tunesischen Sahel), eine Zerstörung der spätrömischen Kulturlandschaft durch die nomadischen Beni Hilal und die Expansion des Halbnomadismus.

Die heutigen Maghrebstaaten Tunesien, Algerien und Marokko waren bis zur Hauptphase der Arabisierung im 9. bis 13. Jahrhundert Siedlungsgebiet der Berber, die heute sprachlich-kulturell noch ca. 5 bis 20 % der Bevölkerung von Tunesien bzw. Marokko ausmachen.

Während des europäischen Hochmittelalters bildeten sich in Nordafrika islamische Teilreiche wie das der Almoraviden im heutigen Marokko aus, die in enger Verbindung mit der iberischen Halbinsel blieben. Bevölkerungsgeographisch relevant wurde die Einwanderung der Juden nach Nordafrika, als Flüchtlinge aus dem Süden Spaniens, dem arabischen El Andaluz (heute Andalusien), oder als Zuwanderer aus der Levante. Im späten Mittelalter begann das *Osmanische Reich*, seine Einflußsphäre von der heutigen Türkei aus über den Vorderen Orient und Ägypten bis nach Algerien/Marokko auszudehnen.

Die Maghrebländer gelangten bis 1830–1880 in die westliche Peripherie dieses Großreiches und die „psychologische Peripherie" West- und Mitteleuropas. Dies änderte sich radikal seit dem 19. Jahrhundert: Die Entdeckungsreisen von Forschern wie Barth (1850–1856) oder Rohlfs (1864) erschlossen Nordafrika neu für das europäische Gesichtsfeld. Es begann die *Kolonialisierung* Nordafrikas durch die frühhindustriellen Großmächte Frankreich und England: Seit 1830 besetzten die Franzosen Algerien, wo sie bis 1906 tief in die Sahara vorstießen. Seit 1876 drang England nilaufwärts vor und errichtete den anglo-ägyptischen Sudan. Ab 1883 schloß Frankreich auch das heutige Tunesien seinem nordafrikanischen Imperium an. Ab 1904 drangen Frankreich bzw. Spanien im heutigen Marokko vor, und als letztes nahm Italien ab 1911 einen Ausschnitt Nordafrikas in Besitz, das heutige Libyen. Algerien, Marokko und zum geringen Maße Tunesien wurden zu französischen Siedlungskolonien (im Jahre 1950 waren in Algerien 1 Mio. Europäer ansässig, in Marokko 520 000, in Tunesien 240 000, vorwiegend Franzosen); Ägypten und der Sudan wurden zu Rohstoffkolonien (Baumwolle) der Industrienation England; Libyen hatte zum Teil die Funktion einer italienischen Siedlungskolonie. Bis in die Jahre 1950/1960 wurde Nordafrika wie das übrige Afrika zur Einflußsphäre der europäischen Kolonialmächte, gesteuert von den Metropolen Paris, London, in geringem Maße auch von Rom und Madrid. Außerhalb der „orientalischen Stadt" mit ihrer Medina, den Moscheen, Souks und den mächtigen Stadtmauern entstanden die planmäßigen Viertel der Kolonialstadt mit ihren Avenueen und Boulevards. Große Teile der Agrarlandschaft wurden durch europäische Besiedlung zu Wein- und Weizenbaulandschaften umgeformt. Die Entwicklung von Landwirtschaft und Bergbau war absolut außenorientiert, auf die Bedürfnisse der „Mutterländer" ausgerichtet, so daß diese Phase mit Recht für das Ausmaß der „Unterentwicklung" mitverantwortlich gemacht wird. In Marokko folgte der Erste Generalresident Lyautey einer stärker „autozentrierten" Entwicklung, die die Wirtschafts- und Sozialstruktur bis heute beeinflußt.

Die Phase der *Unabhängigkeit* (1951 Libyen; 1956 Tunesien und Marokko; 1962 Algerien nach 7jährigem Algerienkrieg zwischen Franzosen und den Unabhängigkeitsbewegungen) leitete eine neue Epoche der Kulturlandschaftsgestaltung und der Gesellschaftsentwicklung ein, die mit Stichworten wie Industrialisierung, Verstädterung, Landflucht, erneuter und verstärkter Islamisierung und Arabisierung sowie Ausbau des Schul- und Ausbildungswesens umschrieben werden kann. Die Länder Nordafrikas schlossen sich der arabisch-islamischen Welt an. Auf der anderen Seite entwickelten sich zwischen der Europäischen Union und Nordafrika enge Beziehungen, wie sie in den Gastarbeiterwanderungen, Fremdenverkehrsströmen, dem Handel mit Agrarprodukten oder mit Industriegütern zum Ausdruck kommen. Auf der Konferenz der EU und der 12 südlichen Mittelmeeranrainer in Barcelona im November 1995 wurde die verbindende Funktion des Mittelmeers zwischen Europa, Nordafrika und dem Vorderen Orient betont. Der östliche Teil mit Ägypten muß jedoch bereits der Krisenzone der Nahostländer zugerechnet werden – ein Hinweis auf die schon seit den frühen Phasen deutliche Sonderstellung der Nilländer. Aus dem mittleren Orient nimmt seit den 90er Jahren die Ausbreitung des Fundamentalistischen Islam nach Nordafrika hinein zu, wodurch anhaltende innen- und außenpolitische Spannungen entstehen.

4.2 Westafrika

Innerhalb der geographischen Region Westafrika zwischen der Sahara und der Guineaküste muß eine deutliche Unterscheidung getroffen werden zwischen der Sudanzone inklusive der Sahelzone einerseits und der Regenwaldzone der Guineaküste andererseits. Während die letztgenannte Region, bedingt durch die Unzugänglichkeit des äquatorialen Regenwaldes, bis in das 19. Jahrhundert weitgehend dünn besiedelt blieb, konnten sich in den gängigen Savannen Handelswege, städtische Zentren und afrikanische Reiche entwickeln. Zu den *frühen Staatsgründungen* in Westafrika gehört das Reich Ghana, das nordwestlich des oberen Niger zu lokalisieren ist. Am mittleren Niger ist im 16. Jahrhundert das Songhai-Reich nachgewiesen, weiter östlich das Reich Kanem (östlich des Tschadsees). Handelsmetropolen wie Djenné, Timbuktu oder Kano waren Treffpunkte im Güteraustausch zwischen Nordafrika und der Sudanzone, in dem auch die Güter der südlich anschließenden Guineaküste gehandelt wurden.

Grundlage für Aufstieg des *Handels* waren der Goldbergbau im Gebiet der Goldküste, am oberen Niger und am oberen Senegal, der Salzhandel aus der Sahara nach Süden, der Handel mit Baumwolle bzw. der Handel mit Kolanüssen und insbesondere der Sklavenhandel aus den südlichen Regionen sowie aus der Sudan- und Sahelzone nach Nordafrika und in den Vorderen und Mittleren Orient. Dieser vorwiegend innerafrikanische Handel wurde seit dem 15. Jahrhundert ergänzt durch den Handel mit portugiesischen, später auch französischen, englischen und deutschen Handelshäusern. Sie erschlossen von der Guineaküste, von Westen und Süden die Regenwaldregion und führten zur Außenorientierung des ehemaligen afrikanischen Binnenhandels. Importgüter wie Waffen, Textilien und europäische Luxusgüter wurden angeboten im Austausch gegen Wildkautschuk und Elfenbein, insbesondere aber gegen das „schwarze Gold", die Sklaven. Im 15./16. Jahrhundert beginnt eines der katastrophalsten Kapitel in der Geschichte der Bevölkerung, der Kulturentwicklung und der Wirtschaft Westafrikas: Zum *Sklavenhandel* mit Nordafrika (ca. 5–7,5 Mio. Sklaven, Haupthandelsphasen: 10–12. Jahrhundert, 19. Jahrhundert) und dem Orient (über 5 Mio. Sklaven vom 9. Jahrhundert bis in die Gegenwart) kam der transatlantische Sklavenhandel hinzu, Teil des „Dreieckhandels" Westeuropa – Westafrika/ Zentralafrika – Brasilien/ Mittelamerika/Süden der USA. Schätzungen gehen von 10–12 Mio. Menschen aus, die zwischen dem 16. und dem 19. Jahrhundert aus West- und Zentralafrika auf Sklavenschiffen in die Neue Welt verschleppt wurden (INIKORI und ENGERMAN 1992, BÄHR 1995). Eindrucksvoll und nachdenklich stimmend zeigt das kleine Museum auf der Insel Goreé vor Dakar die Atmosphäre und die Leiden dieser Zeit, wie sie auch in dem weltberühmten Roman „Roots/Wurzeln" dargestellt sind.

Mit der *Kolonialisierung* seit dem 16. Jahrhundert begann die allmähliche Auflösung bzw. die bewußte Zerschlagung der westafrikanischen Reiche, sofern sie nicht zu einer Kooperation mit den Kolonialmächten bereit waren. So wurde z.B. das Baule-Reich in der zentralen Elfenbeinküste von den Franzosen bis in das ausgehende 19. Jahrhundert hinein bekämpft, die alte Herrscherstadt Kumasi 1874 von den Engländern zerstört und der Herrschersitz von Benin in Nigeria dem Erdboden gleichge-

17. und 18. Jh.:
Präkoloniale Territorien traditioneller feudal-struk-
turierter Agrargesellschaften; innerafrikanischer
Güteraustausch bei vorwiegender Binnenorientie-
rung

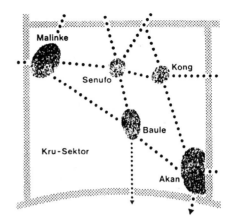

2. Hälfte des 19. Jh. bis 1960/70:
Koloniale Phase der wirtschaftlichen Außenorientierung und der Veränderung der traditionellen
Gesellschafts- und Produktionssysteme; dendriti-
sches Verkehrsnetz zum Transport der landwirtschaftlichen Produkte in die Hafenstadt/Haupt-
stadt und nach Westeuropa; Polarisierung des
Landes auf die politische und wirtschaftliche Sub-
metropole Abidjan; wachsende regionale Disparitäten zwischen der Südregion und der Nordregion

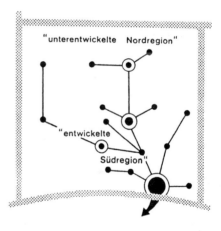

Seit 1970/72:
Bemühung um die Schaffung einer postkolonialen
Raumstruktur und einer gesellschaftlich-wirt-
schaftlichen Eigenentwicklung; neue Landeshauptstadt Yamoussoukrou in der Landesmitte;
Dezentralisierung der Verwaltung und der staatlichen Ausbildungseinrichtungen; Industrieaufbau
im Landesinnern; integrierte Regionalentwicklung
in der Landesmitte (AVB) und im südwesten
(ARSO) sowie Förderung der Nordregion schwächen regionale Ungleichgewichte ab; Stärkung
des innerafrikanischen Güteraustauschs

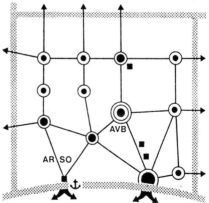

Abb. 24: Die Raumorganisation von Côte d'Ivoire im Wandel der Zeit

macht. Die Zerstörung traditioneller Gesellschaftsstrukturen, Wirtschaftsformen und Raumorganisationsmuster ist eine Ursache der Unterentwicklung Afrikas: Neben dem Bevölkerungsverlust durch den Sklavenhandel führte die zunehmende Orientierung der Landwirtschaft auf die Produktion tropischer Rohstoffe wie Palmöl, Baumwolle, Erdnuß, Kaffee und Kautschuk für die Industrieländer zur Auflösung traditioneller Wirtschaftsformen. Die Etablierung der Kolonialherrschaft unterminierte die Autoritäten, ersetzte sie regional durch ernannte „Chefs". Die beginnende Verstädterung, in die mit den Yorubastätten von Südwest-Nigeria ein älterer Ansatz integriert wurde, erzeugte eine neue soziale Differenzierung und förderte den Verfall der traditionellen Gesellschafts- und Herrschaftsstrukturen. Die *Christianisierung* hatte die Vorstellung, daß zunächst alles „Heidnische", d. h. auch die traditionellen Kunstgüter und Riten, vernichtet werden müßte, um dem Sendungsbewußtsein der europäischen Zivilisation Genüge zu tun. Insbesondere die Küstenzone Westafrikas wurde früh und intensiv in die europäische Einflußsphäre einbezogen, während die Binnenregionen Sudan und Sahel erst im ausgehenden 19. Jahrhundert in die Kolonialreiche integriert wurden; ein militanter Islam konnte lange Widerstand leisten. Die von den Kolonialmächten geschaffenen Länder der Guineaküste beinhalten heute jeweils zwei Kulturregionen: den christianisierten Süden und den islamischen Norden, – ein Konfliktpotential erster Ordnung.

4.3 Zentralafrika

Die Großregion Zentralafrika, gekennzeichnet durch die immense Ausdehnung des immergrünen tropischen Regenwaldes des Kongo-Zairebeckens und die umrahmenden Feuchtsavannen, ist arm an materiellen Geschichtszeugnissen. Archäologische Denkmäler sind von den „Holz-Kulturen" Zentralafrikas nicht erhalten. Die Unzugänglichkeit des Urwaldes schloß weite Gebiete von einer Dauersiedlung aus, so daß schon die ökologische Situation die Ausbildung von Staatsgebieten erschwerte. In den Randgebieten des äquatorialen Regenwaldes dagegen entwickelten sich seit dem 14. Jahrhundert die sog. *„Königreiche der Savanne"*; hier seien das Kongoreich um die Kongo-Zaire-Mündung, das Kubareich in der heutigen Provinz Kasai oder das Reich der Mangbwetu im heutigen Nordostzaire genannt. Die Gebiete an der nördlichen Peripherie des äquatorialen Regenwaldes standen in engem Handelsaustausch mit den Reichen der Sudanzone bzw. über die Nilstromachse mit der oberen Nilregion sowie mit Äthiopien. Das Kongoreich an der Westflanke des Regenwaldes sowie die Reiche Kuba, Luba und Lunda wurden seit dem 16. Jahrhundert in den Überseehandel der Portugiesen einbezogen. Frühe Christianisierungsversuche betrafen insbesondere das westliche Zentralafrika um die Kongomündung. In den genannten Königreichen entwickelte sich durch Bevölkerungsverdichtung, Anbauintensivierung, Güteraustausch und Marktwesen eine erhebliche Raumgestaltung. Durch die von den Portugiesen im 16. Jahrhundert aus Südamerika eingeführten neuen Anbaufrüchte wie Mais und Maniok sowie die allmähliche Intensivierung des Feldbaus konnte die Bevölkerung stärker wachsen, Arbeitsteilung zunehmen und das Marktwesen sich intensivieren. Seit dem 17. Jahrhundert sind Fernhandelsverbindungen bekannt, die das südliche Zentralafrika bis in das ausgehende 19. Jahrhundert in einen transkontinentalen Handel zwischen den portugiesischen Stützpunkten an der West- und Ostküste Afrikas einspannten.

Von diesen Küsten her erfolgte die *koloniale Erschließung* Zentralafrikas im nördlichen Teil durch die Franzosen, Kongo/Zaire aufwärts durch die Belgier, von der Küste des heutigen Angola aus durch die Portugiesen. So wurde Zentralafrika in der 2. Hälfte des 19. Jahrhunderts in fünf große Einflußsphären gegliedert: Französisch-Äquatorial-Afrika (Tschad, Zentralafrikanische Republik, Kongo-Brazzaville, Gabun), den ehemaligen belgischen Kongo (heute: Zaire), die portugiesische Einflußsphäre im heutigen Angola sowie in die bis 1916 deutsche Kolonie Kamerun. England gelang es durch die Diplomatie von Cecil Rhodes, im südlichen Zentralafrika das ehemalige Nordrhodesien (Sambia) als Protektorat zu besetzen.

Während die französischen, britischen und belgischen Territorien zu wichtigen Rohstoffkolonien für pflanzliche und bergbauliche Produkte (Palmöl, Kautschuk, Kaffee, Kakao; Kupfer, Gold, Mangan, Diamanten) wurden, nutzte Portugal sein Überseeterritorium Angola auch als Siedlungskolonie. Die infrastrukturelle Entwicklung vollzog sich entlang der Flüsse bzw. durch Eisenbahnen, die bis heute die exportorientierten Haupttransportwege Zentralafrikas darstellen. Südshaba (das frühere Katanga) sowie der südlich anschließende Copperbelt von Sambia wurden zu einem Bergbaugebiet von Weltrang für Kupfer und Kobalt. Die afrikanischen Bauernbetriebe wurden durch „Zwangskulturen" für Kaffee, Palmöl, Kakao und Baumwolle in die Produktion für das „Mutterland" einbezogen. Von Europäern betriebene Pflanzungen gab es wenige, während Plantagen (Kautschuk, Palmöl, Kakao, Bananen) internationaler Konzerne ausgedehnte Gebiete einnahmen.

Mit der *Kolonialstadt* kam ein völlig neues Raumelement nach Zentralafrika. Kolonialzeitliche Elemente sind im Grundriß sowie in der Bausubstanz zahlreicher zentralafrikanischer Städte bis heute sichtbar. Die Städte wurden zu Zentren neuer sozialer Schichten wie der Arbeiter, Angestellten und Beamten; sie wurden zu Zielen der Wanderungsströme und zu entscheidenden Innovationszentren. Den unabhängigen Staaten Zentralafrikas ist es erst in geringem Maße gelungen, diese Konzentration von politischer, wirtschaftlicher und sozialer Führungsrolle in den ehemaligen Kolonialmetropolen abzubauen, und bis heute besitzen die Staaten Zentralafrikas hinsichtlich ihres Verkehrsnetzes und ihrer Güterstruktur eine belastende Außenorientierung.

Die *Regenwaldgebiete* des inneren Kongo-Zairebeckens wurden in der Kolonialzeit nur punkthaft durch Militärstützpunkte, Hafenorte und Plantagenzentren erschlossen; sie kennen auch heute nur wenige Siedlungsschwerpunkte um Städte, wie Kisangani in Ostzaire. Ansonsten bestehen weite unbesiedelte Gebiete, z.T. noch Schweifgebiete wildbeuterischer Pygmäengruppen. Es ist faszinierend, während mehrerer Stunden die vom Menschen fast unberührte Hyläa Äquatorialafrikas zu überfliegen, als eines der wenigen großen, fast noch intakten Urwaldgebiete der Erde, in dem allerdings ein länderübergreifender Naturschutz und ein nachhaltiges Management der natürlichen Ressourcen angesichts von Tropenholzeinschlag und ausufernder Wilderei (Elefanten, Gorillas etc.) dringend notwendig sind.

4.4 Ostafrika

Das *Binnenhochland* Ostafrikas, insbesondere das Unjamwesi-Uganda-Hochbekken, wurde zur Hauptwanderungsbahn der Expansion der Bantu, der Einwanderung der Kuschiten und der Niloten. In mehreren, von Norden nach Süden verlaufenden Wellen wanderten diese Völker um die Zeitenwende in das binnenländische Ostafrika ein oder benutzten die weiten Savannenhochländer auf ihrem Weg in das südliche Afrika. Das ostafrikanische Hochland zeigt bis heute ein vielfältiges Bevölkerungsmosaik. Wie vorne erwähnt, kam es unter dem Einfluß der Hima-Rinderhirten im sog. Zwischenseegebiet (zwischen dem Viktoriasee und den Seen des zentralafrikanischen Grabens) zur Gründung der *Königreiche* des Zwischenseengebietes. Auf der ökologisch besonders begünstigten zentralafrikanischen Schwellenregion, in über 1 000–1 200 m Höhe, entstand eine Symbiose zwischen altansässigen Wildbeutergruppen (Pygmäen), seit dem 11. Jahrhundert eingewanderten Bantu-Hackbauern und seit dem 15. Jahrhundert zuwandernden Hima-Rinderhirten. Es entwickelte sich eine feudale Klassengesellschaft mit beachtlicher Arbeitsteilung, in der bis in die jüngste Vergangenheit die Stellung der traditionellen Könige bedeutend ist. Lebensgrundlage war ein intensiver Ackerbau (Kochbanane, Hirse), ergänzt durch die z.T. repräsentative Rinderhaltung. Kulturelle Beziehungen bestanden nilabwärts in den Sudan sowie nach Oberägypten. Die Handelsrouten der Küstenaraber erreichen erst weiter südlich die zentralafrikanische Seenregion (Ujidji am Ostufer des Tanganyikasees), so daß Ruanda und Burundi von den Sklavenhändlern verschont blieben.

Die *ostafrikanische Küstenregion* sowie das *Horn von Afrika* (Somalia, Djibouti, die östlichen Tiefländer von Eritrea und Äthiopien) gehören zu den frühen Einflußsphären arabischer und persischer Händler, die unter Ausnutzung des monsunalen Windsystems zwischen Ostafrika und der arabischen Halbinsel seit dem 7. Jahrhundert Handelsverbindungen aufbauen konnten. Sie sind bis heute Hauptträger des Sklavenhandels sowie des Handels mit Gewürzen und Elfenbein. Die arabische Penetration der ostafrikanischen Küstenzone schob sich nach Süden vor und erreichte im 13. Jahrhundert Sofala im heutigen Mittel-Mosambik. Mit den arabischen Händlern wurde der *Islam* als ein prägendes Element nach Ostafrika gebracht; von dort aus verbreitete er sich entlang der Sklavenhandelsrouten bis in das östliche Zentralafrika, wo heute etwa entlang des Luabala-Zairestromes sog. Islamisés (afrikanische Moslems) mit enger Bindung an Sansibar und Ägypten leben. Städtische Baudenkmäler wie in Lamu in Nordost-Kenia, in Malindi in Kenia oder auf den Inseln Sansibar und Mosambik, zahlreiche Kulturelemente der Küste und die Verbreitung des Islam binden die Küstenzone in ein Beziehungsgefüge ein, das die West- und die Südseite des Indischen Ozeans umfaßt. Ihre größte Ausdehnung erreichte die moslemische Herrschaft in Ostafrika im 15. Jahrhundert, als sich der Gold-, Elfenbein- und Sklavenhandel zwischen Ostafrika, der Arabischen Halbinsel, Persien und der indischen Westküste noch ohne Konkurrenz der Portugiesen vollzog. Diese dehnten seit der Wende des 15. zum 16. Jahrhundert ihr See- und Handelsimperium in Ostafrika aus; von den Küstenstützpunkten her wurde erst im 19. Jahrhundert die Kolonie Portugiesisch-Ostafrika, das heutige Mosambik, etabliert.

Im Zeitalter der Entdeckungen wetteiferten die Kolonialmächte Europas im Kampf gegen den Sklavenhandel (1857–1874) sowie unter dem Aspekt der Sicherung von Einflußsphären um Territorialgewinne. Die Entdeckungsreisen von Baker (1862) erschlossen die Region von Norden her, Speke und Grant eröffneten sie zwischen 1860 und 1863 vom Osten her, während vom Südosten aus Livingstone (1866–1873) vordrang; bei letzterem tritt zugleich das Motiv der Missionierung der „Heiden" in den Vordergrund.

Die *Epoche der Kolonialzeit* führte seit dem ausgehenden 19. Jahrhundert zu einer Aufteilung Ostafrikas in eine portugiesische, britische und eine deutsche Einflußsphäre. Nach dem Verlust von Deutsch-Ostafrika (heute Tansania) an England bestand seit 1915 ein geschlossenes britisches Kolonialgebiet mit den heutigen Staaten Kenia, Uganda und Tansania. Aufgrund der vorkolonialen Bevölkerungsverteilung und der geoökologischen Lebensbedingungen sowie der Interessen der Kolonialmacht England erlebten die britischen Territorien zwischen dem ausgehenden 19. Jahrhundert und den Jahren 1960–1961 eine unterschiedliche kolonialzeitliche Überprägung. Das bereits vor der Kolonialzeit dichtbevölkerte Uganda wurde zu einer Rohstoffkolonie auf der Grundlage afrikanischer Pflanzerbetriebe, zum wichtigsten Kaffee- und Teelieferanten Afrikas für das Vereinigte Königreich. Tansania hatte bereits während der deutschen Kolonialherrschaft als Rohstoffkolonie (Sisal, Kaffee) fungiert und blieb auch unter britischer Herrschaft als Abseitsgebiet in dieser Rolle. Kenia dagegen verfügte durch seine geoökologisch begünstigten Hochlandgebiete (Höhenstufe der tierra templada, geringe Seuchengefährdung) über ein erhebliches Potential zur Schaffung einer Siedlungskolonie. Es entstanden seit 1902 die sog. White Highlands, die bis in die Mitte der 60er Jahres eine bedeutende britische Siedlungsinsel in Ostafrika darstellten. Zugleich führten die Engländer in Kenia eine Reservatspolitik ein, die die einheimische Bevölkerung wie die Kikuyu oder Luo in enge Siedlungsgrenzen zwang und ein Grund für die Aufstände war, die zur *Unabhängigkeit* führten (Tansania 1961, Uganda 1962, Kenia 1963)

Ein weiteres raumprägendes Element der britischen Einflußnahme in Ostafrika war der Ausbau der Verkehrsinfrastruktur, insbesondere der großen Eisenbahnlinien; aus einer temporären „Endstation" entstand Nairobi (1899), die Hauptstadt von Kenia und eine Metropole Ostafrikas. Zugleich war mit diesem Eisenbahnbau die Einwanderung der bis heute bedeutenden indischen Minderheit verbunden.

4.5 Südliches Afrika

Die Kulturlandschaftsentwicklung in der Großregion Südafrika, d.h. zwischen der Kunene-Sambesi-Linie und dem Kap der Guten Hoffnung, muß im Spannungsfeld historischer *Wanderungsbewegungen* gesehen werden: Aus Ost- und Zentralafrika wanderten seit der Zeitenwende Bantu-Gruppen auf der feuchten Ostseite des Subkontinents bis in das heutige Natal im Südosten der Republik Südafrika ein (um 1000 n.Chr. Siedlungsplätze am Tugelafluß). Nomadische Gruppen wie die Herero oder Halbnomaden wie die Tswana besiedelten das trockene zentrale bzw. westliche Südafrika etwa bis in die Breite des südlichen Wendekreises. Die Bantu verdrängten die wildbeuterische bzw. nomadische San-Bevölkerung nach Süden und Westen; die berühmten Buschmannfelszeichnungen im südlichen Afrika sind wichtige Indikatoren der Verbreitung dieser Wildbeuter-Kultur. Im 18. und 19. Jh. entwickelten sich aus den Ackerbauerngesellschaften in Südostafrika hierarchisch gegliederte, arbeitsteilige Feudalgesellschaften, die als *Bantu-Staaten* Südostafrikas in die Literatur Eingang gefunden haben. Die bedeutendsten Staatsgebilde waren das Zulureich und die Tswanareiche.

Gegen die Nord-Süd-orientierte Bantumigration richtete sich seit der Mitte des 17. Jahrhunderts eine Süd-Nord-gewandte *Einwanderung weißer Siedler*. Diese hatten seit 1652 in Kapstadt, seit dem 18. Jahrhundert im engeren Kapland, eine eigenständige Kultur entwickelt, Grundlage der heutigen afrikaans-burischen Kultur. Um der vordringenden Kolonialmacht Großbritannien zu entgehen, wanderten ab 1836 größere afrikaanse Siedlergruppen nordwärts und schufen im Konflikt mit den bereits ansässigen Bantu die sog. Burenrepubliken. Dies geschah in scharfer Auseinandersetzung mit der von der Kapprovinz nach Norden ausgreifenden Kolonialmacht England. Cecil Rhodes, der große Finanzier und Stratege der britischen Expansion „vom Kap bis Kairo", konnte die Einflußsphäre Englands über die Diamanten- und Goldlagerstätten (1876, 1886) des südlichen Afrika von Kimberley bis in das heutige Simbabwe und bis zu den Kupferlagerstätten im äußersten Norden von Sambia ausdehnen. Es gelang ihm sogar, die von Portugiesen angestrebte Landverbindung zwischen Angola auf der Westseite und Mosambik auf der Ostseite des afrikanischen Subkontinents zu verhindern. Gleichzeitig konnte er das Ausgreifen der Deutschen aus ihrer Kolonie Südwestafrika durch die Schaffung eines britischen Protektorats über Betschuanaland blockieren. Er wurde zum großen „Geopolitiker" im südlichen Afrika.

Die wirtschaftlichen und infrastrukturellen Veränderungen im Sinne einer „Modernisierung" vollzogen sich seit der Mitte des 19. Jahrhunderts im Gebiet der heutigen Republik Südafrika sowie von Simbabwe außerordentlich schnell, da diese Länder Anteil haben an einer der größten Lagerstättenprovinzen der Welt mit entscheidenden Vorkommen von Gold, Diamanten, Kupfer. Europäisches und amerikanisches Kapital, das know-how der Einwanderer aus West- und Mitteleuropa sowie die afrikanischen Arbeitskräfte verwandelten die armen Agrarländer Südafrika und Südrhodesien (das heutige Simbabwe) in *Bergbaustaaten* von Weltrang, eine Position, die durch den Zusammenbruch des Ostblocks (1989/90) und unkontrollierte Mehrproduktion sowie durch erhöhte Exporte aus rohstofffreien Entwicklungsländern wie China und Brasilien geschwächt ist. Die Länder des südlichen Afrika erfuhren durch die Anwesenheit einer großen weißen Farmerbevölkerung seit dem 19. Jh. regional die Gestaltung einer Agrarlandschaft von Farmen, Pflanzungen und Plantagen nach dem Typ der neuen Welt. Bereits im ausgehenden 19. Jahrhundert entwickelte sich zugleich das bis heute belastende Kern-Peripherie-Gefälle zwischen den bergbaulich und später auch industriell führenden Kernräumen, wie um Johannesburg oder in Zentralsimbabwe und den peripheren Reservaten, den späteren Homelands der afrikanischen Bevölkerung. Somit wurde die Basis gelegt für das Konfliktpotential im südlichen Afrika, das erst durch die offizielle Abschaffung der Apartheid Anfang der 90er Jahre und durch die Schaffung einer demokratischen Republik Südafrika im Mai 1994 gemindert wurde.

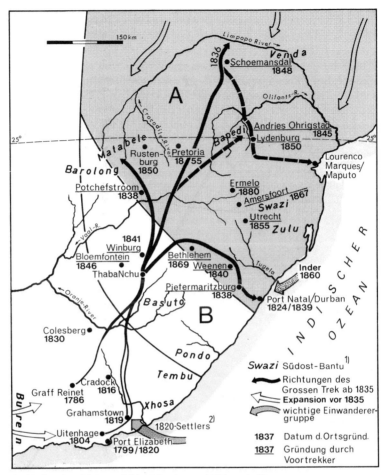

A: Siedlungsgebiet von Südost-Bantu um 1 000 nach Chr.
B: Erweiterung des Siedlungsgebiets bis zum Beginn des 19. Jahrhunderts
1) Bantusprachige Gruppen, Verteilung der Siedlungsgebiete in der Mitte des
19. Jahrhunderts.
2) Englische Einwanderer in die Kriegszone zwischen Bantu und Weißen

Abb. 25: Historische Wanderungsbewegungen im südlichen Afrika

Gegenüber der rasanten Entwicklung von Bergbau sowie der Farm- und Plantagenwirtschaft von Weißen in der heutigen Republik Südafrika, in Simbabwe und Namibia wurden die Nachbarländer Lesotho, Swaziland, Botswana sowie Malawi und das
südliche und mittlere Mosambik bereits seit dem ausgehenden 19. Jahrhundert zu
Herkunftsgebieten von *Wanderarbeitern*. Es wurde ein Prozeß der Unterentwicklung, der Peripherisierung, dieser Gebiete und der Marginalisierung ihrer Bevölkerung eingeleitet, so daß diese Länder heute mit Ausnahme des „Diamanten-reichen"
Botswana zu den ärmsten Entwicklungsländer Afrikas gehören.

5 Die Bevölkerung:
Grundzüge, Probleme und Perspektiven

Afrika besitzt mit ca. 750 Mio. E. im Vergleich zu anderen Tropenkontinenten eine geringe Bevölkerungszahl. Dies wird verständlich angesichts ökologischer Negativfaktoren wie der Ausdehnung der Trockengebiete oder der von der Tsetsefliege verseuchten Savannen- und Regenwaldgebiete mit endemischer Schlafkrankheit. Teile des humiden Zentralafrika sind bis heute menschenleer als Folge ihrer Abgelegenheit, der schwierigen Rodung der äquatorialen Wälder sowie des präkolonialen und kolonialzeitlichen Sklavenhandels. Die Bevölkerungsprojektionen der UN sprechen von einer Zunahme auf etwa 1,5 Mrd. bis zum Jahre 2025, so daß ein erheblicher Bevölkerungszuwachs zu erwarten ist. Seine Auswirkungen werden bereits heute in zwei unterschiedlichen Prozessen sichtbar: Zum einen in ausgedehnter spontaner Land-

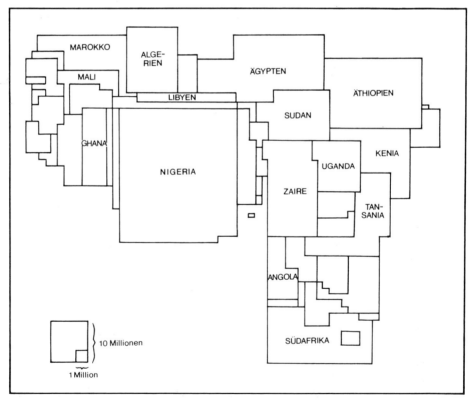

Abb. 26: Bevölkerung der Staaten Afrikas

nahme bzw. Rodekolonisation in Regenwäldern und Savannen, zum anderen in einer außerordentlichen Zunahme der städtischen Bevölkerung. Diese beiden Prozesse heben ein grundlegendes Charakteristikum der Bevölkerungsgeographie Afrikas nicht auf: Den Gegensatz von Bevölkerungsballung und Menschenleere im ländlichen Raum sowie den im Vergleich mit anderen Entwicklungsregionen geringen Verstädterungsgrad von ca. 30 %. Immer noch ist Afrika ein von der ländlich-bäuerlichen Bevölkerung geprägter Kontinent. Zwar verweist die mittlere jährliche Zuwachsrate der städtischen Bevölkerung von 5–6 % auf eine erhebliche Landflucht, doch liegt der Anteil der städtischen Bevölkerung noch weit unter den Daten anderer Entwicklungsregionen. Das Wachstum der Städte erfolgt weitgehend in wenigen Metropolen wie Kairo, Lagos oder Johannesburg, die sich zu Megastädten entwickeln.

Die demographischen und menschlichen Probleme Afrikas ergeben sich nicht aus der absoluten Bevölkerungszahl. Sie sind vielmehr bedingt durch das im Vergleich mit anderen Entwicklungsregionen anhaltend hohe Bevölkerungswachstum (1990

Tab. 9: Sozialindikatoren Afrikas und anderer Entwicklungsregionen im Vergleich

	ASS	Nordafrika/ Naher Osten	Südasien	Ostasien	Lateinamerika
Analphabetismus (Analphabeten in % der Erwachsenen) Männer/Frauen 1970 Männer/Frauen 1985	66/85 43/63	— —	47/72 37/60		24/30 14/18
Lebenserwartung bei Geburt Männer/Frauen (1994)	53/56	63/66	62/63	69/73	67/72
Kindersterblichkeit (von 1 000 lebendgeborenen im 1. Lebensjahr, 1994)	81	56	74	35	41
Fruchtbarkeitsrate pro Frau 1990/1995	6,0/6,2	4,8/4,6	4,5/4,4	2,1/2,2	3,3/3,2
Zugang zu Trinkwasser (in % der Bevölkerung, 1990)	40	88	72	95	79
Primäreinschulungsquote (in % der Altersgruppe ,1990)	47	99	90	99	100
Armut (Bevölkerung unter der Armutslinie in %) 1985/2000	46,8/43,1	—	50,9/26,0	20,4/4,0	19,1/11,4
Nahrungsmittelproduktion pro Kopf (1979–1981 = 100) 1982/1990	99,5/94,9	—	100,3/118,0	103,7/122,4	101,8/101,3

nach Human Development Report 1992, 1995; Weltbevölkerungsbericht 1995

bis 1995: 3 % pro Jahr, Südamerika 1,9 %), die ungleiche Bevölkerungsverteilung und eine ausgesprochen junge Bevölkerung. Sie strebt nach Schule und Ausbildung, sucht nach einem Beruf in Lohnarbeit, verlangt nach menschenwürdiger Wohnung, Ernährung und gesundheitlicher Versorgung. Die Steigerung der mittleren Lebenserwartung von 47–50 Jahren (1970) auf 62–65 Jahre (1995) bei einer anhaltend hohen Fruchtbarkeitsrate pro Frau von 6 bis 7 deutet die Dimension der sozialen und entwicklungspolitischen Aufgaben für die nächsten Jahrzehnte an.

Die Lösung wird erschwert durch folgende Probleme: Armut, die sich regional zur Massenarmut ausgeweitet hat; Arbeitslosigkeit und Unterbeschäftigung von 50 bis 80 % der Erwerbsfähigen, mit ihren sozialen und politischen Folgen; Hunger und Unterernährung, die Millionen Menschen treffen; schlechter Gesundheitszustand und die Ausbreitung von Geschlechtskrankheiten sowie Aids; inflexible traditionelle Gesellschaftsstrukturen, die die Hoffnung der Jüngeren auf „Entwicklung“ im Sinne von Modernisierung und Hebung des Lebensstandards als Illusion erscheinen lassen; eine große Zahl und eine erhebliche soziale Spannweite ethnisch-kultureller Gruppen, die noch nicht zu Nationen zusammengewachsen sind; eine „gespaltene Gesellschaft“ mit einer „neuen Elite“, i.a. eine Finanz- und/oder Partei- und Militär-Bourgeoisie, und der Masse der unteren sozialen Schichten; die kulturellen Nachwirkungen der Kolonialisierung mit ihrer Sprache und ihrem Lebensstil: französisch, britisch, portugiesisch; zunehmende politische und soziale Konflikte zwischen nicht demokratisch legitimierten Regimen und großen Teilen der Bevölkerung im Zusammenhang mit dem Demokratisierungsprozeß und der wachsenden Forderung nach Verwirklichung der Menschenrechte.

Die Darstellung wichtiger Aspekte der Bevölkerungsgeographie Afrikas wird erschwert durch die Unzuverlässigkeit des Zahlenmaterials. Ist zwar die Zahl und die Verteilung der Bevölkerung einigermaßen zu erfassen, so sind alle demographischen Daten wie Geburtenrate, Sterberate oder Altersgliederung oder etwa Zahlen zur Erwerbstätigkeit mit Vorsicht zu betrachten, da sie auf Stichprobenerhebungen beruhen, deren Solidität nicht immer gewährleistet ist, oder deren Daten von staatlicher Seite „geschönt“ wurden, um z. B. höhere Entwicklungshilfeleistungen zu sichern.

5.1 Verteilung und Dichte der Bevölkerung: Der Gegensatz zwischen Bevölkerungsballung und Menschenleere

Das Phänomen der ungleichmäßigen Verteilung der Bevölkerung, der regionalen Bevölkerungsballung einerseits und der Menschenleere andererseits, macht sich in Afrika so stark bemerkbar, daß Mittelwerte auf Landesebene, wie sie die Statistiken normalerweise bieten, über die Realität nichts aussagen. Sieht man von den städtischen Bevölkerungskonzentrationen in den Millionenstädten ab, so zeigen sich im ländlichen Raum Afrikas folgende *Ballungsregionen*: Die Küstenzone des Maghreb zwischen Casablanca/Rabat und dem Golf von Tunis stellt mit ihrem Hinterland eine Zone hoher Bevölkerungsverdichtung und der Aneinanderreihung von Groß- und

Millionenstädten dar. An der Südspitze des Kontinentes findet sich im westlichen Kapland eine ähnliche Bevölkerungsverdichtung um den Kern der Agglomeration Kapstadt. Es sind die subtropischen Winterregengebiete mit ihren exportorientierten Bewässerungskulturen und einer von den Hafenstädten ausgehenden Industrialisierung und Verstädterung. Ein weiteres Band hoher Bevölkerungsverdichtung erstreckt sich in der Sahel-Sudanzone zwischen Bamako in Mali über das Mossiplateau in Burkina Faso und die Region Kano Nordnigeria bis zum Tschadsee. Es folgt einer Linie, in der bereits in präkolonialer Zeit afrikanische Königreiche mit ausgedehnten Fernhandelsbeziehungen existierten wie das Mossi-Reich in Burkina Faso oder die Haussa-Reiche Nordnigerias. Die raumstrukturellen Wirkungen dieser Feudalgesellschaften wirkt sich bis heute in einer markanten Verdichtung ländlicher und städtischer Bevölkerung aus. Die Guineaküste zwischen Ghana und Kamerun wird durch ein weiteres Band mit hohen Bevölkerungsdichten markiert. Die kolonialzeitliche Entwicklung von Exportkulturen wie Kakao, Kaffee und Kautschuk sowie die Orientierung der Handelsströme auf Hafenstädte wie Accra, Lome, Lagos oder Douala förderte das Bevölkerungswachstum in dieser heute in Westafrika entscheidenden Küstenzone inklusive dem Bergland von West-Kamerun. Am Nord- und Südrand der zentralafrikanischen Regenwälder des Kongobeckens erstrecken sich bei etwa 4° bzw. 5° n. Br. und s. Br. Verdichtungsgebiete ländlicher Bevölkerung, die sich mit der Ausdehnung alter afrikanischer Reiche decken. Die Zentralafrikanische Schwelle am Ostrand des Kongobeckens gehört zu den dichtbevölkerten Mittelgebirgslagen Tropisch-Afrikas mit den Kleinstaaten Ruanda und Burundi. In Ostafrika fallen die Landstriche nördlich des Viktoriasees durch hohe Bevölkerungsdichten auf; gleiches gilt für einige Gebiete des Hochlandes von Kenia. In beiden Fällen führte die kolonialzeitliche Erschließung und die Etablierung exportorientierter mittelbäuerlicher Afrikanerbetriebe zu Dichtewerten, die weit über dem Landesmittel liegen. An der Ostküste Afrikas treten streckenweise wie um Mombasa, Daressalam oder Tanga Bevölkerungsdichten von über 50 E./qkm auf. Die ökologische Gunst der Küstenzone und die jahrhundertealten Handelsverbindungen mit dem Orient sind wesentliche Ursachen.

Das äthiopische Hochland kann man als eine dichtbevölkerte „Gebirgsfestung" bezeichnen. Über 2000 Jahre Feudalherrschaft mit einer von der äthiopischen Kirche gestützten Klassengesellschaft und einer feudalstaatlichen Raumorganisation führten zu unglaublich dicht bevölkerten Bauerngebieten. Der Getreide (Tef)-Anbau mit Pflugtechnik wurde hier bereit in vorchristlicher Zeit entwickelt. Heute muß man das äthiopische Hochland als „übervölkert" bezeichnen, da mit dem gegenwärtigen agrartechnischen Niveau die Ernährung der Bevölkerung nicht mehr gesichert werden kann.

Im südlichen Afrika lassen sich zwei Typen von Ballungsgebieten der Bevölkerung unterscheiden: an erster Stelle seien die kolonialzeitlich initiierten Bergbau- und Industriegebiete wie im Copperbelt von Sambia und Zaire oder in der Goldbergbau- und Industrieregion am Witwatersrand in Südafrika genannt. An zweiter Stelle stehen Verdichtungen ländlicher Bevölkerung, zum Beispiel an der Küste von Mosambik oder auf der Südostseite der Republik Südafrika; hier ließ die Apartheidspolitik mit ihrer strikten Mobilitätskontrolle und der Festlegung der Siedlungsgebiete nach Rassen übervölkerte „Homelands" entstehen.

Die *Ursachen der Bevölkerungsverteilung und Bevölkerungsdichte* zeigen eine Verquickung physisch-geographischer, historisch-geographischer und wirtschaftsgeographischer Faktoren, die jede generelle Aussage und vereinfachte Deutung der Bevölkerungballungsgebiete bzw. der menschenleeren Räume verbietet. Wie gezeigt, decken sich die Dichtegebiete in Zentralafrika weitgehend mit den Bereichen alter afrikanischer *Königreiche* wie der Mangbwetu oder der Kongo. Für diese Verteilung lassen sich folgende Ursachen anführen: Während die inneren Gebiete des tropischen Regenwaldes mit über 10 humiden Monaten auf der Basis der traditionellen Brandrodung nur schwer zu erschließen sind, fällt der bereits jahreszeitliche laubwerfende Hochwald der „halbimmergrünen Feuchtwälder" mit 8–10 humiden Monaten der Einwirkung des Feuers in der Trockenzeit rascher zum Opfer: Er ist deshalb leichter zu roden und zu besiedeln. Zugleich bietet sich im Nebeneinander von Galeriewäldern und savannenbedeckten Plateaus für die bäuerliche Wirtschaft ein Ökotopgefüge, das eine vielseitige Nutzung ermöglicht. Die Niederschläge besitzen in dieser regenwaldnahen Zone noch eine große Zuverlässigkeit, so daß sich ein Bündel von Naturfaktoren nachweisen läßt für die Deutung der Bevölkerungskonzentration in der Kontaktzone Regenwald-Savanne.

Ein deutlicher Bezug besteht in Tropisch-Afrika zwischen der Bevölkerungsverteilung und -dichte und den Höhenstufen der Gebirge. Eine Verdichtungszone erstreckt sich z.B. als ein markantes Band über die Höhen der Zentralafrikanischen Schwelle oberhalb von 1 200 m. Es ist generell in Tropisch-Afrika die *Höhenstufe* der tierra templada (1 000/1 200 bis 2 000/2 200 m), die eine dichte Besiedlung aufweist. Doch muß vor einer vereinfachenden Kausalität gewarnt werden, da keineswegs die gesamte Höhenstufe dicht bevölkert ist. Gewichtige ökologische Faktoren für eine dichtere Besiedlung der Höhengebiete sind: Die Infektionsgefahr für Malaria und Schlafkrankheit ist in der Höhenstufe der Tierra templada bedeutend geringer als im tropischen Tiefland; Rinderhaltung ist in Zentralafrika nur oberhalb von 1200 m möglich, da die Trypanosomiase oder Nagana hier nicht mehr auftritt, so daß wie in Ruanda oder Burundi zu den Hackbauern Rinderhirtenvölker zuwanderten.

Bilden das Bioklima und die Vegetation zweifellos zwei wirksame, aber nicht determinierende Ordnungsfaktoren der Bevölkerungsverteilung, so wirken sich die *Böden* sowohl regional wie lokal erheblich aus. Ein markantes Beispiel bilden die Sandböden über den Kalaharisanden im westlichen Zaire (Kwango, Bandundu), deren Plateaus unbesiedelt sind, während die Gebiete mit Mergelböden über mesozoischen und karruzeitlichen Sedimenten hohe Bevölkerungsdichten tragen. Im zentralen Zaire-Kongobecken entfallen ausgedehnte Bereiche an Sumpf- und Überschwemmungsland für eine Besiedlung, da die Techniken ihrer Inwertsetzung in Afrika traditionell nicht bekannt waren, während derartige Gebiete in Südostasien zu den dicht bevölkerten „Reiskammern" gehören. Gebiete mit jungen, mineralreichen Andosolen auf vulkanischen Aschen, wie im Bereich der Virungavulkane oder in Westkamerun, tragen hohe Dichten von über 100 E./km².

Die Beispiele zeigen, daß die physisch-geographischen Gegebenheiten einen Rahmen für die Deutung der unterschiedlichen Bevölkerungsdichten darstellen. Sie werden überprägt von sozialökonomischen und politischen Strukturen wie der Wirtschaftsstufe und der politischen Organisation der Ethnien, die die Nutzung des geoökologischen Raumpotentials bestimmen.

GOUROU (1955, S. 84) äußerte die interessante These, daß das Raumorganisationssystem („système d'organisation de l'espace") von erheblicher Bedeutung für unterschiedliche Bevölkerungsdichten sei. So läßt sich für die Territorien afrikanischer *Königreiche* eine hohe Bevölkerungsdichte von über 50 E./qkm feststellen. Der Hoheitsschutz der Reiche garantierte Sicherheit; die Verwaltung sorgte für den Unterhalt der Handelswege; die sozioökonomische Schichtung einer arbeitsteiligen Gesellschaft mit Hofstaat, Beamten, Künstlern, Händlern, Handwerkern und Bauern verlangte nach einer Intensivierung der Landwirtschaft, die die Versorgung einer nichtagraren Bevölkerung garantieren mußte. Auch nach Untersuchungen des Verfassers in Nordostzaire (WIESE 1979) hat eine höher entwickelte politisch-soziale Organisation eine Verbesserung der landwirtschaftlichen Produktionstechniken und der Bodennutzungssysteme zur Folge, eine wesentliche Bedingung für steigende Bevölkerungsdichten: Erlaubt der Wanderfeldbau in Verbindung mit der Wildbeute eine Bevölkerungsdichte von 1 bis 5 E./qkm, so ermöglicht die Landwechselwirtschaft Bevölkerungsdichten von 30 bis 50 E./qkm, der Dauerfeldbau sogar Dichten von 70 bis 100 E./qkm. Auf Bevölkerungsdruck reagierten bereits in vorkolonialer Zeit zahlreiche afrikanische Ethnien durch Anbauintensivierung, so daß heute unter dem Einfluß kolonialzeitlicher und postkolonialer Innovationen in Tropisch- Afrika Dichten von 300 - 400 E./qkm im ländlichen Raum erreicht werden, man denke an die Chagga am südöstlichen Kilimandjaro in Tansania.

Historische und aktuelle *Wanderungsbewegungen* sind in die Überlegungen nach den Ursachen für das Verteilungsmuster der Bevölkerung einzubeziehen. Die Sklavenjagden der Araber, Europäer und verbündeter Afrikaner haben dazu beigetragen, daß bis in das 19. Jahrhundert eine verheerende Entvölkerung stattgefunden hat. Die Plantagenwirtschaft mit Zwangsarbeit führte zu erheblichen Bevölkerungsverschiebungen in der Kolonialzeit, da sich große Gruppen diesem Zwangssystem zu entziehen suchten.

5.2 Räumliche Mobilität: Flüchtlinge, Wanderarbeiter, Nomaden

Mittel- und großräumige Mobilitätsprozesse in Form von Binnenwanderung und internationaler Migration sind für weite Teile Afrikas charakteristisch. Bei Wanderungsbewegungen in Afrika denkt man an die Sahel-Umweltflüchtlinge anläßlich der Dürren und der Desertifikation, an Kriegsflüchtlinge aus Liberia in Nachbarländern wie der Côte d'Ivoire, man erinnert sich an Zeitungsnachrichten über „Wachsende Zahl von Ghanaern im Rhein-Main-Gebiet" oder „Ausweisung senegalesischer Dealer". Weitreichende innerafrikanische Wanderungen, z.B. der Händler aus Senegal und Mali oder der Händlerinnen aus Ghana oder Benin, die ganze „Handelsnetze" bis nach Zentralafrika aufgebaut haben, sind fast unbekannt. Häufig dargestellt wird dagegen die Wanderarbeiter-Migration aus den Ländern der Sahel-Sudan-Zone in die Küstenländer oder aus den SADC-Ländern nach Südafrika. Letztlich fallen auch die Wanderungen der Nomaden wie der Tuareg oder der Fulbe unter die Thematik räumliche Mobilität. Als folgenreichster Prozeß trägt die anhaltende Landflucht als rural-urbane oder als phasenhafte interurbane Migration zum überproportionalen Wachstum der Städte bei. Gleichzeitig vollziehen sich interregionale Wanderungen im ländlichen Raum wie Landnahme- und Agrarkolonisationsprozesse in Steppen, Savannen und Regenwäldern.

Internationale Organisationen unterscheiden bei einer weltweiten Klassifikation der grenzüberschreitenden Migrationsströme zwischen Gastarbeitern/Arbeitsmigranten und Flüchtlingen, wobei bei letzteren zwischen Flüchtlingen im engeren Sinne und Umweltflüchtlingen unterschieden wird. Es sind aber, wie vorne angedeutet, weitere Typen von internationalen Wanderungsbewegungen zu ergänzen: Die Nomadenwanderungen, die Wanderungen von Händlerinnen und Händlern und die Pilgerwanderungen der islamischen Bevölkerungsteile nach Mekka, die Haddsch (Hadj).

Flüchtlingswanderungen

Flüchtling ist nach der Genfer Flüchtlingskonvention von 1951 eine Person, die „aus wohlbegründeter Furcht vor Verfolgung wegen ihrer Rasse, Religion, Nationalität, Zugehörigkeit zu einer bestimmten sozialen Gruppe oder wegen ihrer politischen Überzeugung sich außerhalb des Landes befindet, dessen Nationalität sie besitzt". Die Flüchtlingskonvention der OAU von 1967 erkennt auch Bürgerkriege, innere Unruhen und Interventionen von außen als Fluchtgründe an (nach: STIFTUNG ENTWICKLUNG UND FRIEDEN 1991, S. 100–101; vgl. GANTZEL u.a. 1992, HOFMEIER und MATTHIES 1992, FARWER 1993, SCHLICHTE 1994).

Umfangreiche Flüchtlingsströme entwickelten sich seit den 70er Jahren am *Horn von Afrika* und in *Äthiopien*, wo Sezessionsbewegungen zu Bürgerkriegen führten, wie sie auch aus dem Südsudan bekannt sind. In Äthiopien und Eritrea kam es nach 1991 (Sturz des kommunistischen Regimes) zum Frieden (vgl. Abb. 1). In Somalia dagegen trat ein Staatszerfall ein. Im Sudan dauert der Krieg zwischen islamisch-fundamentalistischem Norden und christlich-animistischem Süden seit 1983 an. Abb. 27 zeigt, welche gewaltigen Flüchtlingszahlen in dieser Region zu finden sind; UNHCR unterstützt ca. 1,6 Mio. Flüchtlinge am Horn von Afrika und im Sudan, – auch Deutschland ist bei der Wiedereingliederung von Flüchtlingen in Äthiopien und Eritrea tätig. Der Krieg in Ruanda und die Krise in Burundi verursachten seit Mitte 1994 über 2,2 Mio. Flüchtlinge, die in Zaire, Uganda und Tansania vom UNHCR und anderen Gebern unterstützt werden.

Die Destabilisierungspolitik des früheren Apartheidregimes in *Südafrika* unterstützte die Bürgerkriege in Angola und Mosambik, wo Binnenflüchtlinge und grenzüberschreitende Flüchtlingswanderungen ein katastrophales Ausmaß erreichten. Während in Mosambik nach 16jährigem Bürgerkrieg Ende 1994 die ersten freien Wahlen stattfanden und Friede einkehrte, hatten die Friedensbemühungen der Jahre 1994/95 in Angola bisher nur formalen Erfolg.

Eine weitere Region mit umfangreichen Flüchtlingswanderungen ist *Westafrika*. Liberia stellt das Hauptausgangsland dar. Der seit Dezember 1989 geführte „Anti-Regime-Krieg mit Fremdbeteiligung" (GANTZEL u.a. 1991, S. 23) gegen den Staatsterror des Diktators Doe weitete sich zu einem Machtkampf zwischen der „Zentrale Monrovia" und dem ländlichen Raum, zu einem Bürgerkrieg aus. Die westafrikani-

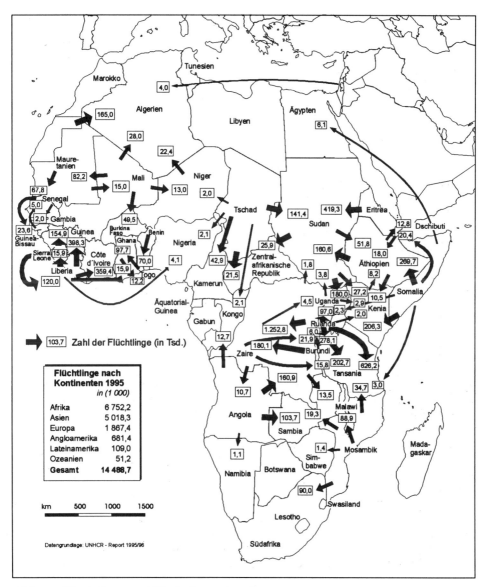

Abb. 27: Flüchtlinge und Flüchtlingsmigration

sche Staatengemeinschaft ECOWAS sandte im August 1990 Interventionstruppen ins Land, denen aber bisher noch keine Beendigung des Krieges gelang. Vielmehr dehnten sich die Kampfhandlungen von Liberia seit 1991 nach Sierra Leone aus, das inzwischen das zweitgrößte Herkunftsland von Flüchtlingen in Westafrika bildet.

Insgesamt hat der Krieg in und um Liberia inzwischen Zehntausende von Toten, vorwiegend Zivilisten gefordert, und ca. 1 Mio. grenzüberschreitende Flüchtlinge sind die Folge. Die meisten haben Zuflucht in Guinea und Côte d'Ivoire gefunden.

Der Basse-Casamance Konflikt in Senegal, eine seit den frühen 80er Jahren aktive Separatistenbewegung gegen die politische Bevormundung durch die Zentralregierung und die wirtschaftliche Ausbeutung der Region durch ortsfremde Senegalesen, hält sich zwar mit kleinen Anschlägen „in Erinnerung", doch gelang es den Truppen des Senegal mit Hilfe von Frankreich, die Bewegung weitgehend zu ersticken, aber die Situation bleibt gespannt. Kleine Flüchtlingsbewegungen ergaben sich nach Gambia, Guinea-Bissau und Guinea.

Die Flüchtlingsmigrationen im Dreieck Mauretanien-Senegal-Mali haben ihren Ursprung im Nomadenproblem; sie verweisen zugleich bereits auf die Dimensionen von „Umweltflüchtlingen", die in der Region eine in die Millionen gehende Zahl erreichen. Im Frühjahr 1989 führten Auseinandersetzungen zwischen mauretanischen Nomaden und senegalesischen Bauern um Weidegründe und Landrechte in Nordsenegal zum mauretanisch-senegalesischen Konflikt. Durch das Eingreifen von Frankreich und den USA konnte ein Krieg verhindert werden, doch hatten die als „Rassenunruhen" bezeichneten Pogrome gegen Senegalesen in Mauretanien (ca. 100000 Bauern) bzw. gegen Mauren in Senegal (ca. 200000 Händler und Bauern) umfangreiche Fluchtbewegungen zur Folge, in die auch Mali als Zufluchtland von Mauretanien-Flüchtlingen einbezogen wurde. Zwar haben die Länder ihre diplomatischen Beziehungen wieder aufgenommen, doch hat noch keine Remigration von Flüchtlingen in größerem Umfang eingesetzt; zutief sitzen die Ängste vor einer neuen Eskalation des „Schwarz-Weiß-Konfliktes" in Mauretanien bzw. vor Repressionen in Senegal (WEGEMUND 1991).

Umweltflüchtlinge

Dieser Begriff hat sich seit den Massenmigrationen als Folge der westafrikanischen Sahelkatastrophe der 70er Jahre im politischen Vokabular ausgedehnt. Er bezeichnet „Menschen, die aufgrund natürlicher oder anthropogener Umweltschäden gezwungen sind, ihre angestammte Umgebung vorübergehend oder dauerhaft zu verlassen, da ihre Lebensqualität schwerwiegend beeinträchtigt oder ihre Existenz gefährdet ist" (NOHLEN 1989, S. 673; WÖHLCKE 1995). KRINGS (1993) hat kürzlich in kompakter Form die Struktur-und Entwicklungsprobleme der Sahelzone dargestellt, u.a. die Krise des sahelischen Nomadismus und die Ökologiekrise in den Sahelländern. Die *Desertifikation* hat seit den ausgehenden 60er Jahren zu einer massenhaften Wanderung von Bauern und Nomaden Richtung Süden und Westen geführt. Schätzungen sprechen von mehreren Millionen Menschen. Sie haben zum einen den Weg in die Städte genommen, wo sie z.T. bis heute ein marginalisiertes Leben in Armut führen, zum anderen sind sie mit ihren Herden in südliche Weidegebiete vorgedrungen oder haben sich kleine Bauernstellen geschaffen. Wie der Verfasser 1993 in Gambia erfuhr, hält diese Nord-Süd-gerichtete Wanderungsbewegung an, wie das Einsickern von Ackerbauern aus dem senegalesischen Erdnußbecken und Nomaden aus der senegalesischen Ferloregion in das südliche Gambia zeigt. Abbildung 21 zum Ursachen-Wirkungsgefüge der Desertifikation gibt den jüngsten Stand der Diskussion wieder: Es zeigt „Abwanderung" als letzte Konsequenz der Landschaftsdegradierung. Internationale Organisation wie UNEP und das IKRK sagen einen weltweit steigenden Trend bei Umweltflüchtlingen voraus, hervorgerufen durch die vom Menschen verursachte Zerstörung seiner Lebensgrundlagen.

Nomadenmigration

Die Nomaden wie die Fulbe oder Peul der Sahel-Sudan-Zone oder die Tuareg der Sahel-Sahara-Zone gehören zu den Gruppen von Migranten, die wegen ökologischer Zwänge seit Jahrtausenden Wanderungen von Menschen und Herden im jahreszeitlichen Wechsel von Regenzeit und Trockenzeit durchführen. Ihre Lebens- und Wirtschaftsform hat sich seit der Kolonialzeit, stärker noch seit der Unabhängigkeit der Staaten Westafrikas in den letzten 30 Jahren erheblich verändert, wie es kürzlich KRINGS (1993) für die Sahelzone dargestellt hat. Man kann heute allgemein von einer Wirtschafts- und Sozialform des *Halbnomadismus* sprechen (vgl. Kap. 6.2.1), doch gehören die grenzüberschreitenden Wanderungen von großen Teilen der Menschen und Herden noch heute zu den dominanten Wanderungsbewegungen in West- und Ostafrika. Internationale Statistiken geben für die ausgehenden 80er Jahre die Zahl der Nomaden im Sahara-Sahel-Land Mauretanien mit ca. 440 000 an, für das Sahelland Mali werden ca. 560 000 vor allem Tuareg-Nomaden angegeben. Wie wir aus Pressemitteilungen und Studien wissen, sind die grenzüberschreitenden Wanderungen der Nomaden angesichts „enger werdender" Ressourcen Wasser und Weidegründe sowie sich zuspitzender Bodenrechtsfragen äußerst konfliktgeladen, man denke an die Auseinandersetzungen zwischen mauretanischen Nomaden und senegalesischen Bauern, die seit 1989 zu erheblichen Spannungen zwischen diesen Ländern führten.

Das Schicksal der *Tuareg*, die zwischen Algerien, Niger und Mali fast „aufgerieben" werden, hat zu einer Welle von Sympathiekundgebungen und Publikationen (KLUTE 1992), aber noch zu keiner Lösung geführt. Die Grenzziehung durch die Kolonialmacht Frankreich hatte den Lebens- und Wirtschaftsraum der ca. 500 000 Tuareg zerschnitten. Die Diskriminierung und Schikanierung durch die Verwaltungen dieser Länder sowie der staatliche Druck gegen die traditionellen Migrationen führten zu wachsender politischer Unzufriedenheit und einer Zunahme der Forderungen nach Autonomie. Im Mai/Juni 1990 kam es in Niger und Mali zu ersten Überfällen der Tuareg auf Polizeiposten. Ein Friedensvertrag in Mali vom April 1992 sieht die Rückführung der Flüchtlinge aus den Nachbarstaaten vor, lokale Selbstverwaltung der Tuareg sowie einen Gefangenenaustausch; doch flammten die Kämpfe Mitte 1992 wieder auf.

Auch in Ostafrika und am Horn von Afrika werden die Hirtennomaden zwischen Kriegsparteien, Flüchtlingsströmen, der Ausdehnung von Bewässerungsflächen und staatlichen Maßnahmen zur Daueransiedlung aufgerieben. Die um sich greifende Desertifikation schränkt ihren Lebensraum weiter ein, so daß auch hier Konflikte bereits zahlreiche Todesopfer gefunden haben. Im südlichen Afrika ist die nomadisierende Lebensweise bis auf Relikte bei den Himba in Nordwest-Namibia bereits seit dem Anfang des 20. Jh. zurückgegangen; die Ausbreitung der Farmwirtschaft von

Weißen sowie die Einführung der Ranchwirtschaft, etwa bei den Tswana in Botswana, trugen zum Verschwinden des Nomadismus bei (vgl. Kap. 6.2.1).

Arbeitsmigration

Internationale Gastarbeitermigration oder Wanderarbeit von Männern in großem Umfang ist kennzeichnend für die Regionen Nord-, Süd- und Westafrika. In Westafrika sind es seit der Kolonialzeit etablierte rural-rurale, seit den 70er Jahren verstärkt rural-urbane Wanderungen aus den dichtbevölkerten, ökologisch risikoreichen Armutsgebieten der Sahelzone von Burkina Faso und Mali, in jüngerer Zeit auch aus Guinea, in die prosperierenden agraren Produktionsgebiete und städtischen Metropolen der Feuchtsavannen- und der Regenwaldzone, insbesondere in die Côte d'Ivoire. Man kann ohne Übertreibung sagen, daß der Wohlstand der Côte d'Ivoire nur mit diesen Gastarbeitern erwirtschaftet wurde, und es ist verständlich, daß dieser westafrikanische Staat das wichtigste Immigrationsland Afrikas darstellt. Nach Unterlagen der Weltbank (ARNOLD 1990) hat die Côte d'Ivoire in Afrika den höchsten Anteil an Netto-Immigranten (1985–1990: 297000, 1990–1995: 198000, 1995–2000: 150000). Die Zahl der Gastarbeiter in der Côte d'Ivoire erreichte gegen Ende der Prosperitätsphase in der Mitte der 80er Jahre noch ca. 2 Mio., das waren ca. 30 % der Gesamtbevölkerung (WIESE 1988). Die Übersicht gibt in der Art eines „Problemstammbaums" das Ursachen-Wirkungsgefüge der Gastarbeitermigration in Westafrika am Beispiel der Côte d'Ivoire-Burkina Faso/Mali-Beziehungen wieder.

Die oben genannten Zahlen der Weltbank weisen bereits darauf hin, daß seit der Mitte der 80er Jahre als Folge der wirtschaftlichen Rezession ein Rückgang der Gastarbeitermigration in die Côte d'Ivoire einsetzte, und dies gilt für die gesamte Wanderarbeiterbewegung in Westafrika. Sinkende Erzeugung von Weltmarktprodukten wie Kaffee, Kakao und Erdnuß in den Bauern- und Pflanzerbetrieben, Stabilisierung der Arbeitskräfte auf den Palmöl- und Kautschukplantagen ließen zunächst die Löhne sinken, dann die Nachfrage nach ausländischen Arbeitskräften stark zurückgehen. Dieser Trend „gegen die Ausländer" wurde durch eine zunehmende staatliche Intoleranz gegenüber den „Fremden" verstärkt, der in Nigeria angesichts der Wirtschaftskrise zur Ausweisung von Zehntausenden von westafrikanischen Gastarbeitern führte. Hinzukam ein wachsendes Bewußtsein über die sozialen Folgen der Wanderarbeit wie Zerfall der Familien, Ausbreitung von Geschlechtskrankheiten und Aids, die z.B. den Widerstand der Kirchen gegen diese Art von „Ausbeutung" wachsen ließen. Die zwischenstaatlichen Regelungen über legale Gastarbeiterwanderungen, etwa zwischen Burkina Faso und der Côte d'Ivoire, wurden hinsichtlich der Zahl der Migranten stark reduziert, so daß die meisten in die *Illegalität* abgedrängt wurden. Der Rückgang der internationalen Gastarbeitermigration in Westafrika hatte Ende der 80er Jahre ein „Ausweichen" von Burkinabés nach Zentralafrika, z.B. Gabun, zur Folge, doch hat in der Zwischenzeit die Wirtschaftskrise auch diesen Erdölproduzenten erreicht und Gastarbeiter zur *Remigration* gezwungen bzw. die Staatsorgane zu *Massenausweisungen* veranlaßt. Der Rückgang und die anhaltende Stagnation der inner-westafrikanischen Gastarbeitermigration ist eine Ursache für die weitreichende Süd-Nord-Wanderung von Afrikanern in die Industrieländer Europas.

Zahlreich sind aber auch Bewohner der Sahelländer wie Mossi und Malinke, die in den 80er und 90er Jahren von langfristigen Wanderarbeitern (2–5 Jahre Aufenthalt) zu Dauersiedlern im Gastland wurden, vor allem in Côte d'Ivoire. In der Regel siedeln sie im ländlichen Raum, wo sie nach Verhandlungen mit den traditionellen Autoritäten ein bis drei Hektar große Parzellen für Nahrungsmittelanbau und Dauerkulturen (Kaffee, Kakao) erhielten; als Entgelt fungieren alkoholische Getränke oder Bezahlung in Naturalien.

Der Preisverfall auf den Rohölmärkten, vor allem aber die beiden Golf-Kriege hatten katastrophale Folgen für Millionen von Gastarbeitern in den Ländern des Nahen und Mittleren Ostens. In *Nordafrika* wurde insbesondere Ägypten durch die Rückkehr von ca. 1 Mio. Gastarbeitern aus dem Irak, Kuwait und Jordanien getroffen: Sie erhöhen die Masse der arbeitslosen Ägypter in einer sozial und innenpolitisch schwierigen Situation; die Überweisungen der Gastarbeiter fehlen dem Staatshaushalt und den Familien in einer Phase harter sozialer Folgen des Strukturanpassungsprogramms von Weltbank und IWF. Der Druck zur Auswanderung in die USA oder zur temporären – legalen und illegalen – Arbeit in Europa hat enorm zugenommen (MEYER 1995a).

Weitreichende Wanderarbeiterströme existierten auch bis in die 80er Jahre im *südlichen Afrika*. Sie waren die Folge des wirtschaftlichen Kern-Peripherie-Gefälles in dieser Region. In den Nachbarländern der Republik Südafrika bestand seit der Bergbauphase in der zweiten Hälfte des 19. Jh. ein organisiertes Rekrutierungswesen für Bergarbeiter, um die Nachfrage nach Arbeitskräften für den Gold-, Diamanten- und Steinkohlenbergbau zu decken. Seit Beginn der Industrialisierungsphase in Südafrika in den 60er Jahren erreichte diese Migration ihr größtes Ausmaß; in den ausgehenden 70er/beginnenden 80er Jahren waren bis zu 400000 Wanderarbeiter aus den Staaten des südlichen Afrika und ca. 1,5 Mio. Wanderarbeiter aus den sog. Homelands bzw. Autonomstaaten innerhalb der Republik Südafrika in den bergbaulich-industriellen Kernräumen beschäftigt. Auch die Farm- und Plantagenwirtschaft sowie die Forstwirtschaft gehörten zu den größten Arbeitgebern. Die Höhe des Lohnniveaus muß als der wichtigste *Pullfaktor* bezeichnet werden: mit einem einjährigen Wanderarbeitsaufenthalt ließ sich das siebenfache Einkommen eines kleinbäuerlichen Betriebs im Heimatgebiet erwirtschaften. Ländliche Armut wegen unzureichender Betriebsgrößen, Fehlen nichtlandwirtschaftlicher Arbeitsplätze, von Ausbildungs- und Aufstiegsmöglichkeiten, z.T. auch soziale Spannungen innerhalb der Familienhierarchie oder mit den traditionellen Autoritäten wirkten mit bei dem Entschluß, einen Arbeitsvertrag zu unterschreiben und sich für ein bis zwei Jahre als Lohnarbeiter in Südafrika zu verdingen. Das Infrastrukturangebot im Konsumbereich und im Unterhaltungssektor, zum Teil von den Bergbaugesellschaften initiiert, stellte einen weiteren Pullfaktor dar. Mit dem Niedergang der südafrikanischen Wirtschaft in der Endphase des Apartheidregimes kam es seit der Mitte der 80er Jahre zu umfangreichen Entlassungen. Dies führte dazu, daß in ressourcenarmen Ländern wie Lesotho oder Malawi der Kapitaltransfer der Wanderarbeiter zurückging, der bis zu 60 % des BSP ausmachte. In Südafrika selber stieg der Anteil der Unterbeschäftigten und Arbeitslosen sowohl im ländlichen Raum als auch in den städtischen Gebieten auf 50–60 % an. Dies führt seit 1992/93 zu wachsender Ablehnung gegen Ausländer, obwohl die kleinen Nachbarstaaten auf einer Fortsetzung der Arbeitsmigration bestehen. Die Folgen der Abwanderung von bis zu 80 % der Männer im besten arbeitsfähigen Alter und

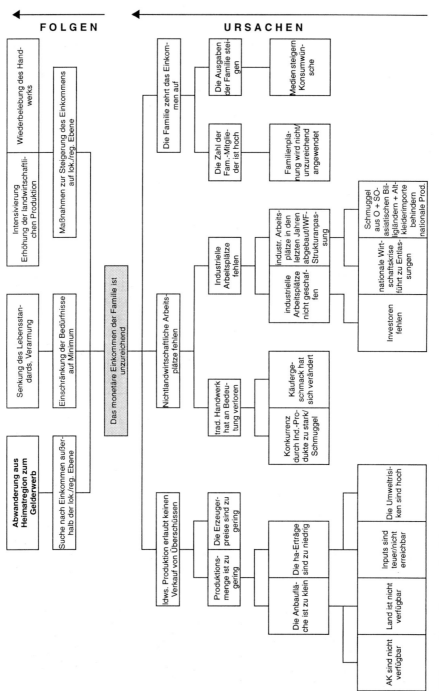

Abb. 28: Ursachen und Wirkungsgefüge der Arbeitsmigration in Westafrika

von bis zu 25 % der Frauen wirken sich ökonomisch und sozial nachteilig auf die bäuerliche Produktion und die Familien aus. Zugleich aber sind die Geld- und Warensen-
dungen der Wanderarbeiter lebensnotwendig für die Familie; häufig bedeuten sie eine
erhebliche Entlastung, denn ein dreimonatiger Arbeitslohn in Südafrika entspricht einem Jahreseinkommen aus einem kleinbäuerlichen Betrieb in Lesotho. Wichtige
Nutznießer der Wanderarbeitereinkommen sind auch die Herkunftsländer, da die Familien in die Lage versetzt werden Steuern zu bezahlen und Sektoren wie die Landwirtschaft und das Baugewerbe von der Verfügbarkeit der Einkommen profitieren.

Händlermigration

Eine Ursachenanalyse der Händlermigration wird zunächst auf die *Tradition* und die
Erfahrungen der Kaufleute in Mauretanien, Senegal und Mali aus dem Trans-Sahara-
Sahel-Handel hinweisen. Hinzukommt eine intime Kenntnis von Korruption und „informellen" Kreisläufen in Heimat-und Zielländern und, ganz allgemein, das Ziel der
„Profitmaximierung" durch Nutzung der Möglichkeiten von Schmuggel und unkon-
trollierten Devisenbewegungen. Es ist falsch, diese Haltung der Kolonialzeit anzula-
sten, denn schon lange vor der Ankunft der Europäer in Westafrika gab es ein voll
funktionierendes Handels- und Transportwesen, das „Geldwert" in Form von Gold-
gewichten oder Kaurimuscheln kannte. Doch war der „internationale Handel" damals
wie heute ein Geschäft bestimmter Familien und Klans – und ein „akademisches" Eindringen in diese Bereiche für wirtschafts- und sozialgeographische Studien – ist
äußerst schwierig (Grands commerçants 1993; Entreprises 1995). Hier einige Beobachtungen des Verfassers: Es sind internationale Handelsbeziehungen zwischen den
Staaten *West- und Zentralafrikas*, die von Großhändlern–Transportunternehmern ab-
gewickelt werden. Die großen Unternehmer gehören zu den „Vielfliegern" in West-
und Zentralafrika, auf Besuch bei Lieferanten und Kunden. Ihre internationale Migration ist kurzfristig und spricht Schlüsselpersonen an. Daneben existiert eine kurz- bis
mittelfristige Migration von Händlerinnen (in den Küstenländern) und Händlern (im
Binnenland), die ein engmaschigeres Netz von Lieferanten und Kunden abdecken und
bis auf die städtischen Großmärkte liefern.

Die aktuelle Situation der Händlermigration in Westafrika ist durch zwei gegenläufi-
ge Trends gekennzeichnet: Auf der einen Seite erleichtert die Liberalisierung der
Wirtschaft und der Rückzug der Staatsunternehmen die Aktivitäten, auf der anderen
Seite macht das Sinken der Massenkaufkraft infolge der anhaltenden Wirtschaftskrise
und der Aufstieg neuer Politiker, die eine „Motivation" (Geldgeschenke) erwarten,
im Rahmen des Demokratisierungsprozesses den Händlerinnen und Händlern zu
schaffen, so daß die Umsätze stagnieren bis sinken und die Händlermigration nach-
gelassen hat.

Die Aufhebung der Reise- und Einwanderungskontrollen in *Südafrika* führte zu einem enormen Anstieg der Händlermigration zwischen Nigeria und dem Süden des
Kontinentes. Hier bietet sich für die nigerianischen Händler ein neuer, kaufkräftiger
Markt für Drogen, gleichzeitig ein Land zum Einkauf hochwertiger Konsumgüter,
die anschließend in West- und Zentralafrika abgesetzt werden. Die Blockade der Ein-
reise von Nigerianern in die EU zwang diese zur Erschließung neuer Märkte.

Pilgermigration

Eine der traditionsreichsten und zahlenmäßig bedeutendsten religiösen Migrationen Afrikas führt aus den islamischen Ländern des Kontinentes nach Mekka. Die *Hadj* (auch: Hadjdj), eine der „Fünf Säulen des Islam", führt jährlich über 200 000 Pilger aus Nord- und Westafrika, vom Horn von Afrika, in geringerer Zahl auch aus Ost- und Südafrika nach Mekka. Jeder Muslim soll, soweit er körperlich und finanziell in der Lage ist, einmal im Leben die offizielle Pilgerfahrt nach Mekka durchführen, – bei ca. 50 Mio. Muslimen in Ägypten, 40 Mio. in Nigeria, je ca. 26 Mio. in Marokko und Algerien, 22 Mio. im Sudan, 9 Mio. in Tansania, je 6 bis 8 Mio. in Guinea und Mali ein enormer Markt (Daten aus Fischer Weltalmanach '96, 1137–1138).

Bis zum Zweiten Weltkrieg führte die Route der Pilger in langen Wochen über Land von Senegal durch die Sahel-Sudan-Zone zum Roten Meer, wo man nach Hijaz, Asir oder in den Jemen übersetzte, um von dort aus mit den Überland-Karawanen Mekka zu erreichen. Seit den 50er Jahren hat sich die *Flugreise* durchgesetzt, wobei Pauschal-angebote genutzt werden. Der Bau neuer Fernstraßen in den 70er Jahren führte zu einer Belebung des Überlandverkehrs, kann man doch von Marokko oder Algerien aus Saudi Arabien über Fernstraßen in überschaubarer Tag- und Nachfahrtzeit erreichen.

SHAIR und KARAN (1979, Fig. 9) unterschieden mehrere Faktorenbereiche bei der Entscheidung zur Pilgerfahrt: den religiösen Bereich, den sozialen Bereich (Islamische Bruderschaften), den wirtschaftlichen Bereich (Möglichkeiten zum Handel und für Geschäftsabschlüsse); externe Einflüsse wie die wirtschaftliche und politische Situation in den Herkunftsländern, die Propagierung der Hadj durch die Massenmedien sowie interne Faktoren in Saudi Arabien (z. B. saudische Gebühr von über 600 US$ für 40tägigen Aufenthalt) beeinflussen den Umfang der jährlichen Pilgerreisen.

Ausblick

Die Analyse der internationalen Migration erhält eine besondere Dimension durch die Tatsache, daß seit einigen Jahren immer mehr Staatsangehörige aus Nord- und Westafrika in die EU kommen – und nach Schätzungen einer internationalen Konferenz in Genf 1993 warten bis zu 60 Millionen Menschen auf diese Möglichkeit. Die Prognosen internationaler Institutionen weisen auf weltweit zunehmende illegale Immigranten/Asylbewerber in Westeuropa hin bei rückläufigen Zahlen von legalen Immigranten aufgrund der restriktiven Einwanderungspolitik der EU. Die wachsende Zahl von Umweltflüchtlingen in Nord- und Westafrika, die Abnahme der innerafrikanischen Gastarbeiter-Migration, die wirtschaftliche Rezession und die Unruhen im Rahmen des Demokratisierungsprozesses sind Ursachen für die Zunahme z. B. westafrikanischer Staatsbürger in Deutschland. So stieg z. B. die Zahl der Einreiseanträge aus Nigeria von 1988 bis 1990 von 485 auf 5 400 dramatisch an; die Verschärfung der Asylgesetze ließ die Zahl der Anträge drastisch sinken, doch ist mit einer hohen Zahl an Touristen-Händlern zu rechnen (KOHNERT 1992).

Überschriften wie „Afrikaner etappenweise nach Europa: Die Maghreb-Staaten fungieren als Transitländer für Migranten aus Schwarzafrika" (Die Tageszeitung, Berlin, 17.02.1992) machen die Dimension der *Süd-Nord-Wanderung* deutlich: Bewohner von Senegal, Mali oder Ghana scheuen nicht den Weg durch die algerische Sahara oder über die Seeroute Dakar-Casablanca-Tanger, um in die Wohlstandsländer nördlich des Mittelmeers zu gelangen. In diesem Rahmen sagt ein Zeitungsartikel deutlich: „Entwicklungshilfe soll Wanderungsbewegungen einschränken: Spranger will sich auf Armutsbekämpfung, Umweltschutz und Bildung konzentrieren" (Frankfurter Rundschau, 14.01.1993; KÖRNER 1992). Es sind Ziele und Maßnahmen, mit denen die deutsche bilaterale Entwicklungszusammenarbeit dem Problem der internationalen Migration innerhalb von Westafrika, aber auch im Rahmen der Süd-Nord-Wanderungen entgegenwirken will. Der Kernbegriff lautet *„Armutsbekämpfung"* durch Hilfe zur Selbsthilfe (WALLER 1988; VON BOGUSLAWSKI und WIESE 1992). Die Zeiten, in denen Nahrungsmittelhilfe langfristig als Lösung propagiert wurde, sind nach den negativen Erfahrungen der Schaffung von Abhängigkeit und „Empfängermentalität" durch derartige Hilfe für Deutschland als Geberland vorbei. Das Welternährungsprogramm der Vereinten Nationen folgt noch diesem Ansatz, wohl mehr, um die subventionierten Agrarüberschüsse der Industrieländer abzubauen denn als notwendige „Hilfe". Nahrungsmittelhilfe wird von Deutschland nur noch in Notfällen geleistet.

Umweltschutz und das angepaßte Management der natürlichen Ressourcen sind heute in der EZ der BRD entscheidende Ansätze zur langfristigen Sicherung von Ernährung, Energieversorgung (über Brennholz) und zum Schutz der von Desertifikation bedrohten natürlichen Lebensgrundlagen (BMZ 1993b). Hier setzen Projekte der EZ an: Ressourcenmanagement auf dem Zentralplateau von Burkina Faso oder das Projekt PATECORE im gleichen Sahelland gehören zu erfolgreichen Maßnahmen der Regenerierung der natürlichen Ressourcen, der Armutsbekämpfung und der Stabilisierung der Bevölkerung in der Sahelzone, wenn auch der Ausbreitungseffekt der Innovationen gering ist.

Tragen zahlreiche Projekte der deutschen bilateralen EZ und FZ, ergänzt durch Projekte anderer Geberländer und Organisationen wie der Weltbank, zu einer Problemlösung in den Bereichen „Gastarbeiterwanderungen" und „Umweltflüchtlinge" bei, so sind Maßnahmen der EZ bei der Flüchtlingsmigration zunächst auf die *Flüchtlingshilfe* konzentriert: Nahrungsmittelhilfe oder Verbesserung der Trinkwasserversorgung sind als „Katastrophenhilfe" zu verstehen. Die Reintegration von Flüchtlingen, z.B. 1,7 Mio. Menschen in Mosambik 1995, und der wirtschaftliche und soziale Aufbau zerstörter Gesellschaften sind seit den 90er Jahren Förderschwerpunkte der bilateralen und multilateralen EZ. Die Demobilisierung der Armeen, z.B., in Äthiopien, Uganda und Mosambik stellt ein besonderes Problemfeld dar (GTZ 1993). Mittelfristig kann Deutschland über *Kriegsursachenforschung*, wie sie von der Arbeitsgemeinschaft Kriegsursachenforschung in der Forschungsstelle für Kriege, Rüstung und Entwicklung am Institut für Politische Wissenschaften der Universität Hamburg betrieben wird, zu einer Minderung, vielleicht sogar zur Verhinderung bewaffneter Konflikte und zur Reduzierung der Flüchtlingsmigration beitragen (TETZLAFF 1993).

5.3 Das Bevölkerungswachstum: Faktoren und Perspektiven

Angesichts der bedrückenden Situation großer Teile der Bevölkerung im Hinblick auf Ernährung, Gesundheit und Erwerbstätigkeit stellt sich die Frage nach der Bevöl-

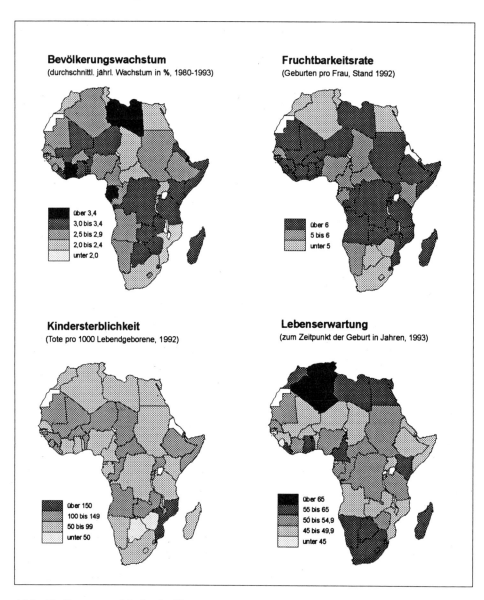

Abb. 29: Demographische Indikatoren

kerungsentwicklung. Es gilt, ihre Faktoren aufzuzeigen, die Schwierigkeiten zu erfassen, die sich aufgrund des natürlichen Wachstums und der Wanderungsbewegungen abzeichnen, sowie Lösungsansätze zu diskutieren.

Hinsichtlich der Bevölkerungsentwicklung lassen sich in den meisten Ländern Afrikas *drei Phasen* unterscheiden:

1. Die Phase eines langsamen Wachstums, abgeschlossen durch einen Bevölkerungsrückgang während des Zweiten Weltkrieges. Die medizinischen Verhältnisse der Vorkriegszeit machen geringe natürliche Zuwachsraten wahrscheinlich, die unzureichenden Zählmethoden erfaßten nur Teile der Bevölkerung.

2. Nach dem Zweiten Weltkrieg setzte mit der anhaltenden wirtschaftlichen Entwicklung und mit der Verbesserung der medizinischen Versorgung eine Phase relativ konstanten mittleren Wachstums ein. Die Gleichmäßigkeit der Bevölkerungszunahme beruht wohl weniger auf den tatsächlichen Verhältnissen als auf amtlichen Fortschreibungen, die von einer mittleren jährlichen Zuwachsrate der Bevölkerung von 2,3 % ausgingen.

3. Die Bevölkerungszählungen nach der Unabhängigkeit in den 60er Jahren setzten eine Bevölkerungsexplosion mit einer natürlichen Zuwachsrate von 4 % voraus! Berücksichtigt man, daß vorher allgemein eine Unterschätzung der wahren Situation vorgelegen hatte, so kann diese Zahl zutreffen. Auf der anderen Seite äußern manche Autoren mit Recht Kritik an der hohen Zuwachsrate von 4 %, zeigen doch einige Ethnien eine stagnierende bzw. rückläufige Bevölkerungsentwicklung. Etwa die Hälfte der Länder Afrikas, insbesondere in Nordafrika und in Südafrika, haben in den 90er Jahren rückläufige Geburtenraten. Hierzu tragen die staatliche Förderung der Familienplanung, wirtschaftlicher Fortschritt, kultureller Wandel – oder die pure Not (Wohnungsnot, Kaufkraftverlust) bei.

Die Bevölkerung Afrikas insgesamt hat jedoch eine mittlere jährliche Zuwachsrate von 3 % (1990–1995), eine Zahl, die erheblich über den Zuwachsraten anderer Entwicklungsregionen liegt (vgl. Tab. 9). Das natürliche Wachstum der Bevölkerung muß regional differenziert werden: An der Spitze stehen die Städte mit mittleren natürlichen Zuwachsraten von 5–7 %. Die große Zahl junger Menschen im zeugungsfähigen Alter und die verhältnismäßig gute medizinische Versorgung lassen das natürliche Wachstum der Städte erheblich über dem Landesdurchschnitt liegen. In den ländlichen Gebieten treten selten hohe Wachstumsraten auf. Die mittlere natürliche Zuwachsrate der meisten ländlichen Gebiete beträgt 1,9 bis 2,3 %.

Sucht man die *Ursachen* für diese Verteilungsmuster, so zeigt sich, daß bereits die *Geburtenrate* erhebliche Unterschiede zwischen Stadt und Land sowie zwischen einzelnen Ethnien aufweist. Liegt die mittlere Geburtenrate bei 4,5 %, so beträgt sie in den Städten durchschnittlich 5,5–6 %, auf dem Lande dagegen 4–4,5 %. In den ländlichen Gebieten sind wiederum starke regionale Unterschiede festzustellen, die sich oft mit der Verbreitung von ethnischen Gruppen decken, zum Teil auch die lokal bessere Gesundheitsfürsorge von Bergwerks- oder Plantagengesellschaften widerspiegeln. Bei einigen Ethnien Zentralafrikas wurde seit den 30er Jahren Bevölkerungsstagnation, teilweise auch Bevölkerungsrückgang beobachtet. Ursachen sind Geschlechtskrankheiten, altbekannte Abtreibungspraktiken und Empfängnisverhütung, die schon in der traditionellen Gesellschaft weit verbreitet war. Eine weitere Ursache für unterschiedliche Geburtenraten liegt in unterschiedlichen *Fruchtbarkeitsraten* der Frauen zwischen 15 und 44 Jahren: Für geringe Fruchtbarkeitsraten werden Sterilität durch Infektionen und unsachgemäße Schwangerschaftsabbrüche

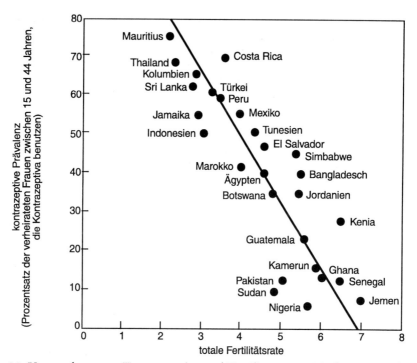

Abb. 30: Verwendung von Kontrazeptiva und Fertilitätsraten (Anfang 90er Jahre)

oder die große Zahl von Geschlechtskrankheiten genannt. Als weitere Ursache für
eine geringe Kinderzahl ist bei einige Ethnien das hohe Heiratsalter der Männer zu
nennen, das z.B. in Zaire bei den Lele traditionell bei 40–44 Jahren liegt, bedingt
durch die Altersklassengesellschaft dieser Ethnie. Allgemein ist jedoch in den ländlichen und in den städtischen Gebieten bis heute eine große Kinderfreundlichkeit festzustellen. Eine große Kinderzahl (in ASS 6–7, bei 12–14 Geburten) gilt als ein Segen
für die Familie, und kinderlose Ehen werden auch in der Stadt oft genug noch
geschieden – gelten doch Kinder als die Garantie für die Fortsetzung des Lebens in
der Reihe der Ahnen, als wichtige Arbeitskräfte und allgemein als eine Art der „Sozi-
alversicherung"; sie sind auch wichtige Bindeglieder innerhalb des Großfamilienver-
bandes. So ist an eine generelle Geburtenbeschränkung nicht zu denken; in den Städten allerdings setzt sich unter dem Druck der Lebenshaltungskosten, des Wohnungs-
mangels, als Folge der steigenden Bildung und aufgrund des Wandels der
Wertvorstellungen, allmählich die *Kleinfamilie* mit zwei bis drei Kindern durch. Maßnahmen der Familienplanung werden von bilateralen und multilateralen Gebern
gefördert. Sie arbeiten weitgehend mit NGOs zusammen, falls die staatlichen
Gesundheitsdienste eine derartige Politik nicht mittragen. Während Tunesien oder
Kenia umfangreiche staatliche Familienplanungsprogramme mit Erfolg durchgeführt
haben (Rückgang der Zahl der Kinder pro Familie von 5 bis 7 auf 2 bis 3), verfolgen
zahlreiche Länder trotz der aufgezeigten Probleme im Ernährungs- und Bildungsbe-

reich eine positive Bevölkerungspolitik, da man glaubt, ein bevölkerungsreiches Land habe größeres politisches Gewicht und die weiten, nur dünn besiedelten Flächen könnten bei einer größeren Bevölkerungszahl wirtschaftlich in Wert gesetzt werden. Die großen Religionen Afrikas, Islam und Christentum, treten immer noch für eine pronatalistische Politik ein, wobei sich das Argumentationsspektrum von der religiösen Wertorientierung bis zur Steigerung der Mitgliederzahlen bewegt.

Ein Problem, besonders für die unteren Einkommenschichten der Städte und für die ländliche Bevölkerung, bildet die hohe *Säuglings- und Kindersterblichkeit*, bedingt durch schlechte Hygiene, unzureichende Ernährung und mangelnde ärztliche Versorgung. Bei mittleren jährlichen Sterberaten von 2–2,5 % ist bereits der Unterschied zwischen den Städten (1–1,6 %) und dem Lande gravierend (2–2,8 %), bei der Kindersterblichkeit (unter 5 Jahren) sogar noch markanter (7–9 %; 11–15 %). Mit einer Kindersterblichkeit von 175/1000 (1990) liegt ASS erheblich über dem Durchschnitt aller Entwicklungsländer, der 112/1000 beträgt. Die bedrückende Situation bei der Sterblichkeit spiegelt sich auch in der *Lebenserwartung* wider: mit 54 Jahren liegt auch bei diesem Wert ASS (1994) auf der schlechtesten Position aller Entwicklungsregionen (Südasien 62, Lateinamerika 67 und mehr; vgl. Tab. 9). Beachtenswert ist für Afrika gesamt der Unterschied zwischen den Städten (Lebenserwartung ca. 50 Jahre) und dem Land (ca. 35 Jahre), zurückzuführen auf einen besseren Zugang zu Gesundheitsdiensten (1987–90: Stadt 80 %, Land 36 %) und zu sauberem Trinkwasser (Stadt: 65 %, Land: 28 %).

Als Ergebnis der Bevölkerungsentwicklung zeigt der *Altersaufbau* das Bild der Pyramide mit breiter Basis, wie es für Entwicklungsländer mit einer zahlenmäßig starken jungen Bevölkerung typisch ist: Der Anteil der Kinder und Jugendlichen unter 15 Jahren an der Gesamtbevölkerung beträgt im Durchschnitt 40 %, kann aber regional bis 46 % anwachsen. Die Alterspyramiden können aufgrund der unterschiedlichen Geburten- und Sterberaten bei den einzelnen Ethnien sowie als Folge der Landflucht in den ländlichen Gebieten regional erhebliche Abweichungen aufweisen. Auch das Bild der Alterspyramiden der städtischen Bevölkerung weicht stark vom Landesdurchschnitt ab, da infolge der Zuwanderung von jungen Männern und Frauen und der Rückwanderung der Alten aufs Land die Altersverteilung und das Verhältnis zwischen den Geschlechtern, die sog. „sex-ratio", verzerrt ist. Es stellte sich jedoch heraus, daß sich diese Situation bei einer stabilen Stadtbevölkerung ausgleicht; dann entwickelt sich eine Alterspyramide, bei der der Anteil der Kinder noch höher ist als im Landesdurchschnitt.

Lange Zeit zeigt das Verhältnis zwischen den Geschlechtern ein unausgewogenes Bild. Auf Landesebene herrschte genereller Frauenüberschuß. In den Städten dagegen überwogen Männer in allen Altersgruppen. Doch auch in den ländlichen Gebieten waren als Folge der Landflucht die Alterspyramide und die „sex-ratio" stark gestört: Hier herrschte ein großer Frauenüberschuß, was auf die sozialen Verhältnisse nicht ohne Auswirkungen blieb. Es bahnt sich ein allmählicher Ausgleich der Situation an durch die Stabilisierung der Familien in den Städten und die Rückkehr von Männern auf das Land, da sie keine Möglichkeiten für einen Arbeitsplatz in der Stadt mehr sehen.

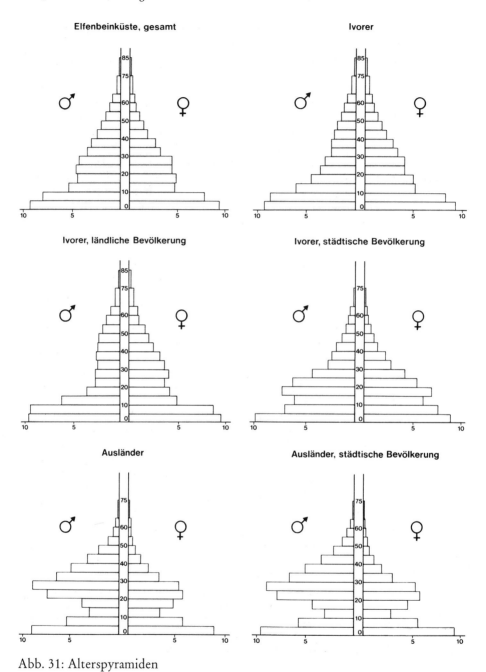

Abb. 31: Alterspyramiden
Die Zahlen geben den Prozentanteil der jeweiligen Altersgruppe (5-Jahresgruppen)
an der genannten Bevölkerung der Côte d'Ivoire/Elfenbeinküste wider.

Bevölkerungsentwicklung und Altersgliederung machen deutlich, daß die Länder Afrikas vor Probleme der Arbeitsplatzbeschaffung, der Ernährung, des Wohnraums und der Erhaltung eines menschenwürdigen sozioökonomischen Standards gestellt sind, die wegen ihrer Größenordnung zur Zeit nicht aus eigener Kraft zu lösen sind. Bis zum Jahr 2000 wird die Zahl der Erwerbsfähigen in ASS um 49 %, die der Kinder im Grundschulalter um 58 % steigen. Länder wie Algerien, Mauretanien und Tunesien, Senegal, Mali und Niger, Äthiopien, Eritrea und Somalia sowie Botswana, Lesotho und Malawi im südlichen Afrika und sogar Nigeria werden im Jahre 2000 weiterhin auf Nahrungsmittelimporte angewiesen sein. Das Bevölkerungswachstum „verzehrt" im wahrsten Sinne des Wortes den wirtschaftlichen Zuwachs, wie es eine Studie des Internationalen Währungsfonds nachwies. Es stellt sich die Frage, in welche Richtung Bevölkerungs- und Entwicklungspolitik der Staaten Afrikas sich entwickeln soll.

Bei einer *Bevölkerungsprojektion* geht man von unterschiedlichen Szenarien aus: Von einer mittleren jährlichen Zuwachsrate von 2,3 %, einer Zuwachsrate von 3 % oder von einer explosiven Zuwachsrate von 4 %. Die Projektionen dienen der Berechnung der zu erwartenden wirtschaftlich aktiven Bevölkerung–und dort werden Werte erreicht, die die angesprochenen Probleme der Ernährung, der Ausbildung und der Erwerbstätigkeit in einem katastrophalen Licht erscheinen lassen: Nach Schätzungen der UN werden im Jahre 2025 bei einem jährlichen Bevölkerungswachstum von 2,7 % ca. 1,5 Mrd. Menschen in Afrika leben, d.h. die Bevölkerung wird sich gegenüber 728 Mio. (1995) verdoppeln. Bei einem Wachstum des BIP von jährlich 5 % zwischen 1970 und 1980 und einem Bevölkerungszuwachs von 4 % blieben lediglich 1 % des BIP zur wirtschaftlichen Entwicklung und zur Hebung des sozioökonomischen Niveaus zur Verfügung, während 4 % zur Erhaltung des zum Teil bescheidenen Lebensstandards aufgewendet werden mußten. Die aktuellen Werte geben zur Voraussage einer *massenhaften Verarmung* Anlaß. Nach Schätzung des UNDP lebten im Jahre 1990 ca. 47 % der Bevölkerung von ASS (ca. 220 Mio. Menschen) unter der Armutslinie; im Jahre 2000 wird der Prozentsatz zwar auf ca. 43 % gesunken sein, doch die absolute Zahl der Armen wird sich aufgrund des Bevölkerungswachstums und ungenügender Steigerung des Pro-Kopf-Einkommens auf ca. 330 Mio. erhöhen. Rechnet man die Millionen Armen dazu, die bei einer mittleren Armutsrate von 50 % auch in Nordafrika (außer Libyen) leben, so wird die Dimension des Problems sichtbar, die die deutsche und die internationale EZ unter dem Stichwort „Armutsbekämpfung" zu bewältigen haben. Angesichts der bisher verwendeten Mittel und der ungünstigen Rahmenbedingungen in zahlreichen Ländern Afrikas wird sich dieses Problem mittelfristig nicht lösen lassen. Der Bericht des UNDP über die menschliche Entwicklung 1994 formulierte daher „Eine Agenda für den Sozialgipfel", der im März 1995 in Kopenhagen stattfand; die vorgesehene „Weltsozialcharta" wurde aber nur als ein unverbindliches Dokument angenommen. Armutsbekämpfung durch Bildung/Ausbildung und durch die Verbesserung der Situation von Frauen hat eine Schlüsselfunktion zur Eindämmung der Wanderungsbewegungen in die wohlhabenden Länder Afrikas wie Südafrika oder in die Industrieländer.

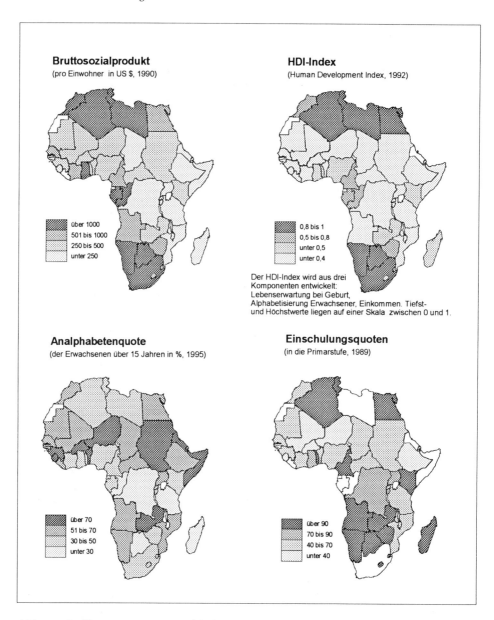

Abb. 32: Indikatoren von menschlicher Entwicklung

5.4 Krankheiten und Seuchen

Fehlender Zugang zu sauberem Trinkwasser, zu ärztlicher Versorgung und Medikamenten, Fehl- und Mangelernährung aufgrund von Armut sind bis heute wichtige Gründe für die Verbreitung Krankheiten und Seuchen in Afrika. Die Verfasser des Weltentwicklungsberichts 1993 betonen die sozio-ökonomischen Komponenten der Seuchenlage und verweisen auf den Zusammenhang von Unterentwicklung, Armut und Krankheit. Millionen Menschen auf dem Kontinent sind nach den Statistiken der WHO von Malaria, Bilharziose oder durch Amöben verbreitete Krankheiten befallen.

Mangelernährung und *Diarrhöe* schwächen die Gesundheit der Armen, so daß die Widerstandskraft gegen Erkrankungen fehlt. *Malaria* ist die am weitesten verbreitete Tropenkrankheit. Nach dem Zusammenbruch systematischer Bekämpfungsmaßnahmen infolge fehlender Mittel, angesichts durch resistente Plasmodienstämme erschwerter Therapie und zunehmender Resistenz der Überträgermücken gegen eine Reihe von Insektiziden, ist die Kontrolle in den meisten Ländern Afrikas fast unmöglich geworden, und Malaria breitet sich wieder aus; nur die Trockengebiete im Süden und Norden sowie Höhenlagen über 1 300/1 500 m sind malariafrei.

Das *Gelbfieber* war in der Kolonialzeit ein wesentliches Hindernis für die europäische Kolonisation. Diese Viruserkrankung wird von der Gelbfiebermücke übertragen und verläuft wesentlich heftiger als die Malaria. Besonders Neuankömmlinge sind in den Tropen Afrikas und Südamerikas in einem Gelbfiebergebiet schnell vom Tode betroffen. Gelbfieber-Schutzimpfung bzw. eine Bekämpfung der Mückenlarven durch Insektizide sind dringend notwendig.

Auch die *Schlafkrankheit* (*Trypanosomiasis*) konnte in den wechselfeuchten bis immerfeuchten Tropen Afrikas zwischen 14° n. Br. und 22° s. Br. noch nicht ausgerottet werden. Sie bedingt in der Landwirtschaft die Einschränkung der Rinderhaltung (vgl. Kap. 6.2), beim Menschen führt die Infektion zu rapidem Leistungsabfall, Bewußtlosigkeit und ohne Behandlung Tod. Gegen die krankheitsübertragende Fliege (*Glossinna spp.*) wurden zwar Insektizide entwickelt, können Tsetse-Fallen Korridore und kleinere Gebiete fliegenfrei halten, aber die Buschvegetation oder Galeriewälder als Habitat können nicht oder nur in Ausnahmefällen flächenhaft vernichtet werden. Im Oktober 1995 berichtet die Caritas von einem dramatischen Anstieg der Schlafkrankheit im Norden von Angola, wo ca. 1,5 Mio. Menschen erkrankt sind (vor 20 Jahren ca. 45 Erkrankte).

Die *Onchozerkose* oder Flußblindheit stellt eine stark an geoökologische Bedingungen gebundene Krankheit dar. Die Larven der Überträgerin der Fadenwürmer, einer Mücke der Gattung *Simulium*, benötigen zu ihrer Entwicklung schnell fließende Gewässer. Das Auftreten der Onchozerkose hatte in Zentral- und Westafrika die Entvölkerung weiter Gebiete zur Folge. In einem von den Vereinten Nationen durchgeführten Großprojekt hat die Wiederbesiedlung von fruchtbaren Flußtälern in der Sahl-Sudanzone wie der Voltatäler in den Trockensavannen von Burkina Faso begonnen, doch sind Langzeiterfolge wegen Finanz- und Medikamentenmangel sowie wegen Vorbehalten der Bevölkerung fraglich.

Die *Bilharziose*, durch Wasserkontakt übertragen, breitet sich im Zusammenhang mit Bewässerungsanbau weiter aus, da ihr Wirt, eine Schnecke, an ruhiges Wasser gebunden ist. Mehrere Millionen Menschen sind deshalb von chronischen Erkrankungen des Darmtraktes oder der Harnwege betroffen. Hygiene sowie die Verfügbarkeit von sauberem Trink- und Brauchwasser sind wichtige Beiträge für eine Kontrolle dieser Krankheit.

Aids gehört zwar nicht zu den Tropenkrankheiten, hat sich aber aufgrund der sozioökonomischen Bedingungen und der geringen medizinischen Infrastruktur in den tropischen Entwicklungsländern, besonders in ASS, stark verbreitet (BARNETT and BLAIKIE 1994). In den Städten sind ca. 30 % der 20- bis 40jährigen Bevölkerung und bis zu 90 % der Risikogruppen wie Fernfahrer, Armeeangehörige und Prostituierte HIV-infiziert. Aufgrund des Sexualverhaltens, der Mutter-Kind-Übertragung und der HIV-Übertragung durch Bluttransfusionen und Injektionen rechnen Fachleute mit einer Verschärfung der Erkrankungslage, so daß z.B. in Afrika eine 50%ige Durchseuchung der erwachsenen Bevölkerung (wie bei Malaria und Durchfall) erwartet wird. Folgen von Aids für die Leistungsfähigkeit und Entwicklung für die Bevölkerung sind unausbleiblich. Die Arbeitskraft von Männern und Frauen im erwerbsfähigem Alter, – bis in die produktive, unternehmerische, politische und akademische Elite –, wird nachhaltig geschwächt bzw. sie geht durch den Tod verloren. Familien, NGOs und staatliche Dienste werden durch die Kosten für Pflege und Unterhalt der Kranken erheblich belastet. Aids-Kampagnen des Staates und von NGOs werden in zahlreichen Ländern im Bereich der Schulen, der Betriebe, allmählich auch im ländlichen Raum durchgeführt. Der Gebrauch von Kondomen trifft dabei auf den Widerstand der Männer, von Kirchen und von Teilen der Politiker, aus egoistischen, ethischen oder politischen Gründen. Aufklärung und der Kampf für Frauenrechte sind wesentliche Bestandteile effizienter Aids-Bekämpfung; *empowerment*, Stärkung der Rechte und des Durchsetzungsvermögens der Frauen finden in allen Ländern statt, in Nordafrika jedoch gegen den entschiedenen Widerstand der Fundamentalisten. Das Problem der Aids-Waisen nimmt ein erschütterndes Ausmaß an, und manchmal stellt sich die Frage, ob statt Kindergärten nicht Waisenhäuser gebaut werden müssen.

Trotz erheblichen Zuwachses an Wissen um die ökologischen und medizinischen Aspekte der Tropenkrankheiten und über ihre Bekämpfung haben das Bevölkerungswachstum, die Schuldenkrise und die zunehmende Armut in zahlreichen Ländern Afrikas zu einer Verschlechterung der Gesundheitssituation geführt. Der allgemeine Medikamentenmangel verstärkt noch die gravierende Unzulänglichkeit des Gesundheitswesens, in dem abgesehen von wenigen Ausnahmen (Privatpraxen, Privatkliniken) katastrophale Zustände herrschen in Bezug auf Hygiene, Versorgung der Patienten und Verantwortung des Personals. Die Leistungsfähigkeit von bis zu 90 % der ländlichen Bevölkerung und bis zu 70 % der städtischen Bevölkerung ist meist durch eine Kombination von Unterernährung/Mangelernährung, Malaria und anderen Tropenkrankheiten geschwächt.

Die *Ernährung* spiegelt die Zugehörigkeit zu bestimmten sozialen Klassen/Einkommensgruppen wider. Zugleich besteht ein enger Zusammenhang zwischen Ernährung und Speisetradition der ethnischen Gruppen. In ASS können Mais- und Maniokmehl, oft als Brei, sogenante „fufu" angerichtet, als Grundnahrungsmittel bezeichnet werden. In den Regenwaldgebieten treten Kochbanane sowie Reis, Yams oder Cocoyams hinzu. In den Hochländern besitzt die Batate oder Süßkartoffel gekocht oder in Breiform, eine große Verbreitung. Eleusine- und Sorghumhirse stehen in den Trocken- bis Dornsavannen an der Spitze des Speisezettels. Fladenbrot aus Weizenmehl kann als Grundnahrungsmittel in Nordafrika bezeichnet werden. Die Nahrung des überwiegenden Teils der Bevölkerung besteht zu 85 % aus Kohlehydraten, bedingt durch das überwiegen von Knollenpflanzen, während Proteine aus Gemüsen, Fisch, Fleisch und Insekten sowie Fett etwa in der Form von Palmöl keineswegs zur täglichen Mahlzeit gehören: Die Folge ist eine qualitative *Mangelernährung*. Die Armen, und das sind regional und saisonal bis zu 80 % der Bevölkerung leben von Brei, Weißbrot und etwas Soße, Fleischverzehr ist so gut wie unbekannt, Fisch erscheint selten. In Krisenzeiten wie in den sogenannten „Hungerwochen" eines jeden Monats, zwischen Monatsmitte und Monatsende, wenn das Geld zum Kauf von Nahrungsmitteln fehlt, herrscht Hunger, auch verursacht durch die Größe der Haushalte (10 bis 14 Personen). Die Steigerung der Nahrungsmittelpreise infolge von Abwertung und Nahrungsmittelknappheit trifft die Armen wiederum am stärksten. So sind *Mangelerkrankungen* wie Kwashiorkor, Pellagra und Anämie weit verbreitet; eine der sinnvollsten Hilfen der UNICEF und privater Organisation ist die Sorge für unterernährte Kinder. Bei ihnen bedingen die Verbindung von Unterernährung und Erkrankungen der Atemwege bzw. Magen und Darmerkrankungen häufig den Tod. Auch die in der gesamten Bevölkerung stark verbreiteten Wurmkrankheiten wir Ankylostome und Ascariswürmer führen in Verbindung mit Unterernährung häufig zum Tod. Impfkampagnen, z. T. von Organisationen wie dem Rotary-Club und dem Lions-Club finanziert, konnten die Zahl der Todesfälle durch Masern, bakterielle Ruhr und Pocken senken; Meningitis, meist als katastrophale Epidemie in den Savannen während der Trockenzeit, Poliomyelitis und infektiöse Hepatitis fordern weiterhin hohe Opfer.

PELTZER (1994) wies auf die Bedeutung von traditionellen Heilern und christlichen oder islamischen Glaubensheilern hin. In der afrikanischen Tradition steht die Bedeutung der Gemeinschaft oder Gruppe für den Heilungsprozeß des Einzelnen sowie die spirituelle Dimension des Heilens, die in den Industriegesellschaften verloren gegangen ist. Seit Ende der 70er Jahre fördert die WHO die traditionelle Medizin für die allgemeine Gesundheitsversorgung; die Heiler erhalten eine Zusatzausbildung im Umgang mit angepaßter medizinischer Technologie (Fieberthermometer, Stethoskop), Differenzierung von Krankheitssymptomen sowie in der Ernährungsberatung.

5.5 Ethnien und Tribalismus

In populären Darstellungen Afrikas ist es üblich, die große Zahl an „Stämmen" zu betonen, und dies als entwicklungshemmenden Faktor zu interpretieren. Doch stellt sich die Frage, ob nicht bewußt das Bild eines von tribalen Gegensätzen zerrissenen

Kontinentes gezeichnet wird, um eine einfache Erklärung zur Hand zu haben für Unterentwicklung und Rückständigkeit.

Ethnien als kulturelle, soziopolitische und territoriale Gruppen unterschiedlicher Größe sind ein wichtiges Element für die Entwicklung des Kontinentes, seiner Länder und Regionen (vgl. „Die Kulturprovinzen des präkolonialen Afrika", BAUMANN 1975, Karte 23 und Tabellen dort im Anhang). Das Spektrum reicht von Gemeinschaften, die auf der Basis des Dorfhäuptlingstums organisiert sind, bis zu komplexen sakralen Königtümern wie in Buganda oder ehemaligen multiethnischen Feudalgesellschaften wie in Burundi. Es gibt Ethnien wie die Wolof in Senegal oder die Yoruba in Nigeria, die bereits in vorkolonialer Zeit bekannt waren; es gibt zahlreiche Ethnien, die erst in der Kolonialzeit zu Verwaltungs- und Herrschaftszwecken „geschaffen" wurden, und die Ethnogenese, d.h. Verfall und Neubildung von Ethnien als „Wir-Gruppen", setzt sich bis heute fort. Die Berber in den Maghrebländern (POPP 1990), die Tuareg der Sahara (KLUG 1992, KRINGS 1995) und ihrer nördlichen und südlichen Randgebiete, die Yoruba Westafrikas, die Oromo am Horn von Afrika, die Chagga am Kilimandjaro oder die Zulu in Südafrika sind Ethnien, deren Namen seit Jahren in den Medien auftauchen. Anläßlich des Genozids an Hutu und Tutsi in Ruanda wurde im Jahr 1994 die Frage von „Stammesdenken" weltweit diskutiert, aber man braucht nur nach Südosteuropa zu blicken, um die gleiche Problematik wiederzufinden. SEITZ (1994) wies nach, wie ethnische Strukturen Konfliktfelder in Afrika schaffen (SEITZ erläutert die Beispiele Sudan und Burundi; für Ruanda ASCHE 1995; vgl. Abb. 1). Es sind aber nicht diese Strukturen „an sich", sondern ihre machtpolitische Ausnutzung durch alte oder neue Eliten und politische Parteien, d.h. die Politisierung und Militarisierung der Ethnie als Solidargemeinschaft, die Bürgerkriege wie in Sudan und Genozide wie in Ruanda und Burundi hervorrufen: TETZLAFF (1991) spricht mit Recht von *„politisierter Ethnizität"*.

Die Behandlung bzw. Lösung ethno-politischer und ethno-nationaler Konflikte stellt eine Hauptaufgabe in Afrika dar (vgl. Abb. 1). SCHERRER (1995) plädiert zur Abwendung von Zwangsausweisungen wie in Senegal und Mauretanien (1989) oder Genoziden wie in Ruanda (April 1994: ca. 500000 bis 1 Mio. Tote) und Burundi für Sezessions- und Autonomieregelungen. Er führt mit Recht an, wie in jüngster Zeit bereits neue Staaten in Afrika entstanden sind: Eritrea (Sezession von Äthiopien 1991, Unabhängigkeit 1993), Republik Somaliland (das ehemalige Britisch Somalia, de facto-Autonomie seit 1991) und die Demokratische Arabische Republik Sahara (Westsahara, Republik seit 1976, seit 1979 von Marokko annektiert und besetzt, Referendum über Unabhängigkeit unter UNO-Aufsicht immer wieder verschoben). Diese Perspektive wird jedoch von den Nationalstaaten Afrikas oder von der einflußreichen ehemaligen Kolonialmacht Frankreich nicht geteilt, die an den aus der Kolonialzeit ererbten Grenzen „magisch" festhalten und „nation building" betreiben. Es fragt sich aber, ob nicht das Zeitalter der Nationalstaaten in Afrika angesichts der Umwälzungen im Rahmen des Demokratisierungsprozesses vorbei ist, – wie im Gebiet der ehemaligen Sozialistischen Länder Europas und Asiens.

Altvölker und Restkulturen: das Beispiel der Buschmänner

Die indigenen Völker Afrikas, d.h. zahlenmäßig kleine Gruppen, die noch die alte Wirtschaftsform des Wildbeutertums, des Sammelns und Jagens beibehalten haben, gehören zu den gefährdetsten und wohl noch vor dem Jahre 2000 zum Aussterben verurteilten Bevölkerungsgruppen Afrikas. Weder ihre Wirtschaftsform noch ihre soziopolitische Organisation in kleinen akephalen Jagdscharverbänden können in einer modernen Gesellschaft mit hohem Bevölkerungsdruck bestehen. Zudem bemühen sich die Regierungen der afrikanischen Staaten, diese „Überbleibsel der Zivilisationslosigkeit" auszuschalten, indem sie Programme zur Seßhaftmachung, zur Schulbildung, zur Integration dieser Gruppen, etwa in die Armee, durchführen, Vorhaben, die bisher fast alle gescheitert sind (SEITZ 1977).

Eine bedeutende Restvölkergruppe stellen die ca. 50 000 *San* dar, die in den Staaten Namibia und Botswana leben, mit kleinen Splittergruppen in Südafrika und in Angola. Ihr Lebensraum sind die Trocken- und Dornsavannen der Kalahari, in der einige Gruppen noch als schweifende Jäger und Sammler umherziehen.

Die San gehören zu den ältesten Bevölkerungsgruppen auf afrikanischem Boden. Ihre heute als diskriminierend empfundene Bezeichnung „Buschmänner" oder „Buschleute" geht auf die niederländischen Siedler in der Kapregion im 17. Jahrhundert zurück, die die kleinwüchsigen Jäger so benannten. Heute hat sich die Sprachwissenschaftliche Bezeichnung San durchgesetzt, die die Zugehörigkeit zur Khoisan-Sprachfamilie betont. Unter der Bezeichnung Buschmann werden physiognomisch sehr unterschiedliche Phänotypen zusammengefaßt. Das Spektrum reicht vom relativ gelbhäutigen, ca. 150 cm großen, mit Pfefferkornhaar versehenen „typischen Buschmann" bis zu tief schwarzen, physiognomisch kaum von den benachbarten Bantu zu unterscheidenden Personen.

Die Heimat der San liegt im ostafrikanischen Gebiet der großen Seen. Von hier zogen sie etwa um die Zeitenwende unter dem Druck der nach S und SE vorstoßenden Bantu nach S ab, um durch die Savannen auf der Ostseite Afrikas nach Südost-Afrika zu kommen. Hier zeugen Felsmalereien von ihrer Existenz. Aus dem 17. Jh. sind die Berichte der holländischen Siedler am Kap der Guten Hoffnung Zeugnisse für die Existenz der Buschleute auch im äußersten S des südlichen Afrika. Sie wurden von den Weißen, von den Hottentotten und den Bantu teils vertrieben, teils vollkommen ausgerottet, da sie als Jäger eine ständige Bedrohung für die Viehherden darstellten. So leben sie heute in einem Reliktraum, der zentralen Kalahari und ihren Randgebieten. Vorherrschende Wirtschaftsform war die *Wildbeute*: der Mann widmet sich der Jagd, auch etwa dem Honigsammeln, die Frau dem Sammeln von Knollen und Früchten, der Haushaltsführung, dem mühseligen Wasserholen und der Holzversorgung. Als Wohnung dient noch in Relikten der Windschirm, i.a. eine kuppelförmige Rundhütte aus Naturmaterial. *Lohnarbeit* auf Farmen und im Bergbau leitete den Verlust der Eigenkultur ein. Kriege wie in Namibia und Angola, Militärdienst als Fährtenleser, Mangel an jagdbarem Wild, die Veränderung der Ernährungsgewohnheiten unter dem Einfluß von Nahrungsmittelhilfe und der Übergang zur Seßhaftigkeit sind Zeichen für einen Untergang dieser Jägerkultur. Für die San bedeutet ein gesichertes Einkommen, eine geregelte Nahrungsversorgung und ein Haus mit fließendem Wasser „Fortschritt". Die Kinder können die Schule besuchen, und ärztliche Versorgung steht (z. T. kostenlos) zur Verfügung. Die „Zivilisation" führt jedoch zur Zerstörung der Familienstruktur und -hierarchie, zum Verlust der Ehrfurcht vor dem Alter und der Wertschätzung der Jäger-Ideale. Verbreiteter Alkoholismus und häufige Schlägereien zeigen die tiefe Krise der San.

5.6 Die Sprachen:
National- und Verkehrssprachen – ein Konfliktpotential

Die meisten Publikationen zur Kulturgeographie Afrikas unterstreichen bei der Behandlung der Sprachen des Kontinentes zunächst einmal die außerordentlich große Zahl von über 2000 „Stammessprachen". Diesen Aussagen gegenüber, die beim Leser die Vorstellung von einer „chaotischen Situation" in Afrika verstärken, ist jedoch Vorsicht geboten. *Verkehrssprachen* wie Arabisch im gesamten Nordafrika, in Teilen Westafrikas und am Horn von Afrika, wie Suahili in Ostafrika oder Dyula in Westafrika dienen Millionen von Menschen als Kommunikationsmittel. Zudem ist Mehrsprachigkeit bei allen Bevölkerungsschichten die Regel: Der Hausangestellte spricht im Familienbereich kiKongo, auf der Verwaltung Lingala als Verkehrssprache Zentralafrikas, mit Händlern aus Ostafrika Suahili – und mit seinem Arbeitgeber Französisch.

Afrikanisten (HEINE 1981, JUNGRAITHMEIER und MÖHLIG 1983) unterscheiden als große Sprachregionen in Afrika die riesigen Gebiete der Bantusprachen in Süd-, Zentral- und Ostafrika, die nilotischen und kuschitischen Sprachgebiete vom Zentralsudan bis nach Ostafrika. Die größte Sprachenvielfalt findet sich in Westafrika. Alle Autoren betonen die außerordentliche Dynamik des Sprachwandels, der auch für die Verbreitungsgebiete der Verkehrssprachen gilt.

Arabisch nimmt nach der Zahl der Sprecher und nach seiner räumlichen Ausdehnung eine vorrangige Stellung ein. Als die Sprache des Islam wird Arabisch über die Koranschulen sowie über Händler weiter nach Süden verbreitet. Ein zweiter Block wird gebildet von *Suahili*, das sich als Verkehrssprache Ostafrikas durchgesetzt hat. Seine Expansion erfolgt im östlichen Zentralafrika sowie in Südostafrika. In Zentralafrika setzt sich *Lingala* von Zaire aus allmählich durch, wobei seine Verbreitung u. a. durch afro-karibische Musik gefördert wird. In Westafrika hat sich *Hausa* als Verkehrssprache des bevölkerungsreichen Nordnigeria in der zentralen Sudanzone ausgebreitet.

Die Entwicklung in der Südafrika zeigt, welches *Konfliktpotential* in der Frage nach der Nationalsprache steckt: Die Unruhen in Soweto (1976), die das Ende des Apartheidregimes und den Sieg der schwarzen Mehrheit einleiteten, entzündeten sich am Sprachenstreit: Die Jugendlichen lehnten den Unterricht in Afrikaans als Sprache der Unterdrücker ab und forderten stattdessen den Unterricht in Englisch, – eine Bewegung, die zunächst blutig unterdrückt wurde. Nach der südafrikanischen Perestroika der Jahre 1989/90 stellte sich für die neue Republik Südafrika die Sprachenfrage: Neben Englisch und Afrikaans sind zur Zeit sieben afrikanische Sprachen als Nationalsprachen anerkannt, – und eine politische Einigung auf Landesebene ist noch nicht in Sicht.

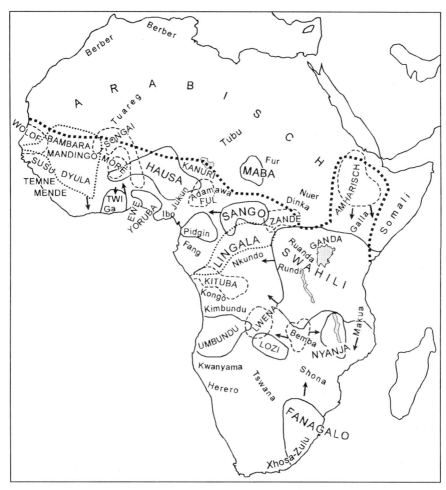

Abb. 33: Verkehrssprachen

Auffallend ist die Tatsache, daß auch über 30 Jahre nach der Unabhängigkeit der meisten Staaten Afrikas die Sprachen der ehemaligen Kolonialländer noch eine entscheidende Rolle auf nationaler wie auf internationaler Ebene besitzen: Die Regionen Süd- und Ostafrika sowie zahlreiche Staaten Westafrikas gehören zum anglophonen Bereich, die Länder des ehemaligen französischen West- und Zentralafrika sind weiterhin stolz auf die Zugehörigkeit zur Frankophonie, Angola und Mosambik gehören weiterhin zum portugiesisch-lusitanischen Sprach- und Kulturraum. Nur Äthiopien hat mit Amharisch eine autochthone Nationalsprache.

5.7 Religionen als Faktoren der Entwicklung

In aktuellen Diskussionen über den „Entwicklungsrückstand" zahlreicher afrikanischer Länder kommt dem Fragenkreis der Religion eine brisante Bedeutung zu. Der Verfasser erlebte selbst den Zusammenprall von Meinungen auf einer Konferenz im Norden der Côte d'Ivoire, im Kontaktgebiet von Islam und Christentum: Der Vorwurf eines Teilnehmers aus dem christianisierten Süden des Landes, die Unterentwicklung der nördlichen Landesteile sei mitbedingt durch den Islam, führte fast zum Abbruch der Veranstaltung.

Der *Islam* gehört zu einem der religiös, kulturell und politisch bedeutendsten Faktoren in Afrika. Seit dem 9. Jh. vom Vorderen Orient aus Nordafrika und die Sudanzone erobernd, heute weiterhin expansiv in West- und Ostafrika, umfaßt er in Afrika ca. 250 Mio. Gläubige, vorwiegend Sunniten, von weltweit insgesamt 1,2 Mrd. Muslimen. Für sie stellt der Islam mehr als nur eine oberflächliche Religionsausübung dar: Er beinhaltet eine politische Orientierung unter den Leitbegriffen Pan-Islamismus, gestärkt durch den religiösen Begriff der Umma, der Gemeinschaft aller gläubigen Muslime; er beinhaltet Grundlagen der Gesetzgebung auf der Basis der Sharia; er bestimmt den Tagesablauf, den Jahresverlauf (Fastenmonate des Ramadan) und große Teile der Erziehung (Koranschule) der Gläubigen und ihrer Familien; er hat eine bedeutende soziale Komponente, indem er die Gläubigen je nach ihrem Einkommen zur Hilfe für die Minderbemittelten veranlaßt (vgl. Shakad), wodurch Schulen, Krankenhäuser und andere soziale Einrichtungen finanziert werden. Die positiven, aber auch die negativen Seiten des Islam werden bei den Bruderschaften in Westafrika sichtbar, bei denen Abhängigkeit und Ausbeutung der Glaubensschüler in dem Spruch „Arbeite für mich, ich bete für Dich" greifbar werden. Von den Moscheen zwischen Algier und Lagos, zwischen Dakar und Dar Esalam, bis in die Inder- und Malaienviertel von Durban und Kapstadt in Südafrika ertönt fünf mal am Tag der Ruf „Groß ist Allah und es gibt keinen Gott neben ihm" – eine Botschaft, die von vielen Afrikanern zugleich als ein politisches, sozial-ökonomisches und juristisches System anerkannt wird, das man bewußt als Gegenpol zu den kapitalistischen Strukturen und dem Christentum als einem Relikt der Kolonialzeit vertritt.

Der *islamische Fundamentalismus* hat sich seit den beginnenden 90er Jahren zu einem wichtigen politischen Faktor in Nordafrika und in Sudanafrika entwickelt (Tibi 1993). Aus dem Nahen und Mittleren Osten bis Algerien und Sudan ausgreifend, nach Äthiopien, Eritrea und Nigeria vordringend, stellt diese militant antiwestlich, antidemokratisch, antifeministische totalitäre Bewegung eine Bedrohung von „Entwicklung" im Sinne „nachholender Modernisierung", aber auch der Verwirklichung der Menschenrechte dar. Enttäuschung der Massen über das westliche Wachstumsmodell, – bei Armutsraten von 50 % und mehr im Maghreb und anschließenden Ländern –, Frust und Wut über den jenseits des Mittelmeers in der EU zur Schau gestellten Reichtum, an dem man nicht teilhaben kann, Antipathie gegen den säkularen Nationalstaat, der versagt, und Einbettung in die „Umma", die staatenübergreifende Weltgemeinschaft der Muslime (vgl. Panislamismus), – dies sind Elemente, die dem fundamentalistischen Islam zusammen mit der von ihm praktizierten Gewalt und Unterdrückung Anhänger zuführen. Auf der Wehrkundetagung in München 1994

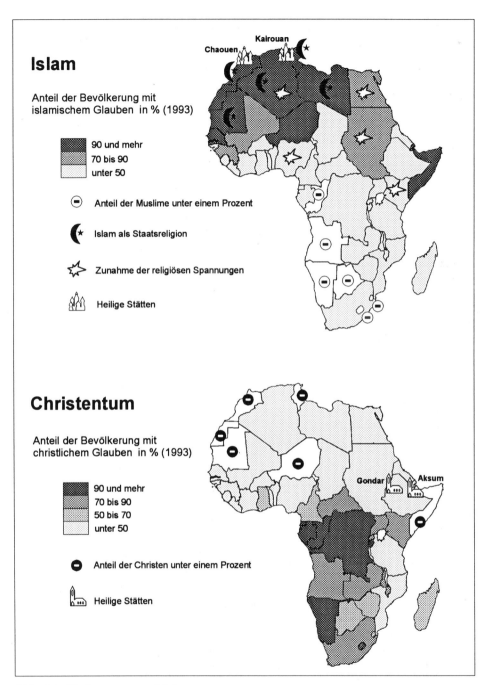

Abb. 34: Christentum und Islam

wurde das Thema der Bedrohung Europas durch islamisch-fundamentalistische Regime an der Südflanke der EU und der NATO diskutiert, da man allein aus Algerien mit einer Welle von über 4 Mio. Flüchtlingen rechnet.

Katastrophale Ausmaße hat die Schreckensherrschaft der Fundamentalisten in der Republik Sudan angenommen, wo seit der Übernahme der Macht durch Militär und islamische Fundamentalisten im Jahr 1989 der 1983 begonnene Bürgerkrieg gegen die christlich-animistische Bevölkerung der Südregion Ausmaße eines Genozids angenommen hat. Die USA setzten den Sudan 1993 auf die Liste der „terroristischen Staaten", zusammen mit Iran, Irak, und Libyen. Diese Länder gewähren Terrorgruppen wie der Hisbollah, der palästinensischen Hamas, der Gruppe Palästinensischer Islamischer Heiliger Krieg und ägyptischen Fundamentalisten Unterschlupf. Wie konfliktträchtig die Situation zwischen den konkurrierenden Religionen Islam und Christentum ist, zeigen Presseberichte über Gewaltanwendung von Muslimen gegen christliche Geschäftsleute im Raum Kano in Nordnigeria (Mitte 1995). In Ländern wie Kenia wurde angesichts des Papstbesuchs im September 1995 die Auseinandersetzung zwischen christlicher und islamischer Mission deutlich, indem die Muslime Kenias der katholischen Kirche den Plan einer „Evangelisierung ganz Afrikas bis zum Jahr 2000" vorwarfen.

Das *Christentum* gehört zu den umstrittendsten „Innovationen", die Afrika seit dem 15. Jh. erlebte. Aus der Sicht der Missionare brachte das Evangelium eine Lösung „vom Heidentum", aus der Sicht seiner Kritiker war es „das Vehikel des Kolonialismus". Die Anfänge des Christentums in Nordafrika, man denke an den Nordafrikaner Augustinus (5. Jh), einen der großen Kirchenväter, wurden vom Islam verdrängt. Inselhaft erhielten sich christliche Kirchen in Ägypten (Kopten, ca. 4 Mio.) und in Äthiopien (Äthiopische Kirche seit dem 4. Jahrhundert, heute ca. 8 Mio. Gläubige); sie gehören zu den ältesten christlichen Glaubensgemeinschaften, heute umgeben von der islamischen Welt Nordafrikas, der Sudanländer und des Vorderen Orients. Die frühe Christianisierung an der Mündung des Kongostromes in Zentralafrika im 15./16. Jh. hatte keine Dauer. Erst die flächenhafte Durchdringung des Kontinentes durch Missionare im 19. Jh. führte zur Ausbreitung des Christentums von West- bis Südafrika. Dabei kam es zu heftigen Auseinandersetzungen zwischen den Konfessionen und Missionsorden, wobei die ehemaligen Kolonialmächte ihren Einfluß geltend machten. Während z.B. im ehemaligen Deutsch-Ostafrika, dem heutigen Tansania, verschiedene protestantische Bekenntnisse überwiegen, kam es im ehemaligen Belgisch-Kongo, dem heutigen Zaire, zur Ausdehnung katholischer Missionen als staatlich-geförderte Institutionen. Dem Christentum haftet aufgrund der zeitlichen Koinzidenz und der realen Kooperation mit den Besatzungsmächten bis heute der Ruf der Kolonialreligion an. Zweifellos haben die christlichen Bekenntnisse durch den Bau von Schulen und Krankenhäusern, von Werkstätten und religiös-politischen Ausbildungszentren bis hin zu Universitäten (z.B. die bis in die 70er Jahre bekannte Universität Lovanium in Kinshasa/Zaire) zum sozialen Fortschritt beigetragen, doch ist mindestens die katholische Kirche bis heute eine weitgehend von außen gesteuerte Institution. Der Beitrag der Kirchen zum Unabhängigkeitskampf der afrikanischen Nationen südlich der Sahara ist sicherlich zu würdigen, ebenso ihr aktuelles Mitwirken bei der Förderung der Menschenrechte. Teile des Klerus jedoch sind durch Korruption zu willfährigen Handlangern der totalitären Regime geworden, man denke nur an die katastrophale Situation in Zaire.

Eine Untersuchung von HENKEL (1989) geht am Beispiel von Sambia der Frage nach, inwieweit die Zugehörigkeit zum Protestantismus oder Katholizismus das ökonomische Verhalten der Mitglieder und damit die regionale Wirtschaftskraft beeinflußt. Er kommt zu dem Ergebnis, daß die These von Max Weber über „die Geburt des Kapitalismus aus dem Geiste des Protestantismus" auch in Zentralafrika gilt, zeigen doch die Gebiete der protestantischen Kirchen eine höhere wirtschaftliche Leistung als die Bereiche katholischer Missionen. Es stellt sich jedoch die Frage, ob diese Situation nicht eher durch besser funktionierende sozial-politische Netzwerke bedingt ist, als durch den realen Arbeitsaufwand.

Neben und unter den christlichen oder islamischen Bekenntnissen leben traditionelle Glaubensvorstellungen und Praktiken weiter. Der Glaube an die Macht der Ahnen, an die Wirkung von Zauber und Magie und das Beachten von Tabus zeigen, daß afrikanische Traditionen lebendig sind. Der Anteil der Anhänger von „Naturreligionen" schwankt von Land zu Land, von Region zu Region; er ist zugleich abhängig vom situationsbedingten Verhalten des Einzelnen.

Als eine interessante Mischung von traditionellen religiösen Elementen und christlichen Ansätzen erscheinen die „Schwarzen Kirchen", etwa in Südafrika oder in Zaire (z.B. Kimbanguisten). Nach der Interpretation von Politologen und Afrikanisten entstanden diese Kirchen als Reaktion auf politische Unterdrückung in einer kolonialen Situation; bis heute besitzen sie eine erhebliche Bedeutung für die Selbstfindung und Emanzipation der Afrikaner.

5.8 Neue soziale Gruppen

Der Prozeß der *Akkulturation* hat sich seit dem Zweiten Weltkrieg, vor allem aber seit der Unabhängigkeitsphase der 60er Jahre stark beschleunigt. Infolge des steigenden Bildungsniveaus, des Aufstiegs im Beruf, einer zunehmenden geistigen Emanzipation gegenüber den traditionellen Autoritäten ist es zur Herausbildung neuer sozialer und politischer Strukturen gekommen, besonders in den *Städten.*

Die Lebensform der *Kleinfamilie*, einer vier- bis sechsköpfigen durch verwandtschaftliche Beziehungen verbundenen Wohn- und Wirtschaftsgemeinschaft, ist eine der auffallendsten Neuerungen in Teilen der städtischen Gesellschaft. Die Kinderzahl wird aus finanziellen Gründen beschränkt, da der Unterhalt einer großen Familie mit den geringen Einkommen nicht zu vereinbaren ist. Die herkömmlichen Bindungen im System der Lineage, der Sippe, bestehen aber weiter. Dies hat zur Folge, daß bei beruflichem Aufstieg und bei steigendem Einkommen ein sofortiger Zuzug von Verwandten, Freunden und Bekannten einsetzt, der den sog. *Klanparasitismus* begründet. So verwundert es nicht, daß die Belegung des Wohnraums in den Städten überaus hoch ist und eine Verslumung droht; der Versuch, sich der Familien- oder Klansolidarität zu entziehen und ein „privates Leben" aufzubauen, kann mit dem Tode durch Vergiften enden. Das Fortbestehen der Lineagebeziehungen bedeutet natürlich in Zeiten der Not, der Krankheit oder der Arbeitslosigkeit einen Halt, indem das traditionelle Netz den Betroffenen und seine Familie auffängt. So kann trotz der oft betonten Destrukturation der traditionellen Sozialformen infolge der Verstädterung die Verflochtenheit mit althergebrachten Verwandtschafts- und Lebensformen noch als eng bezeichnet werden. Der Austausch von Gütern und Personen zwischen den Familien in der Stadt und auf dem Lande ist üblich; viele Stadtbewohner senden die schulpflichtigen Kinder zu Verwandten auf dem Land, um den städtischen Haushalt zu entlasten; Alte kehren aus der Stadt ins Dorf zurück, um dort bei den Ahnen bestattet zu werden; Zauber, Magie und kultische Opfer spielen auch in der städtischen Gesellschaft bis in die Oberschichten noch eine bedeutende Rolle.

Ein Gruppierungs- und Schichtungssystem nach Einkommens- und Bildungsklassen ist ebenfalls ein wichtiger Prozeß in der Folge von Urbanisierung und Detribalisation. Während in den ländlichen Gebieten ein Schichtungssystem auf der Grundlage von Altersklassen oder der traditionellen politisch-sozialen Hierarchien besteht, hat sich bei der Stadtbevölkerung eine *Klassengesellschaft* herausgebildet. Die Basis wird gebildet von den *Armen*, wobei bis zu 80% der städtischen Bevölkerung zu dieser sozialen Schicht gehören. Grundbedürfnisse des Menschen wie ein menschenwürdiges Wohnen, eine gesicherte und ausreichende Ernährung, die Versorgung mit Trinkwasser, aber auch politische Grundrechte fehlen: Die Masse der Bevölkerung lebt in sog. Spontansiedlungen, Unter- und Mangelernährung sind die Regel, der Zugang zu sauberem Trinkwasser ist nur an wenigen Brunnenstellen möglich, eine politische Betätigung hat sich auch nach der Demokratisierungswelle zu Beginn der 90er Jahre als fast aussichtslos erwiesen. Der Kampf ums Überleben wird durch die Solidargemeinschaft der Großfamilie erleichtert, aber die katastrophale Situation führt zu ihrem Verfall, zu zunehmender Individualisierung, Wertverlust und zu einer wachsenden Gewaltbereitschaft. Diese kann bei Nutzung tribaler und religiöser Differenzen schnell in offene *Gewalt* umschlagen, wie fast jeden Monat den Meldungen aus Afrika zu entnehmen ist.

Beschäftigte des aufgeblähten öffentlichen Dienstes bilden eine untere Mittel- bis *Mittelschicht*, einen Teil der städtischen Bourgeoisie. Sie wohnen überwiegend in Vierteln des sozialen Wohnungsbaus, die für die Armen bestimmt waren, die diese sich aber aufgrund des Mietpreisniveaus nicht leisten können. Die Infrastruktur ist wesentlich besser: Fließendes Wasser, Elektrizität, Kanalisation und geteerte Straßen gehören zu diesen Vierteln. Angehörige freier Berufe wie Ärzte und Rechtsanwälte sind hier vertreten. Der ÖPNV funktioniert, ergänzt durch ein dichtes Netz von Minibussen. Als Folge der von der Weltbank verordneten Strukturanpassungsprogramme mit dem Einfrieren der Gehälter, mit Einstellungsstop und Entlassungen, bei gleichzeitig galoppierender Inflation (40–70 % pro Jahr) und Abwertung der nationalen Währung (vgl. Abwertung des Franc CFA 1993 um 50 %) gerieten immer mehr Angehörige dieser Mittelschicht an bzw. unter die *Armutslinie*. Sie versuchen, durch passive Bestechung ihr Einkommen zu verbessern; einige sind zu Nebenbeschäftigung übergegangen.

Die eigentliche städtische Mittelschicht im Verständnis deutscher Soziologie ist klein: Facharbeiter, Selbständige im Kleingewerbe, gehobener öffentlicher Dienst sind selten, da die Industrialisierung gering und der öffentliche Dienst monetär gespalten ist. Die *Oberschicht* stellt die Spitze der Pyramide dar – auf einer viel zu breiten Basis; in zahlreichen Ländern Afrikas verfügen 20 % der Bevölkerung über 80 % des Nationaleinkommens. Höhere Beamte und Angestellte, Unternehmer und Kaufleute, Politiker und Militärs gehören dieser Gruppe an. Sie bilden ein enges Netz gegenseitiger Verpflichtungen, durch Korruption und Vetternwirtschaft verflochten, wobei auch kapitalkräftige unternehmerische Minderheiten wie die Inder in Ost- und Südafrika oder die Syro-Libanesen in West- und Zentralafrika eingebunden sind. Die Villenviertel dieser Oberschicht liegen in besten bioklimatischen Lagen, die Familien kaufen in gutausgestatteten, teuren Supermärkten ein, die Kinder studieren auf ausländischen Universitäten.

Im Rahmen der Privatisierungsmaßnahmen, von der Weltbank und dem IWF als Teil der Strukturanpassungsprogramme gefordert, und im Prozeß des Übergangs zur Marktwirtschaft kommt in zahlreichen Ländern, etwa in Ägypten, dieser Bevölkerungsschicht eine besondere Bedeutung zu. Sie wird als der „dynamische" Teil der Bevölkerung bezeichnet und voreilig als Träger der neuen Entwicklung betrachtet. Hand in Hand mit ihrem weiteren Aufstieg vollzieht sich aber bisher keine sozialökonomische Veränderung bei den Armen in Stadt und Land, im Gegenteil: Die soziale Spannweite zwischen „waBenzi" – den Leuten mit dem Mercedes Benz –, und der Masse der Bevölkerung wächst, – von Rabat und Kairo bis Johannesburg und Kapstadt. Angesichts der zunehmenden sozialen Spannungen wundert es nicht, daß die enttäuschten und vernachlässigten Armen ihre Hoffnungen auf Gerechtigkeit und menschenwürdiges Leben setzen, wie sie ihnen islamisch-fundamentalistische Gruppen oder Sekten aus den USA versprechen. Immer mehr Jugendliche nehmen den Weg in die Gewalt, in Drogenhandel und -konsum, falls ihnen nicht die Flucht nach Übersee in die Industrieländer gelingt. Sie profitieren dabei, vor allem die Jugendlichen aus Nordafrika, von dem erheblichen Anstieg des Bildungs- und Ausbildungsniveaus, der sich in den letzten 20 Jahren vollzogen hat. Die Investitionen in das *Humankapital* waren für alle Länder Afrikas und auch für die Familien eine Investition in die Zukunft in der Hoffnung auf Einkommen und Steigerung des Lebensstandards. Dies hat sich für eine breite Mittelschicht in Nordafrika, für eine kleine Bevölkerungsgruppe in ASS durch den Einstieg in den Staatsdienst bewahrheitet. Die nachrückende Generation hat zur Zeit keine Chance zum Aufstieg, da die Positionen besetzt sind, die Strukturanpassungsprogramme der Weltbank und des IWF einen Personalabbau verlangen und Betriebe des staatlichen Unternehmenssektors privatisiert werden. Die Unzufriedenheit der 16- bis 24jährigen, die bis zu 30 % der Bevölkerung ausmachen, ist ein sozialer Sprengstoff. Viele Familien resignieren angesichts dieser Situation und senden ihre Kinder in die Koranschule statt in die laizistische staatliche Schule, deren Absolvierung nur geringe Berufschancen beinhaltet; ein Rückgang der Einschulungsquoten und langfristig ein schlechter ausgebildetes „Humankapital" sind die Folgen.

In den Städten Afrikas zwischen Rabat und Kairo, Lagos und Kapstadt hat sich seit den 70er Jahren ein bemerkenswerter Aufstieg der *Frauen* vollzogen (BOSERUP 1982). Können sie in Westafrika zwischen Senegal und Nigeria als Unternehmerinnen, vor allem als wichtige Händlerinnen in der Stoffbranche sowie für Bijouteriewaren, auf eine lange Tradition zurückblicken, so vollzog sich ihr Aufstieg in den anderen Regionen des Kontinentes auf der Grundlage steigender Bildung und

Qualifikation. Zunächst beschränkt auf untere und mittlere Dienstleistungsfunktionen im formellen und informellen Sektor sind sie heute bis in Führungspositionen des öffentlichen Dienstes und der Privatwirtschaft aufgestiegen. Doch müssen die Frauen, wie in unserer Gesellschaft, für diesen Aufstieg häufig persönliche Konsequenzen in Kauf nehmen: Dazu zählt in Afrika der Verzicht auf die Familie, selten auf Kinder; alleinerziehende Mütter sind in allen Berufs- und Einkommensgruppen häufig.

Im ländlichen Raum sowie in den Armutsvierteln der Städte hat sich am bedrückenden Alltag der Frauen wenig geändert (GAESING 1992). Arbeitszeiten von 16 bis 18 Stunden sind die Regel, wenn man die Versorgung des Haushalts und der Familie, das Einholen von Wasser und Holz sowie umfangreiche landwirtschaftliche Arbeiten addiert. Mit Recht wird immer wieder betont, daß bis zu 70 % der Nahrungsmittelproduktion in ASS durch Frauen erwirtschaftet werden. Seit den 70er Jahren hat auf Drängen der NGOs eine Besinnung auf die Rolle der Frau in der EZ eingesetzt (BOSERUP 1982). Die Bereitstellung von Trinkwasser (z.B. Brunnen mit Handpumpen), von Kleingeräten zur Erleichterung der Arbeit (Maismühle, Presse für Karité-Butter) sowie die Einrichtung von Kooperativen sind zu nennen. Die Förderung von Kleinhandel und Handwerk durch technische Hilfe oder Kleinkredite hat sich bei den Frauen als erfolgreicher erwiesen als bei den Männern, die die Gelder oft nur für Frauen und Alkohol anlegen. Die jüngsten Bemühungen von Frauengruppen und politischen Parteien wie des ANC in Südafrika zielen auf ein allgemeines *empowerment* der Frauen, eine Stärkung von Selbsthilfegruppen und eine Zunahme der politischen Repräsentanz; dies trifft vor allem auf die Ablehnung durch traditionelle Führer (z.B. Häuptlinge) und Anhänger des fundamentalistischen Islam.

6 Wirtschaftsstrukturen und Wirtschaftsräume

Aussagen über die wirtschaftlich aktive Bevölkerung (= Personen, die zur Produktion von Gütern und Diensten geeignet sind, einschließlich der Arbeitslosen), über die Erwerbstätigen (= Personen, die einen Beruf ausüben und daraus ihren Lebensunterhalt bestreiten; sie umfassen Selbständige, Angestellte, Arbeiter und Beamte) und die Erwerbsstruktur lassen sich für die meisten Länder Afrikas nur mit großem Vorbehalt machen. Eine Quantifizierung nach den Maßstäben von Industrieländern ist unmöglich. Eine erste Schwierigkeit ergibt sich daraus, daß besonders in der Landwirtschaft, in der die meisten Afrikaner ihre Erwerbsquelle finden, die Unterscheidung zwischen Erwerbstätigen im Bereich der Marktwirtschaft und solchen im Bereich der Subsistenzwirtschaft schwierig ist, da die Tätigkeiten zwischen diesen Bereichen je nach Wirtschaftslage und Verkehrssituation wechseln. Auch werden zahlreiche ambulante Händler und Handwerker oder Frauen, die Einkünfte aus selbsthergestellten Waren oder durch Verkauf von Überschüssen erzielen, von der Statistik nur unzureichend erfaßt, obwohl ihre Zahl hoch und ihre wirtschaftliche Leistung im informellen Sektor beträchtlich ist. Die nationalen und internationalen Statistiken beziehen sich überwiegend auf unselbständige Erwerbstätige im Bereich der Marktwirtschaft, wobei außer den staatlichen Betrieben nur Teile des privaten Sektors der Wirtschaft, nämlich Mittel- und Großbetriebe, erfaßt werden; in diesem Sektor sind aber nur ca. 20 % der Erwerbstätigen beschäftigt. Erst seit den ausgehenden 80er Jahren wird der Beitrag der Subsistenzwirtschaft und des informellen Sektors zum BIP im zunehmendem Maß berechnet und veröffentlicht.

6.1 Struktur und räumliche Ordnung der Wirtschaft: Ein Überblick

Die Wirtschaftsstruktur der Länder Afrikas ist gekennzeichnet durch die Dominanz des primären Sektors (DIERCKE Weltatlas, Ausgabe 1996, S. 133). Die Staaten West-, Zentral- und Ostafrikas besitzen überwiegend eine einseitig agrarische Struktur. Nur wenige Länder wie Nigeria, Côte d'Ivoire, Kenia oder Simbabwe zeigen Industrialisierungsansätze. Der nordafrikanische Saum des Kontinentes von Ägypten bis Marokko hat bereits eine breite Industriestruktur, die von der Grundstoffindustrie bis zur Nahrungs- und Genußmittelindustrie reicht. Im äußersten Süden des Kontinentes verfügt Südafrika über ein breites Industriespektrum; laut Bundesstelle für Außenhandelinformation (1995) ist es der „TopMarkt Afrikas".

Die meisten Staaten Afrikas gehören zu den LDC-Ländern, zu den Staaten mit den stärksten Kennzeichen von Unterentwicklung im Sinne der Vereinten Nationen. Die Schuldenkrise und der Niedergang der Rohstoffpreise auf dem Weltmarkt haben seit Mitte der 80er Jahre den Aufwärtstrend in zahlreichen Ländern gestoppt und einen wirtschaftlichen Rückschritt eingeleitet. Beim Landwirtschaftssektor bedingten ökologische Ungunstfaktoren, wie langjährige Dürren, der Verfall der Transport-Infrastruktur oder Bürgerkriege einen Rückgang der Produktion. Auch der Bergbau erwies sich für die wenigen Länder Afrikas mit bedeutenden Rohstoffvorkommen

Tab. 10: Länderbonitätsliste

Land	Rang	Land	Rang	Land	Rang
Botswana	42	Senegal	96	Kongo	114
Tunesien	49	Kamerun	98	Sambia	115
Südafrika	50	Malawi	99	Guinea	117
Marokko	53	Côte d'Ivoire	102	Äthiopien	118
Ägypten	63	Nigeria	103	Uganda	119
Simbabwe	67	Mali	104	Mosambik	121
Libyen	69	Togo	105	Angola	122
Gabun	74	Burkina Faso	107	Zaire	132
Kenia	84	Tansania	110	Liberia	134
Algerien	89	Benin	113	Sudan	135

Nicht auf der Liste erscheinen: Äquatorialguinea, Burundi, Dschibuti, Eritrea, Gambia, Ghana, Mauretanien, Niger, Ruanda, Somalia, Tschad, Zentralafrikanische Republik; Lesotho, Namibia und Swaziland sind Südafrika zugeordnet im Rahmen der Zoll- und Währungsunion SACU.

Quelle: Liste der Kreditwürdigkeit von 135 Staaten, Institutional Investor 1995 (Amerikanisches Bankenmagazin)

angesichts sich verschlechternder terms of trade und des Vordringens von Ersatzstoffen (z.B. Glasfasern statt Kupfer) nicht als ein tragfähiges Fundament wirtschaftlicher Entwicklung. Dies trifft vor allem auf Länder mit starker Abhängigkeit von *einem* Bergbauprodukt zu, wie z.B. Sambia (Kupfer ca. 90 % des Exportwertes), Guinea (ca. 60 % Bauxit) oder Togo (55 % Phosphat). Auch Rohölexporteure wie Algerien, Libyen, Nigeria oder Gabun wurden vom Rückgang der Weltmarktpreise getroffen, doch konnten sie außer Gabun in guten Jahren eine industrielle Basis aufbauen. In anderen Staaten hemmen Kapitalmangel, Enge des Binnenmarktes wegen einer geringen Bevölkerungszahl mit kleiner Kaufkraft, Konkurrenz von Importen/ Schmuggel aus asiatischen Billigländern, Devisenmangel (für Treibstoffe und Ersatzteile), Fehlen von know-how und Facharbeitern und die schlechte Verkehrsinfrastruktur die Industrialisierung. Der Anteil Afrikas an der Weltindustrieproduktion beträgt weniger als 1 %! Als Zentren importsubstituierender und exportorientierter Industrie (Nahrungs- und Genußmittel, Textil und Bekleidung, Schuhe) dominieren die Seehafenstädte, häufig zugleich Landeshauptstadt und Zentrum des tertiären Sektors. Hier ballt sich die Kaufkraft, bestehen Fühlungsvorteile zu Zulieferern/ Importeuren und Abnehmern/Exporteuren, zum Geld- und Kreditwesen, zu den Behörden, hier bringt Korruption Erfolg. Von diesen Metropolen aus besteht ein großes wirtschaftliches Gefälle in das Hinterland. Erhebliche wirtschaftliche Ungleichgewichte innerhalb der Staaten sind die Regel. Nur im Süden von Zaire und im anschließenden Nordsambia oder im Witwatersrand Südafrikas kam es auf der Grundlage des Bergbaus zur Ausprägung relativ geschlossener Industriegebiete. Der Witwatersrand stellt einen mehrkernigen Verdichtungsraum industriell-tertiärwirtschaftlicher Struktur von internationaler Bedeutung dar. Die Industrie in Nigeria weist ebenfalls schon ein beachtliches Niveau auf; sie hat eine disperse Standort-struktur bei Dominanz des Ballungsraumes Lagos.

Der *Dienstleistungssektor* ist in allen Ländern Afrikas stark entwickelt durch die hohe Zahl der Beschäftigten im öffentlichen Dienst bzw. der selbständig Erwerbstätigen im Handel, im Handwerk, im Transportwesen. Handwerk und Kleingewerbe stellen in jüngster Zeit mit Recht wichtige Entwicklungssektoren dar, um die Arbeitslosig-keit zu verringern (vgl. Kap. 6.6). In den Ländern Nordafrikas, in Ostafrika und Süd-afrika ist der Ferntourismus ein bedeutender Beschäftigungssektor und Devisenbrin-ger (vgl. Kap. 7).

Die *Bilanz* der wirtschaftlichen Entwicklung sieht nach drei „Entwicklungsdekaden" (1960–1990) düster aus. Wenigen „Wachstumsländern" auf agrarischer Basis wie Côte d'Ivoire oder Kenia, bzw. bergbaulicher Grundlage wie Botswana steht die Mas-se der Staaten gegenüber, die schwere wirtschaftliche Krisenerscheinungen zeigen, oft um das Überleben kämpfen: Langsames gesamtwirtschaftliches Wachstum, ra-sches Bevölkerungswachstum bei geringer Agrarproduktion, unzureichende Ernäh-rungssicherung, hohe Auslandsverschuldung, Zahlungsbilanz- und Finanzkrisen. Im Vergleich zu den anderen Entwicklungsregionen fiel Afrika wirtschaftlich zurück. JAKOBEIT (1995) wies mit Recht auf die zentrale Rolle von Weltbank und IWF für die wirtschaftliche Entwicklung Afrikas hin. Sie besitzen eine wirtschaftspolitische Schlüsselrolle über die Strukturanpassungsprogramm, die in fast allen Ländern Afri-kas ablaufen, und bestimmen damit auch das Verhalten anderer multilateraler oder bilateraler Geber mit. Zwar haben Abwertung der nationalen Währungen, Abbau der Zollschranken, Liberalisierung und Privatisierung mit Schließung von Staatsunter-nehmen, Förderung von ausländischen Investitionen oder die Streichung von Sub-ventionen und Preiskontrollen die Rückzahlungsfähigkeit der Schulden in einigen Ländern erhöht, aber der „wirtschaftliche Durchbruch" ist nicht eingetreten: Die so-zialen Disparitäten haben sich verschärft und die Armut hat zugenommen. Bei den ausländischen Direktinvestitionen stagniert der Anteil Afrikas bei ca. 3 Mrd. US$/ Jahr; der Anteil bei den ausländischen Direktinvestitionen in EL ging in den neunzi-ger Jahren nach Berichten von UNCTAD von 11 % auf 6 % zurück. Dabei flossen Zweidrittel der Investitionen in die erdölproduzierenden Länder Nigeria und Ägyp-ten, der Rest nach Südafrika, Côte d'Ivoire und Marokko.

Seit den 60er Jahren versuchen die Länder Afrikas, über regionale wirtschaftliche Zu-sammenschlüsse ein stärkeres Wirtschaftswachstum zu erreichen. Sie wollen damit die „Balkanisierung" überwinden, die durch die kolonialzeitliche Grenzführung zum Beispiel in Westafrika entstanden ist. Wie die Übersicht zeigt, handelt es sich aber in zahlreichen Fällen um die Wiederaufnahme kolonialzeitlicher Blockbildung wie bei der UDEAC, die 1966 französische Tradition wiederaufnahm, oder bei der CEAO, die westafrikanische frankophone Länder zusammenfaßte. Einer Wirtschaftsgemein-schaft wie der ECOWAS gelang bis heute eine Überwindung der kolonialzeitlich be-gründeten und neokolonial fortgesetzten Abhängigkeiten von Frankreich bzw. Eng-land nicht. Große Hoffnung setzen Politiker und private Investoren in die SADC, doch werden hier bereits Spannungen sichtbar durch die Dominanz der Regional-macht Südafrika. Die Zukunft einer großen Wirtschaftsgemeinschaft von Südafrika

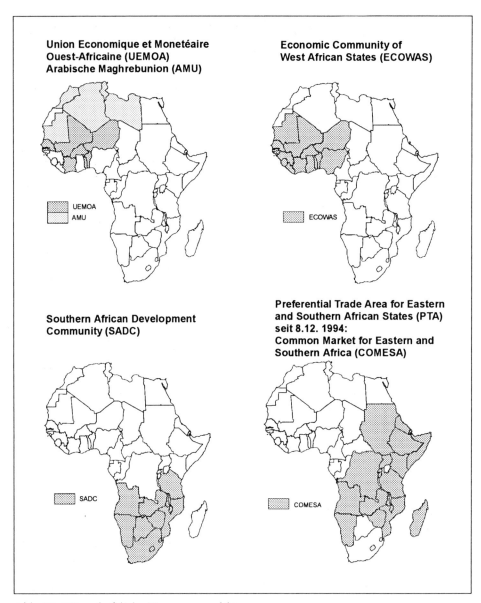

Abb. 35: Wirtschaftliche Zusammenschlüsse

bis Ostafrika, der PTA, wird von Kennern der regionalen und internationalen Situation skeptisch beurteilt.

Eine Übersicht über die *agraren Wirtschaftsräume* im nördlichen Teil Afrikas (vgl. DIERCKE Weltatlas, Ausg. 1996, S. 138/139) zeigt für die Landwirtschaft eine zonale Anordnung in Anlehnung an die Klima- und Vegetationszonen bzw. Höhenstufen. Die bergbaulichen Aktivitäten dagegen sind punkthaft angeordnet, in Abhängigkeit von den Lagerstätten. Industrie und Dienstleistungen konzentrieren sich in den Metropolen, wobei die Küstenstädte dominieren.

Die landwirtschaftliche Nutzung läßt die Großgliederung des Raumes in den mediterranen Saum Afrikas, in die Atlasketten, die Sahara, die Sahelzone, die Sudanzone und die Regenwaldgebiete am Golf von Guinea erkennen. Weizenanbau, Weinanbau, Gemüse-, Obst- und Olivenkulturen kennzeichnen die Ebenen des humiden bis semiariden *Nordafrika*. Die Gebirgsteile tragen noch Reste mediterraner Wälder, die von der Weidewirtschaft, der Holzindustrie und der Brennholzgewinnung genutzt werden. Die Steppen der Hochflächen und Tafelländer in mittleren Lagen sind einbezogen in die vertikale bzw. horizontale Wanderweidewirtschaft. In der Sahara und in ihren Randgebieten existiert trotz staatlich geförderter zunehmender Seßhaftigkeit der Bevölkerung noch eine halbnomadische Weidewirtschaft. Die Wandergebiete reichen bis in die mediterranen Steppen bzw. in die Sahel-Sudan-Zone Westafrikas. Während in Nordafrika die wirtschaftliche Bedeutung der Wanderweidewirtschaft außer im algerischen Steppenhochland gering ist, besitzt sie in Westafrika eine erhebliche Funktion für die Fleischversorgung sowie für die Produktion von Häuten. Sie ist allerdings durch die Ausdehnung des Regenfeldbaus und der Bewässerungswirtschaft sowie durch die Langzeitwirkungen der Dürrekatastrophen räumlich immer mehr eingeschränkt.

Als wichtiges Element der Agrarnutzung im Wüstenraum sind die Oasen zu bezeichnen. Man kann nicht von einem „Oasensterben" sprechen, wie es in den 50er Jahren vorausgesagt wurde. Der Zwang zur Steigerung der Nahrungsmittelproduktion von Datteln, Getreide und Gemüse führte in allen Ländern der Sahara zu einem Ausbau der Oasen. Zugleich erfolgte durch Investitionen von Gastarbeitern in ihren Wirkungsgebieten ein massiver Ausbau der Wohnstandort, z.T. auch des Kleingewerbes (BENCHERIFFA 1990; POPP 1991; PERENNES 1993). Der Expansion der Bewässerungsflächen stehen aber Verluste durch Versalzung und Versandung gegenüber, so daß insgesamt bei starkem Bevölkerungswachstum die Nahrungsmittelversorgung der Länder Nordafrikas prekär bleibt und sie auf Nahrungsmittelimporte von durchschnittlich 50 % des Bedarfs angewiesen sind.

Das gleiche trifft zu für die Länder der *Sahelzone* (KRINGS 1993). In diesem Kontaktraum zwischen Halbnomaden und Ackerbauern besteht ein erhebliches ökologisches Risiko durch Niederschlagsschwankungen und episodische Dürren. Flächenmäßig dominiert in dieser Dornstrauchsavanne die halbnomadische Weidewirtschaft, wobei die Fulbe-Rinderhirten die bedeutendste Gruppe darstellen. Die steigenden Viehzahlen (Rinder, Ziegen, Schafe), bedingt durch die wachsende Zahl bäuerlicher Familien, durch steigende Nachfrage nach Fleisch in den Städten, erleichtert durch Programme der Wasserversorgung, sind eine der Ursachen der Desertifikation. Eine andere Ursache liegt in der Ausdehnung des Ackerbaus in regenreichen Jahren weit über die agronomische Trockengrenze hinaus. Abholzung zur Brennholzgewinnung vernichtet flächenhaft die Baumbestände und leistet der „Verwüstung" Vorschub (vgl. Kap. 3.7). Neben dem Ackerbau auf Regenfall bestehen Bewässerungsgebiete wie entlang des Senegalflusses, im Niger-Binnendelta oder im zentralen Sudan. An den Flußoasen dominiert der binnenmarktorientierte Reis- und Gemüsebau, im Gezira-Scheme in Sudan sowie in Teilen der Nilstromoase Ägyptens binnen- und exportorientierte Baumwolle und Zuckerrohr.

Unmittelbar südlich der Sahelzone erstrecken sich in den Trockensavannen der *Sudanzone* wichtige agrare Siedlungs- und Produktionsgebiete von Senegal bis in den Sudan. Heute stehen die Länder der Sahel-Sudanzone vor dem Problem der Exportabhängigkeit von Erdnuß bzw. Baumwolle bei unzureichender Nahrungsmittelproduktion wegen geoökologischer Risiken, Bevölkerungswachstum und Exportdruck. Sie sind schon in „Normaljahren" auf Nahrungsmittelimporte angewiesen. Aus dieser Hirse-Erdnuß-Baumwoll-Zone dringt die Bevölkerung in regenreichen Jahren nach Norden in die Dornsavanne vor, wobei sie den Anbau in Altdünengebiete ausdehnt. In niederschlagsarmen Jahren werden diese Bereiche durch Winderosion zerstört und unbewohnbar. Deshalb besteht eine allgemeine Wanderungstendenz der Bevölkerung als Wanderarbeiter oder zur Daueransiedlung nach Süden in die Feuchtsavanne bzw. in die Regenwaldgebiete, insbesondere in die Küstenmetropolen. Die Entwicklungsstrategie zur Ernährungssicherung und Ressourcenschutz hat bisher trotz erheblicher Mittelzuflüsse aus bilateraler und multilateraler EZ wenig Erfolg gehabt. „Hilfe zur Selbsthilfe" in ökologisch angepaßten Kleinprojekten nichtstaatlicher Entwicklungshilfeorganisationen verspricht nachhaltige Entwicklungsimpulse lokaler Art – mit der Hoffnung auf einen Ausbreitungseffekt.

Die Situation hinsichtlich Nahrungsmittelversorgung und Exportproduktion stellt sich in den *Küstenstaaten Westafrikas* wesentlich günstiger dar, die über Anteile an der Feuchtsavanne bzw. am tropischen Regenwald verfügen. Mais, Yams, Maniok, Kochbanane und Reis dominieren als Nahrungsmittel. Als ölliefernde Pflanzen stehen der Schibutterbaum (Karité) und die Ölpalme zur Verfügung. Baumwolle bzw. Kaffee, Kakao und Palmöl sind wichtigste Exportprodukte, in jüngster Zeit durch Kautschuk ergänzt. Letzterer ist wie die Ölpalme ein typisches Plantagenprodukt Westafrikas. Die Masse der anderen Baum- und Strauchkulturen (z.B. Kakao, Kaffee) sowie die Nahrungsmittel (Maniok, Yams, Reis, Kochbananen) wird in mittel- und kleinbäuerlichen Betrieben erwirtschaftet.

Das *Äthiopische Hochland* weist als „Gebirgsfestung" deutliche Höhenstufen der Nutzung auf, die überlagert werden vom Gegensatz zwischen Feuchtgebieten im Süden und dürregefährdeten Trockengebieten im Norden des Landes (vgl. Tab. 5). Während im wüstenhaften Tiefland Nomadismus vorherrscht, wird das Hochland in den zentralen und nördlichen Teilen durch den Anbau des Tefgetreides gekennzeichnet, das als Grundnahrungsmittel (Fladenbrot) dient. Im südlichen Hochland liegt das wichtigste Kaffeeanbaugebiet. Durch Dürrekatastrophen und infolge des 15jährigen Bürgerkriegs ist die Nahrungsmittelversorgung in Äthiopien nicht gewährleistet.

Die Netze der *Erdöl*- und *Erdgas*leitungen in Nordafrika, die großen Symbole dieser Lagerstätten sowie für Erdölraffinerien und chemische Industrien an der Küste verweisen auf die erstrangige Bedeutung dieser Energiequellen für die Volkswirtschaft der Länder Algerien und Libyen sowie in zweiter Linie auch für Tunesien und Ägypten. Sie gehören wie der größte Erdöllieferant Afrikas, Nigeria, zur Gruppe der „erdölexportierenden Länder mittleren Einkommens". Sie haben bereits eine volkswirtschaftlich bedeutende *Industrialisierung* von der Grundstoffbasis bis zur Konsumgüterindustrie erreicht. Marokko, führender Phosphatproduzent auf dem Weltmarkt, konnte als „Niedriglohnland" an der Südflanke der EU eine Industrialisierung einleiten. Die Demokratische Volksrepublik Algerien verwirklichte ihre Wirtschaftsentwicklung im Rahmen einer staatlichen Planwirtschaft auf der Grundlage der Schwerindustrie (ARNOLD 1995). Dieser Weg erwies sich wie in den anderen staatskapitalistischen Ländern als nicht dauerhaft. Marokko und Tunesien dagegen folgen einer liberalen Marktwirtschaft mit starker Konsumgüterindustrie, der Beibehaltung des traditionsreichen Handwerksektors und einem bedeutenden Ausbau des Tourismus.

Die Metropolen (TROIN 1990, WIESE 1988, 1995) zeigen in ihrer Größe und Verteilung die kolonialzeitliche und aktuelle Außenorientierung der nord- und westafrikanischen Wirtschaftsregionen. Trotz des Ausbaus der zentralörtlichen Systeme konnten die regionalen Ungleichgewichte innerhalb der Staaten kaum verringert werden. Die wirtschaftliche Orientierung erfolgt auf die Länder der EU. Ägypten und der Sudan sind durch Wanderarbeiter auch mit den Erdölländern um den Persischen Golf verflochten. Der innerafrikanische Handel ist trotz regionaler Wirtschaftsgemeinschaften wie der Arabischen Maghreb-Union oder der ECOWAS unterentwickelt, da neokoloniale Außenbeziehungen dominieren. Der Handelsaustausch zwischen den Mitgliedsländern der regionalen Wirtschaftsorganisationen umfaßt nur zwei bis drei Prozent des Außenhandelswertes der Mitgliedsländer; die Masse des Güteraustauschs vollzieht sich mit den IL und wenigen EL/SL wie Indien oder Brasilien.

Die wirtschaftsräumliche Gliederung von *Afrika südlich des Äquators* (vgl. DIERCKE Weltatlas. Ausgabe 1996, S. 140/141) wird beherrscht von dem Gegensatz zwischen der Häufung von Bergbau- und Industriesymbolen von Südafrika bis in das südliche Zentralafrika und den weiten, menschenleeren Flächen vom tropischen Regenwald Zentralafrikas über die Savannen Zentral-und Ostafrikas bis zur Wüste in Namibia, in denen nur schwerpunktartig bergbauliche oder bandartige landwirtschaftliche Aktivgebiete zu finden sind.

Vielzahl und Größenordnung der Symbole für Bodenschätze, Energieproduktionsanlagen und Industrien deuten bereits auf die weltwirtschaftliche Funktion des *Bergbaus* im *südlichen Zentralafrika* und im *südlichen Afrika* hin. Sambia und Zaire gehören zu den größten Kupferproduzenten der Welt, Zaire zugleich zu den wichtigsten Lieferanten von Diamanten und Kobalt. Simbabwe verfügt über eine breite Bergbaupalette. Botswana stieg in wenigen Jahren neben Namibia zu einem der Weltlieferanten von Diamanten auf. Angola (mit Cabinda) gehört wie Gabun zu den führenden Erdölproduzenten Afrikas. Alle diese Staaten werden jedoch hinsichtlich der Vielfalt, der weltwirtschaftlichen Bedeutung und der Reserven an Bodenschätzen von Südafrika übertroffen. Auf der Basis des Bergbaus und der Bevölkerungskonzentration in den Bergbaugebieten entwickelte sich in Südafrika, Simbabwe, Nordsambia und Südzaire eine Konsumgüterindustrie, die zu den bedeutendsten in Afrika gehört. Durch staatliche Förderung wuchs in Südafrika und Simbabwe, u.a. durch den Einfluß der Boykottmaßnahmen, eine Grundstoffindustrie heran (Eisen- und Stahlindustrie, chemische Industrie), die in Südafrika seit den 60er Jahren durch Produktionsgüterindustrie ergänzt wird (Fahrzeugbau, Elektroindustrie, Rüstungsindustrie). Südafrika exportiert in etwa 20 afrikanische Länder, und Simbabwe besitzt eine erhebliche Exportfunktion für seine Nachbarländer.

Die *Verkehrsinfrastruktur* (Eisenbahn, Fernstraßen, Seehäfen) hat eine entscheidende Bedeutung für die Bergbau- und Industriegebiete der Binnenregionen. Von Lobito in Angola bzw. von Daressalam in Tansania spannt sich eine transkontinentale Eisenbahn, die die Bergbaugebiete im südlichen Zentralafrika bedient. Von dort aus erstreckt sich ein Verkehrskorridor (Eisenbahn, Flußschiffahrt) nach Nordwesten zum Seehafen Matadi in Westzaire. Leistungsmäßig steht der südliche Verkehrsweg (Eisenbahn, Fernstraße) jedoch an erster Stelle, der zu den Seehäfen Südafrikas führt. Ihre Leistungsfähigkeit und Zuverlässigkeit übertrifft die anderen Häfen des Subkontinents bei weitem. Südafrika hat zudem das dichteste und am besten funktionierende Eisenbahn- und Fernstraßennetz sowie leistungsfähige Ferntransport- und Luftfahrtunternehmen, so daß seine Verkehrsdienste bis nach Zentralafrika in Anspruch genommen werden.

Die Bergbau- und Industrieentwicklung bedingt eine erhebliche Verstädterung in Südafrika, Simbabwe, Sambia und Südzaire. Hier wie im Copperbelt von Sambia, auf der Hochlandachse von Simbabwe oder am Witwatersrand in Südafrika kam es zur Bildung von Städtereihen und Verdichtungsgebieten, wie sie sonst kaum in Afrika auftreten. Neben den binnenländischen Ballungsgebieten besitzen die Küstenmetropolen wie Durban, Kapstadt oder Daressalam als Seehafenstädte mit Industrie, Handel, Geld- und Kreditwesen, kulturellen Einrichtungen und Fremdenverkehr eine erhebliche Bedeutung.

Die Anordnung der *agraren Wirtschaftsräume* in Afrika südlich des Äquators besitzt nicht jene „bilderbuchartige" breitenparallele Zonierung wie in Nord- und Westafrika. Dies ist zum einen bedingt durch die Unterscheidung zwischen dem tropischen Tiefland des Kongo-Zaire-Beckens und den Hochländern des östlichen und südlichen Afrika, zum anderen durch die längenparallele Anordnung der Vegetations- und Bodennutzungsgebiete im südlichen Afrika. Der Gegensatz zwischen der ariden Westseite und der humiden Ostseite mit dem semiariden Binnenraum ist bedingt durch die Lage in der südhemisphärischen Trockenzone mit dem kalten, trockenheitsverschärfenden Benguelastrom auf der Westseite und dem warmen, feuchtigkeitsliefernden Mosambikstrom auf der Ostseite des Subkontinents, die Besiedlung und Landnutzung mitbestimmen.

Die landwirtschaftlichen Aktivitäten sind sehr ungleichmäßig verteilt. Versucht man, Ursachen für die Verteilung der Gebiete tropischer Landwechselwirtschaft bzw. intensiver Landwirtschaft zu finden, so lassen sich geoökologische, historische und ökonomische Faktoren ansprechen: Die tropischen *Hochländer* ermöglichen eine Kombination von Ackerbau und Viehhaltung, so daß mit Pflugbau und Dunganwendung intensivere Landwirtschaft möglich ist. Diese bioklimatischen Gunsträume erlebten in der Kolonialzeit die Ansiedlung weißer Farmer (Hochland von Kenia, von Angola, von Simbabwe, von Sambia), wobei, außer kriegsbedingt in Angola, eine intensive Landwirtschaft weitergeführt wird. In Südafrika sind das „Maisviereck" auf dem Hochland sowie die Weizen-, Wein- und Obstbaugebiete im Südwesten noch „weißes" Farmland, das agrartechnisch mit amerikanischer Landwirtschaft verglichen werden kann. An der *Küste* und an den großen Strömen kam es seit der Kolonialzeit zur Ausbreitung der Plantagenwirtschaft (Ölpalme, Kautschuk, Kaffee; Zukkerrohr; Sisal). Diese erlebt zwei Tendenzen: In Zentralafrika Stagnation bis Rück-

gang wegen Vernachlässigung der Neupflanzungen und des Verkehrswesens, in Ost-
und Südafrika Ausbau zur Steigerung der Deviseneinnahmen aus dieser großbetrieb-
lichen Wirtschaftsform. Flächenmäßig und wirtschaftlich, besonders für den Binnenmarkt, herrschen klein- und mittelbäuerliche Betriebe vor, die alle an die Marktpro-
duktion angeschlossen sind. Ausnahmen bilden Angola und Mosambik, wo Bürgerkriege und Banditentum die Agrarproduktion in weiten Landesteilen zum
Zusammenbruch gebracht haben.

Die *Viehwirtschaft* wird auch südlich des Äquators erheblich durch die Verbreitung
der Tsetsefliege eingeschränkt. Rinderhaltung in Form des Halbnomadismus beherrscht die Trockengebiete von Kenia und Tansania, wo staatliche Maßnahmen zur
Seßhaftmachung der Hirtenvölker bisher scheiterten. Sambia, Simbabwe und Südafrika sowie das Hochland von Kenia verfügen über eine leistungsfähige Rinderfarm-
wirtschaft auf der Basis weißer Farmbetriebe. Ranchen haben in Botswana und Namibia die traditionelle nomadische Viehhaltung abgelöst.

Die *Waldnutzung* besitzt in den riesigen Tropenwaldgebieten von Zentral- bis Südafrika eine erhebliche Bedeutung. Es ist zum einen die Funktion der Wälder für die lokale Bevölkerung zur Versorgung mit Brennholz, Bauholz, Nahrungsmitteln und
Heilpflanzen; zum anderen die kommerzielle Nutzung für den lokalen bzw. regionalen Markt an Bau- und Schnittholz, für die eine erhebliche Nachfrage herrscht; zum
dritten die exportorientierte Holzindustrie. Sie hat sich aus Westafrika wegen des
Niedergangs der Bestände an tropischen Edelhölzern zurückziehen müssen und beu-
tet in den 90er Jahren die Naturwälder von Zentralafrika aus. Im südlichen Afrika ba-
siert die Holzindustrie auf der Nutzung von Kiefern- und Eukalyptusforsten, die
sich in den Gebirgen auf der feuchten Ostseite als ein breites Band vom Kapland in
Südafrika über Simbabwe bis Malawi erstrecken.

Die Küste vor dem südwestlichen Afrika von Kapstadt bis auf die Breite von Luanda
gehört zu den wichtigen *Seefischereigebieten* des Kontinentes. Der planktonreiche
kalte Benguelastrom bedingt einen großen Fischreichtum. Dieser wird allerdings nur
in geringem Maß von der Küstenfischerei Südafrikas, Namibias (KLIMM u.a. 1994,
Kap. 2.6.3) oder Angolas genutzt als vielmehr von den Hochseefangflotten Japans
und Südkoreas. Die Festlandstaaten sind erst seit den 90er Jahren durch Maßnahmen
der EZ zur Überwachung ihrer Hoheitsgewässer und zu einer ökologischen Planung
und Vergabe der Fischereirechte in der Lage, eine Situation, wie sie auch für die reichen Fischgründe vor der Küste von Nordwestafrika (Senegal, Mauretanien, Marokko) zutrifft.

6.2 Die Landwirtschaft: Der Konflikt zwischen Ernährungssicherung und Exportproduktion

Verstädterung und Landflucht erreichen in Afrika ein steigendes Ausmaß und stellen
wichtige sozialgeographische Prozesse dar. Oft tritt dagegen die Tatsache in den
Hintergrund, daß der überwiegende Teil der Bevölkerung Afrikas noch auf dem Land

und von der Landwirtschaft lebt; zudem gehen große Teile der „städtischen Bevölkerung" noch einer landwirtschaftlichen Tätigkeit nach oder besitzen enge Bindungen zum ländlichen Raum. Seinen Einwohnern kommt die Aufgabe zu, die rapide wachsende Bevölkerung zu ernähren, landwirtschaftliche Rohstoffe für den Export oder die nationale Agroindustrie zu erzeugen, Aufgaben, die angesichts zahlreicher ökologischer Risiken (Dürren, Bodenerosion, Schädlingsbefall), unattraktiver Erzeugerpreise, unzureichender Vermarktung, hemmender sozialer Strukturen und politischer Konflikte bis hin zu Bürgerkriegen kaum voll erfüllt werden können. Die *Nahrungsmittelproduktion* für den Binnenmarkt reicht trotz regionaler Verbesserungsansätze oder nationaler Kampagnen in den meisten Ländern Afrikas nicht mehr aus, um die Nachfrage zu decken. Die Schaffung von Nahrungsmittelreserven auf nationaler Ebene ist nur in seltenen Fällen möglich, da die Infrastruktur fehlt. Lagerungsverluste von 35 bis 40 % der Erntemenge bei traditioneller Speicherung sind keine Seltenheit und verschärfen die Versorgungssituation. Krisenländer wie in der Sahelzone oder Äthiopien haben mit internationaler Hilfe Lagerkapazitäten für Nahrungsmittelreserven geschaffen. Steigende Nahrungsmittelimporte von Getreide (Weizen, Reis, Mais), Fleisch und Fisch können akute Notlagen lindern, aber auf lange Sicht haben sie eine negative Auswirkung auf die Eigenanstrengungen der Länder zur Steigerung der Versorgung. Auch die Ausfuhr wichtiger *Weltmarktprodukte* wie Palmöl, Kautschuk oder Baumwolle stagniert in zahlreichen Ländern wegen Überalterung der Bestände, nachlassender Pflanzenschutzmaßnahmen oder Flächenstillegungen als Folge von Kriegen. Fehlende Attraktivität der Erzeugerpreise oder mangelnder Abtransport der Erzeugnisse lassen in zahlreichen Regionen eine Steigerung des Arbeitsaufwandes als sinnlos erscheinen, so daß eine Beschränkung auf die Selbstversorgungsproduktion eintritt.

Zunehmender agrarer Bevölkerungsdruck läßt in den Ballungsgebieten die Bodenruhezeiten kürzer werden; mangelnde Regeneration des Bodens führt zu Ertragseinbußen, so daß Überschußgebiete zu Mangelgebieten werden können, wie z.B. die zairischen Provinzen Kivu oder Kasai. Trotz großer finanzieller und personeller Aufwendungen ist die Effektivität der landwirtschaftlichen Beratungsdienste gering geblieben, da die Akzeptanz der Staatsbediensteten angesicht von Korruption und Staatsverfall minimal ist. Zudem bezieht sich die Beratung vorwiegend auf cash crops, selten auf Nahrungsmittel. Auch das Festhalten an überkommenen Denk- und Verhaltensweisen sowie gesellschaftlichen Strukturen müssen als hemmende Faktoren der Agrarentwicklung genannt werden: Eine über das übliche Niveau hinausgehende Produktion eines Einzelnen wird als Zauber betrachtet und vernichtet; höhere Einkommen aus Produktionszunahme müssen unter den Familienmitgliedern aufgeteilt oder anteilmäßig dem Dorfvorsteher oder Häuptling zufließen; wer versucht, sich aus der Gemeinschaft heraus zu profilieren, muß die Zerstörung seiner Felder oder des Viehkrals erleben. Im Rahmen des Privatisierungsprozesses der 90er Jahre kommt es aber im Umland der Millionen- und Großstädte, zum Teil auch um die Heimatorte von Gastarbeitern, zu Investitionen einer dynamischen Mittel- und Oberschicht. Sie produzieren mit Lohnarbeitern/Tagelöhnern binnen- und exportmarktorientiert und schaffen neue Elemente in der Agrarlandschaft wie Obstbaumpflanzungen, Treibhäuser, Abmelkbetriebe und Geflügelfarmen (für Nordafrika MEYER 1995b, für West- und Zentralafrika nach Beobachtungen des Verfassers 1993, 1994).

Tab. 11: Ernährungssicherung in ausgewählten Ländern

Land	Nahrungsmittelproduk- tion pro Kopf (1992) (1979-81 = 100 %)	Getreideimporte (in 1000 t, 1992)	Nahrungsmittelhilfe (Getreide in 1000 t, 1991/92)
Nordafrika			
Ägypten	119	7330	1611
Algerien	127	4685	20
Libyen	84	2032	—
Marokko	110	3095	208
Mauretanien	81	290	41
Tunesien	121	1015	79
Sahel-Sudan-Zone			
Burkina Faso	134	145	87
Senegal	99	585	51
Sudan	89	654	481
Westafrikanische Küste			
Côte d'Ivoire	93	568	37
Ghana	109	319	184
Nigeria	128	1126	—
Zentralafrika			
Angola	80	307	145
Kamerun	79	424	8
Zaire	100	219	121
Ostafrika			
Äthiopien	86	1045	963
Kenia	94	669	162
Tansania	79	252	15
Südafrika*)			
Botswana	77	80	—
Mosambik	71	1164	591
Simbabwe	41	1493	116
Südafrika	63	4855	—

nach Bericht über die menschliche Entwicklung 1995, Tab. 9 im Anhang
*) 1991 bis 1994 Dürrejahre

Mit Recht liegt ein Schwerpunkt der *Entwicklungszusammenarbeit* der Bundesrepublik Deutschland sowie anderer Staaten und internationaler Organisationen auf dem Sektor Landwirtschaft. Hier gilt es, das weitere Auseinanderklaffen von Bevölkerungswachstum und Ernährungssicherung durch Erhöhung der binnenmarktorientierten Nahrungsmittelproduktion zu vermeiden. Zugleich stellt sich die Aufgabe der Steigerung der Industriepflanzenproduktion, der in den meisten Ländern eine fundamentale Bedeutung für die Volkswirtschaft zukommt. Die Einschränkung der exportorientierten Produktion zugunsten der binnenmarktbezogenen Nahrungsmittelproduktion kann nicht als ein „Allheilmittel" der landwirtschaftlichen Entwicklung betrachtet werden; die Schaffung von Kaufkraft aus dem Verkauf von cash crops, von „bargeldbringenden" Weltmarktprodukten wie Baumwolle oder Kaffee ist notwendig zur Nachfrage- und Preissteigerung bei den Nahrungsmitteln. Entscheidend ist eine Minderung der Preisschwankungen für landwirtschaftliche Exportprodukte auf dem Weltmarkt, wie sie durch das STABEX-Systems zur Stabilisierung von Exporterlösen im Rahmen des Lomé-Abkommens für die AKP-Staaten besteht; doch ergibt sich hieraus mehr eine Entlastung der Staatskasse als eine Garantie für angemessene Erzeugerpreise. Auch die Beschränkung von Nahrungsmittellieferungen auf Katastrophenhilfe trägt zur Festigung endogener Erzeugerstrukturen bei, – die Länder Afrikas sind nicht der dumping ground (Müllhalde) für die Agrarüberschüsse der Industrieländer, auch wenn es Politiker beider Ländergruppen gerne so sehen. Die Suche nach ökonomisch ertragreichen, ökologisch und agrarsozial tragbaren Formen der marktorientierten Produktion gilt auch für die Viehwirtschaft. Doch auch hier wird eine „autozentrierte Entwicklung" durch die Importe von subventionierten Fleisch- und Milchprodukten aus Industrieländern beeinträchtigt.

Da die landwirtschaftliche Entwicklung nach Jahren der übereilten prestigebehafteten Industrialisierungsversuche sowie angesichts der Unterernährung heute wieder einen wichtigen Förderbereich darstellt, ist es notwendig, sich für ökologisch angemessene Formen der Agrarwirtschaft einzusetzen. Um mittel- und langfristige Erfolge zu sichern, bieten sich „ökologisch angepaßte Landwirtschaft", Ecofarming, statt Monokulturen an. Die Nutzung und Weiterentwicklung des Wissens und der Technologie einheimischer Bauernwirtschaften erhält einen zunehmenden Stellenwert (KRINGS 1992). Auch bei der Agroforstwirtschaft ist die Bundesrepublik Deutschland in Forschung und Verbreitung führend (vgl. Kap. 6.2.2). Doch ist angesichts von steigenden Konsumansprüchen der Familien, von Mangel an landwirtschaftlichen Nutzflächen und der Landflucht der jungen Leute an eine Einkommenssteigerung allein aus dem landwirtschaftlichen Betrieb kaum zu denken. „Integrierte ländliche Entwicklung" verbindet deshalb die Förderung von Landwirtschaft, Handwerk, Kleingewerbe, Handel und Infrastrukturausbau auf der Ebene eines Kreises oder Regierungsbezirkes, um die Lebenssituation der Bevölkerung zu verbessern (GTZ 1993b). Anleitung zur „Selbsthilfe" statt „Nahrungsmittelhilfe" ist heute die wichtigste Devise in der Agrarentwicklung Afrikas.

Die zonale Anordnung der Klimagebiete und ihre Höhengliederung schlägt sich in der Verbreitung der *Nutzpflanzen* nieder: Bei den Nahrungsmittelkulturen dominieren Maniok, Kochbanane und Reis in der Regenwaldzone, Mais und Yams in der Feuchtsavanne, Hirsen und Erdnuß in den Trocken- und Dornsavannen. In den subtropischen Winterregengebieten hat der Weizenanbau seine Hauptverbreitung, in den subtropischen und tropischen Halbwüsten und Wüsten ergänzt durch die Dattel. Auf den Hochländern sind Mais, Bohnen und Süßkartoffeln Grundnahrungsmittel. Im Hochland von Äthiopien ist der Tef als uralte Getreidesorte die Grundlage zur Herstellung des Fladenbrotes.

Auch die vorwiegend exportorientierten Nutzpflanzen lassen sich in Anlehnung an die Landschaftszonen und Höhenstufen gliedern: Baumkulturen von Öl- und Kokospalme als fettliefernde Pflanzen, Kakaobaum und Kaffeestrauch als Genußmittelpflanzen, *Hevea brasiliensis* als Kautschuk-liefernder Baum der Regenwaldzone. Die Savannen sind die Anbaugebiete von Baumwolle und Erdnuß. Die Höhengebiete liefern aus Strauchkulturen den wertvollen Arabica-Kaffee und Tee. Als mediterrane Nutzpflanzen sind im äußersten Norden und Süden des Kontinentes Zitrusfrüchte und Wein verbreitet; sie werden durch Tafelobst, wie Äpfel und Birnen, ergänzt.

Die agrarökologische Gliederung Afrikas bildet auch den Rahmen für die Verteilung der *Viehwirtschaft.* Die Feuchtsavannen und Regenwälder des Tieflandes sind von der Tsetsefliege verseucht, so daß eine Rinderhaltung größeren Ausmaßes nicht möglich ist. Die trockenen Tropen, die Höhengebiete der Tropen sowie die semiariden bis humiden Subtropen sind Hauptgebiete der Viehwirtschaft. Der Grad der Marktorientierung bei der Viehhaltung ist sehr unterschiedlich: Er reicht von voll marktorientierten Betrieben wie den Karakulschaf- und Rinderfarmen des südlichen Afrika über die teilweise marktorientierte Viehhaltung der Farmen und Bauernbetriebe Ost-, West- und Nordafrikas bis zur „Prestige-Viehhaltung" der Nomaden, die jedoch im Schwinden begriffen ist. Vieh ist heute ein wichtiges Handelsgut, seien es Schafe, Dromedare und Esel in Nordafrika, Rinder, Ziegen, Schafe und Esel in den Savannen und Höhengebieten, Ziegen, Schweine und Geflügel im Regenwald. Auf oft mehrere tausend Kilometer langen Viehrouten werden die Herden zu den städtischen Märkten getrieben, wo sie allerdings auf die Konkurrenz von Importfleisch stoßen. Die Spannweite der Fleischversorgung zeigt sich auf den Märkten im Nebeneinander von Wildbret aus der Jagd und Hühnern aus modernen Hühnerfarmen.

6.2.1 Agrare Wirtschafts- und Betriebsformen und ihre Dynamik

Versucht man, Situation und Entwicklungsansätze der agraren Wirtschafts- und Betriebsformen in Afrika aufzuzeigen, so ergibt sich eine Grundgliederung nach dem Produktionsziel der landwirtschaftlichen Betriebe in selbstversorgungsorientierte und marktorientierte *Individualwirtschaft.* Im Verlauf von drei Entwicklungsdekaden (1960–1990) hat sich eine wachsende Marktorientierung bei den meisten Bauernbetrieben ergeben, doch ist ihr Ausmaß regional und zeitlich schwankend, steht die Selbstversorgung der Familie mit Grundnahrungsmitteln bei der Mehrzahl der Betriebe an erster Stelle bei der Planung des Arbeitskräfteeinsatzes. Formen ausgesprochener Marktorientierung wie Farmwirtschaft, Pflanzungs- und Plantagenwirtschaft sind regional unterschiedlich vertreten und nach der Betriebszahl oft gering, tragen aber entscheidend bei zur Binnenmarktversorgung und zur Exportproduktion. Häufig wird angesichts dieser Situation von einem agrarwirtschaftlichen *Dualismus* gesprochen, dem Nebeneinander eines traditionsverhafteten, technisch und organisatorisch rückständigen Selbstversorgungssektors und eines modernen, technisierten, in den Binnen- und Weltmarkt integrierten Agrarsektors. Zwar kann dieses Klischee mit Beispielen belegt werden wie dem Dualismus zwischen der Farmwirtschaft der Weißen und den afrikanischen Kleinbauern in Südafrika oder zwischen den Hirsebauern und den Zuckerrohrplantagen in der Trockensavanne von Burkina Faso, doch finden sich zahlreiche Übergangsstufen zwischen traditionellem Bauernbetrieb und der Farm oder der Pflanzung.

Im Unterschied zur Individualwirtschaft sind Formen agrarer *Kollektivwirtschaft* bisher selten anzutreffen. Wenn auch kollektive Bewirtschaftung in zahlreichen bäuerli-

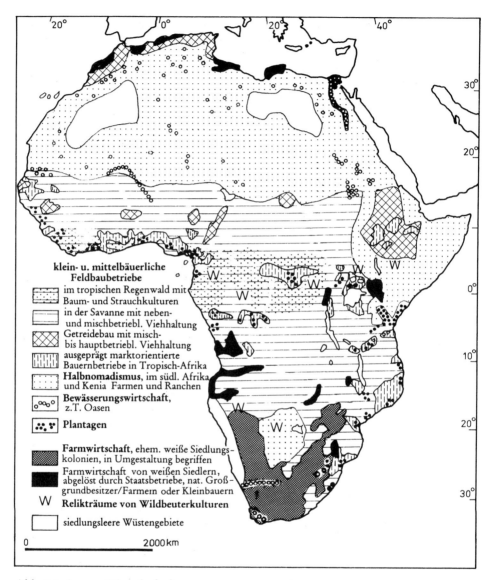

Abb. 36: Agrare Wirtschaftsformen

chen Gesellschaften Afrikas etwa bei der Rodung oder bei der Feldbestellung vorhanden sind, das traditionelle Bodenrecht der meisten Völker Afrikas durch den Gemeinbesitz an Grund und Boden mit einem zeitlich befristeten Nutzrecht des Einzelnen die Einführung moderner Formen der Kollektivwirtschaft nahelegen würde, so sind diese bisher doch die Ausnahme. Die Ujamaa-Bewegung in Tansania versuchte, Formen der kollektiven Produktion und Siedlung durchzusetzen. Die Zwangskollektivierungen in den sozialistischen Volksrepubliken in Afrika wie in Äthiopien und Algerien zielten auf die Einführung agrarer Kollektivwirtschaft, doch sind diese Ansätze gescheitert. Zwangsmaßnahmen wie Kollektivierung, Verdorfung, planmäßige Nutzung der Gemarkungen erwiesen sich angesichts jahrhundertealter Agrarstrukturen, sowie eingefahrener Produktions- und Vermarktungswege als mittelfristig nicht durchsetzbar. Auch die *Staatsbetriebe* der Planwirtschaftsländer wurden von „Vorreitern des Fortschritts" zu Relikten, die heute weitgehendst privatisiert werden. „*Privatisierung*" ist seit den 90er Jahren allgemein auch ein Schlüsselwort für die landwirtschaftliche Entwicklung, nachdem der Staat als Unternehmer und Kontrolleur (Preisfestsetzungen, Vermarktungsmonopol u.ä.) versagt hat.

Betriebe des *Regenfeldbaus* mit Hackkultur und Brandrodung dominieren innerhalb der agronomischen Trockengrenze (vgl. Kap. 3.3). Der *Hackbau* ist dabei keine Reliktform, sondern eine unter den ökologischen sowie Kapital- und Arbeitskraftbedingungen (vorwiegend der menschlichen Arbeitskraft) adäquate Form der Landwirtschaft in den Tropen. Angesichts dieser Tatsache trifft die einfache Gleichung zur Erklärung der afrikanischen „Agrarmisere" zu: „low technology – low input – low productivity". Bei Bevölkerungsdruck entwickelten manche Ethnien intensive Formen des Hackbaus zur Erhöhung der Flächenproduktivität, zum Beispiel durch Beetkultur, Gründüngung, die Verwendung von tierischem Dung oder Terrassen, zum Teil mit Bewässerung (KRINGS 1992). Jahreszeitenfeldbau mit *Pflugkultur*, wie er in Europa dominiert, ist in Afrika nur regional anzutreffen: Als Sommerregenfeldbau im Hochland von Äthiopien als dem ältesten Gebiet von Pflugkultur in Tropisch-Afrika, als Winterregenfeldbau in der mediterranen Landwirtschaft Nordafrikas, als Ergebnis europäischer Kolonisation im südafrikanischen Winterregen- und Sommerregengebiet. Während in Nordafrika und in Äthiopien der Hakenpflug bis heute dominiert, ist die aktuelle Ausweitung des Pflugbaus im Regenzeitfeldbau der wechselfeuchten Tropen an den modernen Scharpflug als Innovation gebunden.

Der *Bewässerungsfeldbau* als Hauptbetriebszweig dominiert in den Trockengebieten Nordafrikas und Südafrikas. Seine Spannweite reicht vom kleinen Fellachenbetrieb in Ägypten über den wohlhabenden Baumwollbauern im Gezira-Bewässungsgebiet des zentralen Sudan bis zur hochtechnisierten Obstfarm im südwestlichen Kapland der Republik Südafrika oder im Maghreb (POPP und ROTHER 1993). Der arbeits- und in seiner modernen Form auch sehr kapitalintensive Bewässerungsfeldbau besitzt eine Schlüsselfunktion bei der Steigerung der Agrarproduktion in Afrika. Nach den Fehlschlägen bei Großanlagen wie im Niger-Binnendelta durch hohe Folgekosten für Ersatzteile, Treibstoffe und Düngemittel ist seit den ausgehenden 70er Jahren eine Zurückhaltung bei der Finanzierung von Großprojekten festzustellen. Demgegenüber erfahren kleinere Bewässerungsanlagen eine verstärkte Förderung bzw. einen Ausbau durch wohlhabende Privatleute.

Der marktorientierte *Gartenbau* hat in den Gebieten der Oasenwirtschaft eine lange Tradition. Er expandiert in allen Ländern Afrikas als Reaktion auf den steigenden städtischen Bedarf und die geballte Kaufkraft, wobei die Förderung durch Entwicklungshilfemaßnahmen positiv wirkt. Hier ist auch eine Intensivierung der ergänzenden Fruchtbaumnutzung festzustellen; Mango- und Schibutterbaum sind schon lange Teil der bäuerlichen Wirtschaft, und ihre systematische Nutzung durch Qualitätsobst kann eine Steigerung der bäuerlichen Einkommen bewirken. Die Länder Nordafrikas und Südafrika haben eine erfolgreiche Exportproduktion von Zitrusfrüchten, Stein- und Kernobst.

Dienen die klein- und mittelbäuerlichen Betriebe weitgehend der Nahrungsmittelproduktion, regional auch dem Baumwoll- und Erdnußanbau, und beschränkt sich bei ihnen die Nutzung von Baumkulturen wie Ölpalmen, Mango- und Olivenbäumen auf die Selbstversorgung und den gelegentlichen Verkauf von Überschüssen, so tragen die Strauch- und Baumdauerkulturflächen der *Pflanzungen* und *Plantagen* in entscheidendem Maße zur exportorientierten Produktion bei, man denke Kakao, Robusta-Kaffee, Palmöl, Kautschuk aus den Tiefländern, Tee und Arabica-Kaffee aus den Hochländern oberhalb von 1200/1500 m, Zitrusfrüchte und Kernobst aus den subtropischen Winterregengebieten oder an Gewürznelken aus Sansibar. Die Pflanzerbetriebe West- und Zentralafrikas waren bis zum Einbruch der Rohstoffpreise Mitte der 80er Jahre wohlhabende Unternehmen kleiner (4 – 6 ha) bis mittlerer Größe (10 – 40 ha Betriebsfläche; Beschäftigung von Lohnarbeitern, zum Teil Wanderarbeiter), deren Betriebsinhaber häufig einige ihrer Kinder auf die Gymnasien schicken konnten. Sie profitierten zugleich von einem funktionierenden staatlichen Beratungswesen, das ebenfalls seit Mitte der 80er Jahre von den Sparmaßnahmen der sogenannten Strukturanpassungsprogramme betroffen wurde. Mit dem Wiederanstieg der Rohstoffpreise ist zu hoffen, daß diese für die nationale Produktion und für die agrarsoziale Struktur tragenden Betriebe von den bilateral- und multilateral finanzierten Entwicklungsmaßnahmen profitieren. Allein die Wiederherrichtung der zwischenzeitlich vernachlässigten Strauch- und Baumkulturen wird Zeit- und Arbeitsaufwand kosten. Die Plantagenwirtschaft steht seit der Kolonialzeit im Mittelpunkt zahlreicher Fördermaßnahmen und des wissenschaftlichen Interesses. Heute gehört sie zu den politisch-gesellschaftlich umstrittenen Formen der Agrarproduktion als Symbol der „Außenabhängigkeit" und „Fremdbestimmung".

Halbnomadismus ist die vorherrschende Wirtschaftsform der *Tierhaltung* in den Trockengebieten Afrikas. Stationäre Weidewirtschaft auf Farmen und Ranchen dominiert im südlichen Afrika, findet sich sonst nur als Innovation vereinzelt. Auch stationäre Milchviehbetriebe sind noch sehr selten, wenn auch, vor allem in Nordafrika, die Haltung von Milchkühen als Einkommensquelle des bäuerlichen Betriebes zugenommen hat.

Bodennutzungssysteme des Feldbaus

Als älteste Form des Feldbaues hat sich in ASS der *Wanderfeldbau* erhalten bei Bevölkerungsdichten von weniger als 4–5 E./qkm, d.h. in Landstrichen, in denen noch umfangreiche Landreserven zur Verfügung stehen. Die unterschiedlichen Formen dieses extensiven Nutzungssystems, das auf die Selbstversorgung ausgerichtet ist, hat MIRACLE (1967) für das Zairebecken ausführlich dargestellt. Er unterscheidet folgende „klassischen Systeme" des Wanderfeldbaues:

– Roden – Brennen – Pflanzen und Säen, das am weitesten verbreitete System, besonders im äquatorialen Regenwaldgebiet angewendet;

– Brennen – Hacken – Pflanzen und Säen, besonders in den Grassavannen verbreitet;

– Roden – Pflanzen und Säen – Brennen, ein selten angewendetes System, das man im Maniema in Ostzaire antrifft;

– dem sambianischen Chitemene verwandte Systeme in Trockensavannenwäldern (Roden – Auffüllen der Holzmenge; Brennen – Pflanzen und Säen);

– Roden – Brennen – Anlegen von Baumkulturen, insbesondere von Ölpalme und Raphiapalme, praktiziert in Regenwald und Feuchtsavanne.

TONDEUR (1956) und BEGUIN (1958) untersuchten den Wanderfeldbau in den Regenwaldgebieten von Ost-Zaire. Inmitten der Wälder erscheinen unregelmäßige, oft ovale Rodungsinseln, in denen sich die Parzellenkomplexe und die Wohnstätten befinden, Einzelhofeinöden oder Rodungsweiler. Auf den durch die Brandrodung freigelegten Flächen werden in den äquatorialen Regenwaldgebieten Bananen, Maniok, Mais und Erdnüsse in *Mischkultur* angebaut. Nach der Ernte der einjährigen Nutzpflanzen wird der Maniok während der folgenden neun bis zwölf Monate geerntet, bis nach etwa zwei Jahren die Sekundärvegetation das Feld zu überwuchern beginnt. Das Land fällt in eine bis zu 17–20 Jahre dauernde Bodenruhezeit, in der sich ein Sekundärwald einstellt und sich die Bodenfruchtbarkeit allmählich regeneriert. Dies ist das Hauptziel der Verlegung der Anbauflächen, da wegen fehlender Großviehhaltung organischer Dünger nicht angewendet wird und chemischer Dünger zu teuer ist. Die Verlegung der Anbauflächen ist zugleich bedingt durch die Tatsache, daß wegen fehlender Unkrautbekämpfung die Vegetation nach zwei bis drei Jahren bereits derartig in das gerodete Land eingedrungen ist, daß die Anlage einer neuen Anbaufläche weniger Arbeitsaufwand erfordert. JURION und HENRY (1976) wiesen mit Recht darauf hin, daß die für den Wanderfeldbau typische Verlegung der Wohnplätze etwa alle acht bis zehn Jahre nicht nur durch das Bodennutzungssystem bedingt ist, sondern auch andere Ursachen haben kann: Verlassen des Wohnplatzes aus religiösen Gründen, wegen Zauberei, wegen Häufung von Krankheiten, wegen Streites mit den Nachbarn, wegen ständiger Wildschäden.

Das *Bantusystem* der Savannen Zentralafrikas wird nach WILMET (1963) gekennzeichnet durch den Anbau von Mais und Sorghumhirse auf kleinen, unregelmäßigen Parzellen, durch die Verlegung der Siedlungen und der Anbauflächen wegen schneller Bodenerschöpfung bei Fehlen angemessener Fruchtfolgen und wegen rudimentären Feldbautechniken. Die niedrige ländliche Bevölkerungsdichte von 2–4 E./qkm gab keinen Anlaß zu einer Intensivierung des Systems, wobei die nährstoffarmen Böden der Altflächen und das ungünstige Klima mit möglichem Niederschlagsmangel sich ebenfalls hemmend auswirkten.

Bei der Anwendung des *Chitemenesystems* wird auf einer Rodungsparzelle die Wirkung der Aschedüngung dadurch erhöht, daß man aus einem fünf- bis fünfzehnmal größeren Bereich Zweige und Äste auf dem gerodeten Feld zusammenträgt und somit die Menge des ascheliefernden Materials vervielfacht. Dieses System ist den armen Böden der Hochflächen des südlichen Zentralafrika angemessen, doch hat es einen Raubbau an den Waldformationen zur Folge.

Sowohl nach den Untersuchungen von WILMET (1963) als auch von DE SCHLIPPE (1986) ermöglicht der traditionelle Wanderfeldbau Bevölkerungsdichten bis zu 5 E./qkm, wobei die Selbstversorgungswirtschaft im Vordergrund steht. Bei dieser Wirt-

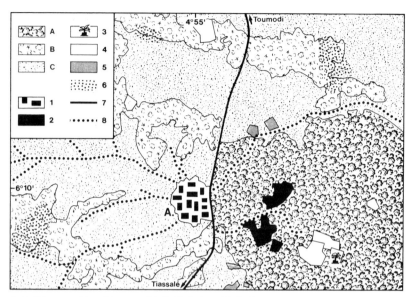

A: Halbimmergrüner Regenwald; B: Galeriewald; C: Grassavanne
1: Haufendorf mit Hausgärten; 2: Kaffeeparzellen; 3: Nahrungsmittelanbau (Banane, Yams, Maniok);
4: Rodung; 5: Anbauflächen in der Savanne (Mais, Hirse, Erdnuß); 6: Hain von Borassuspalmen
(Palmweingewinnung); 7: Fernstraße; 8: Feldweg

Abb. 37: Landnutzungsgefüge eines Dorfes im Regenwald (Côte d'Ivoire)

schaftsform ist eine Ergänzung der Nahrungsgrundlage durch das *Sammeln* von Früchten, Pilzen, Kräutern und Insekten üblich, um die Ernährung zu sichern und zu erweitern. Sowohl im tropischen Regenwald als auch in den Miombowäldern erfreut sich das Sammeln des Honigs großer Beliebtheit, der „zum Naschen" sowie zum Süßen Verwendung findet. *Jagd* und *Fischfang* liefern die notwendigen tierischen Proteine, da nur Kleinwiederkäuer (Ziegen, Schafe) und Geflügel gehalten werden.

Die *Landwechselwirtschaft*, auch als semipermanenter Regenfeldbau bezeichnet, in der Form des Hackbaus unter Einsatz der Brandrodung stellt die am weitesten verbreitete Form der feldbaulichen Nutzung bei den klein- und mittelbäuerlichen Betrieben in ASS dar. Der schon in der Kolonialzeit einsetzende, heute vorgeschriebene Übergang von der semipermanenten Siedlungsweise zur Dauersiedlung hatte im Zusammenhang mit der Verdichtung der Bevölkerung besonders seit dem Zweiten Weltkrieg die Ablösung des Wanderfeldbaues durch die Landwechselwirtschaft zur Folge. Die Weiler und Haufendörfer oder die planmäßig angelegten Wegedörfer werden nicht mehr verlegt. Die Wohnstätten errichtet man nach ihrem Verfall etwa alle 10–12 Jahre wiederum auf der Wohnparzelle; nur bei einer Häufung von Krankheiten, Unglücks- und Todesfällen wird der Siedlungsplatz, der als „verhext" gilt, verlegt.

Der freie Wanderfeldbau wird in diesem Zusammenhang von geregelten Flächenwechselsystemen mit Feld-Wald, Feld-Busch- und Feld-Gras-Wechsel abgelöst. Die

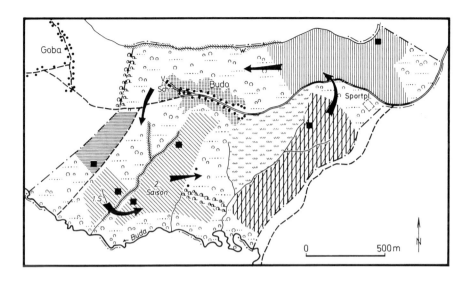

•	Gehöft und Garten
	Hausnaher Bananenhain und
	Maisfeld: "HI"
	Mais - Bohnen ⎤
	Süßkartoffeln ⎥ "Monga-
	Hirsen ⎥ Zelgen "
	Maniok ⎦
	Individuelle Parzellen in den
	Talgründen (Mais, Bananen)
	Weideflächen

	Eukalyptus und Gerberakazien
	Brache
■	Beispiel für die räuml. Verteilung
	der Nutzungsparz. eines Bauern X
	Fahrstraße und Fußpfad
	Gemarkungsgrenze
	Rotationsrichtung der Zelgen
Sch.	Schule
V.	Verwaltung
W.	Wasserstelle

Abb. 38: Zelgenartig gebundener Anbau (Oberituri, Nordost-Zaire)

mittlere Anbauzeit beträgt drei bis vier Jahre, wobei bodenkonservierende Fruchtfolgen zur Anwendung kommen. Die Brach- bzw. Bodenruhezeiten betragen in dünnbesiedelten Gebieten bis zu 15 Jahren, in dichtbesiedelten Landstrichen nur noch zwei bis vier Jahre, so daß der Übergang zum Dauerfeldbau eintritt. Die Anpassung der Bodennutzung an das Ökotopgefüge der Gemarkung wird verfeinert, etwa in der Folge Savannenplateau mit Maisbau, feuchte Dellen in den Talhängen mit Bananenanbau, Galeriewaldstreifen mit Süßkartoffel-Bananenanbau. *Verbesserte Anbautechniken* wie die Anlage von Erdwällen oder Häufeln bei der Maniok- und Yamskultur, Einsatz von natürlichem Dung wie das Einbringen von Gründünger in Erdlöcher sowie die Verwendung von einfachen Bodenkonservierungsmaßnahmen tragen zur Erhöhung der Produktion bei.

Der größere individuelle Arbeitseinsatz bei der Feldbestellung und der höhere Wert, den der Boden angesichts der Bevölkerungsverdichtung erhält, bedingen neue Formen des *Bodenrechtes*. So wird das zeitlich befristete Nutzrecht der einzelnen Familien auf dem Stammesland zwar in einigen Fällen noch beibehalten, doch existiert für die au-

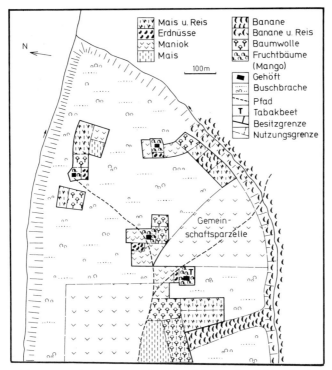

Abb. 39: Streusiedlung mit Innenfeld-Außenfeld-Gliederung

ßerhalb der Gemeinschaftsparzellenverbände angelegten Felder, etwa in den Dellen oder in Talauen, bereits ein vererbbares Dauernutzrecht. Dieses hat sich in Regionen, die besonders dicht bevölkert sind, wie bei den Alur in Nordost-Zaire oder bei den Shi im Hochkivu von Ost-Zaire bereits für die gesamte Gemarkung durchgesetzt. Der Landmangel verleiht dem Boden einen steigenden Wert, und der persönliche Arbeitseinsatz, etwa bei der Baumwoll- oder Kaffeekultur, ist so hoch, daß der Boden Eigentumswert erhält. Nur die Weidegründe bleiben wie bei der Allmende Mitteleuropas im Besitz der Gemeinschaft mit einem Nutzungsanspruch für jeden Dorfbewohner.

Innenfeld-Außenfeld-Nutzungssysteme sind weit verbreitet (WIESE 1979, MANSHARD 1987, KRINGS 1992). Der Landwirt verbindet einen intensiven Dauerfeldbau auf dem gehöftnahen Innenfeld mit einer extensiven Nutzung nach Art der Landwechselwirtschaft auf dem Außenfeld. Der *Dauerfeldbau* mit Fruchtwechsel auf dem Innenfeld ist nur möglich, wenn die Bodenqualität hoch ist bzw. wenn sie durch Düngung gestützt wird. Hierzu werden Hausabfälle oder tierischer Dung verwendet, falls „gemischte Betriebe" vorkommen, die Rinderhaltung und Feldbau verbinden. Doch ist dies eine Ausnahme – und zugleich eine Zukunftsperspektive für die Landesteile, in denen Großviehhaltung möglich ist, endet doch, wie RUTHENBERG (1965) mit Recht schreibt, eine Intensivierung der Landwechselwirtschaft mit Hilfe der Verkürzung der Bodenruhezeit „in einer Sackgasse".

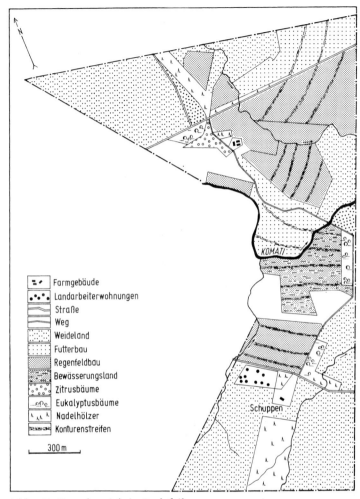

Abb. 40: Farmbetrieb in Südafrika

In Gebieten hoher agrarischer Bevölkerungsdichte wie Teilen der zentral- und der ostafrikanischen Schwelle, in den Vulkangebieten Westafrikas, im Äthiopischen Hochland oder in den Verdichtungsgebieten alter „Königreiche der Savanne" hat sich als Folge des Landmangels ein *Dauerfeldbau* entwickelt. Der Zwang zur Nahrungsmittelproduktion, in manchen Fällen auch der Wille zur Steigerung des Bareinkommens, z.B. durch die Ausdehnung des Baumwollanbaus, läßt die Bauern den Boden ohne ausreichende Ruhezeiten Jahr für Jahr bebauen, so daß gerade in diesen Gebieten totale Bodenerschöpfung und minimale Hektarerträge auftreten. Nur wenige Regionen, wie z.B. die Vulkanlandschaften (um die Virungavulkane im Hochkivu/Zaire; Kamerunberg und Umgebung; Kilimandjaro), wo junge, mineralreiche Böden über vulkanischen Gesteinen auftreten, lassen einen derart intensiven Anbau zu.

Die *Farmwirtschaft*, gekennzeichnet durch marktorientierte Familienbetriebe (mit Lohnarbeitern) von einigen zehn (bewässerter Gemüsebau) bis zu einigen tausend Hektar (Weidewirtschaft) Betriebsfläche, hat eine wichtige Funktion für die Versorgung der Binnenmärkte und den Export. Die Farm als bäuerlicher Mittel- bis Großbetrieb wurde in der Kolonialzeit eingeführt, so daß diese Betriebsform heute in ehemaligen Siedlungskolonien wie in Kenia und Simbabwe sowie in Südafrika und Namibia noch weit verbreitet ist. Während die Betriebe der französichen *colons* in Nordafrika weitgehend verstaatlicht wurden (für Algerien vgl. ARNOLD 1995, Kap. 6.1), gingen sie in Ost- und Südafrika an heimische „*master farmer*" oder an neue Großgrundbesitzer über. In Südafrika und in Namibia besteht noch eine wirtschaftlich und politisch bedeutende weiße Farmerbevölkerung. Doch auch hier geht der Trend zur Konzentration in agro-industrielle Großbetriebe, zur Spezialisierung (z.B. Obstbau, Weinbau, Blumen) oder zur Aufteilung der Betriebe an Landarbeiter und squatter (illegale Siedler).

Die Plantagenwirtschaft

Die Plantage als Wirtschaftsform der Kolonialzeit gehört zu den heftig diskutierten Objekten der Entwicklungsforschung. Für zahlreiche afrikanische Staaten stellt sie jedoch bis heute eine entscheidende Stütze der Außenwirtschaft dar, einen Schwerpunkt der Lohnarbeit für die arbeitssuchende Bevölkerung, ein (wenn auch umstrittenes Mittel) der Regionalentwicklung durch Tätigung massiver Investitionen in die Plantagen-abhängige Infrastruktur (Straßen, Einrichtungen des Gesundheitswesens, Schulen). Bei der Darstellung der Plantagenwirtschaft hat man sich vor Augen zu halten, daß sie in den meisten Ländern Afrikas seit den 60er Jahren eine Entwicklung durchlaufen hat, für die das in der Kolonialzeit gezeichnete Bild nur noch sehr eingeschränkt zutrifft (WIESE 1989). Zwar kann die *Plantage* immer noch als ein landwirtschaftlich-industrieller Großbetrieb bezeichnet werden, auf dem in Form großflächiger Monokultur von Baum- und/oder Strauchkulturen überwiegend weltmarktorientierte Massenproduktion von pflanzlichen Rohstoffen mit hohem (saisonal schwankenden) Arbeitskräfte- und Maschineneinsatz, mit dem Ziel optimaler Hektarerträge, durchgeführt wird, die anschließend auf der Plantage eine industrielle Aufbereitung zu hoher Qualität erfahren, kann sie als kapitalintensiver (Investitionen in Nutzpflanzen, Allwetterwegenetz, Gebäude, Fahrzeuge, Maschinen, Personal, Forschung) Großbetrieb mit erheblichen internationalen Kapital- und Entscheidungsverflechtungen bezeichnet werden, doch lassen sich mehrere bedeutende *Veränderungen* der Plantagenwirtschaft in Afrika feststellen: Afrikanisierung des leitenden Personals; steigende staatliche Kapitalbeteiligung bis hin zur Verstaatlichung (z.B. in Zaire); Einführung des „Nukleus-Prinzips", der Ergänzung des „Kern (nucleus)"-Betriebes der Plantage durch „angelagerte" Kleinpflanzerbetriebe; Diversifikation der Nutzpflanzen zur Verringerung der Konjunkturabhängigkeit.

Größere zusammenhängende Gebiete der Plantagenwirtschaft finden sich sowohl in den Subtropen als auch in den Tropen Afrikas, so daß die Plantage zu Unrecht als eine Form der tropischen Landwirtschaft bezeichnet wird. Sie hat allerdings ihr Hauptverbreitungsgebiet in den inneren Tropen Afrikas, von den Ländern der Guineaküste über die Staaten Zentralafrikas bis Ostafrika. In den Subtropen tritt die

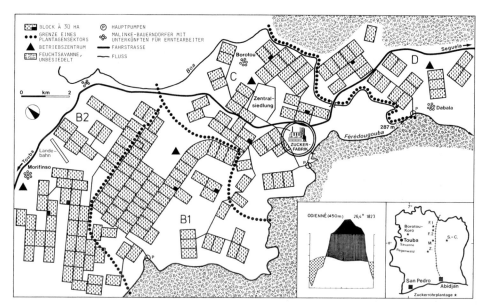

Abb. 41: Zuckerrohrplantage in Westafrika, Nordwesten von Côte d'Ivoire.

Plantagenwirtschaft z.B. in Marokko auf sowie in Südafrika. Dieses Verbreitungsmuster hat seine Ursachen in den ökologischen Ansprüchen der tropischen Tieflandprodukte Kautschuk, Ölpalme, Kakao, Robusta-Kaffee, des trockenresistenten Sisal, des bis in die Randtropen Südafrikas vordringenden Zuckerrohrs, im Unterschied zu den tropischen Hochlandprodukten Tee und Arabica-Kaffee (Kenia, Malawi) und den subtropischen Plantagenprodukten wie Zitrusfrüchte und Kernobst. Für die *Verteilung* der Plantagenwirtschaft innerhalb der ökologischen Eignungsräume sind die Hauptursachen in der günstigen Lage der Plantagen zu Exporthäfen und Verkehrswegen (Flüsse, Eisenbahn, in jüngster Zeit auch Fernstraße) zu sehen, die Verfügbarkeit von großen Landflächen geringster Besiedlungsdichte wie in den Guinea-Küstenländern oder in Zentralafrika, die Erreichbarkeit von großen Wassermengen für Plantagen mit ergänzender Bewässerung (die meisten Zuckerrohrplantagen), die kolonialzeitliche Siedlungspolitik in Hochafrika (Plantagenwirtschaft in den ehemaligen White Highlands von Kenia wie die Teeplantagen um Kericho, im Teeplantagengebiet um Mulanje im Süden von Malawi, die Zuckerrohrplantagen in Natal, Südafrika), oder die Standortwahl im Sinne der Erschließungsfunktion wie bei Plantagen-Neugründungen im Norden der Côte d'Ivoire (HETZEL 1988) oder im Osten von Swaziland.

Die *Funktion* der Plantagenwirtschaft für die Massenproduktion pflanzlicher Rohstoffe und damit für die Exportwirtschaft und Deviseneinnahmen zahlreicher afrikanischer Länder ist erheblich. In steigendem Maße erfolgt aber eine industrielle Verarbeitung der pflanzlichen Rohstoffe in den einzelnen Ländern im Sinne einer export- und binnenmarktorientierten Verarbeitung an nationalen Standorten. Die steigende

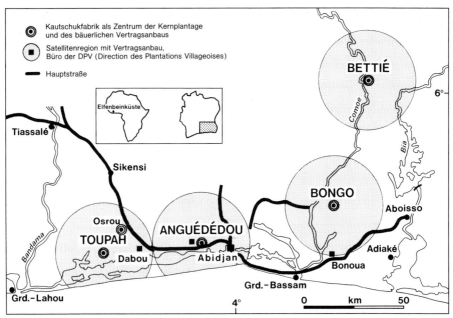

Abb. 42: Kernplantagen und Vertragsbauern im Südosten von Côte d'Ivoire

Binnennachfrage nach Nahrungsmitteln wie Palmöl oder Genußmittel wie Tee und Zucker ist ein erheblicher Faktor der Umorientierung der Plantagen auf den Binnenmarkt.

Nomadische Lebensformen im Wandel

Die geoökologischen Bedingungen in den ariden und semiariden Gebieten Afrikas sowie die kulturellen Kontakte innerhalb des Trockengürtels der Alten Welt führten in Nord- und Westafrika zur Ausbildung der Kultur- und Lebensform des Nomadismus. Auch in den Trockengebieten Ostafrikas sowie im südlichen Afrika kam es durch die Anpassung der Hirtenvölker an die regionale Verfügbarkeit von Futter zur Entwicklung der Wanderweidewirtschaft.

Am *Beispiel* des Sahel-Sudan-Landes *Senegal*, südwestlicher Vorposten des Nomadismus der Alten Welt, sei die aktuelle Situation und die Tendenzen des Nomadismus in Afrika aufgezeigt. Getragen von der Ethnie der *Fulbe*, im Französischen als Peul bezeichnet, sind Nomaden in unterschiedlichen Formen des wirtschaftlich-gesellschaftlichen Wandels ein wesentlicher Bestandteil des heutigen Staates. Die Fulbe haben die semiariden Teile des Binnenlandes, den Ferlo, als Sommerweidegebiet erschlossen. Sie stützen ihre Wirtschaft auf Herden von Zeburindern, Schafen und Ziegen; Esel und Kamele als Lasttiere, Kamele und Pferde als Reittiere begleiten sie. Weiträumige Wanderungen von mehreren hundert Kilometern in Nord-Süd-Richtung gibt es seit den staatlichen Brunnenbauprogrammen der 30er Jahre und der Anlage von Brunnen durch die Eigeninitiative der Fulbe seltener. Es überwiegen jahreszeitliche Wanderungen von 20 bis 50 km Distanz zwischen brunnennaher Weide in der Trockenzeit und Regenzeit-Weide in der Nähe natürlicher Wasserstellen wie der Flußläufe und Mare, abflußloser Senken, in denen sich Niederschlagswasser sammelt.

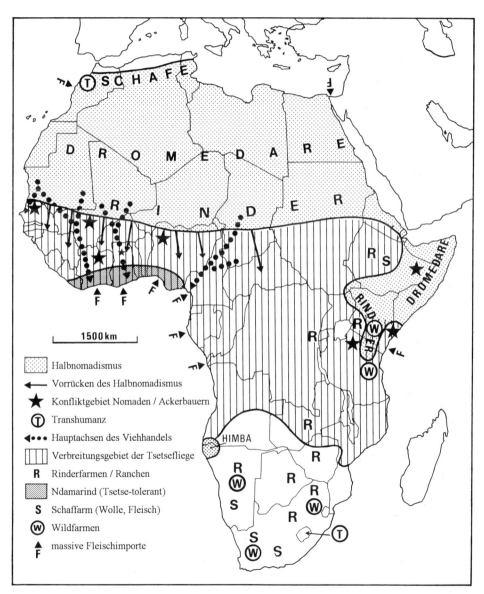

Abb. 43: Nomadismus und stationäre Großviehhaltung

Wandlungen in der nomadischen Lebens- und Wirtschaftsweise ergeben sich aus den veränderten Beziehungen zwischen Ackerbauern und Nomaden. Eine Tauschwirtschaft verbindet seit Generationen die Gruppen der nomadischen Fulbe mit den Akkerbauern der Wolof bzw. Sérèr: Milchprodukte der Nomaden, besonders saurer Rahm, werden auf den Tages- bzw. den Wochenmärkten gegen Hirse getauscht. Der Erdnußanbau bedeutete zwar eine Gefährdung dieses Austauschverhältnisses, doch konnte er es nicht zum Erliegen bringen. Schwerer wiegt die Tatsache, daß durch die anhaltende staatliche Förderung der Erdnußbauern als den Produzenten von volkswirtschaftlich unmittelbar meßbaren Erträgen die Weidegründe der Fulbe eingeengt wurden. Hinzu kommt die Besetzung von Nomadenland durch schlagkräftige Muridensiedler, die an einer Pionierfront in die Gebiete des Ferlo jenseits der agronomischen Trockengrenze vorstoßen. Die Einengung des Lebensraumes durch Erdnußbauern von Westen her, die Verluste an Weideland im Senegaltal durch die Einrichtung von Bewässerungsanlagen, Verluste von Weideflächen im Deltagebiet des Senegal durch die Zuckerrohrplantage der Compagnie Sucrière Sénégalaise bei Richard Toll und große Reisbauflächen, sowie die skeptisch-ablehnende Haltung der Regierungsstellen auf lokaler und regionaler Ebene tragen zu einer wachsenden *Konfrontation* zwischen Bauern und Nomaden bei (WEGEMUND 1991). In der Zwischenzeit dehnten die Nomaden den Getreidebau und Gartenbau aus, um die Abhängigkeit von den Ackerbauern oder von staatlichen Getreidezuschüssen zu mindern, so daß heute bei der Anwendung einer strikten „Nomadismus-Terminologie" die Bezeichnung *Halbnomaden* für diese Wirtschaftsgruppen in Senegal korrekt wäre. Von der in manchen Lehrbüchern noch genannten „Prestigeviehhaltung" ist kaum noch die Rede. Vielmehr ist Vieh ein Marktartikel, da über Bargeld Güter des täglichen Bedarfs wie Getreide, Tee und Zucker, oder Güter des langfristigen Bedarfs wie Radios oder Fahrräder/Mopeds zu beschaffen sind. Der Anstieg der Fleischpreise, angeregt durch die zunehmende Verstädterung und Veränderung der Eßgewohnheiten, war ein weiterer Anreiz zur Steigerung des Viehbesatzes.

Angesichts zunehmender Konfrontation zwischen Nomaden auf der einen Seite, Ackerbauern und staatlichen Autoritäten auf der anderen Seite wie beim grenzüberschreitenden Tuareg-Konflikt in Sahara/Sahel (KRINGS 1995) oder bei den Turkana in Nord-Uganda bzw. den Pokot in Nord-Kenia (BOLLIG 1994) stellt sich die grundsätzlichen Frage nach dem Schicksal der Nomaden und nach der Zukunft der Tierhaltung in den Trockengebieten Afrikas. Mitte der 90er Jahre haben die Fulbe-Mbororo-Halbnomaden bei der Verlegung ihrer Weidegründe aus der zentralen Sahelzone (Niger, Tschad: Desertifikation, Bürgerkrieg) nach Süden in der Zentralafrikanischen Republik bereits 4° n. Br. erreicht. Sie sind in die Feuchtsavanne vorgedrungen, die ihnen bisher durch die Tsetsefliege „versperrt" war. Fliegenfallen an den wichtigsten Zugwegen und an den Kraalen ermöglichen diese Südverlagerung und Landerschließung für die Wanderweidewirtschaft in der gesamten Sudanzone und in Zentralafrika. Sie wird von Ökonomen begrüßt, von Ökologen und Ethnosoziologen kritisch bewertet (Konflikte zwischen seßhaften Bauern, Halbnomaden und Pygmäen in der ZAR). Von Ökologen als eine hoch entwickelte, angepaßte Wirtschaftsform gepriesen, geht die freie Wanderweidewirtschaft angesichts des Wachstums der Bevölkerung, der Zahl der landwirtschaftlichen Betriebe, der Steigerung der Wasserentnahme, der Weidevernichtung und der Desertifikation in den Trockengebieten ihrem Ende entgegen (SCHOLZ 1995). Die freie Weidewirtschaft verlagert sich, wie oben gezeigt, in ressourcenreichere Feuchtgebiete. Hier können sich eine kontrollierte Weidewirtschaft, sei es eine Fernweidewirtschaft nach agrarwissenschaftlichen Gesichtspunkten unter Nutzung der Satellitenbildinterpretation, eine kontrollierte Beweidung der dörflichen Gemarkungen, oder eine Ranchwirtschaft entwickeln, deren Einführung bisher allerdings scheiterte.

Modernisierung der Landwirtschaft

Bei der Suche nach Möglichkeiten, die Lebensbedingungen der Masse der Bauern zu verbessern und die Ernährungssicherung zu gewährleisten, wird seit Jahrzehnten von einer Modernisierung der Landwirtschaft gesprochen. Für Versuche zur Motorisierung und Mechanisierung, für Bewässerungsanlagen, für organisatorische Veränderungen der Beratung und Vermarktung sind Millionen DM verbraucht und zahllose in- und ausländische Experten eingesetzt worden. Doch gehören bis heute ein niedriges technisches Niveau, geringe Produktivität, Kapitalmangel, Unterbeschäftigung, Armut und Landflucht zu den wirtschaftlichen und sozialen Erscheinungen im ländlichen Raum. Gleichzeitig besteht in den meisten Ländern Afrikas ein hoher Importbedarf an Getreide, da die nationale Produktion in den Staaten Nordafrikas, der Sahel-Sudan-Zone sowie Ost- und Südafrika zeitweise nur ca. 50 % des Bedarfes deckt. Sicherlich stellen die klimatischen Risiken der Niederschlagsvariabilität und der Dürre, Schädlingseinfälle wie Heuschreckenplage, oder die Desertifikation gravierende ökologische Negativfaktoren dar, doch behindert auch ein Bündel sozialer sowie interner und externer wirtschaftlicher Faktoren und erhebliche Mängel im Management die Modernisierung der Landwirtschaft.

Eine Steigerung der Agrarproduktion zur Erhöhung der bäuerlichen Einkommen und zur Ernährungssicherung ist über eine Ausweitung der Anbauflächen nur bedingt zu erreichen. Die verfügbaren Ackerflächen werden in dichtbesiedelten Agrarräumen wie in Teilen der Sahel-Sudanzone, Ost- und Südafrika fast in vollem Umfang genutzt. Reserveflächen müssen erst infrastrukturell erschlossen und bäuerlich besiedelt werden. Eine „Grüne Revolution" für Afrika, wie sie die Weltbank (World Bank 1989a) vorschlug, müßte einen „Gesamtansatz" verfolgen, der unter den gegenwärtigen politischen und infrastrukturellen Gegebenheiten nicht zu realisieren ist.

Maßnahmen zur Verbesserung der Ernährungssicherung erfolgen in zahlreichen Ländern Afrikas im Rahmen der vom IWF und der Weltbank finanzierten Strukturanpassungsprogramme seit den 80er Jahren. Die Auflösung staatlicher Einkaufsmonopole und der zugehörigen aufgeblähten, korrupten Bürokratien, die Freigabe der Erzeugerpreise und eine Stimulierung des privaten Handels ließen regional die Nahrungsmittelproduktion steigen, doch wird heftig darüber diskutiert, inwieweit diese Entwicklung auf saisonal günstige Niederschläge oder auf eine sich anbahnende Umstrukturierung der bäuerlichen Produktion zurückzuführen ist. Fiskalische Maßnahmen wie die Abwertung des FCFA Anfang 1994 können ebenfalls Auswirkungen auf die Agrarproduktion haben: In den frankophonen Ländern Westafrikas kam es zu einer Steigerung der Produktion von Nahrungsmitteln (wegen starker Verteuerung der Importe) und von Exportprodukten wie Kaffee und Kakao, die auf dem Weltmarkt konkurrenzfähig wurden; die Staaten Zentralafrikas konnten wegen schlechter Infrastruktur und langjähriger Vernachlässigung der Pflanzungen kaum Nutzen aus der Abwertung ziehen.

Der Aufbau eines effizienten *Kreditwesen* soll private und genossenschaftliche Investitionen und Modernisierung ermöglichen. Eine Verbesserung der Situation bei der Masse der Bevölkerung ist bisher aber nicht festzustellen, da der Zugang zu den Krediten schwierig und die Skepsis zahlreicher Bauern gegenüber dieser „Innovation" groß ist. Bankenzusammenbrüche in den 90er Jahren in zahlreichen Ländern des Kontinents haben das Vertrauen der Bevölkerung in die moderne Geldwirtschaft erschüttert. So besitzen traditionelle Spar- und Kreditinstitutionen wie das System der „tontine" in Westafrika eine anhaltende Bedeutung; Förderung des informellen Kreditwesens kann eine Aufgabe der EZ sein.

Die Förderung des *Maisanbaus* in zahlreichen Ländern zur Ernährungssicherung ist nicht unproblematisch. Er liefert zwar in semihumiden Gebieten höhere Flächenerträge als die Hirse, doch zwingt er zu Veränderung der Ernährungsgewohnheiten. Da Mais im Vergleich zu den Hirsearten einen wesentlich geringeren Anteil an Aminosäuren hat, besteht die Gefahr der Fehlernährung durch Eiweißmangel, da tierisches Eiweiß für große Teile der Bevölkerung zu teuer ist. Auch verlangt der Maisanbau erhebliche Gaben an Mineraldünger, da der hohe Nährstoffbedarf der Pflanze den Boden innerhalb von drei bis vier Jahren auslaugt; hier stellt sich die Frage nach dem Verhältnis von Input zu Ertrag.

Die Einführung der *Ochsenanspannung* und des *Pflugbaus* galt in den 60er und 70er Jahren als eine wichtige Entwicklungsmaßnahme (POHL 1981, KRINGS 1986). Durch den Übergang vom Hackbau zum Pflugbau unter Nutzung der tierischen Anspannung, sollte die landwirtschaftliche Nutzfläche pro Betrieb vergrößert, und die Relation von Arbeitsaufwand zu Ertrag verbessert werden. Nach anfänglichen Erfolgen scheiterte diese Innovation in den dichtbesiedelten Agrarräumen wie im senegalesischen Erdnußbecken an Flächenmangel sowie am Mißverhältnis von Finanz- und Arbeitsaufwand zu Ertragssteigerung. Zugleich ergaben sich Schwierigkeiten aus dem Ernährungs- und Gesundheitszustand des Zugviehs zu Beginn der Regenzeit, bedingt durch Futterengpässe in der Trockenzeit. Die Pflüge sind teuer, technologisch nicht angepaßt und verursachen Wartungskosten, die das Betriebsbudget belasten. Zudem erwies sich der Verkauf von Ochsen durch die Bauern an Metzgereien in den Städten als ein Handicap bei der Förderung des Pflugbaus.

Motorisierung und *Mechanisierung* existieren bisher nur in entscheidendem Umfang auf Plantagen, in Bewässerungsanlagen (z.B Motorpumpen), im Gartenbau und auf Farmen, die bei Flächen von über 50 ha marktorientiert wirtschaften. Den meisten Kleinbauern fehlen Kapital und know-how. Zudem hemmen die Zersplitterung der Nutzungsparzellen und die geringen Parzellenausmaße den lohnenden Einsatz von Maschinen, die für großflächige Monokulturen wie Reis, Mais oder Zuckerrohr geeignet sind. Die ökologischen sowie die sozialen Folgen neuer Technologien, vergleichbar mit der „Grünen Revolution" in Asien, sind inzwischen auch in Afrika umstritten: Zwar bedeuten sie Erleichterung der schweren Feldarbeiten, mehr Zeit für nichtagrare Tätigkeiten, doch verschärfen diese Innovationen agrarsoziale Unterschiede, machen sie wohlhabende Investoren reicher, die arbeitsuchenden Kleinbauern dagegen zu proletarisierten Landarbeitern. Hier könnten landwirtschaftliche Genossenschaften helfen, doch sind diese erst eine Seltenheit, da die Verteilung von Kapital, Landbesitz und Macht gegen sie sprechen.

Ochsenanspannung, Mechanisierung und Motorisierung können auch die Rolle der *Frau* in der Familie grundlegend ändern, da der Feldbau nach Arbeitsaufwand, sowie Verfügung über Kapital und Inputs weitgehend Sache des Mannes wird. Deshalb wird seit den ausgehenden 80er Jahren etwa von der deutschen Entwicklungszusammenarbeit auf die sozioökonomische Bedeutung derartiger Innovationen für die Frauen besonderer Wert gelegt.

Insektizide und Pestizide werden von internationalen Chemieunternehmen und der FAO, z.T. auch den landwirtschaftlichen Beratungsorganisationen, als Lösung für eine Steigerung der landwirtschaftlichen Produktion propagiert. Die Heuschreckeninvasion des Jahres 1988 in Senegal bedeutete z.B. einen Verlust von ca. 25 % der Erdnußernte, so daß das ökonomische Interesse am Einsatz dieser Mittel verständlich ist. Auf der anderen Seite sind neben den gravierenden ökologischen Folgen für das Trinkwasser und die Vogelschutzgebiete der hohe finanzielle Aufwand für den Insektizid- und Pestizideinsatz zu beachten. Staatliche Subventionen, z.T. durch ausländische Geber finanziert, können helfen, doch liegen die Lösungen eher in angepaßten Agrartechniken.

Eine Integration der Großviehhaltung in den bäuerlichen Betrieb, die Schaffung „gemischter Betriebe", wie sie die Sérèr im Westen von Senegal oder die Chagga am Kilimandscharo schon traditionell kennen, ist eine sinnvolle Lösung: So wird tierischer Dung, Zugkraft, Milch und Fleisch in die landwirtschaftlichen Betriebe eingebracht und die Vermarktungsbasis erweitert. Leider praktiziert nur ein geringer Prozentsatz der Landwirte diese Betriebsform, da Futterbau, Pflege der Tiere, Gerätebeschaffung und -wartung sich nur zögernd ausbreiten.

Dem *Bewässerungsfeldbau* wird von den Landwirtschaftsbehörden und von ausländischen Gebern eine große Bedeutung zur Behebung der Nahrungsmittelengpässe und zur Modernisierung der Landwirtschaft in den Trockengebieten Afrikas beigemessen. In Gebieten, wie in der Casamance (Senegal), wo diese Technik eine Tradition hat und auf lokaler Ebene organisiert ist, trägt der Reisbau zum Wohlstand der Bevölkerung bei. Wesentlich problematischer gestalten sich Großprojekt wie die Schaffung von 400 000 ha Bewässerungsland im Senegaltal. Der Kapitalaufwand erhöht die Auslandsverschuldung der betreffenden Staaten und steht in keinem Verhältnis zu den Erträgen; Bauern und Nomaden werden von angestammten Nutzflächen vertrieben; Desertifikation erreicht ein erschreckendes Ausmaß; nur wenige Investoren, vor allem auch die ausländischen Lieferfirmen der Motoren, Pumpen und Rohre, sowie die Beratungsexperten profitieren von diesem Großprojekt. Probleme bestehen auch wegen fehlender Erfahrungen der Bauern mit dieser Technologie hinsichtlich Betrieb und Instandhaltung der Anlagen. Es entstehen zudem Arbeitsengpässe zwischen Nahrungsmittelfeldbau, dem Nachflutanbau von Hirse und dem Reisbau für den Binnenmarkt. URBAN (1988) gab eine kommentierte Literaturübersicht zu diesem Thema für die Sahelzone. BELLONCLE (1985) verglich die Erfahrungen westafrikanischer Länder in Bezug auf kleinbäuerliche Bewässerungsprojekte; POPP und ROTHER (1993) veröffentlichten Studien für den Mittelmeerraum.

Mit Recht wendet sich die Förderung zahlreicher Geberländer dem *Gartenbau* zu. Er hat eine wichtige Funktion beim Übergang zu höherer Agrarproduktion: Intensivtechniken, überschaubare Ausmaße der Produktionseinheiten, hohe Beteiligung der Frauen und jungen Leute sprechen für eine Expansion des Marktgartenbaus. Mit der wachsenden Nachfrage nach frischen Erzeugnissen wie Obst, Gemüse, Fleisch, Geflügel, Eier und z.T. auch Milch bei kaufkräftigen städtischen Schichten sowie angesichts der Verteuerung der Importe haben Formen der Intensivproduktion in der Stadt oder im periurbanen Bereich an Bedeutung gewonnen. Die Spannweite der Betriebsformen reicht vom Hausgarten mit dem Verkauf von Überschüssen über spezialisierte Gemüse- und Blumenbaubetriebe und informelle Milcherzeugerbetriebe (z.B. Fulbe in Westafrika) bis zur kommerziellen Geflügelhaltung im periurbanen Bereich.

Bei der Fleischbedarfsdeckung eröffnet die *Wildbewirtschaftung* neue Perspektiven. Die herkömmliche Fleischproduktion durch nomadische Viehhalter entspricht in der Qualität nicht mehr den Anforderungen kaufkräftiger städtischer Schichten; sie bedient die Märkte der unteren Schichten. Qualitätsimportfleisch hat sich durch Abwertung und Abbau der Subventionen in den Industrieländern verteuert. Wildfleisch ist eine beliebte Delikatesse, sei es Antilope, Schuppentier oder Meerkatze, aber die Produktion aus der Jagd nimmt ab. Als eine Alternative im städtischen Milieu breitet sich die Stallhaltung von Ratten oder anderen Nagetieren oder von Großtieren wie Antilopen auf Farmen aus. Ökologisch angepaßte Produktion von Wildtierarten, aufbauend auf traditionellen Nutzungs- und Verarbeitungsformen (wie Trockenfleisch) ist eine Herausforderung an die EZ.

Das *Bodenrecht* erweist sich als ein wichtiger Faktor bei der Dynamisierung der Landwirtschaft (Bodenrecht 1995). Rechtsunsicherheit und Streit um Land nehmen angesichts der Bodenverknappung, der Intensivierung der Agrarproduktion, etwa durch Bewässerung, und der Ausdehnung von Dauerkulturen erheblich zu. „Landverkauf" an mehrere „Besitzer" ist die Regel, wobei die Frage des Alteigentümers oft nicht geklärt ist, da sich das Erbrecht nach Ethnien und Regionen unterscheidet und traditionelle Autoritäten ihre Legitimation verlieren. Es existieren mehrere Rechtsformen nebeneinander, wobei sich „modernes" Recht auf der Basis des römisches Rechtes der westlichen Industrieländer durchsetzt. Es herrscht eine allgemeine Tendenz zum Übergang vom kollektiven Nutzungsrecht zum Individualeigentum. Mag dies angesichts der Rufe nach „Privatisierung" und „Marktwirtschaft" vorteilhaft erscheinen, so wird auf der anderen Seite der bisher in ASS übliche Zugang zu Land über ein zeitlich befristetes Nutzrecht für neue Haushalte unmöglich, – Landflucht, Verarmung, Proletarisierung nehmen zu.

In Nordafrika nimmt das als „melk" bezeichnete Land im Eigentum der Familie meist nur kleine Flächen für den Acker- und Gartenbau ein. Die als „arch" bezeichneten Großflächen werden von Stammesfraktionen der ehemaligen Nomaden verwaltet, die Nutzrecht vergeben, eine Situation, die als Entwicklungshemmnis betrachtet wird. Die Gemeindeländereien (terres communales) unterliegen einem Übergang zur „arch"-Situation, und Landstreitigkeiten sind die Regel. Die noch aus der Kolonialzeit und der postkolonialen Phase verbliebenen großen Flächen an Staatsland (terres domaniales) werden meist von staatlichen Verwaltungen wie der

Forstbehörde verwaltet; auch sie stehen unter dem „Druck" der Vergabe an Stammesfraktionen oder an einflußreiche Persönlichkeiten.

„Modernisierung" der Landwirtschaft ist angesichts der Not der ländlichen Bevölkerung unumgänglich. Sie kann sich aber nur in einem Gesamtkonzept auf nationaler oder regionaler Basis vollziehen, in einer „konzertierten Aktion" politisch, finanziell, sozial und technologisch-infrastruktureller Art; hierzu ist bilaterale und multilaterale Beratung, Planung und Kapitalhilfe sinnvoll.

Die Bedürfnisse und Prioritäten der Bäuerinnen und Bauern sprechen ebenfalls für einen „integrierten Ansatz": Sicherung der Trinkwasserversorgung, Verbesserung des Gesundheitswesens (Apotheke, Erste-Hilfe-Station), Bau einer Grundschule, eine kleine Maismühle und die Verbesserung des Wegenetzes werden i.a. vorrangig genannt – vor Maßnahmen der Agrartechnik und des Bodenschutzes.

Tab. 12: Zielgruppen-Prioritäten im ländlichen Raum der Sahelzone (Burkina Faso)

Prioritäten		Zahl der nach-fragenden Dörfer
1.	Einrichtung und Beratung beim Marktgartenbau	13
2.	Verbesserung der Trinkwasserversorgung	12
3.	Verbesserung der sanitären Situation	9
4.	Nahrungsmittelhilfe (gratis oder gegen Bezahlung)	8
5.	Getreidemühle	7
6.	Beratung über Pflanzenschutz	6
7.	Beratung über Tierschutz	5
8.	Beratung über Viehvermarktung	4
9.	Bau einer Grundschule	4
10.	Verbesserung der Zufahrtswege	4
11.	Beratung über landwirtschaftliche Geräte	3
12.	Einführung oder Ausdehnung von Maßnahmen gegen die Bodenerosion	3

nach Rochette 1989, S. 563

6.2.2 Ecofarming und Agroforstwirtschaft als Ausweg aus der Agrarkrise?

Die steigende Nachfrage nach Nahrungsmitteln, ein erhöhtes Bewußtsein für den Schutz der natürlichen Ressourcen, aber auch die aufgezeigten Fehlschläge bei den bisherigen Versuchen zur Steigerung der Agrarproduktion verstärken Forschung und versuchsweise Anwendung von „standortgerechtem Landbau", wie man den Begriff „Ecofarming" umschreiben kann (EGGER 1982, PRINZ und RAUCH 1985). Bei diesen Systemen versucht man durch optimale Ausnutzung der ökologischen Gegebenheiten und die Vernetzung von Pflanzenbau, Tierhaltung und Integration des Baumes in das Betriebssystem die Produktivität der Anbauflächen zu optimieren. Damit werden ökologische Aspekte wie Erosionsschutz, Erhaltung bzw. Steigerung der Bodenfruchtbarkeit mit sozial-ökonomischen Forderungen wie Steigerung der Einkommen durch Erhöhung der Produktivität und Senkung der Betriebskosten durch Einsparung bei Dünger und Schädlingsbekämpfungsmitteln verbunden.

Der Integration von *Bäumen* in den bäuerlichen Betrieb, etwa als Reihenpflanzung (Alley Cropping) kommt ein hoher Stellenwert für den Erosionsschutz zu. Die Bäume dienen zugleich als Schattenspender für die Anbaufrüchte und machen durch ihr Wurzelwerk als „Nährstoffpumpen" Minerale aus tieferen Bodenschichten verfügbar. Durch die Verwendung von Leguminosen, die die Stickstoffixierung im Boden beschleunigen, wird ein weiterer Beitrag zur Sicherung der Bodenfruchtbarkeit geliefert. Ökonomisch bedeuten die Bäume einen Gewinn durch die Produktion von Brenn- und Bauholz. Obstbäume (wie Mango oder Avokado) liefern ebenfalls einen Beitrag zur Einkommensteigerung.

Mischkulturanbau stellt ein weiteres zentrales Element des Ecofarming dar. Die Spannweite der Kombinationen ist sehr groß; dies zeigt sich z. B. in der Kombination annueller Anbaufrüchte (z. B. Mais, Bohnen) mit mehrjährigen Sträuchern (z. B. Maniok) oder mit Baumkulturen (zB. Ölpalme, Kokospalme, Banane). Die unterschiedlichen Wuchshöhen, Lichtansprüche und Wuchsgeschwindigkeiten können zu optimaler Flächennutzung führen. Eine Steigerung der Produktion wird zusätzlich erreicht durch die Anlage von Konturwällen, die sich günstig auf den Boden-Wasserhaushalt auswirken. Bei intensiver Gründüngung in Verbindung mit einjähriger Brache kann auf die Verwendung von Mineraldünger verzichtet werden, so daß die Betriebskosten sinken.

Die Integration der *Tierhaltung* in das Betriebssystem stellt das dritte zentrale Element des Ecofarming dar. Dabei wird Stallhaltung empfohlen, um den organischen Dünger zu verwenden. Weiterhin kann die Ochsenanspannung eingeführt werden, wie es im Bamenda-Modell in Kamerun geschah.

Das Konzept des ökologischen Landbaus erscheint als eine umfassende Lösung für eine umweltkonservierende Ernährungssicherung in den kleinbäuerlichen Betrieben des humiden Afrika; aber auch Mittel- und Großbetriebe profitieren durch geringere Input-Kosten und Steigerungen der Flächenproduktivität bis zu 45 %. Problematisch ist die Steigerung der Agrarproduktivität allerdings in den Trockengebieten. Hier ist mittelfristig der Übergang auf einen zwar kapitalintensiven, aber technologisch wassersparenden Bewässerungsfeldbau notwendig, da traditionelle Anbautechniken eine Ernährungssicherung der wachsenden Bevölkerung nicht leisten können.

Trotz vielversprechender Ansätze in Testregionen des Ecofarming wie in Ruanda und Burundi oder im Bamenda-Bergland von Westkamerun kann bisher von einem entscheidenden Durchbruch dieser Techniken nicht die Rede sein (KERKHOF 1990, KÖNIG 1992, 1994). Wegen der hohen Arbeitsbelastung der Landwirte, aber nicht kurzfristig entsprechender Ertragssteigerungen, ist diesen Techniken *kein durchschlagender Erfolg* beschieden. Da die Wirkungen ökologischen Anbaus auf die bäuerlichen Einkommen erst mittelfristig eintreten, ist eine frustrierende Phase des Durchhaltens zu überbrücken. Sensibilisierung hinsichtlich des Umweltschutzes sowie Erziehung zum Denken und Handeln in ökologischen Zusammenhängen sind eine wichtige Aufgabe, die alle in der Landwirtschaft Tätigen (Frauen, Männer, Kinder) mit entsprechenden didaktischen Materialien erfassen muß. Man kann auch an

(1) Hoffläche mit Haus, Stall und überdachtem Mistplatz, (2) Hausgarten/Frauenfeld
(3) Leguminosenhecke, (4) Brachfläche, (5) Konturwälle, (6) Feldstreifen, in Mischkultur bepflanzt, (7) verbesserte Weide, (8) Unkrautbekämpfung, (9) Ochsenanspannung

Abb. 44: Ecofarming: Bamenda-Modellbetrieb mit agroforstlichem
System

eine zeitlich befristete Zahlung von Agrarsubventionen denken, – wenn dies nicht nur die „Empfängermentalität" verstärkt.

6.3 Afrika als Bergbaukontinent:
Die wichtigsten Bergbaugüter und Bergbaugebiete

Die bergbaulichen Ressourcen Afrikas waren eine der Hauptursachen für die Erschließung des Kontinentes durch die Kolonialmächte in der zweiten Hälfte des 19. Jahrhunderts. Bis in diese Zeit lediglich als „Ergänzungskontinent" Europas für landwirtschaftliche Rohstoffe angesehen, begann mit der Entdeckung der Diamanten- (1869 bei Kimberley) und Goldlagerstätten (1886 am Witwatersrand) im südlichen Afrika oder der Kupferlagerstätten in Zentralafrika (1892 in Shaba in Süd-Zaire) für diese Regionen ein ungewöhnlicher wirtschaftlicher Aufschwung. Bergbaustädte wuchsen in bisher fast menschenleeren Gebieten auf, Eisenbahnlinien wie von Kapstadt nach Johannesburg (1500 km) oder von Benguela/Lobito nach Lubumbashi (Shaba, ca. 2000 km) erschlossen das Landesinnere. Die weitere Entwicklung des Bergbaus und der mit ihm verbundenen Infrastruktur folgte den Zyklen der Weltwirtschaft. Bedeutete die Weltwirtschaftskrise der 30er Jahre für zahlreiche Unternehmen den Zusammenbruch, so war der Zweite Weltkrieg und die an ihn anschließende Aufbauphase in Europa eine Zeit steigender Produktionen und Gewinne. Die Hausse der bergbaulichen Rohstoffpreise in den 60er Jahren wurde abgelöst von einer krisenhaften Situation seit der Mitte der 80er Jahre. Die transnationalen, weltweit agierenden Bergbauunternehmen sind inzwischen aufgrund ihrer horizontalen und vertikalen Verflechtung in der Lage, Krisen ohne Zusammenbrüche zu überstehen. Die Länder aber, insbesondere mit ausgeprägter bergbaulicher Monostruktur (vgl. Sambia: Kupfer, Botswana: Diamanten, alle Erdölförderländer), erleiden erhebliche finanzielle Verluste und gesamtwirtschaftliche Einbußen (DE KUN 1987, HELMSCHROTT 1990).

Mit dem südlichen Südafrika und dem südlichen Zentralafrika sind die Schwerpunktgebiete des weltwirtschaftlich bedeutenden Bergbaus der Gegenwart genannt. In Zentralafrika (z.B. ZAR: Diamanten, Gabun: Mangan), oder in Westafrika (Ghana: Gold, Guinea und Sierra Leone: Bauxit, Diamanten, Mauretanien: Eisenerz) ist er für die nationale Volkswirtschaft von Bedeutung. Die in Atlaskarten über die „Bodenschätze Afrikas" angegebenen zahlreichen Bergbausymbole, etwa im Verlauf der Zentralafrikanischen Schwelle, im Jos Plateaus in Nigeria (Zinn) oder in Ostafrika (Gold), sind weltwirtschaftlich von untergeordneter Bedeutung. Phosphat ist das weltwirtschaftlich wichtigste Bergwerksprodukt in Nordafrika, insbesondere für Marokko, das in der besetzten Sahara über erhebliche Reserven verfügt.

Wie die Verteilung der Bergbaugebiete (Witwatersrand, Zentral-Simbabwe, Copperbelt) und der bedeutenden Einzelstandorte zeigt, konzentrieren sich diese in einigen Bereichen von *Hochafrika* (DIERCKE Weltatlas 1996, S. 136/137). In den geomorphologischen Schwellen tritt der „alte afrikanische Sockel" an die Oberfläche, so daß die in seinen Gesteinen enthaltenen Lagerstätten oft bereits an der Oberfläche nach-

Tab. 13: Afrika in der Weltbergbauproduktion

| Produkt | Anteil an der Weltpro-
duktion (in %) | | Stellung auf dem Weltmarkt | | | |
| | 1981 | 1989 | | 1981 | | 1989 |
				Rang	%	Rang	%
Diamanten	72	50	Zaire	1	29	2	20
			Botswana	2	21	3	16
			Südafrika	4	16	5	10
Kobalt	66	76	Zaire	1	51	1	58
			Sambia	3	10	2	16
Gold	54	35	Südafrika	1	50	1	33
Platin	>40	49	Südafrika	1	..	1	48
Chrom	38	38	Südafrika	1	32	1	32
			Simbabwe	5	5	5	5
Uran	33	31	Südafrika	3	12	3	10
			Niger	4	10	5	9
			Namibia	6	8	6	9
Mangan	23	33	Südafrika	2	13	2	18
			Gabun	4	9	3	14
Kupfer	17	12	Sambia	5	7	6	5
			Zaire	6	7	5	5
Bauxit	16	20	Guinea	2	15	2	16

nach UNCTAD Commodity Yearbook

weisbar sind, z.B. durch die Vegetation auf kupfer- oder kobalthaltigen Substraten (KNAPP 1973, Kap. E 5). Demgegenüber treten in *Niederafrika* weiträumig mesozoische und känozoische Sedimente auf, die den Sockel überdecken. Gebunden an Aufragungen alter Massive (z.B. Nimbaberge in Liberia), finden sich Eisenerzlagerstätten, während die Bauxit- oder Phosphatlagerstätten Westafrikas an junge Sedimente gebunden sind. Die von känozoischen Sedimenten gefüllten Hochbecken des südlichen Afrika wie das Kalahari-Becken in Botswana und Ost-Namibia oder das Hochbecken um den oberen Sambesi sind lagerstättenfrei, während die umrahmenden Hochschwellen zu den wichtigsten Bergbaugebieten Afrikas gehören. Seit 1886 stieg zum Beispiel der Witwatersrand zur größten Bergbau-, Industrie- und Bevölkerungsballung von Afrika südlich der Sahara auf. Um den Great Dyke in Simbabwe hat sich von Harare bis Selebi/Pikwe eine Bergbauachse entwickelt, die dieses Land mit der Förderung von Chrom, Kupfer, Asbest und Gold zu einem der wichtigsten Bergbaustaaten Afrikas werden ließ. In der Lundaschwelle, im Gebiet der südzairischen Provinz Shaba bzw. des nordsambischen Copperbelt, treten weitflächig Kupferlagerstätten auf.

Bergbauprodukte

In der allgemeinen Vorstellung verbindet sich „Bergbau in Afrika" mit Gold und Diamanten. Mit der früheren Sowjetunion stellen die afrikanischen Länder Zaire, Südafrika, Botswana, Namibia die größten *Diamanten*produzenten der Welt dar, gefolgt von kleineren Produzenten wie Angola, Ghana, Sierra Leone, Liberia, Guinea und der Zentralafrikanischen Republik. Die bedeutendsten Lagerstätten des Kontinentes im südlichen Afrika sind gebunden an mesozoische schlotförmige Intrusionskörper von diamanthaltigem Gestein, so daß der Abbau eine sehr punkthafte Verteilung besitzt, erinnert sei an Minen mit zugehörigen Bergbausiedlungen wie Orapa in Zentralbotswana oder Koffiefontein südlich von Kimberley in Südafrika. In Kimberley selbst kam es durch die Konzentration von drei Diamantschloten sowie durch die Entwicklung der Verkaufsorganisation der de Beers-Gruppe und zahlreicher Werkstätten zur Entwicklung einer Stadt mit ca. 150 000 E. Das zum Nationaldenkmal erklärte Big Hole gibt einen Eindruck von der geologischen Struktur und den frühen Tagebautechniken beim Diamantenbergbau; das angeschlossene Bergbaumuseum führt in die Bergbautechnik und Kultur der zweiten Hälfte des 19. Jh. im damals britischen Südafrika ein. Die Diamantenlagerstätten an der Küste von Namibia sowie in der Provinz Kasai von Westzaire sind sekundäre Lagerstätten, in denen diamanthaltige Sedimente aus Abtragungsstätten des Binnenlandes abgelagert wurden. Sie sind außerordentlich reichhaltig und übertreffen an Ausbeutung vielfach die Primärlagerstätten. Für die Zukunft des Diamantbergbaus kann die Stagnation beim Absatz von Schmuckdiamanten problematisch werden, der bisher für Länder wie Südafrika und Namibia eine erstrangige Bedeutung hatte; auch durch eine Steigerung beim Verkauf von billigen Schmuck- und Industriediamanten konnte der Wert der Einnahmen nicht erhöht werden, da bereits etwa 80 % des Bedarfes an Industriediamanten synthetisch hergestellt werden.

Gold gehört zu den wichtigsten Bergbaugütern Afrikas. Schon im Altertum erweckte das Goldland Ophir im heutigen Nubien/Ägypten das Interesse der Weltmacht Rom. Der Goldbergbau in Westafrika war die Grundlage des Aufstiegs afrikanischer Reiche wie der Ashanti in Ghana. Im südlichen Afrika wurde das Herrschaftsgebiet des Monomotapa, des „Herrschers der Minen", zum Kern einer regionalen Kultur mit weitreichenden Verbindungen, bis in den mittleren Orient.

Südafrika ist mit einem Anteil von ca. 30 % (mittlere jährliche Förderung 1985–92: 600 t) auf dem Weltmarkt führend. Mit weitem Abstand folgen in der Liste der Goldproduzenten der Erde die afrikanischen Staaten Simbabwe (15 t) und Ghana. Für Südafrika ist der Goldbergbau ein hervorragender Wirtschaftszweig, doch arbeiten zahlreiche Goldminen wegen der hohen Förderkosten (ca. 320 US$/t) bei niedrigem Goldpreis an der Rentabilitätsgrenze. Die Erschließung neuer Vorkommen wie in Australien, Brasilien und China sowie eine steigende Recyclingquote lassen die Zukunft des südafrikanischen Goldbergbaus problematisch erscheinen.

Das Gold am Witwatersrand und im nördlichen Oranje-Freistaat ist lagerstättenmäßig gebunden an das präkambrische Witwatersrand-Becken. Hier sind in bis zu 8 000 m mächtigen Sedimenten goldhaltige Seifen mit einem bedeutenden Urananteil abgelagert. Sie sind das Ergebnis der Abtragung von einem nördlich des heutigen Witwatersrand gelegenen Festlandes in ein Binnenmeer. Heute finden sich im Verlaufe des ca. 500 km langen „Goldenen Bogens", der der Uferzone des ehemaligen Binnenmeeres folgt, etwa 50 Goldbergwerke. Der Tiefbergbau am Witwatersrand in einer Tiefe von mehr als 3000 m wird ermöglicht durch die günstige geothermische Tiefenstufe: Während in den Bergwerken Mitteleuropas die Zunahme der Temperatur um 1 °C alle 30–35 m erfolgt, geschieht dies in Südafrikas Goldminen nur alle 100 m, so daß der Bergbau bis fast 4000 m Tiefe vordringen kann. Hierzu sind gleichzeitig ein hohes technisches Können und ein erheblicher Kapitalaufwand notwendig, um bei den hohen Temperaturen, dem außergewöhnlichen Gesteinsdruck, der Härte der Konglomerate und den steilen Einfallswinkeln der Schichten goldhaltiges Gestein zu fördern. Da 1 t Konglomeratgestein im Durchschnitt 7 g Gold enthält, ist es verständlich, daß an der Oberfläche eine umfangreiche mechanische und chemische Aufbereitung stattfindet; die hellen Abraumhalden mit Feinsand geben der Goldbergbauzone des Witwatersrand und des Oranje-Freistaats ein charakteristisches Gepräge.

Wie bei Gold, besitzt Südafrika auch bei *Platin* eine erstrangige weltwirtschaftliche Funktion, ist es wichtiger Lieferant für die Industrieländer der Nordhalbkugel. Die Expansion der Katalysatortechnik brachte eine erhebliche Steigerung der Nachfrage, und es ist mit einem anhaltend hohem Produktionsniveau zu rechnen. Die Lagerstätten sind gebunden an den ausgedehnten Intrusionskörper des Bushveld-Komplexes in Zentraltransvaal. Dieses 200 mal 450 km umfassende Gebiet mit bis zu 6000 m mächtigen Ergußgesteinen gilt als eine der „geologischen Raritäten" der Erde. Hier tritt eine umfangreiche Lagerstättenfolge von Platin-, Chrom-, Titan- und Vanadium-Erzen auf, in einer für die Rüstungsindustrie und die Weltraumfahrt bedeutenden Situation. Die Bergbaubetriebe folgen der Außenzone des geologischen Komplexes. Durch sie wurde Zentraltransvaal zu einem bergbaulich führenden Teil Afrikas.

Südafrika verfügt nicht nur über außergewöhnlich umfangreiche Lagerstätten von Edelmetallen oder strategisch wichtigen Mineralien, sondern auch über außerordentlich bedeutende Lagerstätten der *Buntmetalle* Kupfer, Blei und Zink sowie von Eisen und Stahlveredlern wie Mangan. Die Kupfer-, Blei-, Zinklagerstätten in der nordwestlichen Kapprovinz (Aggeneys im Namaqualand) gehören in eine Kategorie von Lagerstätten, die mit dem Copperbelt von Sambia und dem nördlich anschließenden Süd-Shaba zu den bedeutendsten Sammellagerstätten Afrikas gehören. Die bis zu 12 m mächtigen Erzlager erstrecken sich über ca. 800 km in der Grenzregion zwischen Zaire und Sambia, Mitgliedern im Rat der kupferexportierenden Länder (CIPEC). Südafrika konnte aufgrund verbesserter Wettbewerbsfähigkeit seinen Anteil an der Kupfer- und Zinkproduktion Afrikas erhöhen. Längerfristig jedoch stehen die großen Kupferproduzenten, insbesondere Länder mit einer auf dem Kupfer basierenden wirtschaftlichen Monostruktur wie Sambia, vor erheblichen Problemen, da Kupfer in vielen Anwendungsbereichen durch Aluminium (z.B. im Bauwesen), durch Glasfasern (z.B. bei Elektrokabeln) oder durch Kunststoffe ersetzt wird.

Die *Eisenerz*lagerstätten im südlichen Afrika, insbesondere von Sishen, Kuruman und Vryburg im Norden der Kapprovinz sowie von Thabazimbi in Nord-West-Transvaal, sowie in Westafrika (Bomi Hills, Liberia; Zouérate, Mauretanien) gehörten vor der weltweiten Krise der Eisen- und Stahlindustrie zu den bedeutendsten Bergbaustandorten Afrikas. Während der Abbau in Mauretanien und Liberia (seit 1989 wegen Bürgerkrieg weitgehend eingestellt) sowie im Norden der Kapprovinz dem Export dient – die Bundesrepublik Deutschland war einer der größten Eisenerzimporteure aus Liberia –, dienen die Lagerstätten von Thabazimbi der nationalen südafrikanischen Eisen- und Stahlindustrie ISCOR (Iron and Steel Corporation). Die Lagerstätten sind gebunden an paläozoische Sedimente. Bei den exportorientierten Lagerstätten tritt in ausgeprägter Form die Verbindung zum monostrukturierten Exporthafen mit angeschlossener Erzbahn auf, wobei die Verbindung zwischen Sishen und dem Erzhafen Saldanha in Südafrika mit 860 km die längste Erzbahn der Welt darstellt.

Unter den *Bauxit*produzenten der Erde nimmt Guinea mit 15–17 Mio. t/Jahr seit langem eine Spitzenstellung ein. Bauxit trägt zu ca. 60 % der Exporterlöse bei. Die Bürgerkriege in den Nachbarstaaten Liberia und Sierra Leone bedingen eine allgemeine Unsicherheit in Guinea, und die Weltaluminiumkrise trug seit 1993/94 zum Produktionsrückgang bei.

Im Außenhandel von Marokko ist der einst führende *Phosphat* auf unter 10 % des Exportwertes zurückgegangen, da es von Konsumgüter-, Nahrungsmittel- und Halbfertigwarenexporten überflügelt wurde. Die Besetzung der Westsahara/Republik Sahara durch Marokko seit 1979 ist auch unter dem Aspekt der Sicherung umfangreicher Phosphatlagerstätten zu sehen.

Bergbaugebiete

Wie die Ausführungen über die dominanten Bergbaugüter gezeigt haben, treten als Konsequenz des Bergbaus zum einen „Bergbauinseln", zum anderen „Bergbaugebiete" auf. Die ersteren stellen isolierte Vorkommen von Bergwerken mit angeschlossenen Bergbausiedlungen und Bergarbeiterkonzentrationen dar, die meist von weiter entfernten Agrargebieten und aus dem Ausland versorgt werden, es sind Wirtschaftsenklaven. Bei den Bergbaugebieten dagegen handelt es sich um größere, mehrkernige, z.T. bereits geschlossene Bereiche von Bergbauaktivitäten mit angeschlossenen großen Wohngebieten, mit einer breiten Infrastruktur an Dienstleistungen sowie ergänzender verarbeitender Industrie. Als solche Bergbaugebiete können der Witwatersrand und der Copperbelt von Sambia sowie sein Gegenstück in Süd-Shaba bezeichnet werden.

Der *Witwatersrand* stellt eine bandförmige, *mehrkernige Conurbation* dar zwischen den Städten Springs im Osten und Randfontein im Westen, mit der Kernstadt Johannesburg. Dieser sich über etwa 120 km West-Ost bei ca. 20 km Nord-Süd-Breite erstreckende Verdichtungsraum hat eine Einwohnerzahl von etwa 7 Mio. Einwohnern (davon ca. 3 Mio. in Johannesburg inkl. Soweto). Seit 1994 ist der Witwatersrand das Kernstück der südafrikanischen Provinz Gauteng. In weniger als 100 Jahren stieg Johannesburg, gegr. 1886, vom Goldgräbercamp zu einem Bergbau-, Industrie- und Dienstleistungszentrum von Weltrang auf. Die ältere Bergbau- und Industriezone entstand in ca. 1800 m Höhe in der Schichtkammlandschaft im Bereich der Wasserscheide zwischen Limpopo und Vaal, die bis dahin als Weidegebiet von Bantu-Bauern genutzt wurde. Die Betriebsgelände der Goldminen ziehen als ein 5 km breites Band im Verlauf des „goldenen Bogens" an der Südflanke des Verdichtungsraumes entlang. Nördlich schließt sich ein Gürtel verarbeitender Industrien an, dem auch die Streckenführung der Eisenbahnen als Massentransportmittel folgt. Die Schwerpunkte des

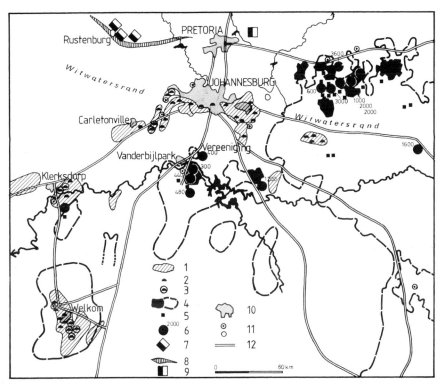

1: Goldführende Schichten; 2: Goldbergwerk; 3: Gold- und Urangewinnung; 4: Steinkohlenbergbau/
Steinkohlevorkommen; 5: Zeche; 6: Großkraftwerk (installierte Leistung in MW); 7: Platinbergwerk;
8: Platinvorkommen; 9: Diamantenbergwerk; 10: Ballungsraum; 11: Städte; 12: Fernstraßen

Abb. 45: Bergbau und Energiewirtschaft auf dem Hochveld von Südafrika

Goldbergbaus haben sich mit der Zeit nach Westen zum West-Rand bzw. nach Osten
(Far East Rand) verlagert. In Johannesburg dominiert heute der tertiäre und sekundäre Sektor. Durch den Bedarf des Bergbaus und die Konzentration von Bevölkerung
und Kaufkraft entwickelten sich typische Industriestädte (Metallindustrie, Textilindustrie, Nahrungs- und Genußmittelindustrie, Möbelindustrie) wie Germiston,
Boksburg und Kempton Park. Die jüngere Industrieentwicklung umfaßt Niederlas-
sungen internationaler Konzerne der Elektro- und Elektronikindustrie, der pharma-
zeutischen Industrie, der feinmechanischen und optischen Industrie. Somit tritt der
Bergbau heute physiognomisch und funktional zurück hinter der verarbeitenden Industrie und den Dienstleistungen, doch ist seine Bedeutung für die Finanzkraft der
Unternehmen am Witwatersrand sowie für die Kaufkraft der Bevölkerung nicht zu
unterschätzen.
Die Region *Obershaba*, das frühere Südkatanga oder Katangarevier, war bis zum poli-
tisch-ökonomischen Niedergang von Zaire (seit Mitte der 80er Jahre) eine Bergbau-
region von Weltrang, eng verflochten mit dem südlich anschließenden Copperbelt

von Sambia. Auf 300 km Süd-Ost-/Nord-West-Erstreckung bei 50–80 km Breite bieten die vorne erwähnten präkambrischen Sedimente mit einem Kupfergehalt von 3–4, max. 6 % gute Voraussetzungen für den Bergbau. Hinzu kommen bedeutende Lagerstätten von Kobalt und Zink. Auch die Verfügbarkeit von Wasserkraft, genutzt in 4 Kraftwerken von 50 bis 276 MW-Leistung, sowie Vorkommen von Kalken und Dolomiten sind weitere positive Standortfaktoren für die bergbauliche und industrielle Entwicklung. Deutlich können Kopplungseffekte nachgewiesen werden: Neben dem Bergbau und den Hütten für Kupfer und Kobalt besteht eine bedeutende chemische Industrie für die Grundstoffe der Metallaufbereitung, ferner eine bergbauorientierte Metallindustrie sowie Textil- und Bekleidungsindustrie, Nahrungs- und Genußmittelindustrie für die Bevölkerungskonzentration in Obershaba.

Der *Copperbelt* entwickelte sich seit Beginn der Kupferverhüttung im Jahre 1912 zu einem der führenden Bergbaugebiete Afrikas. Der Bergbau bestimmt bis heute die wirtschaftliche und soziale Entwicklung von *Sambia*, das als ein Bergbaustaat mit ausgeprägter struktureller Abhängigkeit bezeichnet werden kann: Bergbauprodukte stellen 90 % des Exportwertes, davon Kupfer allein 80 % (MEYNS 1993). Bergbau- und Hüttenindustrie, seit den 60er Jahren auch Konsum- und Investitionsgüterindustrie, führten zur Entwicklung eines mehrkernigen Agglomerationsraumes von Bergbau- und Industriestädten. Ndola ist das Verwaltungs- und Handelszentrum des Copperbelt, der heute mit ca. 1,5 Mio. Menschen fast 50 % der städtischen Gesamtbevölkerung umfaßt. Mufolira und Luanshya sind Bergbaustädte geblieben, in denen Spuren der kolonialzeitlichen Segregation der Wohnviertel noch sichtbar sind. Der Aufstieg einer sambischen Führungsschicht fand in der Verwaltung der Bergbau- und Industrieunternehmen statt, während die technischen Berufe noch weitgehend von ausländischen Experten eingenommen werden. Im Jahre 1982 wurden die beiden großen Bergbauunternehmen NCCM (Nchanga Consolidated Copper Mines) und RCM (Roan Consolidated Mines) zum staatlichen Unternehmen ZCCM (Zambia Consolidated Copper Mines) zusammengefaßt, das Mitte der 80er Jahre etwa 40000 Beschäftigte hatte. Anfang der 90er Jahre wurde auf Druck der Weltbank die privatisierung eingeleitet.

Am Beispiel von Sambia wird deutlich, wie die bergbauliche Monostruktur das gesamte Wirtschaftsgefüge beeinflußt: Der Niedergang der Kupferpreise auf dem Weltmarkt seit der zweiten Hälfte der 70er Jahre sowie Mißmanagement und fehlende Erneuerungsinvestitionen hatten schwerwiegende Einbußen bei Produktion und Gewinnen zur Folge. So kam es zu Streiks im Copperbelt sowie wegen Devisenmangels zu anhaltenden Versorgungsengpässen bei Importprodukten. Der Ausfall der traditionellen Verkehrsverbindungen vom Copperbelt über die Benguelabahn nach Lobito wegen des Bürgerkrieges in Angola sowie die geringe Leistungsfähigkeit der 1975 eröffneten Tansam-Eisenbahn nach Daressalam zwangen das Land zu kostspieligen Transportwegen über die Seehäfen Südafrikas.

Die ökonomische Krise führte zu Beginn der 90er Jahre zu einer tiefgehenden politischen Krise. Der Demokratisierungsprozeß brachte 1992 das Ende der fast 30jährigen Einparteienherrschaft der UNIP und den Beginn einer neuen Phase. Sie ist geprägt durch Strukturanpassungsprogrammauflagen der Weltbank und des IWF; dabei steht auch eine Privatisierung des „Staatsgiganten" ZCCM an, und ironischer Weise ist die

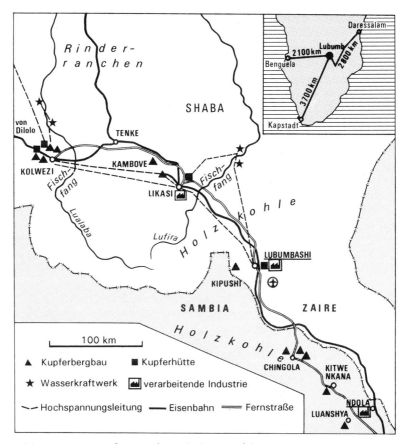

Abb. 46: Der Kupfergürtel von Zaire-Sambia

südafrikanische Anglo American Cooperation einer der Anwärter für die Übernahme. Diversifizierung der Bergbauproduktion und Förderung der Landwirtschaft stehen auf den neuen Programmen, aber Kupfer wird auch nach den jüngsten Prognosen mittelfristig im Außenhandel bestimmen und Hauptdevisenbringer bleiben.

Die Bergbau- und Industrieregionen Obershaba und Copperbelt besitzen jedoch mehrere Ungunstfaktoren für ihre Entwicklung:

- die extreme Binnenlage mit einem mittleren Abstand von über 2000 km zu den Exporthäfen Matadi, Lobito, Daressalam bzw. von 3000 km bis zum südafrikanischen Port Elizabeth, über das beachtliche Mengen von Kupfer aus Zaire exportiert werden.

- Die Abhängigkeit des Gebietes hinsichtlich Export und Versorgung von völlig unzureichenden Verkehrslinien durch die Nachbarstaaten (Schließung der Benguelabahn in Angola 1975, der Verbindung durch Mosambik nach Beira 1976, Verlust von Waggons und Waren beim Transport Richtung Daressalam).

– die Abseitslage im Staatsgebiet von Zaire, die separatistische Tendenzen fördert (vgl. Katangakrieg 1977 und 1978).

Wie zuvor gezeigt, stellt der afrikanische Kontinent für ausgewählte Bergbaugüter wie Gold, Diamanten, Platin und Chrom sowie in geringerem Umfang für Kupfer und Eisenerz ein erstrangiges Liefergebiet dar. Es ist jedoch zu bedenken, daß sich der wirkliche Reichtum an Lagerstätten und die angeschlossene bergbaulich-industrielle Entwicklung auf wenige Gebiete wie den Witwatersrand, den Copperbelt und Süd-Shaba konzentriert. Bisher gelang es lediglich den Ländern Südafrika und Simbabwe, eine Einbindung des Bergbaus in die nationale Wirtschaft erfolgreich zu vollziehen und durch Diversifikation der Bergbauexporte ihre Weltmarktabhängigkeit abzuschwächen. Demgegenüber sind Staaten wie Sambia oder Zaire, oder noch ausgeprägter Botswana (Diamanten) und Mauretanien (Eisenerz), aufgrund ihrer bergbaulichen Monostruktur, ausgesprochen weltmarktkonjunkturabhängig. Die Bergbauentwicklung ist zugleich vom Kapital-, know-how- und Technologietransfer der multinationalen Konzerne abhängig; diese berücksichtigen angesichts des Aufstiegs Asiens und der positiven Entwicklung in den Transformationsländern des ehemaligen Ostblocks in ihren globalen Strategien Afrika immer weniger, – auf der „mentalmap" des britischen Unternehmers existierte zur Jahreswende 1995/96 Afrika nicht mehr. Politische Instabilität, Bürgerkriege, Zusammenbruch der Infrastruktur und die Vernachlässigung der Exploration tragen zur Stagnation bzw. regional zum Niedergang der Bergwirtschaft in Afrika bei, – es blüht jedoch der Schmuggel, vor allem mit Gold, Diamanten und Kobalt.

6.4 Energieressourcen, Energiewirtschaft – Energiekrise?

Waren es im 19. Jh. zunächst landwirtschaftliche „Kolonialwaren" und der Reichtum Afrikas an bergbaulichen Ressourcen wie Gold, Diamanten oder Kupfer, die diesen Kontinent für die aufkommenden Industrienationen interessant machten, so trat seit den 60er Jahren Afrika als Lieferkontinent für die Energieträger Erdöl, Erdgas, Uran und Steinkohle in den Vordergrund des wirtschaftlichen und politischen Interesses. Neben den erdölexportierenden Ländern des Nahen und Mittleren Ostens besitzen die Länder Nordafrikas (Libyen, Algerien) sowie West- und Zentralafrikas (Nigeria, Gabun, Angola) weltwirtschaftlich eine erhebliche Bedeutung für die Energieversorgung. Hinzu kommen kleinere Produzenten wie Kamerun oder Côte d'Ivoire, für deren Volkswirtschaft die Erdölproduktion eine Entlastung bedeutet.

Neben Erdöl erscheint seit den 70er Jahren der Rohstoff Uran als Energielieferant zur Beschickung der Atomanlagen unter den Bergbauprodukten, wodurch Länder wie Namibia, Niger und Südafrika sowie in geringem Umfang Gabun wirtschaftliches und geostrategisches Interesse erlangten.

Wie bereits bei Eisen und den Nichteisen-Metallen zeigt sich auch bei den Energierohstoffen eine äußerst ungleiche Verteilung innerhalb Afrikas. Neben reichen Rohstoffländern in Nord- und Westafrika (Erdöl, Erdgas) und Ländern, die über große Steinkohlevorkommen verfügen wie Südafrika und Simbabwe stehen zahlreiche Länder des Kontinents, die über sehr geringe Energierohstoffbasen verfügen bzw. unter völligem Fehlen dieser Bodenschätze zu leiden haben. Zu diesen Ländern gehören nicht nur kleine Staaten wie Lesotho im südlichen Afrika, sondern auch die ökologisch benachteiligten Länder der Sahelzone und am Horn von Afrika. In diesen Staaten deckt Holz bis zu 90 % des Energiebedarfs.

Unter den *Erdöl*-Förderländern hat sich Nigeria mit einer Förderung von ca. 100 Mio. t auf den ersten Rang der Förderländer Afrikas vorgeschoben, noch vor Libyen mit ca. 70 Mio. t, Algerien mit ca. 55 Mio. t, Ägypten mit ca. 45 Mio. t. Zur Versorgung Deutschlands trägt das Nordsee-Erdöl bei, das in den 90er Jahren einen Anteil von ca. 35 % hat vor Lieferländern wie Rußland (ca. 20 %), Libyen mit ca. 10 % und Nigeria sowie Algerien mit jeweils ca. 7 %. Die größten Reserven an Erdöl in Afrika sind in Libyen und Nigeria mit jeweils über 2 Mrd. t nachgewiesen.

Die Erdölfelder von *Nigeria* gehören zu dem großen westatlantischen System, dessen Lagerstätten von der Nordseeküste über die westafrikanische Guineaküste und die zentralafrikanische Niederguineaküste ziehen. Die mesozoischen und känozoischen Sedimente im Schelfbereich enthalten große Erdgas- und Erdöllagerstätten, so daß sich vom Schelfbereich vor der Côte d'Ivoire über das Nigerdelta, Gabun, Cabinda bis nach Zentralangola bedeutende Erdölförderstätten aneinanderreihen. Wie in Nigeria sind die Lagerstätten an Erdöl und Erdgas in der unmittelbaren Küstenzone, in den Mangrovensümpfen und Schelfbereichen (off-shore) anzutreffen. Wenn auch die Prospektionen bereits in den 30er Jahren einsetzten, so kam es doch erst in den ausgehenden 50er Jahren zu entscheidenden Funden. In Nigeria findet sich hochwertiges gasreiches Öl, meist Leichtöl von bester Qualität, in Lagerstätten, die von der oberen Kreide bis ins Quartär reichen, vor allem in Schichten des Tertiär. Im Schelfbereich vor Westafrika treffen drei Grundbedingungen der Bildung von Erdöl- und Erdgaslagerstätten zusammen: Produktive Muttergesteine und geeignete Speichersteine mit „Erdöl-Erdgas-Fallen", gute Wandermöglichkeiten für die Kohlenwasserstoffe. In Nigeria hat die geologische Entwicklung der Niger-Benue-Rinne besonders günstige Bedingungen geschaffen für die Entstehung, Wanderung und anschließende Ablagerung von Erdöl und Erdgas. MURAWSKI (1980) hat die Entstehung der Erdöl-Lagerstätten Nigerias in knapper Form dargestellt; KLITZSCH (1978) gab einen Abriß der erdgeschichtlichen Entwicklung sowie der Wasser- und Erdöllagerstätten der Sahara.

Die *Uran*-Lagerstätten gaben Ländern wie Südafrika, Namibia und Niger eine beachtliche geostrategische Rolle. In den 90er Jahren führte das Überangebot von Uran auf dem Weltmarkt, Billigverkäufe aus der ehemaligen Sowjetunion, die weltweite Stagnation der Energieproduktion und die Ablehnung neuer Atomkraftwerke in der Öffentlichkeit zu einem drastischen Produktionsrückgang, der zur drohenden Stillegung der Produktionsanlagen führt. An der Spitze der Länder der Urangewinnung standen in den 90er Jahren die USA und Südafrika (inkl. der Förderung in Namibia), gefolgt von Frankreich, Australien und Gabun.

Steinkohle besitzt nur in wenigen Ländern Afrikas eine national, zum Teil auch international bedeutende Stellung als Energielieferant. An erster Stelle ist hier *Südafrika* zu nennen, das mit einer Jahresförderung von 170 Mio. t (Anfang der 90er Jahre) nach der Volksrepublik China, den USA, Rußland und Indien zu einem der größten Steinkohleproduzenten der Welt aufgestiegen ist (vgl. Förderung der BR Deutschland ca. 70 Mio. t). Gleichzeitig verfügt Südafrika über Kohlereserven von ca. 55 Mrd. t, so daß es mittelfristig weiterhin zu den größten Exporteuren auf dem Weltmarkt gehören kann. Doch nicht nur für den Export, sondern auch für den zunehmenden Eigenbe-

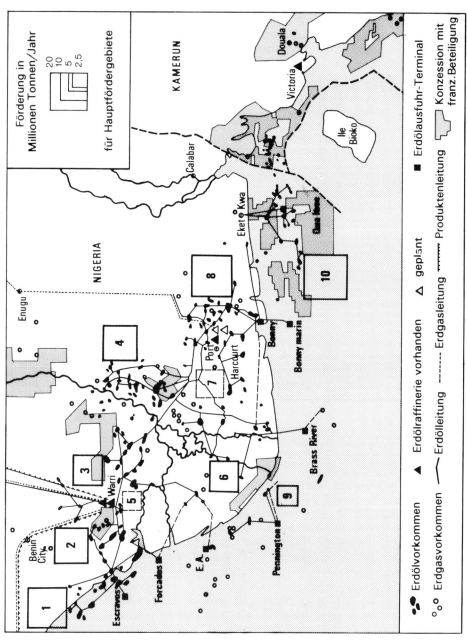

Abb. 47: Erdöl und Erdgas im Nigerdelta (Nigeria, Kamerun)

darf wird die Steinkohleproduktion in Südafrika und Simbabwe, dem zweitwichtigsten Förderland in Afrika, gesteigert. Steinkohle ist in diesen Ländern die Basis der Energieversorgung in Großkraftwerken, Südafrika ist zugleich führend in der Treibstoffgewinnung in großen Kohleverflüssigungsanlagen (SASOL I bis III). Der südafrikanische Steinkohlebergbau in den Revieren von Osttransvaal/Mpumalanga und Kwasulu/Natal beruht auf ein bis acht Meter mächtigen oberflächennahen flachlagernden Steinkohleschichten der permo-karbonischen Ecca-Serie. Diese Lagerstättengunst, verglichen mit Verhältnissen in Mittel- und Westeuropa, ermöglicht den Einsatz von Großmaschinen bei abnehmendem Arbeitskräftebedarf. Forschungseinrichtungen wie das Coal Bureau der Bergbaugesellschaften sowie der CSIR (Südafrikanischer Rat für Wissenschaftliche und Industrielle Forschung) arbeiten in der technologischen Entwicklung in diesem Wachstumssektor. Ein früher sehr günstiger Kostenfaktor, die billige schwarze Arbeitskraft, entfällt inzwischen, da die Gewerkschaften seit 1989/90 bedeutende Lohnsteigerungen durchgesetzt haben; zunehmende Mechanisierung ist die Folge.

Holz stellt für die meisten Länder Afrikas außerhalb der Industriegebiete bis heute die wichtigste Energiequelle dar. Nicht nur Millionen von Mahlzeiten werden hiermit jeden Tag zubereitet, sondern auch im handwerklichen Bereich wie bei Schmieden, Bäckereien und in Ziegeleien werden erhebliche Mengen an Holz für die Energiegewinnung verwendet. In Ländern wie Burkina Faso oder Tschad in der Sahelzone, in Tansania oder Ruanda in Ostafrika liefert Holz über 90 % des nationalen Energieverbrauchs. Ein Raubbau vollzieht sich an den Holzvorkommen im Einzugsbereich der Städte, der noch durch die Herstellung von Holzkohle verstärkt wird. Es treten bereits Fälle auf, wo das Einzugsgebiet sich weit über 30 bis 50 km hinaus erstreckt und entlang der Verkehrsachsen die Bestände an Holz eingeschlagen sind. Der Handel mit Holz und Holzkohle ist ein bedeutender Wirtschaftszweig. In baumlosen Landstrichen, wie in Teilen der Sahelzone oder im Hochland von Äthiopien bzw. von Lesotho, wird tierischer Dung als Brennmaterial verwendet, der damit für die Düngung entfällt. Die Erneuerung der Ressource „Holz" gehört somit zu einer der größten Aufgaben auf dem afrikanischen Kontinent. Mit Recht fördert deshalb neben der Weltbank auch die Deutschland umfangreiche *Aufforstungsprojekte* in verschiedenen Teilen Afrikas. In diesem Rahmen wird zurückgegriffen auf schnell wachsende exotische Holzarten, vor allem auf Eukalypten und Kiefern ferner *Gmelina arborea*, Teak (*Tectona grandis*) und *Leucaena leucocephala*; erst allmählich setzt sich die Nutzung einheimischer Hölzer durch. Bei diesen Projekten werden regelrechte „Grüngürtel" um die Städte angepflanzt, während im ländlichen Raum „dörfliche Holzflächen" für die Brennholz- und Bauholzversorgung angelegt werden. Stößt man im ländlichen Raum häufig auf die Schwierigkeit, Freiflächen für diese Nutzung zu finden, so stellt sich im Umland der Städte die Konkurrenz mit etablierten Versorgungssystemen einheimischer Händler und Unternehmer, zu denen auch einflußreiche Politiker gehören. In den ländlichen Gebieten ist man deshalb zu einer Mehrzwecknutzung der Forstflächen übergegangen (Brennholzentnahme, Nutzholzeinschlag, Waldweide), während in den Städten am Grüngürtelkonzept festgehalten wird, da diese Flächen zugleich eine Erholungsfunktion besitzen.

Die Einführung *energiesparender Herde* im Rahmen der EZ hat sich seit den 80er Jahren als ein Erfolg erwiesen. Mit ihnen lassen sich im Mittel 10 %, im besten Fall bis zu 30 % Energie einsparen. Die zunehmende Arbeitsbelastung der Frau beim Holzsammeln wird verringert, das Familienbudget bei steigenden Preisen für Brennholz in den Städten entlastet. Die einfachen Herde werden von lokalen Handwerkern hergestellt und von ortsansässigen Händlern vertrieben, so daß auch das Kleingewerbe und der lokale Handel eine Förderung erfahren. Ein leichter Rückgang des Holzverbrauchs und damit des Holzeinschlags wird möglich.

Die Einführung von Butangas, wie sie die EU in Nord- und Westafrika propagiert, ist dagegen schwierig: Zum einen ist die Verfügbarkeit von Flüssiggas keineswegs überall so ausgezeichnet wie in Algerien, zum anderen erweisen sich der Anschaffungspreis für den neuen Herd, die für Anfänger gefährliche Technologie sowie die neuen Kochgewohnheiten als Hindernisse für eine Ausbreitung. Auch die Nutzung der *Solarenergie* ist bisher eingeschränkt: Der Preis für die Anlagen ist hoch; die Wartung der Batterien bereitet Probleme; die Gewöhnung an neue Kochtechniken und das Fehlen des „Holzgeschmacks" der Speisen lassen die Familien beim Kauf zögern, – und wer hat angesichts der Massenarmut schon Geld genug, einen Kühlschrank oder ein Fernsehgerät über Solarstrom zu betreiben? Die Nutzung von Biogas im ländlichen Raum erwies sich wegen des geringen Dungaufkommens und technischer Probleme im bäuerlichen Betrieb als nicht anwendbar. Bei der Einführung neuer Energietechniken darf auch ein kulturelles Element nicht übersehen werden: Das offene Feuer ist nicht nur „Kochgelegenheit", es hat auch eine quasi-sakrale Funktion als Verbindung zu den Ahnen, es erfüllt eine soziale Funktion als Mittelpunkt der Familie.

Eine „Energiekrise" (OESTERDIEKHOFF 1991) besteht z.Z. bereits in dicht besiedelten ländlichen Gebieten sowie in den Groß-und Millionenstädten, – ansonsten ist Holz-Biomasse noch kostenlos(!) vorhanden. Die Preissteigerungen auf dem informellen und formellen Energiemarkt lassen die Familien in den Städten zu einem „Energie-Mix" übergehen: Man nutzt Holz, Holzkohle, Gas, Kerosin oder Strom – je nach Preisniveau.

Angesichts der in Abbildung 2 genannten Verfügbarkeit von *Hydroenergie* in Afrika könnte man an eine flächenhafte Elektrifizierung über Kleinkraftwerke denken, um Energie als ein wesentliches Element des Fortschritts verfügbar zu machen. Nur die Länder Nordafrikas haben in den ökonomisch prosperierenden Gebieten einen derartigen Schritt bisher getan; sogar im „Energieriesen" Nigeria sind Holz und Kerosin die wichtigsten Energieträger.

Ein Rückblick auf die Fragen der Energieressourcen und Energiewirtschaft in Afrika zeigt, daß die schon bei der Betrachtung der bergbaulichen Ressourcen festgestellte starke regionale Differenzierung mit erheblichen Ungleichgewichten zwischen Regionen und Staaten auch für den Fragenkreis der Energieversorgung zutrifft. Hier besteht in weiten Teilen des Kontinents im ländlichen Raum ein absolutes Defizit an einer mittelfristigen ökologisch und ökonomisch gesicherten Energieversorgung. Auch zahlreiche Klein- und Mittelstädte verfügen bisher lediglich über Generatoren, die nur einige Stunden am Tage arbeiten und nur einer kleinen Schicht wohlhabender Bürger zugute kommen. In den Großstädten und Metropolen reichen die Energieversorgungsanlagen meist aus für die Versorgung der Industriebetriebe, der City und einiger wohlhabender Viertel, während die Masse der Bevölkerung in den einfachen Wohngebieten ohne eine gesicherte Energieversorgung ist. Privatisierung und Preissteigerungen werden die Situation noch verschärfen, da mit einer jährlichen Zunahme des Energiebedarfs von 4 bis 5 Prozent gerechnet wird.

6.5 Industrialisierung: Ein gescheiterter Entwicklungsansatz

Industrialisierung gilt seit den 60er Jahren als ein wesentlicher Faktor zur Überwindung von Unterentwicklung und zur Erhöhung des Lebensstandards. Modernisierungs- bzw. Wachstumstheorie weisen der Industrie eine erstrangige Bedeutung im Entwicklungsprozeß zu. Die Staaten Afrikas selbst verabschiedeten 1980 den Lagos Plan of Action, der die Lösung der Probleme Afrikas in einer schnellen Industrialisierung sah. Heute stehen Experten der Industrieländer diesem Denkansatz eher skeptisch gegenüber, angesichts nicht genutzter industrieller Kapazitäten, großer Fehlinvestitionen und ausbleibender Konsequenzen der Industrialisierung für die sozialökonomische Entwicklung der Masse der Bevölkerung in den Ländern Afrikas (RIDDELL 1990; RIEDEL 1990). Demgegenüber sehen afrikanische Politiker im Aufbau bzw. Ausbau der Industrie weiterhin einen Faktor fortschreitender Entwicklung; sie erklärten unter Federführung der ECA die Jahre 1991 bis 2000 zur „Zweiten Industrieentwicklungsdekade" für Afrika, – nach den minimalen Ergebnissen der ersten Dekade (1980–1990) und angesichts der weltpolitisch-weltwirtschaftlichen Veränderungen seit 1989/90 ein fragwürdiges Unterfangen. Die internationale Gebergemeinschaft rät dabei nicht mehr zu Großindustrieanlagen, sondern zur Förderung von Mittel- und Kleinbetrieben unter einheimischer Leitung, – was von afrikanischen Politikern allerdings als „Zementierung der Unterentwicklung" bezeichnet wird.

Betrachtet man verschiedene *Indikatoren* der Industrialisierung in Afrika, so zeigt der Kontinent im Vergleich mit Südostasien oder mit Südamerika einen geringen Industrialisierungsgrad. Der Anteil Afrikas an der Weltindustrieproduktion beträgt ca. 1 Prozent, – mit stagnierender bis rückläufiger Tendenz. Der Anteil der Industrie an der Entstehung des BIP (in %) lag in zahlreichen Ländern Afrikas zu Beginn der 90er Jahre bei etwa 20 %. In Ländern wie Äthiopien, Tansania oder ZAR war der Anteil zwischen 1970 und 1991 rückläufig. Beachtliche Werte treten in den nordafrikanischen Staaten Algerien und Libyen sowie in Südafrika mit ca. 50 % auf. Betrachtet man nur das verarbeitende Gewerbe als Teil des industriellen Sektors, der in den Statistiken der Weltbank auch den Bergbau, die Bauwirtschaft sowie die Strom-, Wasser- und Gasversorgung umfaßt, so wird der insgesamt geringe Grad und die regionale Differenzierung noch schärfer.

Verwendet man den Pro-Kopf-Energieverbrauch als einen Indikator des Industrialisierungsgrades, so wird die starke regionale Differenzierung noch deutlicher. Während die Länder Nordafrikas von Ägypten bis Algerien sowie Südafrika mit Höchstwerten deutlich heraustreten, gefolgt von einer zweiten Ländergruppe, den Bergbaustaaten Botswana, Simbabwe und Sambia sowie den erdölexportierenden Staaten Angola und Gabun, gehören die meisten Länder des Kontinents mit geringen Verbrauchsraten zur Kategorie der agrarisch bestimmten Entwicklungsländer: Die Binnenstaaten der Sahel-Sudan-Zone sowie die Osthälfte Afrikas von Äthiopien bis Tansania.

Der *Außenhandel* der meisten Länder Afrikas wird vom Export landwirtschaftlicher Rohstoffe bzw. Bergbaugüter sowie vom Import von Industriegütern bestimmt. Demgegenüber tritt die Ausfuhr von Industrieprodukten völlig in den Hintergrund, sieht man von Staaten wie Südafrika ab, wo der Exportanteil von Gütern der verar-

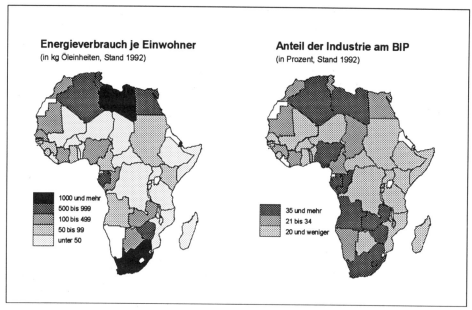

Abb. 48: Indikatoren der Industrialisierung

beitenden Industrie Anfang der 90er Jahre bei 30 % lag; bei der Struktur der Waren-ausfuhr dominieren Nahrungs- und Genußmittel sowie Textilien und Bekleidung.

Dieser allgemein geringe Grad der Industrialisierung, mit Ausnahme der Staaten im Norden und Süden des Kontinents, wird bei der Betrachtung der Entwicklung der *Industrieproduktion* zwischen 1965 und 1973 im Vergleich mit den Jahren 1980 bis 1990 verdeutlicht: Während sich in der erstgenannten Phase eine beachtliche Steige-rung der Industrieproduktion zeigte, handelt es sich doch um die erste Industrialisie-rungswelle nach der Unabhängigkeit der meisten Staaten Afrikas, trat in der zweiten Phase eine allgemeine Verlangsamung, Stagnation, in einigen Staaten sogar ein Rück-gang der Industrieproduktion ein. So ging in Äthiopien die Wachstumsrate von 6,1 % auf 2,6 % zurück, in Zaire wurde zwischen 1973 und 1983 ein Minuswachstum von –2,0 %, in Uganda sogar von –10,1 % nachgewiesen; auch Ghana, Sierra Leone, Liberia, Sambia, ja sogar Libyen wiesen in dieser Phase negative Wachstumsraten auf. So wird verständlich, daß die in den 60er Jahren geltende Annahme, Industrialisie-rung bedeute „Entwicklung", für Afrika deutlich in Frage gestellt werden muß.

Als *Entwicklungsprobleme* der verarbeitenden Industrie lassen sich nennen: Schlechte politische und ökonomische Rahmenbedingungen, die Enge des Marktes, fehlende binnenwirtschaftliche Verflechtungen, geringe Rentabilität, schwache Management-qualitäten einheimischer Unternehmer (SCHAMP 1987, WILLER 1989) und das Feh-len von Fachkräften aufgrund des brain drain (Abwanderung einheimischer Fach-kräfte). Auch Schmuggel und Korruption machen Investitionen sinnlos. Hinzu kommt seit den ausgehenden 80er Jahren die Globalisierung der Investitionsent-scheidungen multinationaler Unternehmen und eine wachsende Süd-Süd-Konkurrenz. Dabei schneidet Afrika wegen schlechter Infrastruktur, mangelnder Ausbildung der Beschäftigten, geringer Motivation und Produktivität gegenüber Konkurrenten in Südost- und Ostasien (Sri Lanka, Bangladesh, Vietnam) schlecht ab. Zudem hat sich die Rolle des Staates bei der Industrialisierung, etwa in Algerien oder Südafrika, inzwischen als eine „Achillesferse" erwiesen: Auch in der Industrie des Kontinentes vollzieht sich der Prozeß der Privatisierung mit erheblichen Verlusten von Arbeitsplätzen in nicht mehr konkurrenzfähigen Staatsbetrieben oder in Privatunternehmen, die bisher durch hohe Zollmauern geschützt waren.

Ausführungen zur Industrialisierung in Afrika müssen diese einbetten nicht nur in nationale, sondern auch in internationale Zusammenhänge. Hier kommt den Investitionen der „Multis", der internationalen Konzerne, eine besondere Bedeutung zu. Sie bedingen eine „abhängige" Industrieentwicklung, sei es in Marokko, der Côte d'Ivoire oder Nigeria. Ihre marktbeherrschende Stellung nutzen sie auf der nationalen und internationalen politischen Bühne, so daß sie in kleinen Staaten die Funktion von „Nebenregierungen" besitzen.

Industriestandorte

Betrachtet man die Verteilung von Industriestandorten im kontinentalen Maßstab, so lassen sich zwei Standorttypen unterscheiden: zum einen die Küstenstandorte in den Hafenstädten, die oft auch Landeshauptstädte und internationale Metropolen sind, und rohstoff- bzw. energiegebundene Standorte im Binnenland wie im sambischen Copperbelt, im südafrikanischen Witwatersrand oder in der Nähe von Kraftwerken Jinja in Uganda.

Nach Beschäftigtenzahl, Wert der Produktion und Größe der Anlagen haben sich in den *Hafenstädten* von Algier und Casablanca über Dakar, Abidjan, Lagos bis Kapstadt und Daressalam wirkliche Industriegebiete entwickelt. Als Faktoren der Industrieansiedlung und -ballung ist hier zunächst hinzuweisen auf die kolonialzeitliche Funktion der Städte: Ausfuhrhäfen von landwirtschaftlichen Rohstoffen für die „Mutterländer". An diesen Standorten kam es zunächst zur einfachen Aufbereitung landwirtschaftlicher Produkte, Ansätze, aus denen sich eine bodenständige Nahrungs- und Genußmittelindustrie entwickelte. Hiermit wurde ein Schritt getan zur *Importsubstitution* von Fertigwaren, in dem nunmehr vor Ort Brauereien, Mühlenbetriebe, Industrie für Fette und Öle, Tabakwarenindustrie entstanden. Auf dieser Basis wuchs die Industrialisierung an den Hafenstandorten an, die sich zu Bevölkerungsballungen mit erheblicher Kaufkraft entwickelten und selbst Binnenmärkte aufbauten. So kam es in einer weiteren Phase zur Entwicklung von Leder- und Schuhindustrie, zur Textil- und Bekleidungsindustrie sowie zur Möbelindustrie, in seltenen Fällen auch zur Kraftfahrzeugmontage. Seit den 70er Jahren gingen insbesondere die Küstenländer zu einer zweiten Phase der Industrialisierung über, und zwar zur Entwicklung *exportorientierter Unternehmen*. Damit sollte die Abhängigkeit von der Rohstoffausfuhr verringert und zugleich die staatlichen Einnahmen durch den Export von Fertigwaren erhöht werden. Auf der Basis der Holzexporte entwickelte sich eine Industrie für Sperrhölzer und Furniere, auf der Basis landwirtschaftlicher Produkte eine exportorientierte Konservenindustrie, auf der Basis bereits bestehender Textil- und Bekleidungsbetriebe wurden Großanlagen für die exportorien-

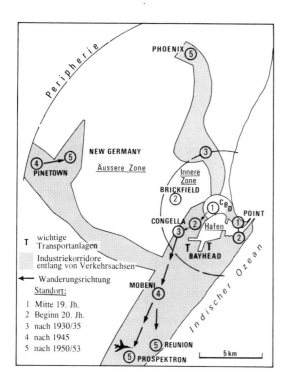

Industrie	
hafenabhängig	hafenorientiert
Schiffsreparatur (seit 1825/27)	Nahrungs- und Genußmittel (Mühlenbetriebe,
Boots- und Schiffbau (seit 1914)	Margarinefabriken, Verarbeitung von Kaffee und
Marine-Engineering	Tee)[1]
Hydraulikherstellung	Chemische Industrie (Kautschukverarbeitung,
Fischverarbeitung	Reinigungsmittel, Synthetics)[2]
Fischnetzherstellung	Metallverarbeitung (für Schiffsbau)[1]
Zubehör für die Fischereiindustrie	Containerherstellung[1]
Schiffahrtszubehör (Schwimmwesten, Flaggen)	Raffinerien[2]
Schiffsreinigung und -anstrich	Papierindustrie (seit 1935)[2]
	sonstige Industrie:[3]
	Textil und Bekleidung (seit 1914/18)
	Schuhindustrie (seit 1914/18)
	Möbelindustrie (seit 1920)

1: Marktorientierte Industrien in Hafennähe, Minimierung von Verschiffungs- und Transportkosten, Lage an internationalen und interurbanen Transportanlagen
2: Großbetriebe der verarbeitenden Industrie, Lage orientiert sich am importierten Rohmaterial und/ oder am Export
3: Lage zum Teil bedingt durch den Polarisationseffekt der anderen Industrien, die Produktionsverflechtung ermöglichen

Abb. 49: Entwicklung von Industriestandorten im metropolitanen Gebiet Durban (Südafrika)

tierte Massenproduktion entwickelt. Hierbei tritt allerdings das Problem auf, daß die Entwicklungsländer Afrikas mit süd- und südostasiatischen Ländern konkurrieren müssen, daß ihre eigenen Industrien unter Billigimporten aus diesen Ländern leiden, verstärkt durch den Import gebrauchter Textilien aus Europa.

Eine zweite Kategorie von Industriestandorten entstand im *Binnenland*. Ihre Entstehung ist gebunden an die in Kapitel 6.3 dargestellten Lagerstätten: So kam es um die Kupferlagerstätten im südlichen Zentralafrika oder um die Goldlagerstätten im südlichen Afrika, aber auch um kleinere Standorte wie um die Manganlagerstätten in Gabun zur Entstehung von *Bergbaustädten*, in denen sich in den meisten Fällen Industriebetriebe ansiedelten. Die durch den Bergbau angezogenen Arbeitskräfte, die Konzentration von Bevölkerung und Kaufkraft führte dazu, daß insbesondere an den weit von den Küsten entfernten binnenländischen Standorten Industrien entstanden zur Versorgung des Bergbaus sowie der wachsenden städtischen Bevölkerung. Es entstand eine typische Kombination von Bergbauzulieferindustrie (Metallindustrie, chemische Industrie), Nahrungs- und Genußmittelindustrie, Textil- und Bekleidungsindustrie sowie Möbelindustrie. In jüngster Zeit entstanden an diesen binnenländischen Standorten auch Raffinerieanlagen und angeschlossene chemische Industrie, da die Motorisierung in diesen Bergbau- und Industriegebieten bei kaufkräftiger Bevölkerung entsprechend hoch ist. Heute stellen diese binnenländischen Standorte die bedeutendsten Industrieagglomerationen in Staaten wie Zaire, Sambia und Südafrika dar.

Eine zweite Gruppe von binnenländischen Standorten kann als „energieorientiert" bezeichnet werden. An den Standorten bedeutender *Wasserkraftwerke* kam es zur Industrialisierung, wobei Jinja in Uganda oder Edea in Kamerun bekannte Beispiele sind. Jinja mit ca. 60 000 E. die zweitgrößte Stadt von Uganda, ist zugleich das Industriezentrum des Landes. Es verdankt seine Entstehung dem Kraftwerk an den Owenfalls am Victorianil. Hier siedelten sich eine Kupferschmelze an, Metallindustrie, Textilindustrie, Nahrungs- und Genußmittelindustrie sowie Holzverarbeitung. Die gute Verkehrslage der Stadt an der Bahnlinie Mombasa/Kampala sowie ein eigener Hafen am Victoriasee ist ein weiterer wichtiger Standortfaktor. In Edea entstand in Anlehnung an eine von den Deutschen im Jahre 1890 gegründete Verwaltungssiedlung in der Nähe des in den 50er Jahren eröffneten Kraftwerkes (190 MW installierte Leistung) eine Aluminiumhütte, die aus Guinea importiertes Bauxit verhüttet. Die angeschlossene Metallindustrie sowie kleinere Nahrungs- und Genußmittelindustrien ließen die Stadt zu einer typischen Industriesiedlung mit ca. 50 000 E. anwachsen, eine außenorientierte Industrieenklave.

Eine dritte Gruppe von Industriestandorten im Binnenland entwickelte sich in *Hauptstädten*, man denke an die Industriekonzentration in Nairobi, Kinshasa oder auch in kleineren Hauptstädten wie Ouagadougou. Hier können als wichtigste Standortfaktoren die Ballung einer kaufkräftigen Bevölkerung genannt werden, wobei diese Städte fast alle die Millionengrenze überschreiten. Ein weiterer Vorteil besteht in der Nähe zu den Regierungsstellen, was zahlreiche Entscheidungen erleichtert. Auch die Konzentration nationaler und internationaler Finanzinstitutionen und anderer Dienstleistungseinrichtungen fördert derartige Standorte. So verfügen die Landeshauptstädte über ein breites Industriespektrum, – in Kinshasa z.B. sind zu nennen Nahrungs- und Genußmittelindustrie, Textil- und Bekleidungsindustrie, chemische Industrie, Holzverarbeitung – und in kleineren Staaten wie Burkina Faso stellen sie zugleich den wichtigsten Industriestandort des Landes dar.

Um diese „Kopflastigkeit" abzubauen, existiert in zahlreichen Ländern Afrikas inzwischen eine Politik der industriellen *Dezentralisierung*. Sie hat das Ziel, die übermäßige Konzentration von Industriebetrieben in der Metropole, die oft eine bedeutende Hafenstadt und zugleich Landeshauptstadt ist, abzubauen und Investitionen in sekundären Zentren zu unterstützen. Dies soll die meist einseitig auf die Metropole ausgerichteten Wanderungsströme ablenken sowie binnenländische Wachstumspole fördern.

Den Dezentralisierungsbemühungen stehen die Vorteile an den etablierten Standorten gegenüber, wo sich Agglomerationsvorteile, Fühlungsvorteile sowie die Infrastruktur im Verkehrswesen und in den Dienstleistungen nachhaltig auswirken. Hinzu kommt ein wichtiges psychologisches Moment, daß nämlich weder führendes afrikanisches Personal noch überseeische Experten bereit sind, auf die Annehmlichkeiten der Metropole-Hauptstadt zu verzichten und in kleinere Städte „in den Busch" zu gehen, was oft als eine Abschiebung interpretiert wird.

In Südafrika verband sich mit der Industriedezentralisierung auch ein innenpolitischer Aspekt, nämlich Arbeitsplätze in den ehemaligen Homelands zu schaffen, um den anhaltenden Zustrom von Schwarzen in die „weißen" Gebiete einzudämmen. Auch nach der formalen Abschaffung der Apartheid (1989/93) blieb die Dezentralisierungspolitik im Rahmen eines Regionalen Industrieentwicklungsprogramms wirksam, nunmehr unter dem Aspekt der Armutsbekämpfung und der Eindämmung der Landflucht in den Periphergebieten.

Trotz erheblicher Fördermaßnahmen kam es jedoch bisher in Südafrika weitgehend nur zu einer kleinräumigen Verlagerung von Betrieben an die Peripherie der Verdichtungsgebiete, z.T. auch zu bedeutenden Neugründungen, doch konnte kein echter Abbau der regionalen Ungleichgewichte in der Verteilung der Industriestandorte erreicht werden. Staatliche Subventionen und Investitionsanreize an neuen Standorten können eben die Unternehmerentscheidung in einer Marktwirtschaft nur in geringem Maße beeinflussen.

Auch in der Côte d'Ivoire waren die bisherigen Bemühungen um die Ansiedlung von Industrie außerhalb der Metropole Abidjan nur z.T. erfolgreich. Betriebe der Nahrungs- und Genußmittelindustrie wie Brauereien entstanden in mehreren Großstädten des Binnenlandes, Sägewerke und Furnierfabriken kamen zum bisherigen Holzeinschlag hinzu, am neuen Seehafen San Pedro entstand ein Mühlenbetrieb sowie eine Fabrik für Baumaterialien, aber durchschlagende Dezentralisierung konnte auch hier trotz erheblicher staatlicher Fördermaßnahmen nicht erreicht werden

Ländergruppen und Perspektiven

Erweitert man noch einmal den Blickwinkel auf Gesamt-Afrika, so lassen sich länderspezifische Industriestrukturen aufzeigen. In einer ersten Ländergruppe sind die Staaten zu nennen, die bereits oben, anläßlich der Betrachtung des Industrialisierungsgrades mit Hilfe des Energieverbrauchs pro Kopf, angesprochen worden sind. Es sind dies die *industriell unterentwickelten Länder* der Sudan-Sahel-Zone, Zentralafrikas sowie Ostafrikas. Sie verfügen nur über kleine bis mittlere Betriebe geringer Kapazität und häufig auch geringer Auslastung in Bereichen wie der Nahrungs- und Genußmittelindustrie sowie der Textil- und Bekleidungsindustrie. Die Märkte dieser Länder sind entweder aufgrund geringer Einwohnerzahlen oder auch aufgrund der geringen Kaufkraft zu klein, um zu größeren Betriebsgründungen Anlaß zu geben. Die Binnenstaaten sind überdies benachteiligt durch den Faktor Transportkosten, der Ein- und Ausfuhren belastet. Hinzu kommt ein umfangreicher Schmuggel, so daß es häufig kaum interessant ist, eine industrielle Warenproduktion im eigenen Lande zu entwickeln, da etwa Plastikwaren und Haushaltsgeräte, z.T. auch Textilien, aus Schmuggelware günstig angeboten werden.

Eine zweite Staatengruppe weist einen *mittleren Industrialisierungsgrad* auf. Hierzu gehören Länder wie Senegal, die Côte d'Ivoire, Nigeria, Zaire, Kenia und Simbabwe. Wie bereits bei dieser Aufzählung deutlich wird, handelt es sich um Staaten, die als bedeutende Bergbauländer bzw. als wichtige Produzenten landwirtschaftlicher Rohstoffe bekannt sind. In diesen Ländern kam es im Anschluß an die bergbauliche Entwicklung sowie ausgelöst durch die Existenz bedeutender weißer Minderheiten und kaufkräftiger afrikanischer Gruppen, z.T. auch durch das unmittelbare Interesse von Industrieunternehmen der kolonialen Mutterländer, zu einer breitgefächerten Industrieentwicklung. Diese umfaßt nun nicht nur binnenmarktorientierte Branchen, wie sie oben genannt wurden, sondern auch Großbetriebe mit Exportorientierung bzw. Branchen, die einen anspruchsvolleren Markt bedienen; hierzu gehören z.B. Kraftfahrzeugmontage und Metallindustrie, chemische Industrie u.a.

Südafrika stellt das einzige „*Industrieland*" südlich der Sahara dar, auch wenn die Regierung für das „neue" Südafrika 1993/94 auf die Einstufung des Staates in die Gruppe der „Entwicklungsländer" drängte – dies, um den Mittelzufluß bilateraler und multilateraler Geber zu sichern. Nicht nur ein kaufkräftiger und bis in die ausgehenden 70er Jahre expandierender Binnenmarkt, die in der südafrikanischen Zoll- und Währungsunion (SACU) mit Südafrika verbundenen Nachbarstaaten, die SADC-Länder, – insgesamt 40 Länder Afrikas sind Märkte für Industriegüter aus Südafrika. Innerhalb des Kontinentes allerdings trifft es auf die Konkurrenz der Industrieländer der EU sowie Japans und der SL Südost- und Ostasiens, die ihre Handelsimperien selbst sichern und ausbauen wollen.

Südafrika bietet ein interessantes Beispiel, wie in einer gemischten Form privatwirtschaftlicher und staatlicher Initiative Industrialisierung erreicht werden kann. Investitionen in kapitalintensive Grundstoffindustrien wie die Eisen- und Stahlindustrie, die Kohleverflüssigungsanlagen, die Phosphatindustrie oder Aluminiumhütten wurden besonders in Zeiten wirtschaftlicher Rezession bzw. starken äußeren Druckes durch den Staat vorgenommen. Dabei standen die Verbesserung der Autarkie durch Importsubstitution, z.B. während des 2. Weltkrieges oder seit dem Boykottaufruf der Vereinten Nationen (1960), die Schaffung von Arbeitsplätzen sowie die Auslösung von Kopplungseffekten in der Privatwirtschaft im Vordergrund. Zugleich kam der Ausbau des Transport- und Kommunikationswesens, die lange politische Stabilität, die Expansion des Marktes sowie, für internationale Unternehmen wichtig, hohe Renditeaussichten als Entwicklungsfaktor hinzu. So verfügt Südafrika heute als eines der wenigen Länder Afrikas über eine breite Grundstoff- und Produktionsgüterindustrie (Eisenschaffende Industrie, chemische Industrie, Mineralölverarbeitung). Innerhalb der Investitionsgüterindustrie gehören der Kraftfahrzeugbau sowie der Maschinenbau zu führenden Industriezweigen, die allerdings durch die innenpolitische Entwicklung seit der Mitte der 80er Jahre in eine Krise geraten sind. Dagegen gelang es der Rüstungsindustrie aufgrund der politischen Entwicklung sowie Exporthilfen bis in die ausgehenden 80er Jahre, eine bedeutende Stellung für die Lieferung in Länder der Dritten Welt zu erreichen. Wie in anderen Ländern Afrikas stellt die Textil- und Bekleidungsindustrie sowie die Nahrungs- und Genußmittelindustrie äußerst beschäftigungsintensive und umsatzstarke Bereiche dar. Hinzuweisen ist auch noch auf den Aufbau einer großen Holz- sowie Papierindustrie auf der Basis riesiger Forsten (Eukalypten, Kiefern) auf der feuchten Ostseite des Kontinentes.

Staatliche Industrieförderungspolitik sowie das allgemeine weltwirtschaftliche Wachstum und Investitionen ausländischer Unternehmen nährten in den 70er Jahren die Hoffnung des Aufstiegs von Südafrika zu einem SL/NIC wie Südkorea oder Taiwan. Der fehlende Fortschritt bei der Industrialisierung, sogar ihr Niedergang in den 80er Jahren hat seine Ursachen in der politischen Krise des Apartheidstaates, in dem durch Sanktionen bedingten fehlenden Zugang zu Kapital und internationaler Hochtechnologie, in der Vernachlässigung der Qualifikation der nichtweißen Arbeitskräfte und in einer an Autarkie statt an Exporten orientierten staatlichen Industriepolitik. Ist somit die Vergleichbarkeit Südafrikas mit den anderen Ländern des Kontinentes eingeschränkt, so wird doch deutlich, wie afrikanische Länder wie Zaire, Simbabwe und die Erdölförderstaaten Angola und Nigeria von ihren natürlichen Ressourcen her über eine günstige Basis der Industrialisierung verfügen, wie in- und ausländisches Kapital verfügbar ist, es aber meist an technischem know-how oder an der Infrastruktur mangelt. Hinzu kommen die politische Instabilität bzw. Bürgerkriege in zahlreichen afrikanischen Ländern, die zur Zerstörung bereits vorhandener Strukturen führen, in- und ausländische Investoren abschrecken und die Kapitalflucht verstärken.

In einigen Ländern von ASS herrschte in den 70er Jahren eine Anti-Industrialisierungs-Mentalität, da man die Entwicklungsziele und -prioritäten auf der politischen Ebene anders bestimmte, gedacht sei an Tansania und Ghana: Hier bestand zeitweise das Bemühen, einen Mittelweg einzuschlagen, der auf der Basis landwirtschaftlicher Produktion eine Afrika-angepaßte Industrieentwicklung unter Abkoppelung von den kapitalistischen Industriestrukturen erreichen wollte. Dem diente eine Strategie der Förderung afrikanischer Klein- und Mittelbetriebe.

Länder wie Algerien und Ägypten beschritten den Weg einer Industrialisierung durch *Staatsbetriebe*. Zirca 80 % der Investitionen, ca. 70 % der Produktion und der Industriebeschäftigung entfielen in der zweiten Hälfte der 80er Jahre in Algerien auf die Staatsbetriebe. Inzwischen wurde aber auch hier deutlich, daß der Typ einer planwirtschaftlich-sozialistischen Industrialisierung sich auf Dauer nicht halten läßt, wie es seit 1989/90 in allen sozialistischen Ländern offenbar wurde.

Auch die Strukturanpassungsprogramme der Weltbank konnten bisher zu einer Industrialisierung nicht beitragen. Der erzwungene Abbau von Importbeschränkungen, die bisher die einheimischen Industrie schützten, die unreflektierte Einführung marktwirtschaftlicher Prinzipien und die Privatisierung von Staatsbetrieben führten

vielmehr zu einer katastrophalen *De-Industrialisierung*: Schuh- und Bekleidungsun-
ternehmen mußten schließen, Agroindustrien wie Anlagen zur Herstellung von Erd-
nußöl oder zur Baumwollentkernung blieben nicht verschont. Es fehlt das Engagement afrikanischer Unternehmer, da die Renditen bei Industrieinvestitionen zu
gering sind im Vergleich zu Immobilien oder dem Bausektor; zudem mangelt es bei
jungen Unternehmern an Managementqualifikation.

Die *Perspektiven* der Industrieentwicklung Afrikas sehen düster aus. Die Länder
Nordafrikas haben unter dem Einfluß des RGW eine vom Staat getragene, zentrali-
stisch-planwirtschaftliche Industrialisierung erfahren, aber weder Algerien noch
Ägypten kommen um eine schmerzhafte Privatisierung herum, wollen sie weiterhin
Mittel der Weltbank und des IWF erhalten. Auch die „abhängige Industrialisierung"
von Ländern wie der Côte d'Ivoire oder von Kenia hat sich als krisenanfällig erwiesen. Die Globalisierung/Internationalisierung der unternehmerischen Investitions-
entscheidungen, Kapitalflucht aus Afrika, geringe Renditeaussichten und ein lebhafter Schmuggel machen eine dynamische Industrieentwicklung unwahrscheinlich.
Binnenmarktorientierte Klein- und Mittelbetriebe sollen die Lösung sein, – sehr zum
Unwillen afrikanischer Politiker.

6.6 Handwerk, Kleingewerbe und Dienstleistungen: Der informelle Sektor als Beschäftigungsbereich

Gegenüber der Betonung der Industrie für die gesamtwirtschaftliche Entwicklung
der Länder Afrikas oder der Förderung der Landwirtschaft zur Überwindung von
Unterernährung und Hunger wurde der handwerkliche Bereich lange vernachlässigt.
Seit der Mitte der 70er Jahre hat sich ein Bewußtsein für die Beschäftigungswirksam-
keit dieses Bereiches entwickelt, so daß Fördermaßnahmen im Rahmen der Entwicklungszusammenarbeit auch hier ansetzten (BMZ 1994, 1996).

Das Handwerk

Das Handwerk besitzt in Afrika eine lange *Tradition*: Töpferei, Metallurgie, Holzbearbeitung, die Bearbeitung von Fellen und Häuten sowie textile Techniken sind seit
langer Zeit verbreitet. Sie dienten der Herstellung von Werkzeugen, Waffen, Kleidung sowie Hausrat und Schmuckgegenständen. Während manche Bereiche wie die
Herstellung von Baumwollgeweben und Haushaltsgegenständen im bäuerlichen Betrieb etwa saisonal während der Trockenzeit erfolgte, bestehen für andere Hand-
werksbereiche wie für Schmiedearbeiten oder Gelbguß, aber auch für das Schnitzen
von Masken regelrechte Berufstraditionen, z.T. ausgeprägte Handwerkskasten.

Bis heute besitzt die *Töpferei* in den ländlichen Gebieten eine erhebliche Verbreitung.
Das Modellieren von Tongefäßen mit Hilfe der Wulsttechnik wird bis heute durchgeführt, da die Töpferscheibe traditionell im Afrika südlich der Sahara fehlt. Modellieren der Tongefäße, Formgebung und Brennen sind Sache der Frauen, die hier ein
wichtiges handwerkliches Metier ausüben, das meist auch mit dem Handel dieser
Gefäße verbunden ist. Häufig sind es auch Gemeinschaften von Frauen, die sich die-

sem Handwerk widmen und hieraus ein erhebliches Einkommen erzielen. Auf zahlreichen Märkten in Afrika, auch in den Städten, bilden Töpferquartiere einen wichtigen Sektor, wobei auch „Nippes" für die afrikanische Bourgeoisie sowie für den Touristen angeboten werden.

Im Bereich der *Metallurgie* kam es zu einer verschiedenartigen Entwicklung in den unterschiedlichen Bereichen: Die Einfuhr von Eisen- und Stahlwaren bedeutete weitgehend das Ende für die traditionellen Schmiede, da nunmehr Hacken, Beile und andere Metallwerkzeuge aus Importen zur Verfügung standen. Nur in abgelegenen Gebieten, in denen Importwaren kaum erreichbar sind oder in denen die Kaufkraft äußerst gering ist, wie in Teilen der Sudan-Sahel-Zone, besteht das traditionsreiche Schmiedegewerbe weiter. Anders verhält es sich mit den Gelbgießern. Dieses Kunsthandwerk, das sich der Technik der „verlorenen Form" bedient, besitzt in Westafrika eine lange Tradition und konnte durch den Verkauf seiner Produkte an ausländische Besucher und Experten und heute auch wieder an Afrikaner überleben. In Nigeria erreichte diese Kunst bereits im 16. und 17. Jh. eine hohe Qualität, so daß nigerianische Bronzeköpfe heute zu den bedeutendsten Kunstwerken Afrikas gehören. Gleiches gilt für Kunstgegenstände aus Gold, wie sie in Mali oder der Côte d'Ivoire ebenfalls nach der Technik der „verlorenen Form" hergestellt werden.

Die *Holzbearbeitung* im handwerklichen Betrieb für die Herstellung von Möbeln, aber auch Ahnenfiguren und sakrale Gegenstände wie Masken, hat Spitzenleistungen afrikanischen Handwerks- und Kunstschaffens hervorgebracht. Die Ahnenfiguren sowie die Masken zahlreicher Völker West- und Zentralafrikas wurden von Schnitzern hergestellt, die zu diesem Zweck besonders ausgebildet wurden und häufig auch Geheimbünden angehören, da das Maskenwesen zutiefst in religiös-magische Beziehungen eingebunden ist. Heute hat die Bearbeitung von Holz profanere Formen angenommen, ist sie doch weitgehend in die Schreinerei und Tischlerei übergegangen; Masken und Ahnenfiguren werden noch hergestellt, häufig „Airport-Art" für Touristen, sehr selten nur noch als sakral-religiöse Gegenstände für Zeremonien, zu denen nur Eingeweihte Zugang haben.

Weit verbreitet, insbesondere in Westafrika, sind noch *textile Techniken* des Handwerks wie Stoffherstellung, Stoffverzierung und Weiterverarbeitung zu Kleidungsstücken. In zahlreichen Dörfern, aber auch in den Wohngebieten der Städte Westafrikas, kann man den Schaftwebstuhl sehen, der durch eine Zug- und Trittvorrichtung betätigt wird. Als Produkt entstehen etwa 20 cm breite Baumwollbahnen, die dann zu Jacken oder Kleidern zusammengenäht werden. Für die ländliche Bevölkerung mit geringer Kaufkraft oder für eine kulturbewußte städtische Elite sind diese Baumwollgewänder beliebte Kleidungsstücke. Der Handel mit diesen Stoffen und Kleidungsstücken erstreckt sich über das gesamte West- und Zentralafrika, trifft allerdings auf die scharfe Konkurrenz moderner Textilien nationaler Produktion oder aus Importen, doch tragen ein erneutes Nationalbewußtsein, der Rückgriff auf das kulturelle Erbe Afrikas, und, weniger positiv, die Verarmung breiter Bevölkerungsschichten zu einer erneuten Verbreitung der traditionellen Kleidung bei.

Die Verarbeitung von Holz und Gras bei *Flechtarbeiten* spielt bis heute eine wichtige Rolle. Körbe aus gespaltenem Bambusrohr, Schüsseln, Schalen oder auch Körbe aus verschiedenen Grassorten werden auf den Märkten häufig angeboten. Es ist schon ein krasses Gegeneinander zwischen importierten Emailleschüsseln aus der Volksrepublik China und den kunstvoll geflochtenen Schüsseln und Körben aus einheimischer Tradition, die auf den Märkten überrascht. Ist genügend Kapital vorhanden, so greift die Hausfrau zu Importwaren, und nur die ärmeren Schichten oder kulturbewußter Mittelstand erwerben Produkte des heimischen Handwerks (ESCHER 1987).

Seit dem Anfang der 80er Jahre setzte in zahlreichen Ländern Afrikas eine bewußte *staatliche Förderung* von Handwerk und Kleingewerbe ein, die durch Kreditgewährung und kaufmännische Ausbildung eine Stabilisierung des heimischen Handwerks versucht und seine Überleitung in moderne Gewerbebetriebe anstrebt. Fördermaßnahmen finden sich auch im Bereich des „modernen Handwerks" (THOMI 1989, SCHAMP 1993). Hier überrascht das breite Spektrum, das der Reisende häufig in Klein- bis Großstädten antrifft: Reparaturbetriebe aller Art, Schreinereien, Möbelherstellung, Polstereibetriebe, Betriebe zur Herstellung von Hausratgegenständen gehören heute zum Alltag. Gerade letztere bedienen sich eines außerordentlich effektiven Recyclings von Abfällen der modernen Gesellschaft, in dem sie z.B. Blechbüchsen oder andere Metallwaren, z.T. Motorblöcke sammeln, aufarbeiten und zu Hausrat wie Pfannen, Kesseln und Trichtern bzw. zu Feldbaugeräten wie Hacken und Beilen verarbeiten. Es ist erstaunlich, wie aus alten Schläuchen Wasserbehälter, aus Reifendecken Sandalen oder aus Stahlbändern Schutzgitter hergestellt werden.

Der informelle Sektor

Der informelle Sektor (VORLAUFER 1988, SCHAMP 1989, BMZ 1996) umfaßt nichtlandwirtschaftliche Tätigkeiten, die außerhalb der fiskalischen staatlichen Kontrolle stehen, die eine arbeitsintensive Produktion und angepaßte Technologien besitzen, mit geringem Kapitalaufwand für den lokalen Markt produzieren, deren Zusammenhang mit den formalen Strukturen von Handel und Gewerbe locker ist. In diesem Sektor sammeln sich vorwiegend Angehörige der unteren sozialen Schichten, die keine oder nur eine geringe formale Schul- und Berufsausbildung durchlaufen haben. Sie eignen sich die Fertigkeiten zur Herstellung von Marktprodukten oder zur Erbringung von Dienstleistungen in kleinen Handwerks- oder Gewerbebetrieben durch „learning by doing" an. Die Einkommen sichern häufig nur das Existenzminimum der Familie.

Im informellen Sektor finden heute eine große Zahl von potentiell Arbeitslosen ein Einkommen, in manchen Ländern bis zu 70 % der erwerbsfähigen Bevölkerung. TOURÉ (1985) wies am Beispiel von Abidjan hin auf Tätigkeiten wie ambulanten Handel, Schneider, Friseure, Autowäscher, Schuhputzer, „fliegende Küchen" und Kleinrestaurants, wie sie in allen Städten Afrikas anzutreffen sind (für Kairo vgl. MEYER 1989b, für Bissau KASPER 1995, Karte 26). Er interpretiert diese Tätigkeiten als Ergebnis der Notlage, des Mangels an Arbeitsplätzen im formalen Sektor, als Ergebnis des Einfallsreichtums der Bevölkerung, insbesondere von Jugendlichen und Frauen, die auf diese Art und Weise wirtschaftlicher Armut entgehen können. Es wurde von verschiedenen Autoren nachgewiesen, daß die Tätigkeit im informellen Sektor das Ergebnis bewußter unternehmerischer Entscheidung ist, daß z.T. ausgebildete Fachleute hier lukrative Aktivitäten finden, die sie im formalen Bereich nicht ausüben können. Aus dieser Schicht steigen zahlreiche kleinere Unternehmer auf,

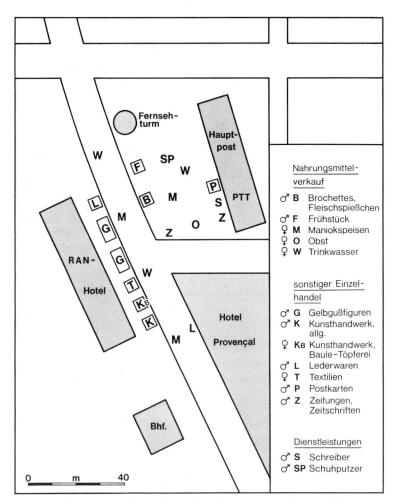

Umrahmte Buchstaben: Fester Stand, ohne Umrahmung: ambulante Tätigkeiten
Die Händler mit Kunsthandwerk, Gelbguß und Lederwaren kommen aus Mali, Niger und Senegal,
die übrigen sind Ivorer.

Abb. 50: Informeller Sektor im Stadtzentrum von Bouaké, Côte d'Ivoire

was die Dynamik der Menschen zeigt, die in diesem informellen Sektor tätig sind, die
aufgrund privater Initiative und individueller Bemühungen, z. T. aber auch im Kollek-
tiv wirtschaftlich tätig werden. Hier könnte staatliche Förderung ansetzen, in dem
sie vor allem den Betrieben mit über 5 Beschäftigten – das sind nicht wenige – Be-
triebsstätten zur Verfügung stellt, zinsgünstige Kredite zugänglich macht, eine be-
rufliche und kaufmännische Ausbildung ermöglicht (BOEHM 1990). Erfahrungen aus
Südafrika aber zeigen, daß die mentalen Strukturen bei zahlreichen Kursteilnehmern,
die einer solchen „formalen" westlichen Ausbildung ausgesetzt werden, nicht geeig-

net sind, diese zu überstehen: zahlreiche Absolventen derartiger Förderkurse litten hinterher unter erheblichen psychologischen Schwierigkeiten und konnten ihre Geschäfte nicht weiterführen, da sie den hohen Erwartungen nicht gewachsen waren. Eine „angepaßte Förderung" ist hier dringend notwendig, um geschäftliche und persönliche Katastrophen zu vermeiden.

Einzelne *Förderansätze* von *Selbsthilfeorganisationen* haben gezeigt, daß kleine informelle Betriebe bei geeigneter Förderung ein beachtliches unternehmerisches Potential entfalten können, daß die effektive Förderung ihre Beteiligung an Planung und Durchführung der Maßnahmen erfordert. Die Dauerhaftigkeit des Fördererfolgs setzt längerfristig auch strukturelle Veränderungen in den Ländern des Südens und in der Entwicklungszusammenarbeit voraussetzt (KOCHENDÖRFER-LUCIUS 1990). DRILLING (1993) wies nach, wie das Entwicklungspotential des informellen Sektors unter dem Einfluß der Strukturanpassungsprogramme sich entfaltet. Angesichts der Bankenzusammenbrüche erweisen sich die traditionellen „informellen Bankiers" als ein wichtiger Faktor der Entwicklung: Auf den Märkten West- und Zentralafrikas sichern die „tontiniers" die Beschleunigung der Geldzirkulation, der Akkumulation, der Liquiditätsschöpfung sowie der Kreditvergabe. Der informelle Sektor mit seinen Wurzeln in der traditionellen Kultur und seiner Ausrichtung auf die Erfordernisse moderner Ökonomie ist eine „Selbsthilfe"-Antwort auf die Krise des öffentlichen Sektors. Durch die Schaffung von Beschäftigung und Einkommen sowie durch die Produktion von Gütern und Dienstleistungen trägt er zum Wirtschaftswachstum und zur sozio-ökonomischen Transformation bei.

7 Der Fragenkreis des Dritte Welt-Tourismus

Zu einer der umstrittensten wirtschafts- und sozialgeographischen Erscheinungen in Afrika gehört der Tourismus. Schwerpunktgebiete eines Massentourismus sind die Maghrebländer Tunesien und Marokko, Ägypten und das ostafrikanische Kenia. In einer zweiten Gruppe sind Länder wie Simbabwe und Südafrika zu nennen. In den übrigen Ländern Afrikas beschränkt sich der Besuch überseeischer Touristen auf geringe Zahlen von Individualreisenden, Großwildjäger, ethnologisch Interessierte oder Abenteurer. Das Fehlen einer touristischen Infrastruktur sowie staatliche Hochpreispolitik sind weitere Faktoren für geringe Besucherzahlen.

Die Verteilung der *Zielgebiete* der Touristen, wie sie z.B. in Südafrika detailliert untersucht wurde, zeigt folgende Präferenzen: „Strand und Sonne", „Tierwelt", „Landschaften", und erst an letzter Stelle „Menschen". Klimagunst und Preisvorteil sind für die Urlauber Hauptgründe für ihre Buchung. So überrascht es nicht, daß die Masse der Touristen Badeorte und *Strände* von Agadir bis Djerba bevölkert, daß in Kenia der Badetourismus im Raume Malindi-Mombasa dominiert, daß in Südafrika Durban eine Hauptattraktion inländischer und überseeischer Touristen darstellt. An zweiter Stelle rangieren Nationalparks, in denen die afrikanische *Tierwelt* vom sicheren Bus aus betrachtet werden kann; hierauf beruht eine weitere wesentliche Attraktivität von Kenia, Simbabwe, Südafrika und Namibia. Hiermit verbindet sich gerade in Ostafrika, z.T. auch in Südafrika, der Aspekt „*Landschaft*", zudem die großen Vulkangebiete wie das Massiv des Kilimandjaro oder die Südafrikanischen Drakensberge gehören. Hinzu kommt, daß in Ländern wie Marokko und Tunesien, Kenia und Südafrika eine ausgezeichnete touristische Infrastruktur besteht, im Sinne von Hotelanlagen sowie von Transport- und Kommunikationseinrichtungen, und daß diese von den großen Tourismusfirmen der Industrieländer bevorzugt werden. In Westafrika ist es zum einen der Sonne-Strand-Tourismus, der sich meist auf Clubdörfer konzentriert, zum anderen ein Gruppentourismus, der die ethnologisch interessanten Rückzugsgebiete von Bergvölkern etwa im Togo-Attakora-Gebirge, in Nordkamerun (Matakam, Kirdi) oder in Mali (Dogon) zum Ziel hat. Zahlreiche Länder Afrikas wie Zaire oder Botswana bevorzugen den zahlungskräftigen Einzeltouristen oder die Kleingruppe, die zu Jagdsafaris aufbrechen, um zu erheblichen Preisen Wild zu erlegen.

In der innenpolitischen *Diskussion* in Afrika sowie in der entwicklungspolitischen Diskussion in den Industrieländern stellt die Frage des Tourismus einen umstrittenen Bereich dar (GÄLLI 1990, BMZ 1993c, VORLAUFER 1990, 1996). Vertreter der Wirtschaftsministerien und der großen Tourismusunternehmen betonen die positiven Auswirkungen des Wirtschaftszweiges, der in Ländern wie Marokko, Tunesien, Ägypten, Kenia und Südafrika zu den Hauptdevisenbringern des Staates gehört und einen wichtigen Beschäftigungssektor darstellt. Der Anteil der Tourismuseinnahmen an den gesamten Exporteinnahmen beträgt in Ostafrika ca. 11 %, in der Karibik bereits ca. 25 %. Für Tunesien ist der Tourismus mit einem Anteil von 6 % am BSP nach den Erdölexporten die zweitwichtigste Devisenquelle des Landes. Eine Studie der Deutschen Investitions- und Entwicklungsgesellschaft (DEG) vom Juli 1993 ergab, daß je Hotelbett zwischen 3 und 5 Arbeitsplätze geschaffen werden. Über die Familien der im Tourismusbereich Beschäftigten wird Kaufkraft in den Haupttourismusgebieten verbreitet; über die Nachfrage nach Souvenirs wird die Produktion des handwerklichen Sektors angeregt; über die Nachfrage nach Nahrungsmitteln, wie Frischgemüse oder Brot, kam es zu erheblichen Steigerungen im Marktgartenbau sowie im Nahrungs- und Genußmittelgewerbe. Kritiker des Massentourismus verweisen jedoch auf seine wirtschafts- und sozialgeographisch bedenklichen Folgen: Die Abhängigkeit der Tourismusindustrie vom ausländischen Kapital sowie von importierten Ausrüstungsgütern, die zu einem erheblichen Kapitalrückfluß (bis zu 70 % der Deviseneinnahmen) in die Industrieländer führen. Die Studie der DEG wies nach, daß im Unterschied zu den 70er Jahren nur 30 % der gesamten Netto-Wertschöpfung abfließen, Zweidrittel in den Tourismusländern bleiben. Auch die Besitzstrukturen haben sich gewandelt: In Kenia sind inzwischen 75 % der großen Hotels und Loggias in lokalem Kapitalbesitz. Während in den frühen 70er Jahren noch fast alles importiert wurde, ist dies heute nur noch für einen kleinen Teil der Luxuswaren der Fall.

Umstritten sind die mittelfristigen sozialen Auswirkungen des Massentourismus, z.T. auch anhaltender Gruppenreisen. Während einige Forscher und Entwicklungsexperten durch den anhaltenden und auch saisonalen „Kulturkontakt" eine Gefährdung der traditionellen Familien- und Gesellschaftsstrukturen sehen, mit erheblichen Auswirkungen auf das Sozialgefüge, das Wertesystem und das Verhalten der Betroffenen, verweisen andere auf den „Ghetto-Charakter" der großen Tourismuskomplexe, auf die bewußte oder unbewußte psychologische Segregation der ausländischen Besucher, von dem Pseudokontakt mit einer angeblichen „Tradition", wie sie von tourismusorientierten Tanzgruppen oder Kamelführern vorgegaukelt wird. Phänomene wie Ausbreitung der Prostitution und Homosexualität lassen diesen Wirtschaftssektor sozial und psychologisch äußerst problematisch erscheinen.

Ökotourismus gilt in Ländern wie Kenia oder Namibia als eine Alternative, mit der sich zahlreiche negative Folgen des Massentourismus vermeiden lassen. Erfahrungen in Senegal aber zeigen, daß auch bei angepaßten Wohn- und Ernährungssituationen das Sozialverhalten der Einheimischen negativ beeinflußt wird und eine Kommerzialisierung der Kultur eintritt. Auch Natur- und Umweltschutz lassen sich bei der großen Zahl der Ökotouristen nur eingeschränkt realisieren.

Tab. 14: Hauptzielländer des Tourismus

Zielland	Touristenankünfte (in Mio., ohne Tagesbesucher)		Einnahmen aus dem internationalen Tourismus (in Mio. US$)	
	1993	1995	1993	1995
Ägypten	2,9	.	.	.
Kenia	0,8	0,9	0,4	0,6
Marokko	4,0	2,6	1,2	1,2
Simbabwe	0,9	1,3	0,1	0,2
Südafrika	3,1	4,8	1,2	1,6
Tunesien	3,7	4,1	1,1	1,5
Afrika, gesamt	18,1	18,7	6,0	6,7

nach Unterlagen der World Tourism Organization/WTO

8 Der Verkehr als Entwicklungsfaktor

Für den Transport von Gütern und Personen zwischen Produktions- und Verbrauchsgebieten, in zunehmendem Maße aber auch für Verbindungen innerhalb der Verdichtungsgebiete und Millionenstädte besitzt ein funktionierendes Verkehrswesen eine erstrangige Bedeutung. Leider ist dieser Sektor, abgesehen von regionalen Ausnahmen wie in den Maghrebländern am Nordrand des Kontinentes oder im südlichen Afrika, *stark unterentwickelt*: Ganze Gebiete in ASS sind während der drei- bis sechsmonatigen Regenzeit von der Außenwelt abgeschnitten, wenn sämtliche Straßen unpassierbar werden. Gleichzeitig brechen die Eisenbahnverbindungen zusammen, wenn die Flüsse Brücken hinwegspülen oder die Starkregen zur Unterspülung der Bahndämme führen. Auch während der Trockenzeit sind die Transportbedingungen zu Lande weitgehend unzureichend, da abgesehen von wenigen geteerten und unterhaltenen Fernstraßen große Teile des Straßennetzes die Qualität von Feldwegen besitzen. Dies bedingt einen hohen Verschleiß der Fahrzeuge, so daß wochenlange Ausfälle beim Straßen- und Bahntransport die Regel sind. Die Vernachlässigung der Unterhaltung der Schiffahrtswege hat zur Folge, daß auch diese Verkehrswege durch häufige Verzögerungen belastet sind; eine fahrplanmäßig siebentägige Schiffahrt von Kisangani nach Kinshasa in Zaire kann bis zu drei Wochen dauern, wenn das Schiff häufig auf Sandbänke aufläuft. Weite Landstriche in Kriegsländern wie Mosambik, Angola, Somalia, Eritrea oder Äthiopien sind vermint. So wird es verständlich, daß der *Luftverkehr* eine *Schlüsselfunktion* besitzt, sowohl im Passagier- als auch im Frachtverkehr. Dabei sind die Leistungen der Piloten bewundernswert, die mit überladenen Maschinen Flughäfen ohne Navigationshilfen unter den tropischen Klimabedingungen anfliegen müssen. Die Küstenschiffahrt versorgt nach Art der Trampschiffahrt die Küstenmetropolen, doch sind die Umschlaganlagen häufig defekt und die Lagerung absolut unzuverlässig durch die hohe Zahl von Diebstählen.

Überblickt man die *Transporträume*, so lassen sich die lokale, die regionale, die nationale und die internationale Ebene unterscheiden. Auf der *lokalen Ebene* geschieht der Transport weitgehend noch *zu Fuß*: So ist der Transport von Nahrungsmitteln wie Bananen oder Süßkartoffeln in Tragegestellen oder als Kopflast die Regel, wobei Lasten bis zu 50 kg keine Seltenheit sind. Es sind die Frauen, die die Hauptlast zur Versorgung der Märkte bzw. der Aufkaufstellen entlang der Überlandpisten tragen. Wege zu den Wochenmärkten betragen im Durchschnitt zwei Gehstunden. Für die Märkte der Mittel- und Großstädte werden auch Entfernungen bis zu 15–20 km zurückgelegt. In den Trockengebieten sind hierbei Lasttiere (Esel) eine wichtige Hilfe, die in den Feuchtgebieten und in den Gebirgen fehlt. Handkarren (pousse-pousse, aus dem franz. pousser = schieben) waren eine wichtige Innovation, da die Gütermenge und die Distanz des Fußweges wesentlich erhöht werden konnte; im Einzugsbereich der Hauptstadt der Zentralafrikanischen Republik, Bangui, beeindrucken die Ströme von Handkarren, mit denen Brennholz bis zu 20 km Entfernung in die Stadt geschafft wird, ein Bild, das sich mit dem Aspekt des Tropenwaldschutzes kaum verbinden läßt.

Auf der *regionalen Ebene* ist das *Fahrrad* das wichtigste Transportmittel des „kleinen Mannes". Um die Mittel- und Großstädte transportieren Männer Nahrungsmittel, aber auch Holz und Holzkohle über Entfernungen von durchschnittlich 15 bis 20 km bei Gewichten bis zu 30 kg. In der Sahel-Sudan-Zone gehört der ambulante Händler, der auf seinem Fahrrad Stoffe, Bijouteriewaren und anderes transportiert zum Alltag. Mit Recht gibt es Vorschläge, auf kostspielige Straßenbauten im ländlichen Raum zu verzichten und stattdessen ganzjährig befahrbare Radwege anzulegen, eine Innovation, die leider bei afrikanischen Politikern nur Verwunderung und Ablehnung auslöst.

Auf der *überregionalen*, das heißt der nationalen und internationalen Ebene stellt das *Kraftfahrzeug* das wichtigste Transportmittel dar. Kleinlaster sind die entscheidenden Transportträger für Entfernungen bis zu 100 km: Sie transportieren Nahrungsmittel sowie Passagiere in die Städte, nehmen Bier, Passagiere und deren Fracht (Lebendvieh, Konsumgüter) mit in den ländlichen Raum. Lastkraftwagen (8 bis 12 t) dienen vorwiegend dem Fernverkehr mit Entfernungen bis zu 700/1000 km. Sie sichern den Transport von Importgütern von den Seehäfen ins Binnenland, in umgekehrter Richtung befördern sie landwirtschaftliche Exportgüter wie Baumwolle oder Kaffee zu den Seehäfen. Auch für die nationale Nahrungsmittelversorgung haben sie eine beachtliche Bedeutung, indem sie Fisch, Gemüse oder Mais aus den Produktionsgebieten zu den Großstätten und Metropolen befördern. Durch den schlechten Straßenzustand, aber auch durch die Fahrweise haben die meist total überladenen Fahrzeuge nur eine Lebensdauer von ca. drei Jahren, wenn sie nicht schon vorher wegen überhöhter Geschwindigkeit im Wald oder auf einem Feldhain enden. Preisanstiege bei Fahrzeugen, Ersatzteilen und Treibstoff sorgen seit Jahren für steigende Transportkosten, die die Nahrungsmittelpreise belasten oder die das Ende einer regelmäßigen Versorgung bedeuten. Dies erschwert auch Nahrungsmittelhilfe in Notfällen, wie sie zur Zeit noch für Eritrea und Äthiopien, für Angola oder Liberia von internationalen Organisationen und den betreffenden Ländern durchgeführt wird.

Die *Eisenbahn* erfüllt lediglich in den Maghrebländern zwischen Casablanca und Tunis, in Ostafrika zwischen Kisumu, Daressalam und Lusaka sowie in den Ländern des südlichen Afrika zwischen Kapstadt und Harare/Lusaka eine zuverlässige Transportleistung aufgrund entwickelter Netzstrukturen. Sowohl im Nahverkehr wie auch im nationalen und internationalen Fernverkehr ist die Eisenbahn trotz verbaler Bekundungen und einzelner Ausbaustrecken im Verhältnis zum Kraftfahrzeug nicht konkurrenzfähig, da Verspätungen, Entgleisungen und Güterverluste die Regel sind. Hinzu kommt, daß die in der Kolonialzeit als Stichbahnen zum Abtransport von Rohstoffen angelegten Linien nicht den heutigen Verkehrsbedürfnissen entsprechen. Auch die unterschiedlichen Spurweiten (Kapspur 1067 mm im südlichen Afrika, Normalspur 1435 mm in Nordafrika) sind ein Hindernis für den Zusammenschluß, doch ist das Zeitalter der Eisenbahn in Afrika vorbei. Die einmal komplementär genutzten *Binnenwasserstraßen* wie der Niger in Westafrika oder die Flüsse des Kongo-Ubangi-Stromsystems in Zentralafrika, aber auch die Seen Zentral- und Ostafrikas sind in ihrer Bedeutung für den Transport wegen der obengenannten Vernachlässigung der Infrastruktur und veralteter Schiffe weitgehend zu vernachlässigen. So verwundert es nicht, daß sowohl auf der nationalen als auch auf der internationalen Ebene der Flugverkehr für den Transport von Personen und wertvollen Gütern entscheidend ist. Dies zeigt sich in der Existenz zahlreicher nationaler Fluggesellschaften, die sich auf Luftfracht konzentrieren.

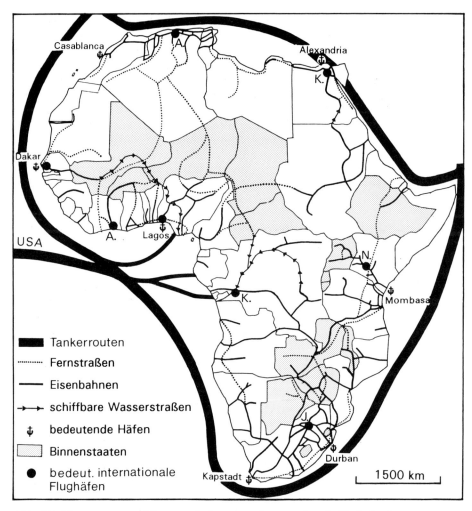

Abb. 51: Binnenstaaten, Hauptverkehrswege, internationale Verkehrsknoten

Das Transportwesen weist, wie gezeigt, deutliche Engpässe und erhebliche Mängel auf und erweist sich als ein entscheidender Faktor der Unterentwicklung. Besonders kritisch ist die Situation für die *Binnenstaaten* wie in der Sahel-Sudan-Zone, in Zentral- und Südafrika. So wundert es nicht, daß die multilaterale wie die bilaterale EZ erhebliche Mittel zur *Verbesserung der Verkehrsinfrastruktur* zur Verfügung stellte. WAGNER (1988) zeigte die wirtschaftsräumlichen Konsequenzen des Straßenbaus im Sahel von Mali auf. Es handelt sich um ein 600 km langes Allwetterstraßenprojekt, das von Mopti nach Gao führt. Die Erschließungsfunktion der Straße hat die Versorgung des Trockengebietes mit Gütern aus den südlichen feuchteren Landesteilen verbessert. Nachteilig wirkt sich die Ansiedlung ehemaliger Nomaden und die Ausdeh-

nung des Regenfeldbaus entlang der Straße aus; auch die Überweidung im engeren
Einzugsbereich der Straße fördert die Desertifikation. Auch der Bau von Seehäfen
wie San Pedro in Côte d'Ivoire und von Eisenbahnen wie des nördlichen Abschnittes
der Trans-Kamerun-Bahn wurden aus Mitteln der deutschen EZ finanziert, um nur
einige Beispiele zu nennen. Mangelnde Unterhaltung und Wartung, zu geringes Gü-
ter- und Passagieraufkommen wegen unzureichender wirtschaftlicher Regionalentwicklung bzw. der Zusammenbruch der staatlichen Organisation berechtigen dazu,
in zahlreichen Fällen von „Entwicklungsruinen" zu sprechen. Auch die kriegerischen
Auseinandersetzungen haben wie in Angola und Mosambik zum Zusammenbruch
des Eisenbahn- und Straßenverkehrs geführt. Die im Rahmen der UNO-Transport-
dekade begonnenen Projekte eines transkontinentalen Straßennetzes (Trans-Sahara-
Straße von Algier nach Kano, ca. 4 000 km; Trans-Sahel-Route von Dakar nach Ndja-
mena, ca. 5 000 km, mit Verlängerung bis zur eritreischen Hafenstadt Massaua; Trans-
Afrikanische-Straße von Mombasa nach Lagos, ca. 6 500 km; Küstenroute entlang
der Atlantikküste von Nouakchott nach Lagos, ca. 4 500 km; Ost-Afrikanische-Stra-
ße, von Kairo durch Ostafrika bis Gaborone in Botswana, ca. 10 500 km) erwiesen
sich als völlig überdimensioniert, und große Auftragsteile scheiterten an Korruption
und Unterschlagung.

Die *Privatisierung* des Verkehrssektors hat sich inzwischen als positiv für den Perso-
nenverkehr in den Großstädten und Metropolen erwiesen, wo Kleinbusse ein dichtes
Netz bedienen. Auch der Transport von Gütern und Personen auf regionaler, nationaler und internationaler Ebene hat sich auf lukrativen Strecken verbessert, während
Abseitsräume nicht mehr bedient werden und weiter zurückfallen. Somit verschärfen
sich die *regionalen Disparitäten*, und die ökonomische Entwicklung konzentriert sich
immer mehr auf wenige Pole und Achsen.

Die internationale *Seeschiffahrt* hat für einen „Rohstoffkontinent" wie Afrika noch
eine entscheidende Bedeutung, insbesondere für den Transport von Massengütern
wie Erze oder Rohzucker. So wundert es nicht, daß Spezialhäfen wie Richards Bay
(Steinkohle) oder Saldanha Bay (Eisenerz, Mangan) in Südafrika, aber insbesondere
die Erdölhäfen bzw. Gasterminals in Gabun, Nigeria, Algerien (As-Sidr) und Libyen
zu den umschlagstärksten Häfen des Kontinentes gehören. Der Stückgutverkehr ist
weitgehend containerisiert; in diesem Sektor steht Durban in Südafrika hinsichtlich
des Umschlags an erster Stelle. Inzwischen bestehen Pipeline-Verbindungen zwischen Nordafrika und Europa (Transmed: Algerien – Tunesien – Italien).

9 Regionale Verstädterung und Stadttypen

9.1 Ausmaß der Verstädterung

Verstädterung als numerischer Prozeß (das Anwachsen der städtischen Bevölkerung nach ihrer Zahl), als räumlicher Vorgang (Ausdehnung städtischer Bebauung) und als sozialer Prozeß (Übernahme städtischer Lebensformen im Sinne von Urbanisierung) spielt heute in Afrika eine wichtige Rolle. Zwar weist Afrika mit ca. 30 % unter den Kontinenten der Dritten Welt noch den geringsten Verstädterungsgrad auf, doch nimmt die Bevölkerung insbesondere der Metropolen durch natürliches Wachstum und Zuwanderung um jährlich ca. 6 % zu (GAEBE 1994).

Es fehlt bisher eine einheitliche *Abgrenzung* städtischer Siedlungen: für die Verwaltungen der Länder Afrikas sind „Städte" nur solche Orte, die den administrativen Rang z.B. einer „commune" im frankophonen Afrika besitzen; es sind aber Fälle bekannt, wo diese Orte weniger als 5000 E. haben. Man könnte eine Einwohnerzahl, etwa 2000, als Schwellenwert für städtische Siedlungen ansetzen, doch sind Orte wie die Tswanastädte in Botswana mit über 10000 E. noch von einer bäuerlichen Bevölkerung geprägt. Zu beachten ist auch, in welcher Periode die Zählung der städtischen Bevölkerung stattfand: so ist z.B. von der Bevölkerung Volkszählung in Senegal (Mai/Juni 1988) bekannt, daß in diesen Monaten zahlreiche Städter für die Feldbestellung aufs Land gezogen waren, und daß sich zugleich viele Schüler und Studenten in ihren ländlichen Heimatgemeinden aufhielten, da die Regierung nach Streiks die Unterrichtsstätten geschlossen hatte. Aus Nigeria wird berichtet, daß anläßlich einer Volkszählung die meisten Bewohner von Dörfern und Kleinstädten sich in den Busch zurückgezogen hatten, um einer Zählung zu entgehen, da sie die Eintreibung ihrer Steuerschuld befürchteten.

Der *Grad der Verstädterung* in Afrika zeigt erhebliche regionale Unterschiede: Höchste Raten treten in den Ländern Nordafrikas auf. Von Ägypten bis Marokko spannt sich der Bogen von Ländern, die zum orientalisch-nordafrikanischen Kulturkreis gehören, in dem eine jahrtausende alte städtische Tradition und Kultur besteht. In ASS zeigen zwei Ländergruppen hohe Verstädterungsraten: zum einen in den Bergbaustaaten Südafrika und Sambia, wo die Konzentration städtischer Bevölkerung in den Bergbau- und Industriegebieten seit dem Zweiten Weltkrieg zunimmt, wie im Copperbelt in Sambia bzw. Witwatersrand in Südafrika. Eine zweite Ländergruppe, die die Republik Kongo und die Côte d'Ivoire umfaßt, ist schwieriger zu erklären: Bei der Côte d'Ivoire hat sich im Laufe der gesamtwirtschaftlichen Entwicklung seit 1960, gefördert durch Verwaltungsmaßnahmen, die Zahl der Städte bedeutend erhöht, so daß der Verstädterungsgrad von ca. 25 % auf 42 % anstieg. Bei der Republik Kongo handelt es sich um ein länderspezifisches Phänomen, indem ca. 80 % der Bevölkerung in den südwestlichen Landesteilen, und zwar vorwiegend in der Hauptstadt Brazzaville und in der Hafen- und Industriestadt Pointe Noire leben, während ca. 70 % der Staatsfläche fast unbevölkert ist. Die meisten Küstenländer Westafrikas sowie die Staaten Zentralafrikas haben eine mittlere Verstädterungsrate von 30 bis 39 %. Hier wird deutlich, daß die Länder seit der Kolonialzeit durch ihre Außenorientierung eine außerordentliche Entwicklung der Küstenregionen und der Küstenstädte erlebt haben, wobei sich Metropolen wie

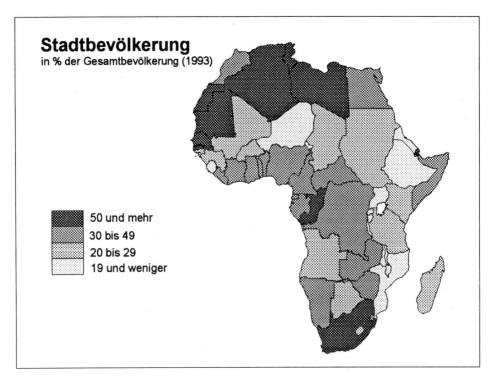

Abb. 52: Verstädterungsrate

Dakar/Senegal, Abidjan/Côte d'Ivoire, Accra/Ghana, Lagos/Nigeria, Douala/Kamerun, Libreville/Gabun und Kinshasa im zentralafrikanischen Staat Zaire entwickelt haben. Oberhalb des Schwellenwertes von ca. 25 %, der mittleren Verstädterungsrate von ASS, liegen auch bevölkerungsarme Länder wie Mauretanien und Namibia, Wüstenstaaten, in denen jeweils ein städtisches Zentrum mit hoher Zuwanderung dominiert.

Auch Länder wie Botswana und Simbabwe fallen noch in diese Kategorie von Staaten mit einer Verstädterungsrate von max. 29 %, da trotz erheblicher Bergbauaktivitäten der Anteil der ländlich-bäuerlichen Bevölkerung noch erheblich ist. Im bevölkerungsreichsten Land Afrikas, Nigeria, das eine lange städtische Tradition besitzt, herrscht zwar eine bedeutende Bevölkerungskonzentration in den Millionen- und Großstädten, insbesondere im Südwesten des Landes zwischen Lagos und Ibadan, doch ist der Anteil der ländlichen Bevölkerung insgesamt noch überaus hoch.

Zwei Zonen des afrikanischen Kontinents fallen durch außerordentlich *niedrige Verstädterungsraten* auf: zum einen die Sahelzone, zum anderen eine Nord-Süd verlaufende Zone von Äthiopien bis Mosambik. In diesen Ländern ist trotz der Entwicklung von Groß- und Millionenstädten wie Nairobi die Masse der Bevölkerung noch in das ländlich-bäuerliche Milieu gebunden.

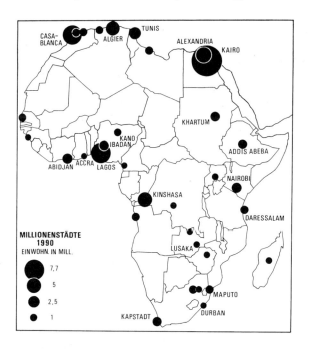

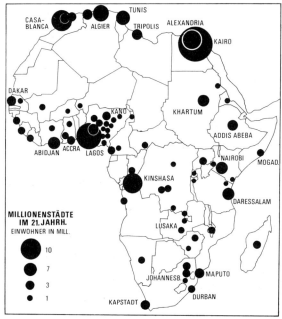

Abb. 53: Groß- und Millionenstädte

Die Länder Burundi, Ruanda und Uganda weisen mit 3 bis 7 % die geringsten Verstädterungsraten Afrikas auf. In diesen dichtbevölkerten Ländern Zentral- und Ostafrikas dominiert trotz Ansätzen einer Industrialisierung, insbesondere in Uganda, eine Pflanzer- und Bauernbevölkerung. Da durch den Anbau von Nahrungsmitteln und Exportprodukten wie Kaffee und Tee das Einkommen im ländlichen Raum ausreicht bzw. die Armut auf dem Land eher zu meistern ist als in den Städten, besteht bei gleichzeitig geringer Attraktivität der Städte kein Anlaß zur Landflucht. Die Wanderarbeit in die Nachbarstaaten war für die Einwohner von Ruanda und Burundi ein Weg zur Überwindung der Armut im ländlichen Raum.

9.2 Stadttypen

Versucht man, Stadttypen in Afrika nachzuweisen, so kann man von zwei Aspekten ausgehen: Eine Typenbildung folgt der historisch-genetischen Entwicklung, ein zweiter Ansatz greift auf die dominanten städtischen Funktionen zurück (MANSHARD 1977, SCHNEIDER und WIESE 1983).

Historisch-genetische Stadttypen

Eine Typenbildung, die historisch-genetische Schichten der Verstädterung in Afrika aufgreift, hat den Vorteil, auch die großen historischen Kulturräume des Kontinents aufzuzeigen (vgl. Kap. 4). Verfolgt man diesen Ansatz, so lassen sich sechs Großräume der Stadtentwicklung in Afrika unterscheiden: Nordafrika, die Sudan-Sahelzone, die östliche Oberguineaküste, die ostafrikanische Küste, das Hochland von Äthiopien und das südliche Afrika. In *Ägypten* treten Städte als Herrschersitze, als religiöse Zentren und Handelsmetropolen seit dem dritten Jahrtausend v. Chr. auf, wobei die Stadtkultur im Zusammenhang steht mit den Entwicklungen im Bereich des „Fruchtbaren Halbmondes", der sich von Mesopotamien/Irak bis in die Nilstromoase erstreckte. Nilaufwärts bzw. über das Rote Meer hinweg kamen die Kulturströmungen, die zur frühen Städtebildung (1. Jahrtausend v. Chr.) im äthiopischen Hochland, einer Wiege der Kultur in Afrika, führten.

Nordafrika im weiteren Sinne wurde entscheidend geprägt durch die Entwicklung der Stadtkultur während der Zeit des römischen Weltreichs. Bis heute zeugen die historischen Stätten in Libyen, Tunesien, Algerien und Marokko von der Größe und dem Reichtum der römerzeitlichen Städte. Die gleiche Region wurde seit der arabischen Invasion des 7./11. Jahrhunderts in den Kreis der orientalisch-islamischen Stadtkultur einbezogen. In Anlehnung an römerzeitliche Standorte bei starker Umformung des Stadtgrundrisses oder als Neugründung wie Kairouan (671 n. Chr.) in Tunesien oder Fez (789 n. Chr.) in Marokko prägte sich ein Typ der orientalisch-islamischen Stadt aus, der bis heute im Sackgassengrundriß der Medina, in bedeutenden Bauwerken (Stadtmauer, Burg, Moscheen), in den kolonialzeitlichen und postkolonialen Stadterweiterungen einen Typ der islamisch-orientalischen Stadt sichtbar werden läßt (WIRTH 1991, EHLERS 1993).

In den Städten der *Sudan-Sahel-Zone* wird eine historisch-genetische Schicht mittelalterlicher afrikanischer Städte greifbar. Sie knüpfen an die Staatenbildung der Sudan-

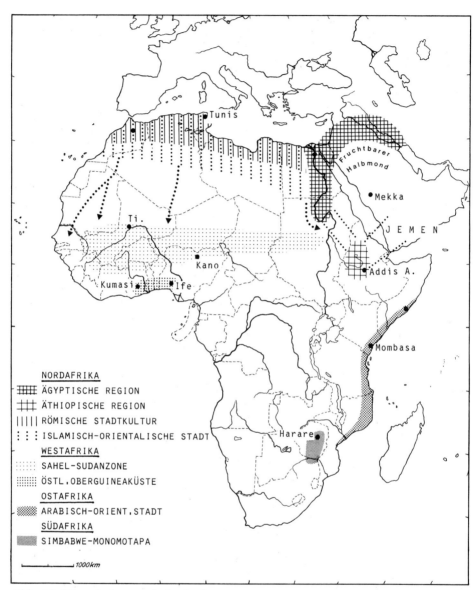

Abb. 54: Historisch-genetische Stadttypen

Sahel-Zone an, an die alten Reiche Ghana, Songhai, Kanem, die seit dem 9. Jh. n. Chr. nachgewiesen sind. In der Kontaktzone zwischen dem Südrand des sahari-schen Wüstengürtels und den Savannen entstanden Handelsmetropolen, in denen Güter Westafrikas wie Gold, Elfenbein und Kolanüsse gegen Importgüter aus Nord-afrika (Schmuck und andere Handwerksprodukte) und Europa (Waffen, Textilien) bzw. Salz aus dem saharischen Raum umgeschlagen wurden. So können heute fast unbedeutende Städte wie Timbuktu am Niger, aber auch heute bedeutende Handelsorte wie Djenné und Gao in Mali auf eine lange Geschichte zurückblicken. Die alte Metropole Ouagadougou wurde zur Landeshauptstadt von Burkina Faso, während eine Handelsmetropole wie Kong im Norden der Côte d'Ivoire unterging. An der östlichen Oberguineaküste, im Südwesten von Nigeria, können die Joruba-Städte auf eine mehrhundertjährige Vergangenheit zurückblicken. Seit dem 12./13. Jahrhundert haben sie ihre Funktion als Herrschafts- und Handelszentren behalten. Seit dem 2. Weltkrieg, verstärkt seit der Unabhängigkeit von Nigeria, sind sie Zuwanderungspole aufgrund der Industrialisierung und des Ausbaus hochrangiger Dienstleistungen (z.B. Universitäten).

Während überdauernde Stadtgründungen der mittelalterlichen Epoche in Zentralafrika noch nicht nachgewiesen sind, kam es im *südlichen Afrika* seit dem 11. Jahrhundert zur Entwicklung von Herrschersitzen, die zugleich eine religiöse Funktion hatten. Das berühmteste Beispiel sind die „Great Zimbabwe Ruins" im Südosten des Staates Simbabwe, Herrschersitz und religiöses Zentrum eines Reiches, das den Portugiesen unter der Bezeichnung Monomotapa (Herrscher der Minen) bekannt war. Aus diesem südafrikanischen Reich führte ein reger Handel mit Gold und Elfenbein an die ostafrikanische Küste nach Sofala. Hiermit werden die Stadtgründungen von Händlern aus dem Gebiet des Persischen Golfs als eine eigene historisch-genetische Schicht der afrikanischen Stadt greifbar. Orte wie Mogadischu, Malindi und Mombasa sowie Sansibar, Kilwa und Mosambik (Insel) an der *Küste Ostafrikas* legen in der Gestalt ihrer heutigen Stadtkerne, in Bauten und architektonischen Schmuckelementen noch Zeugnis von dieser Phase städtischer Entwicklung ab, die im 10. Jh. einsetzte.

Die *Kolonialzeit*, etwa zwischen 1870 und 1960, wurde zu einer entscheidenden Phase der Stadtgründung in Afrika. Bis heute haben Städte unterschiedlicher Größenordnung ihre kolonialzeitlichen Spuren behalten, wie sie etwa im Nebeneinander des ehemaligen Europäerviertels und der Afrikaner-Wohngebiete oder im Dualismus von europäisch geprägtem Einkaufszentrum und afrikanischem Markt greifbar sind.

Die *postkoloniale Phase* Afrikas seit dem Beginn der 60er Jahre ist keineswegs nur eine Phase des Wachstums bereits bestehender kolonialer Städte, sondern zugleich auch Zeitraum der *Gründung* von neuen Städten. Im Anschluß an große Bergbau- und Industrieprojekte oder an die Entwicklung von Verkehrseinrichtungen wie neuer Seehäfen oder auch anläßlich der Gründung von neuen Landeshauptstädten kam es in zahlreichen Staaten Afrikas zur Stadtentwicklung. Als Bergbaustädte sei verwiesen auf Bergbauorte wie Yekepa (Bong Mine) in Liberia, Arlit in Niger oder auf Orte wie Sishen und Phalaborwa in Südafrika. Dort ist auch mit Secunda eine wichtige Industriestadt zu benennen, eine Kategorie, zu der auch Jinja in Uganda gehört. An Hauptstadtentwicklungen sind Lilongwe, die neue Hauptstadt von Malawi, die 1975 Zomba ablöste, oder Yamoussoukro in der Côte d'Ivoire zu nennen, das seit 1983 als Landeshauptstadt die Metropole Abidjan entlasten soll; Abuja, die neue Landeshauptstadt von Nigeria, wurde Ende der 80er Jahre eingeweiht (MANSHARD 1986).

Das Wachstum der städtischen Bevölkerung führt zu einer anhaltenden Verschiebung in den Größenordnungen der Städte: Mittelstädte wachsen durch Erhöhung ihres Verwaltungsranges und Industrialisierung zu Großstädten an, Kleinstädte werden durch die Stärkung ihrer Marktfunktion und durch das Wachstum des Handwerks bzw. Kleingewerbes zu Mittelstätten, bisher unbekannte Orte in Grenznähe steigen zu stark frequentierten Städten auf, die vom Schmuggel und Handel profitieren.

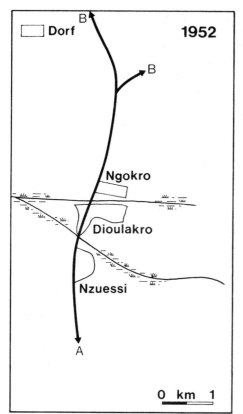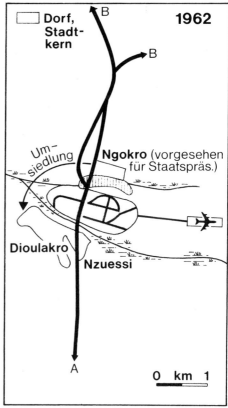

Grundrißentwicklung in der Ortslage von Yamoussoukro

Bedeutende Gebäude und Flächennutzung in Yamoussoukro

Gebäude: 1 Haus der Partei PDCI-RDA; 2 Hotel ›Président‹; 3 Residenz des Staatspräsidenten; 4 Gästehaus des Staates; 4a Präsidentengarde; 5 Mädchengymnasium; 6 Jungengymnasium; 7 Kunsthalle der Stiftung Houphouët-Boigny (ehem. Staatspräsident); 8 St. Augustinus-Kirche; 9 ev. Kirche; 10 große Moschee; 11 Kathedrale/Petersdom; 12 Internationales Hospital; 13 Rathaus; 14 Präfektur; 15 Unterpräfektur; 16 sonstige Behörden; + Apotheke; ★ Hotel

Flächennutzung: I Wohngebiete; II Parkanlagen; III Savanne, für Wohnbebauung vorgesehen, z. T. illegale Besiedlung/Squatter; IV Savannenwald; V Einkaufszentrum; VI Gewerbe, Lagerflächen, für Industrie vorgesehen

Abkürzungen: B Bank; Gr ›Gare Routière‹ (Tankstellen, Reparaturwerkstätten, informeller Handel); CAFOP Berufsschule; ENSTP Techn. Fachhochschule; INSET Fachhochschule; H Hospital; M Markt; PS Primarschule; PTT Hauptpost; S Supermarkt

Abb. 55: Yamoussoukro, die neue Hauptstadt von Côte d'Ivoire

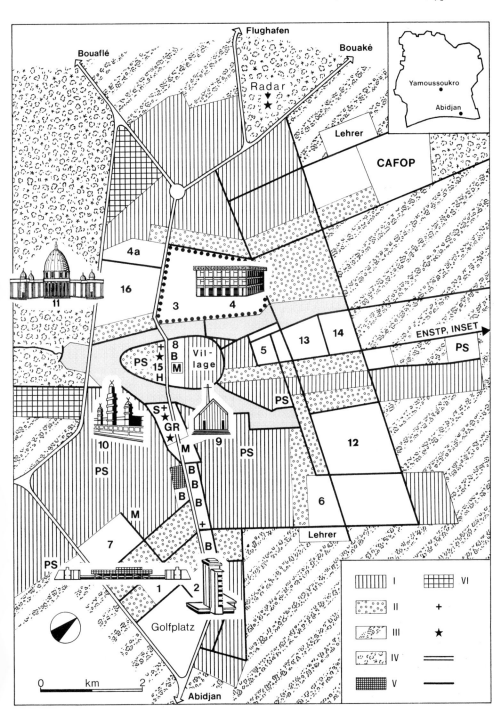

Funktionale Stadttypen

Eine Analyse der städtischen Funktionen eröffnet einen weiteren Weg, Stadttypen in Afrika herauszuarbeiten. Mit diesem Ansatz läßt sich die Betrachtung der sozialen Schichten sowie funktionaler und sozialer Viertelbildung verbinden. Einarbeiten lassen sich auch Ursachen der Verstädterung, insbesondere die sogenannten Pull-Faktoren, die die Bevölkerung vom Lande in die Stadt „ziehen".

Wie aus der historisch-genetischen Betrachtung abzuleiten ist, haben zahlreiche Städte Afrikas eine ihrer Wurzeln im Bereich der *Verwaltungsfunktion*. Bereits die Höfe in Ägypten oder Äthiopien verfügten bei zentralistischem Staatsaufbau über eine ausgeprägte Verwaltungsfunktion – ein Phänomen, das insbesondere in der Kolonialzeit wieder auftrat und bis heute besteht. Seien es die großen Landeshauptstädte oder die Verwaltungszentren von Provinzen und Regionen, oder Mittelstädte, die als Verwaltungsmittelpunkte von Distrikten fungieren, so besitzt die Beamten- und Angestelltenschicht ein beachtliches Gewicht für die Funktion und Ausstattung dieser Orte.

Die *Handelsfunktion* kann als eine zweite tragende Funktion für die städtische Typenbildung bezeichnet werden. In der islamisch-orientalischen Stadt wird diese Funktion traditionell durch den Bazar und die Suqs repräsentiert (WIRTH 1974/75), heute ergänzt durch die moderne City und Einkaufszentren in Vororten bzw. in der periurbanen Zone. Wie oben bereits erwähnt, besitzen die Handelsstädte der Sudan-Sahelzone diese Bedeutung bereits seit Jahrhunderten. Auch heute noch faszinieren in diesen Städten die von tausenden von Händlerinnen und Händlern besuchten *Märkte*, auf denen Ackerbauern und Nomaden ihre Waren anbieten, auf denen die Produkte der traditionellen Handwerker (Baumwollstoffe, Lederwaren, Kunstgegenstände aus Gelbguß) mit Importwaren aus Europa oder Asien konkurrieren. Die „großen Händler", in unserem Sinne Großkaufleute, der Sudanzone gehören zu den finanziell und politisch einflußreichsten Persönlichkeiten der Länder Westafrikas. Die Unternehmerinnen West- und Zentralafrikas (Handel, Transportwesen, Manufakturen) stehen ihnen ökonomisch, sozial und innenpolitisch nicht nach. Die Handelsfunktion traditioneller Art ist in den heutigen Städten zum einen auf den Märkten greifbar, zum anderen in einem lebhaften ambulanten Gewerbe, das eine erhebliche Bedeutung für den Austausch zwischen Stadt und Land hat. Ein breites Betätigungsfeld bieten auch die zahlreichen „boutiquen", Gemischtwarenläden zur lokalen Versorgung. Neben diesen Einrichtungen existiert in den Mittel- und Großstädten und selbstverständlich in den Metropolen ein in seiner Ausstattung und baulichen Gestaltung europäisch geprägtes Geschäftszentrum. Es spricht die zahlreichen in afrikanischen Ländern ansässigen Ausländer an und eine kleine, kaufkräftige afrikanische Elite. Autosalons, Möbelgeschäfte und Supermärkte gehören zu diesem Geschäftszentrum, wozu in den Metropolen noch ein Bürosektor mit den Büros der Fluggesellschaften, von Banken und Versicherungen hinzukommt. Davon abgesetzt sind die Geschäftszentren, in denen die unteren Einkommensgruppen kaufen: meist zweigeschossige, einfache Geschäftszeilen einheimischer und ausländischer (meist Inder, Libanesen) Kaufleute mit einem breiten Warenangebot.

Aufs engste verbunden mit der Verwaltungs- und Handelsfunktion ist die *Verkehrsfunktion* der Städte. Auch ursprünglich einseitig strukturierte Verkehrsorte wie der

Seehafen Matadi in Zaire oder eine Eisenbahnstation wie Nairobi wurden zu multi-funktionalen Städten, ja sie stiegen, wie im Falle von Nairobi, zu einer internationa-len Metropole auf (SEGER 1992). Auch heute ist die Verkehrsfunktion der Städte un-terschiedlicher Größenordnung meist deutlich ausgeprägt: Die Parkplätze der „Buschtaxis" und die Omnibusbahnhöfe für den Regional- und den Fernverkehr, auch die stark frequentierten Flughäfen, seltener die Bahnhöfe, sind Indikatoren der beachtlichen Verkehrsfunktion. Als bedeutende, meist monofunktionale Verkehrsor-te sind die *Seehafenstädte* anzusprechen, die z.T. erst nach 1960 gegründet wurden. Zu nennen sind hier z.B. Richardsbay und Saldanha in Südafrika, San Pedro in der Côte d'Ivoire, Tema in Ghana oder Buchanan in Liberia. Diese Orte sollen nach den Vorstellungen der Regionalplaner eine funktionale Entwicklung nehmen, die erhebli-che Auswirkungen auf ihr Umland hat und auf das Städtesystem, in das sie eingeglie-dert sind. Dieses Konzept verwirklichte sich wegen der starken Außenorientierung und Seeanbindung bisher nicht.

Als weitere monofunktionale Stadttypen sind die *Bergbau- und Industriestädte* des Kontinents zu nennen. In diesen Orten ist die Verwaltungsfunktionen bedeutend ge-ringer ausgeprägt. Eine wichtige Agglomeration von Bergbaustädten findet sich in der Kupferbergbauzone von Süd-Zaire und Nord-Sambia. Städte wie Kolwezi und Likasi in Zaire oder Kitwe und Mufulira im Copperbelt von Sambia sind Bergbauor-te, die durch die Anlagen zum Abbau und zur Aufbereitung der Bodenschätze, sowie durch die ausgedehnten Werkssiedlungen gekennzeichnet sind. Sie verfügen meist über eine gute Infrastruktur, da die Bergbaugesellschaften für Gesundheitswesen, Schulen und Verkehrsanlagen zuständig sind. Ihre Bevölkerung ist ganz überwiegend gewerkschaftlich organisiert und besitzt als „arbeitende Klasse", meist mit einem im afrikanischen Durchschnitt guten Einkommen, ein erhebliches politisches Gewicht. Oft sind Bergbaustädte wie Tsumeb in Namibia oder Phalaborwa in Südafrika „Berg-bauinseln" in einer ländlich-bäuerlichen Umgebung.

Echte Industriestädte sind in Afrika selten. Am ehesten lassen sich Orte wie Vereeni-ging oder Newcastle in Südafrika, Jinja in Uganda oder Edéa in Kamerun als Beispie-le nennen. Hier dominieren ein industrieller Großbetrieb (Aluminium Hütte in Edéa, Stahl- und Walzwerke in Vereeniging) oder mehrere Mittelbetriebe (häufig Textil und Bekleidung sowie Nahrung und Genußmittel) die Wirtschaftsstruktur; Groß- und Einzelhandel sind in diesen Städten recht gut ausgeprägt, die Verwal-tungsfunktion unbedeutend. Aufgrund des meist hohen Lohnniveaus sind die Indu-striestädte sowie die Bergbauorte wichtige Attraktionspole für die Zuwanderung aus dem ländlichen Raum. Auch auf die Landwirtschaft der Umgebung, zum Teil auch entfernterer Gebiete, wirkt die Konzentration kaufkräftiger Bevölkerung in diesen städtischen Zentren, indem zum Beispiel die Nachfrage nach Frischgemüse, Fleisch- und Milchprodukten aufgrund der Kaufkraft und der Anwesenheit von ausländi-schen Fachkräften erheblich ist.

Die *multifunktionalen Metropolen*, meist Küstenstädte, entwickelten sich zu regel-rechten Primatstädten. Sie dominieren nach Bevölkerungszahl, Arbeitsplätzen im se-kundären, tertiären und quartären Sektor sowie nach ihrem politischen Gewicht ein ganzes Land, – man denke an Dakar in Senegal, Abidjan in Côte d'Ivoire, Nairobi in

Kenia oder Casablanca, Algier, Tunis und Kairo als Metropolen Nordafrikas (MEYER 1989a, TROIN 1990).

Ein Weg durch eine dieser Metropolen zeigt in ASS eine typische Abfolge von Stadtvierteln: In der *City* bestehen Verwaltungs- und Geschäftshäuser der Kolonialzeit und die klimatisierten Hochhaustürme der jüngsten baulichen Entwicklung neben einander. Die kolonialzeitliche Kathedrale wird in jüngster Zeit ergänzt durch eine repräsentative Moschee. Unter den Mangobäumen der Alleen findet ein lebhafter informeller Sektor seinen Platz: Imbißstuben, Souvenirangebote und zahlreiche Dienstleistungen sind entscheidende Einkommensquellen zahlreicher Stadtbewohner. Am Rande der City liegt häufig der größte formelle Markt, auf dem hunderte von Händlerinnen und Händlern ein breites Angebot von lokalen Nahrungsmitteln bis zu Importwaren anbieten. Die noch in der Kolonialzeit erbauten *Wohngebiete* unterer Qualität am Cityrand sind heute durch starken Zuzug und Untervermietung völlig übervölkert und verslumt. Entlang von repräsentativen Boulevards erstrecken sich meist sektoral Wohngebiete mittlerer und gehobener Qualität, oft in Richtung der Universität oder des internationalen Flughafens; auch bioklimatisch günstige Standorte wie höhergelegene Terassenflächen oder Bergrücken sind bevorzugte Wohngebiete der Oberschicht. An ungünstigen Standorten wie Talauen und Steilhängen hat eine spontane illegale Siedlung stattgefunden, deren Wellblech- und Holzhütten im scharfen Kontrast zu den architektonisch aufwendig gestalteten Villen der Oberschicht oder den Hochhäusern des sozialen Wohnungsbaus (Mittelschicht) stehen. Entweder im Zugangsbereich zu den älteren Industriegebieten oder in einem größeren Abstand von den oben genannten Wohngebieten beginnt eine ständig sich vergrößernde Zone von Spontansiedlungen. Ihr Aussehen (Baumaterialien, Grund-

1 **Regierungscity**; 2 Ministerien und andere öffentliche Gebäude in geschlossener Lage (CSSPPA Agrarstabilisierungskasse; EECI Elektrizitätsgesellschaft; INSP Nationales Gesundheitsamt; NB Nationalbibliothek; NM Nationalmuseum; PTT Hauptpost; R Rathaus von Abidjan; RTI Verwaltungsgebäude der Rundfunk- und Fernsehanstalten)
Wirtschaftcity: 3 Büros, spezialisierter Einzelhandel, gehobene Restaurants; 4 Dominanz des Handels (Einzelhandel, Großhandel; Haushaltswaren, Möbel, Kraftfahrzeuge; im südlichen Teil ergänzende Wohnfunktion von Libanesen mit Textil- und Bekleidungshandel); 5 Markantes Bürohochhaus; 6 Bank mit Hauptverwaltung für Côte d'Ivoire, im Süden Ansatz zur Bildung eines Bankenviertels; 7 Diplomatische Vertretung; 8 Internationales Hotel; 9 Schwerpunkt des informellen Sektors, z.T. ambulanter Handel. Frat-Mat Redaktion und Druckerei der Tageszeitung Fraternité-Matin; M Markt; KM Kunsthandwerkermarkt;
Wohngebiete: 10 vorwiegend gehobenes Wohngebiet; 11 vorwiegend mittleres Wohngebiet; 12 einfaches Wohngebiet, durchsetzt mit Gewerbe, Handwerk, Handel
13 Hafennahe **Lager-, Gewerbe- und Industrieflächen**;
14 Eisenbahngelände; 15 Zentraler Omnibusbahnhof für innerstädtischen Verkehr; 16 Schnellstraße/Stadtautobahn; 17 Hauptstraße, Allee; 18 Eisenbahn; 19 Großparkplatz
DIe Böschungssignaturen kennzeichnen den Außenrand des Plateaus gegen die Lagunen.

Abb. 56: Die City einer westafrikanischen Metropole:
Das Plateau in Abidjan/Côte d'Ivoire

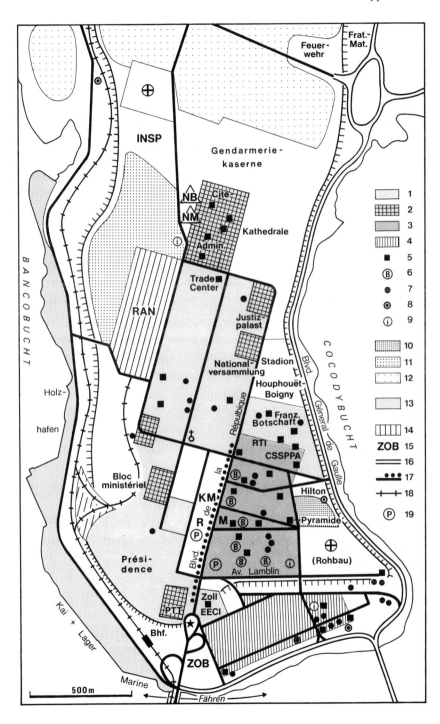

Legend:

1
2
3
4
5
6 (B)
7
8
9 (i)
10
11
12
13
14
ZOB 15
16
17
18
19 (P)

riß) sollte nicht dazu verleiten, sie allgemein als Armutsviertel zu bezeichnen; vielmehr besitzen diese großflächigen Gebiete eine Gliederung nach Ethnien und beherbergen innerhalb der ethnisch bestimmten Viertel unterschiedliche soziale Gruppen. Selbsthilfeaktionen haben bereits in zahlreichen Fällen zum Aufbau einer Infrastruktur von Schulen oder Wasserversorgung geführt. Die unzähligen Aktivitäten im informellen Dienstleistungs- und Handwerkssektor sichern das Funktionieren dieser Siedlungseinheiten und meist auch das Einkommen ihrer Bewohner. Am Stadtrand vollzieht sich ein fließender Übergang in den ländlichen Raum: Die Wohnstätten nehmen den Grund- und Aufriß traditioneller Gehöfte an, Gartenbau und Viehhaltung sind wesentliche Einkommensquellen. Doch beschränkt sich landwirtschaftliche Aktivität nicht auf diese Außenzone: Geflügel- und Kaninchenhaltung, z.T. sogar das Einstallen von Klein- und Jungvieh sind bis in das Stadtzentrum üblich; die Überlebensstrategie angesichts des wirtschaftlichen Niedergangs zwingt die Bevölkerung zu solchen Vorkehrungen.

Zwei Prozesse der innerstädtischen Mobilität sind zu unterscheiden: Die Zuwanderung von Neuankömmlingen in die überfüllten zentrumsnahen Viertel, wo sie häufig bei ihren Verwandten Unterkunft finden. Dem entgegengesetzt eine Migration nach außen, entweder in Viertel des sozialen Wohnungsbaus oder in neue Spontanviertel am Stadtrand, wo bessere Lebensbedingungen herrschen als in den fast schon als Slum zu bezeichnenden innerstädtischen kolonialzeitlichen Altvierteln. Die Stadtfläche wächst somit zum einen durch Wohnsitzverlagerungen von der Kernstadt nach außen, zum anderen durch die Niederlassung von Zuzüglern in Spontanvierteln des Stadtrandes. Als jüngste Erscheinung breiten sich Wochenwohnsitze, Freizeitanlagen, Clubs und Motels in der periurbanen Zone aus (für Dakar/Senegal vgl. WIESE 1995, Abb. 37).

1: Innenstadt – mehrgeschossige Gebäude mit Boutiquen, Büros und Restaurants im Erdgeschoß, Appartements/Mietwohnungen in den Obergeschossen; komplette Infrastruktur; Einwohnerdichte ca. 60 E./ha.
2: Oberschichtviertel – mittlere Wohnfläche ca. 100 qm, Gärten, komplette Infrastruktur; Einwohnerdichte ca. 100 E./ha.
3. Viertel des sozialen Wohnungsbaus – Doppelhäuser oder Reihenhäuser auf vermessenen Parzellen; Einwohnerdichte ca. 200 E./ha.
4. Mittelschichtviertel – mittlere Wohnfläche ca. 80 qm; Infrastrukturausstattung mittelmäßig (Straßen nicht geteert); Einwohnerdichte ca. 180 E./ha.
5: „Quartier" – mittlere Wohnfläche ca. 50 qm; Infrastruktur unzureichend; dichte, unregelmäßige Bebauung; Einwohnerdichte ca. 400 E./ha.; Gebäude mit gemischter Nutzung (Wohnung, Handwerk, Kleinhandel)
6: Äußere Vorortzone – Spontansiedlung entlang der Verkehrswege, Nebeneinander von traditionellen Gehöften (altansässige einheimische Familien) und festen Bauten; Infrastruktur fehlt; abseits der Hauptstraßen spontanes Wegenetz; Einwohnerdichte bis zu 300 E./ha.

Abb. 57: Grundrißtypen städtischer Wohnviertel (Douala, Kamerun)

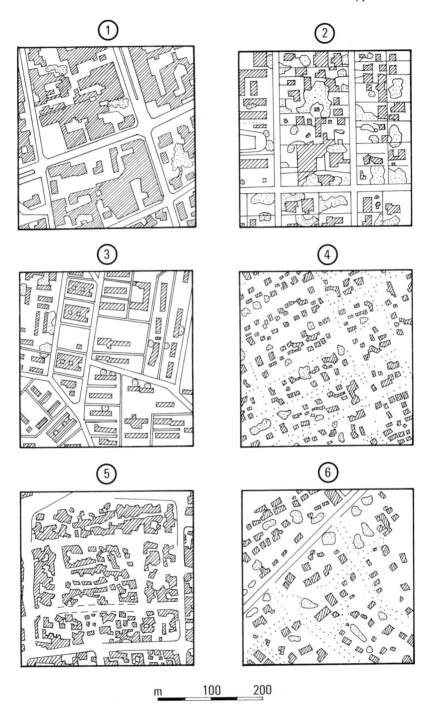

m   100   200

9.3 Die Stadt-Land-Beziehungen: Landflucht, Austauschbeziehungen

Die Städte dürfen nicht isoliert von ihrem Umland betrachtet werden; insofern sind die thematischen Karten in den Atlanten „Inselkarten", da sie diese Beziehungen aufgrund des Kartenausschnitts meist nicht darstellen. Zwar läßt sich bisher nur in den Metropolen und Großstädten ein an mitteleuropäische Verhältnisse erinnernder *Pendlerverkehr* nachweisen, doch zeigen die auch in Mittel- und Kleinstädten täglich zu beobachtenden *Güterströme* die aktuellen Verbindungen zwischen städtischem Kern und Umland sehr deutlich. Auch die Zahl der Besucher in den Häusern bzw. Gehöften in der Stadt oder die ambulanten Händler auf dem Lande deuten auf einen erheblichen Personen-, Waren- und Geldaustausch hin.

Eines der auffallendsten Kennzeichen der Stadt-Land-Beziehung ist der Handel mit Brennholz bzw. Holzkohle. Bedeutend sind, allerdings jahreszeitlich schwankend, die Warenströme von landwirtschaftlichen Produkten, die auf die städtischen Märkte gelangen. Warentransport zu Fuß, mit dem Fahrrad, dem Moped bzw. dem Kraftwagen läßt es zu, deutliche Versorgungsringe um die Städte nachzuweisen. Umgekehrt werden diese in der Trockenzeit zu Ausgangspunkten der Versorgung des ländlichen Raums mit Nahrungsmitteln, in Katastrophenjahren mit Gütern der internationalen Hilfsorganisationen. Ein reger Warenaustausch besteht auch durch die zahlreichen Besuche, ist es doch die Regel, sich möglichst oft und möglichst lange im Jahr bei Verwandten aufzuhalten, wobei stets Waren- oder Geldgeschenke ausgetauscht werden. Hier liegt noch ein breites Feld stadt- und sozialgeographischer Forschung.

Tab. 15: Infrastruktur: Der Stadt-Land-Gegensatz in ausgewählten Ländern Afrikas

Land	ländliche Bevölkerung (Anteil an der Gesamtbevölkerung in %, 1992)	Anteil der Bevölkerung (in % der Gesamtbevölkerung) mit Zugang zu					
		Gesundheitseinrichtung		sauberes Trinkwasser		Sanitäranlage	
		Mittel der Jahre 1985 bis 1993					
		Land	Stadt	Land	Stadt	Land	Stadt
Niger	84	30	99	59	60	4	71
Burkina Faso	78	48	51	72	51	15	88
Botswana	75	85	100	77	100	41	91
Kenia	75	40	—	43	74	35	69
Zaire	71	17	40	24	68	11	46
Simbabwe	70	80	96	80	95	22	95
Namibia	66	60	92	35	98	11	24
Nigeria	63	62	85	30	81	30	40
Kamerun	58	39	44	43	57	64	100
Ägypten	56	99	100	86	95	26	80
Algerien	47	80	100	55	85	60	96
Tunesien	44	80	100	99	100	94	98

nach Bericht über die menschliche Entwicklung 1995, Tab. 6 im Anhang

Die Landflucht gehört wegen der langfristigen Verschlechterung der sozio-ökonomischen Bedingungen im ländlichen Raum zu einem der wesentlichen Faktoren der Verstädterung. Betrachtet man die Infrastrukturunterschiede zwischen Stadt und Land, so wird deutlich, daß im Bereich der Gesundheitseinrichtungen, hinsichtlich der sanitären Situation und des Zugangs zu sauberem Trinkwasser die Attraktivität der städtischen Siedlungen verständlich ist; gleiches gilt für die Bildung- und Ausbildungsstätten, deren Konzentration vor allem eine Zuwanderung in die Metropolen bedingt. Es sind vorwiegend Jugendliche und junge Männer, die in die Städte abwandern und dort zunächst bei Verwandten Aufnahme finden. Diese Arbeitskräfte im besten Alter und mit einer erheblichen Leistungsmotivation werden dem ländlichen Raum entzogen. Die Migration von jungen Frauen nimmt zu, da sie als Hausangestellte höhere Einkommen erzielen und sich im städtischen Leben der Sozialkontrolle des ländlichen Raums entziehen können. Bei einem erheblichen Teil der Zuzügler in die Städte erfolgt nach einiger Zeit eine Familiengründung, so daß die Nachfrage nach Wohnraum und infrastruktureller Versorgung steigt. Im Rahmen der vorne genannten Austauschbeziehungen bleiben die Verbindungen zum ländlichen Raum gewahrt, ja sie sind für Krisengebiete oder in Krisenzeiten für das Überleben der Verwandten in den Armutsgebieten entscheidend.

9.4 Aktuelle Probleme, Prozesse und Lösungsansätze

Insbesondere in den Großstädten und Metropolen lassen sich folgende aktuelle Probleme feststellen: Wohnungsmangel und massives Anwachsen der Spontansiedlungen, Arbeitslosigkeit und Unterbeschäftigung, Kriminalität, Schwierigkeiten der Wasserversorgung und der Entsorgung, ein unzureichender Ausbau des Gesundheitswesens, sowie ein zunehmendes Maß an sozialökonomischer Polarisierung mit politischen Konsequenzen.

Der *Wohnungsmangel* ist zurückzuführen auf die hohen natürlichen Zuwachsraten, sind doch über 50 % der städtischen Bevölkerung unter 15 Jahre alt, und den anhaltenden Trend zur Gründung von Kleinfamilien, die dann auch eine eigene Wohnstätte suchen. Hinzu kommt die Nachfrage durch Zuzügler, die Aufgrund der Attraktivität der Städte oder Mißständen auf dem Lande in die Stadt wandern. Eine erste Konsequenz ist die Überbelegung des vorhandenen Wohnraums, wobei 9 bis 10 Personen auf 20 qm keine Seltenheit sind. Diese Situation wird ebenso wie die starke Nachfrage nach Baugelände von den Verfügungsberechtigten, den Häuptlingen, Dorfvorstehern oder Eigentümern im europäischen Rechtsverständnis ausgenutzt, so daß Mietwucher und völlig überhöhte Preise für Bauland auch in afrikanischen Städten inzwischen üblich sind. In den Sozialistischen Volksrepubliken wie Äthiopien, Angola oder Mosambik bestand eine staatliche Aufsicht über die Bodenvergabe, doch führte der Mangel an Kapital und Baumaterial in diesen Ländern ebenfalls zu erheblichen Rückständen im Wohnungsbau. Allenthalben in Afrika kommt es durch Überbelegung zur Verslumung von älteren Wohnvierteln, insbesondere in den Innenstädten. An den Stadträndern oder in „Nischen" wie an Eisenbahnlinien oder in Erosionseinschnitten wachsen Spontansiedlungen, wie man beschönigend die Elendsviertel aus Holz- und

Wellblechhütten nennt (SIERIG 1992b; für Nairobi: GAUMNITZ 1994; für Kairo: OBERWEGER 1994; für Südafrika: BÄHR und JÜRGENS 1993).

Angesichts der auf den Arbeitsmarkt drängenden Jugendlichen und der unzureichenden Schaffung von Arbeitsplätzen verwundert es nicht, daß das Ausmaß der *Arbeitslosigkeit* 30 bis 50 % der arbeitsfähigen Bevölkerung betragen kann. Hinzu kommt eine von Statistikern als erheblich bezeichnete Unterbeschäftigung, doch ist hierzu anzumerken, daß Muße als frei verfügbare Zeit (z. B. für Gespräche) in Afrika noch einen anderen Stellenwert besitzt als in den Industrieländern, so daß Unterbeschäftigung oft gar nicht als solche empfunden wird. Der Unterhalt des Einzelnen geschieht im Solidarverband der Familie, die meist auch in den Städten noch eine Mehr-Generationen-Familie ist, wobei jeder eine Aufgabe besitzt und nach Kräften zum Familieneinkommen beiträgt. Diese soziale Situation relativiert die Arbeitslosigkeit, aus der auch häufig ein Ausweg gefunden wird durch eine Tätigkeit im sog. informellen Sektor (Kap. 6.5). KASPER (1995) hat existenzsichernde Strategien am Beispiel des westafrikanischen Bissau aufgezeigt.

Das rapide Bevölkerungswachstum führt zur völligen Überlastung und oft zum Zusammenbruch der zum überwiegenden Teil noch aus der Kolonialzeit stammenden *Infrastruktur*, etwa im Bereich der Wasserversorgung und der Abwasser- und Müllentsorgung. So erreicht z.B. in der Lagune von Ebrié in Abidjan der Verschmutzungsgrad der Gewässer durch Haushalts- und Industrieabwässer bereits ein solches Ausmaß, daß Baden und Fischfang in der Lagune verboten wurde. Aufgrund der Armut breiten sich Schmutzinfektionen und Tuberkulose sowie als Folge des städtischen Lebens Kreislauf- und Herzerkrankungen in erschreckendem Maße aus. Die Gesundheitsfürsorge ist zwar weitgehend kostenlos, konnte jedoch mit dem Anwachsen der städtischen Bevölkerung nicht Schritt halten; gleichzeitig bevorzugt auch die zugezogene ländliche Bevölkerung den Weg zum „African doctor", dem Medizinmann, der zumeist über eine recht gutgehende Praxis verfügt.

Hier muß noch ein Aspekt für die Städte in ASS betont werden, der aus der Perspektive der Industrieländer häufig außer acht gelassen wird: Die Verbindung zu sozialen Strukturen und Verhaltensweisen des ländlichen Raums ist bei der Masse der städtischen Bevölkerung noch sehr eng. Auch der Anbau von Nahrungsmitteln wie Mais und Maniok oder die Tierhaltung (Rinder, Ziegen, Schafe, Geflügel) in der städtischen Wohnstätte ist üblich. Zugleich ähneln große Teile der städtischen Wohngebiete dörflichen Agglomerationen, da Hausform und Baumaterial des ländlichen Raumes sowie Einkommen aus der Landwirtschaft auch im städtischen Raum anzutreffen sind; mit Recht kann von einer *„Ruralisierung"* der Stadt gesprochen werden. Dies ist eine Form der Überlebensökonomie, da bereits die Ernte von zwei veredelten Mangobäumen den Schulbesuch eines Kindes finanziert.

Lösungsansätze für die Probleme des Wohnraums, der Arbeit und der Infrastruktur wurden mit technischer und finanzieller Hilfe der Industrieländer eingeleitet. Zu nennen sind Slumsanierungen wie in Dakar (VOIGT-MORITZ 1991), Erneuerung und Ausbau der Infrastruktur von Wasserversorgung und Entsorgung in Teilen von Douala, die Einrichtungen von Ausbildungsstätten und die Förderung von Handwerksbetrieben in zahlreichen Städten Afrikas. Die Dimension der Probleme aber, die bei weitem das aus den Industrieländern gewohnte Ausmaß überschreitet, macht eine Breitenwirkung dieser Ansätze unmöglich. Zu dem haben die Geberländer erst seit den 80er Jahren eine „Zielgruppenorientierung" eingeleitet, um die Mitarbeit der Betroffenen zu sichern. „Hilfe zur Selbsthilfe" ist auch in den Städten angesagt, in denen zahllose, für den kurzfristigen Besucher nicht erkennbare Selbsthilfegruppen von Jugendlichen, von Männern und Frauen, an einer Verbesserung der Lebenssituation arbeiten.

Seit Mitte der 80er Jahre hat unter dem Einfluß des allgemeinen wirtschaftlichen Niedergangs, der regional massiven Zuwanderung von Flüchtlingen (Kriegsflüchtlinge, Umweltflüchtlinge), zum Teil verstärkt durch die sozial-ökonomischen Konsequenzen der Strukturanpassungsprogramme der Weltbank eine zunehmende *Verarmung*

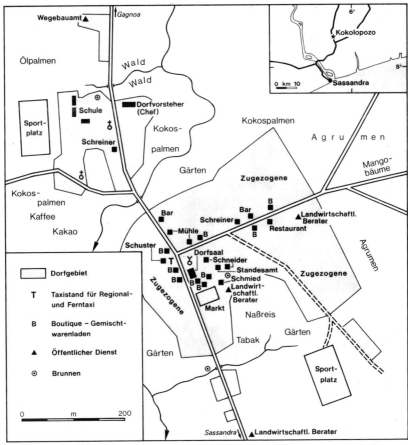

Der Ort mit ca. 4000 E. besteht aus dem nördlichen Teil, in dem vorwiegend einheimische Godié wohnen, und dem großen südlichen Teil, der von zugezogenen Siedlern bewohnt wird (ca. 25 % aus Burkina Faso). Die Gemarkung umfaßt ca. 8500 ha, von denen etwa die Hälfte mit cash crops (Kaffee, Kakao, Ölpalmen, Kokospalmen) bepflanzt ist, ca. 1100 ha sind mit Nahrungsmittelkulturen bestellt (Maniok, Banane, Reis, Mais), der Rest ist Sekundärwald-Brache.

Abb. 58: Ein Kleinzentrum in Westafrika (Côte d'Ivoire)

der städtischen Bevölkerung eingesetzt. Immer mehr Menschen in ASS verlassen deshalb die Städte und ziehen zurück aufs Land: eine spontane *Rückwanderung* hat eingesetzt. Man kann in diesem Prozeß positive Züge sehen, indem der Transfer von know-how und (wenn auch in bescheidenem Maße) Kapital Anstöße für die Entwicklung des ländlichen Raumes gibt. Die Verbesserung der Infrastruktur wie Wasserversorgung und Schulbauten durch Selbsthilfegruppen oder Stiftungen wohlhabender Städter geht Hand in Hand mit der Ausbreitung von Handwerk und Handel in denen Kenntnisse umgesetzt werden, die man in langen Jahren in der Stadt erworben hat.

Diese spontane Regionalentwicklung im Sinne der Stärkung der Klein- und Mittelstädte entspricht einer seit den 70er Jahren von den staatlichen Behörden verfolgten Politik. Der Ausbau der zentralen Orte zu Wachstumspolen im ländlichen Raum sollte diesen eine Attraktivität geben, durch die die Landflucht eingedämmt und positive Rückkoppelungen zwischen Stadt und Land eingeleitet werden können. Wie zahlreiche Studien ergaben (VORLAUFER 1972, HENKEL 1979), waren die Ergebnisse selten befriedigend. Die Dominanz der Primatstadt bedingte ein zunehmende Polarisierung des Städtenetzes auf nationaler Ebene. Die Bemühungen um Dezentralisierung verliefen schleppend, da weder die höheren Ebenen der Administration noch Industriebetriebe an einer Verlagerung aus der Hauptstadt interessiert waren. Lediglich in Ländern mit einer starken zentralstaatlichen Kontrolle und Merkmalen einer Planwirtschaft wie in Algerien hatten die massiven Investitionen in den Ausbau von Verwaltung, Hochschulen und verarbeitender Industrie in ausgewählten Zentren des ländlichen Raums Erfolg. Heute tragen spontane Prozesse im Rahmen der Rückwanderung aus den Metropolen zu einer verbesserten Ausstattung der Zentren im ländlichen Raum und zu einer Abschwächung des Stadt-Land-Gefälles bei.

10 Regionen Afrikas: Entwicklungsprobleme und Perspektiven

10.1 Die Maghrebländer

Der Maghreb umfaßt im geographischen Sinne die Länder Tunesien, Algerien und den „Fernen Westen" (Maghreb al-Aksa) der arabisch-orientalischen Welt, Marokko. Auch Libyen wird von arabischen Kollegen dieser Ländergruppe zugerechnet, da es durch legale und illegale Güterströme sowie durch den politisch-revolutionären Charakter Entwicklungsprozesse in den drei Kernländern des Maghreb mit beeinflußt. In der Konzeption nordafrikanischer Politiker besteht ein „Großer Maghreb", der auch Mauretanien als arabisch-islamische Nation einbezieht. Diese Begriffsvielfalt zeigt bereits die Spannweite dieses Raumes im Kräftefeld zwischen der Südküste der Europäischen Union, dem Nahen Osten und der Sahara.

Als fundamentale *Entwicklungsprozesse* lassen sich nennen: Ein Bevölkerungswachstum, das mit durchschnittlich 2,5 % sowohl die ökologische als auch die ökonomische Tragfähigkeit der Länder überschreitet; eine legale und illegale Migration in die EU, sowie in den Nahen und Mittleren Osten, die in ihrer Größenordnung angesichts der Arbeitslosenraten sicher noch anschwellen wird; eine Verschärfung des Stadt-Land-Gegensatzes trotz erheblicher Investitionen im ländlichen Raum; zunehmende Desertifikation, die bei anhaltender globaler Klimaänderung ein Vordringen saharischer Bedingungen nach Norden erwarten läßt; eine politisch-religiöse Auseinandersetzung zwischen Säkularisierung und fundamentalistischem Islam, die in Algerien bereits bürgerkriegsähnliche Formen angenommen hat.

Der Prozeß der Industrialisierung und Urbanisierung ist im afrikanischen Maßstab weit fortgeschritten, wobei ein marktwirtschaftlich-kapitalistischer Ansatz in Marokko und Tunesien verfolgt wird, das planwirtschaftlich-sozialistische Konzept in Algerien sich im Umbau befindet, in Libyen weiterverfolgt wird. Der Aufbau einer Grundstoff- und Konsumgüterindustrie hatte allerdings die Vernachlässigung des Agrarsektors zur Folge, der zugleich durch fehlgeschlagene Experimente einer Kollektivierung getroffen wurde. So stellt sich das Problem, daß die Agrarproduktion in allen Ländern stagniert bzw. sank, so daß steigende Nahrungsmittelimporte notwendig sind. Abwanderung, zum Teil auch Flucht der arbeitsfähigen, gut ausgebildeten Bevölkerung schwächt das Humanpotential, Kapitalflucht und Investitionen in nichtproduktive Sektoren wie Immobilien reduzieren den Entwicklungsfaktor Kapital. Auf einer geopolitischen Weltkarte zum Jahreswechsel 1990/91 wurde der nordafrikanische Saum des Kontinentes als *Krisenregion* gekennzeichnet, in enger Verflechtung mit dem Welt-Krisenzentrum Naher und Mittlerer Osten. Die geopolitische und geostrategische Funktion der Maghrebländer im weiteren Sinne beruht auf ihrer Lage in der Peripherie Europas; der Frage der Abhängigkeit oder Souveränität der Region im Verhältnis zu Europa und zum Westen kommt für die Zukunft eine entscheidende Rolle zu. Die ökonomisch-soziale Situation wird sich bei anhaltender Umweltzerstörung verschärfen. Bereits jetzt sind die Wasserressourcen überbeansprucht, ist die Wasserqualität durch Schadstoffbelastung in den Agglomerationen und Bewässerungsgebieten unter Trinkwasserqualität gesunken. Der Verlust von landwirtschaftlicher Nutzfläche durch Bodenerosion und Versalzung setzt sich fort. Die Voraussagen der FAO über die Auswirkungen des globalen Klimawandels in Nordafrika lassen eine anhaltende Verschlechterung der Umweltsituation erwarten. Das Internationale Komitee des Roten Kreuzes rechnet mit Millionen von Umweltflüchtlingen, die als „Wirtschaftsflüchtlinge" in die EU drängen werden.

10.2 Die Nilstromländer Ägypten und Sudan

Der Nil als größte Stromoase des Kontinentes ist die Lebensader Ägyptens; er verbindet zwei völlig ungleiche Partner: Den der arabisch-islamischen Welt fundamentalistischer Prägung zugehörigen Sudan mit enger Bindung an Iran, und das laizistische-säkularisierte Ägypten, mit starker Bindung an USA. Hier wird bereits ein erstes *Konfliktfeld* geopolitischer Art greifbar. Die Wasserressourcen des Nils sowie das Erdöl sind weitere Faktoren der Spannung zwischen den beiden Nachbarn: Eine Speicherung und intensivere Nutzung des Nilwassers in Sudan würde Ägypten an seinem Lebensnerv treffen, und ein Verlust von Erdölfeldern im ägyptisch-sudanesischen Grenzgebiet würde die Wirtschaft des hochverschuldeten Landes schwächen.

Auf der Basis eines planwirtschaftlich-sozialistischen Entwicklungsprozesses hat *Ägypten* einen Grad der Industrialisierung und Urbanisierung sowie von Fortschritten im Agrarsektor erreicht, der für afrikanische Verhältnisse außerordentlich ist. Der Ausbau des Schul- und Bildungswesens trug dazu bei, daß ägyptische Fachleute im Nahen und Mittleren Osten zahlreiche Positionen bekleiden. Der Rückgang der Wanderarbeiterbewegung in den Mittleren Osten nach den beiden Golfkriegen, der Verlust von erheblichen Einnahmen führte in Verbindung mit dem anhaltenden Bevölkerungswachstum zu einem explosiven Gemisch aus wachsender Armut und politischer Enttäuschung bei sich verschärfenden sozialen Spannungen. Die Brotunruhen, Proteste gegen die vom IWF auferlegten Sparmaßnahmen im Rahmen des Strukturanpassungsprogramms zur Überwindung der Schuldenkrise, waren nur die Vorboten für bürgerkriegsartige Situationen in der Auseinandersetzung mit fundamentalistischen islamischen Gruppen. Die in den 90er Jahren forcierte Privatisierung, der sinkende Lebensstandard des unteren Mittelstandes und die wachsende sozio-ökonomische Kluft zwischen Bürokratie, Militär und Unternehmertum auf der einen und der Masse der Armen auf der anderen Seite schafft in Ägypten eine ähnliche sozial-politisch explosive Lage wie in den Maghrebländern. Wie dort, wird auch in Ägypten das Entwicklungsrisiko verschärft durch die wachsende Differenz zwischen Bevölkerungszahl und Ernährungssicherung, die trotz Ausweitung der Intensivkulturflächen das agrarökologische Potential schon längst überschritten hat. Internationale Migration bleibt als einziger Ausweg.

Im Unterschied zu Ägypten gehört *Sudan* zu den ärmsten und in Dürrejahren von Hungerkatastrophen heimgesuchten Ländern Afrikas. Seit über 20 Jahren verzehrt der Bürgerkrieg gegen die christlich-negride Bevölkerung im Süden Finanzmittel, die dringend für die infrastrukturelle und soziale Entwicklung des Landes nötig wären. Mit Ausnahme der wirtschaftlichen Kernräume um Khartoum-Omdurman und dem Gezira-Gebiet ist die Infrastruktur als katastrophal zu bezeichnen, ist die Grundbedürfnisbefriedigung hinsichtlich Ernährung, Trinkwasser und menschenwürdigem Wohnen nicht gesichert. Unterdrückung der Menschenrechte und Willkürjustiz sind in diesem „Frontstaat" des fundamentalistischen Islam die Regel. So gehört das Land trotz seiner positiven natürlichen Ressourcen in den südlichen Landesteilen (Wasserreichtum, fruchtbare Böden) zu den Problemländern des Kontinents.

10.3 Die Sahara

Mit Recht wird die Sahara als ein „Wüstenkontinent" bezeichnet. In ihrer Erstreckung zwischen dem Atlantik und dem Roten Meer, zwischen den Steppen des Maghreb bzw. der Mittelmeerküste und der Sahelzone hat sie kontinentale Ausmaße, was z.B. auch bei einer Flugzeit von ca. 4 h in Nord-Süd-Richtung auffällt. Aus der Luft wird auch die Spärlichkeit menschlicher Präsenz deutlich: Die Oasen erscheinen als alte Zentren der Intensivkultur im altweltlichen Trockengürtel, die modernen Bewässerungsperimeter als Indikatoren des technischen Fortschritts, die militärischen Befestigungen an der Südgrenze der von Marokko besetzten ehemaligen spanischen Sahara als Zeichen der internationalen Spannung in diesem Wüstenraum. Sie kommt auch zum Ausdruck im Krieg der Tuareg gegen die Regierungstruppen der Sahara-Anrainerstaaten Mali, Niger, Tschad, Algerien. Hier geht es um das Fortbestehen einer Eigenkultur und der nomadischen Lebensweise, die mit der Auffassung zentralistisch geführter Staaten und der Vorstellung von „Entwicklung" der politischen Führer kollidiert. Die Zukunft des Nomadismus wird ein Kernproblem des saharischen Raumes bleiben.

Weltwirtschaftlich und geostrategisch ist die Sahara interessant durch ihre Bodenschätze. Dies zeigen der Zugriff Marokkos auf die Phosphatlagerstätten der ehemaligen spanischen Sahara und die Bedeutung von Algerien und Libyen innerhalb der OPEC-Staaten. Zwar ist die Bedeutung der Erdöl- und Erdgaslieferungen aus den beiden Maghrebländern für die EU durch die Erschließung der Lagerstätten in der Nordsee bzw. durch Lieferungen aus der GUS zurückgegangen, doch bestehen traditionelle Lieferverflechtungen weiter.

Geoökologisch wird die Wirkung des saharische Wüstenraumes in seiner nördlichen und südlichen Randzone bedeutsam: Hier dehnt sich die Wüste gegen die mediterranen Steppen bzw. die randtropischen Dornsavannen infolge des Desertifikationsprozesses aus. Trotz z.T. aufwendiger Gegenmaßnahmen wie der Anlage der „Grünen Mauer" in Algerien oder der zahllosen Bodenkonservierungsprojekte in der Sahelzone ist bisher noch keine wirksame Bekämpfung zu erkennen. Die Konsequenzen ökologisch nicht angepaßter Landnutzungstechniken, der Überbeanspruchung der natürlichen Ressourcen Boden und Wasser und der Vegetationsvernichtung stellen im Zusammenhang mit der globalen Klimaveränderung ein erhebliches ökologisches Gefahrenpotential mit weitreichenden sozio-ökonomischen Konsequenzen für die Anrainerstaaten dar. Wie in Nordafrika rechnen zahlreiche internationale Organisationen mit einer wachsenden Zahl von Umweltflüchtlingen, die sich zunächst in die Metropolen der angrenzenden Regionen bewegen werden; Tuareg als Verkäufer von

Schmuck- und Handwerksgegenständen sind in den Hauptstädten Zentralafrikas keine Seltenheit.

10.4 Westafrika: Zwischen Sahel und Guineaküste

Die Region Westafrika erstreckt sich vom Südrand der Sahara bei ca. 15° n. Br. (Senegalmündung – Timbuktu – Nordufer des Tschadsees) bis zum Atlantik an der Guineaküste bei ca. 5° n. Br. Sie reicht damit von den semiariden Randtropen bis in die vollhumiden inneren Tropen. Im Osten läßt sich die Region im Verlauf der Linie Tschadsee – Kamerunberg abgrenzen, die ehemalige Trennlinie zwischen Französisch Westafrika (Afrique Occidentale Française, AOF) und Französisch Äquatorialafrika (Afrique Equatoriale Française, AEF). Dieser westafrikanische „Subkontinent" mit ca. 2,5 Mio. qkm und ca. 200 Mio. E. umfaßt die 16 Staaten der Westafrikanischen Wirtschaftsgemeinschaft (ECOWAS). Sie beinhaltet ein *breites Spektrum* afrikanischer Entwicklungsländer: Das OPEC-Land Nigeria, Afrikas bevölkerungsreichster Staat und westafrikanische Großmacht; Staaten mit Entwicklungsansätzen auf agrarischer Basis wie die Côte d'Ivoire oder Senegal; ressourcenarme Binnenländer wie Burkina Faso oder Niger; Länder wie Liberia und Sierra Leone, in denen der Staatszerfall Massenverelendung zur Folge hat. Spezifische *Entwicklungshandicaps* ergeben sich für die Binnenländer der Sahel-Sudan-Zone aus den ökologischen Risiken und der fortschreitenden Desertifikation, für die Klein- und Kleinstaaten der Küstenzone wie Gambia, Guinea Bissau, Togo oder Benin aus der minimalen Größe und dem Zuschnitt ihres Territoriums. Für die meisten Länder Westafrikas bestehen folgende Probleme: Anhaltend hohe Verschuldung, Abhängigkeit von ausländischem Kapital, mangelnde Konsequenz bei Demokratisierung und Liberalisierung, hohes Bevölkerungswachstum, auch durch intraregionale Migration, Verlust von Fachkräften durch brain drain.

Das Spektrum der nationalen Entwicklungsstrategien reicht von liberal-kapitalistischen Formen einer Modernisierungsstrategie wie in der Côte d'Ivoire über den ehemaligen Afrikanischen Sozialismus von Ghana (unter Nkhruma 1961 bis 1966) oder Burkina Faso (unter Sankara 1963 bis 1987) bis zu marxistisch-leninistisch orientierten Strategien wie in Benin (unter Kérékou 1974 bis 1989). Seit 1989/90 hat die Demokratisierungswelle auch Westafrika erfaßt (Benin, Côte d'Ivoire), doch halten sich Diktatoren wie Ejadema in Togo bzw. Militärdiktaturen wie in Nigeria. Die Unterdrückung der Menschenrechte, Unterschlagungen riesigen Ausmaßes durch die Herrschenden sowie eine allumfassende Korruption sind wesentliche Entwicklungshemmnisse. Auch die Zugehörigkeit zu zwei ehemaligen Kolonialmächten, zu Frankreich bzw. Großbritannien, mit neokolonialen Bindungen in die frankophone Welt bzw. in den Commonwealth, erschwert eine regionale Zusammenarbeit: Amtssprachen, Verwaltungsorganisation, Zollgebiete, Verbindungen in Ausbildung, Wissenschaft und Forschung zeigen die Nachwirkungen der Kolonialzeit; ein shopping trip von Lagos nach London ist genauso üblich wie von Abidjan nach Paris.

Das *Spannungsfeld* zwischen Sahara und Regenwald umfaßt auch die Grenzzone zwischen der islamisch-arabisierten Welt im Norden und einer weitgehend christianisierten Zone im Süden. Dieses Spannungsverhältnis stellt ein erhebliches innenpolitisches Konfliktpotential in den Staaten Westafrikas dar; es wird durch die Interessenkollision zwischen christlichen Missionen und Islamexpansion, d.h. zwischen Industrieländern und Arabischer Welt verstärkt. Ein weiterer Konfliktbereich ergibt sich aus dem Zusammentreffen unterschiedlicher agrarer Wirtschaftsformen wie des Nomadismus der saharisch-sahelischen Zone und den seßhaften Bauernkulturen der Feuchtsavannen-Regenwaldzone. Die Südwanderung der Nomaden, ausgelöst durch die Desertifikation, verschärft den Konflikt um Boden- und Wasserrechte in der Savannenzone und führte bereits zu zahlreichen lokalen und regionalen Konflikten.

Fragt man sich nach den *Perspektiven* der Region Westafrika, so muß man folgende Aspekte berücksichtigen: Die Änderung des regionalen Klimas läßt eine Verschärfung der Aridität in der Trockenzone erwarten, so daß der Strom von Umweltflüchtlingen von Norden nach Süden zunehmen wird. Der Bevölkerungsdruck und die Ausdehnung der landwirtschaftlichen Nutzflächen werden zu einer Zerstörung der Feuchtwaldformationen und zu einer umsichgreifenden Desertifikation führen, die wiederum die Klimaänderung verstärkt. Abhilfe ist hier nicht in Sicht, da die bisherigen Maßnahmen zum Waldschutz oder zur Aufforstung sich als völlig unzureichend

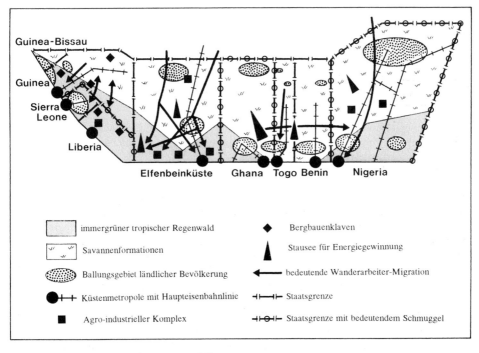

Abb. 59: Die Raumstruktur Westafrikas

erwiesen. Die sich verschlechternde Lage im ländlichen Raum führt zu einem An-schwellen der Landflucht, zu anhaltend starkem Wachstum der Metropolen, so daß Abidjan und Lagos nach Schätzungen der Vereinten Nationen zu Megastädten von über 5 bzw. über 15 Mio. Einwohnern (2010) werden. Bevölkerungswachstum und Verarmung lassen den Strom der „Wirtschaftsflüchtlinge" aus Westafrika nach Zen-tralafrika bzw. nach Europa anschwellen.

Das einheimische know-how sowie das Eigenkapital der großen Händler und Trans-porteure bzw. der Industriellen in Westafrika könnte dazu ausreichen, auf der Basis der natürlichen Ressourcen und des Humankapitals einen prosperierenden gemein-samen Markt aufzubauen. Die Verweigerung politischer Rechte durch Diktaturen und Pseudodemokratien behindert unternehmerische Aktivitäten im größerem Um-fang; sie fördert Kapitalflucht; sie verhindert eine freie Bildung. Die politisch-ökonomische Interferenz von Außen nutzt diese Situation zur Schaffung von Einflußbereichen und zur Perpetuierung von Abhängigkeit. Verarmung und Bevölke-rungswachstum fördern die Degradierung der natürlichen Ressourcen, so daß die Entwicklungsperspektive für die Region sich negativ darstellt. Das BMZ spricht in zahlreichen Veröffentlichungen von der Tatsache, daß die Staaten der Sahel-Sudan-Zone wegen ökologischer Benachteiligung und zunehmender Umweltzerstörung auf lange Sicht finanziell von der Hilfe der Industrieländer abhängen werden. Die Guinea-Küstenzone könnte eine positive Entwicklung nehmen, wenn sich die er-folgversprechenden Ansätze wie in Benin oder Ghana ausbreiten würden, – doch die dahinterstehenden Programme der Weltbank werden nicht von allen Entwicklungs-strategen bejaht.

10.5 Zentralafrika: Das Kongo-/Zairebecken und seine Randlandschaften

Die Staaten des ehemaligen Französisch Äquatorialafrika (Kamerun, Gabun, Repu-blik Kongo, Zentralafrikanische Republik) bilden mit der ehemaligen belgischen Ko-lonie Kongo, dem heutigen Zaire, und den ehemaligen spanischen Kolonialgebieten von Rio Muni und Äquatorialguinea die Region Zentralafrika. Sie erstreckt sich zwi-schen 11° n. Br. und 14° s. Br. etwa symmetrisch zum Äquator zwischen der Küste des atlantischen Ozeans im Westen und der Zentralafrikanischen Schwelle im Osten. Das *Stromsystem des Kongo* bildet das hydrographisch-topographische Rückgrat die-ser großen Beckenregion, mit einem gewaltigen hydroelektrischen Energiepotential. Die umgebenden Randschwellen sind reich an mineralischen Lagerstätten (Kupfer, Kobalt, Diamanten), im Schelfbereich treten große Erdöllagerstätten auf. Die weit-verbreitete Ansicht, daß die Unterentwicklung in den Ländern der feuchten Tropen, zu denen die Region gehört, auf die ökologische Benachteiligung zurückzuführen sei, muß angesichts der oben genannten Gunstfaktoren in Frage gestellt werden. Die *Armut* der Region, in der bis zu 80 % der Bevölkerung unter der Armutsgrenze le-ben, ist das Ergebnis einer Plünderung der nationalen Ressourcen durch Diktatoren wie Mobutu in Zaire, Hand in Hand mit internationalen Konzernen und interessierten außerafrikanischen Ländern. Die unverhüllte Präsenz französischer Truppen (Fremdenlegion) in den Ländern Zentralafrikas als „Interventionsmacht", die konkurrierenden Ansprüche und Eingriffe der USA und der Weltbank, in geringerem Maße auch von Kanada und Japan, sind Zeugen der Außenabhängigkeit der Region. Zwar wird auch der Niedergang der Rohstoffpreise seit der Mitte der 80er Jahre als eine Ursache für den wirtschaftlichen Kollaps der nichterdölfördernden Länder Zentralafrikas genannt, doch sind der Zusammenbruch der staatlichen Organisation, des Verkehrswesens, großer Teile des Geld- und Kreditwesens sowie weitverbreitete Unterschlagung und Korruption als wesentliche Faktoren des Niedergangs und der Verarmung zu nennen. In dieser Situation nimmt die Zerstörung der natürlichen Ressourcen etwa durch illegalen Einschlag und Export von Tropenholz, oder durch die Wilderei wertvoller tropischer Tierarten wie des Gorilla und des Elefanten, ebenfalls für den Export, erheblich an Umfang zu. Der Zusammenbruch des Verkehrswesens sowie unattraktive Erzeugerpreise führten dazu, daß die kleinbäuerliche Landwirtschaft sich in die Subsistenzproduktion zurückzog. Die Plantagenwirtschaft nutzt die Exportvorteile, die ihr im Rahmen des Lomé-Abkommens für die AKP-Länder zugestanden wurden. Schwindende Ernährungssicherung und der Zusammenbruch des Gesundheitswesens bedingen eine erneute Ausweitung tropischer Krankheiten wie der Malaria, der Cholera oder der Bilharziose, so daß weite Teile der Bevölkerung in ihrer Arbeitskraft erheblich geschwächt sind.

Der *Zusammenbruch* der staatlichen Ordnung, z. B. in Zaire, in der Republik Kongo und in Kamerun sowie die Übergriffe marodierender Soldaten haben zu einer „Stadtflucht" geführt: Im ländlichen Raum bestehen bessere Überlebenschancen als in den Millionenstädten. Hier nimmt allerdings durch natürliches Bevölkerungswachstum die Zahl der Jugendlichen enorm zu. Arbeitslosigkeit und Perspektivlosigkeit sowie die allgemeine Verrohung „im Kampf um's Überleben" führen zu einer immer stärker werdenden brutalen Kriminalität. Für Mädchen und Frauen bleibt oft nur noch zur Einkommensschaffung der Weg in die Prostitution, ein wesentlicher Faktor der Expansion von Aids. Diese „Seuche" wird zudem in allen Staaten durch die marodierende Soldateska verbreitet, und auch der Zusammenbruch des Gesundheitswesens unterstützt die Ausbreitung. Alarmmeldungen in den Medien über die bevölkerungs- und wirtschaftsgeographischen Konsequenzen der Masseninfektion sind berechtigt.

Der politisch-regionalen Entwicklung mit Sezessionsbewegungen wie in Zaire (Kongowirren, Sezession von Katanga) oder in Kamerun (Unabhängigkeitsbewegung in Westkamerun) wurde bisher durch eine Beibehaltung, zum Teil sogar eine Verstärkung des Zentralismus entgegengewirkt. Der seit 1989/90 angelaufene Demokratisierungsprozeß hat die Macht der ehemaligen Einheitsparteien und Einheitsgewerkschaften, die Ballung von Ämtern und Funktionen in der Hand des Staatspräsidenten, die Bedeutung der Armee und ihrer Privilegien nur oberflächlich beendet. So wundert es nicht, daß die Entwicklungsperspektiven der Region Zentralafrika trotz enormer natürlicher Ressourcen düster sind: Latente Bürgerkriege, Armut, Flucht und Degradierung der natürlichen Ressourcen sind Indikatoren der Krisensituation.

10.6 Das Hochland von Äthiopien

Das Hochland von Äthiopien hat seit Jahrtausenden eine ausgesprochen *individuelle Position* in Afrika inne. Seine Zugehörigkeit zu den Nilländern schafft uralte Verbindungen zu den Reichen des Sudan und Ägyptens; seine Nachbarschaft zur Arabischen Halbinsel bedingt Kultur- und Wirtschaftseinflüsse aus dem Orient. Die Äthiopische Kirche und das Kaisertum prägten die Sozial- und Wirtschaftsstruktur des Hochlandes bis zur *Revolution* von 1974. In wenigen Jahrzehnten wurde das Staatsgebiet von Äthiopien unter der marxistisch-leninistischen Diktatur von Mengistu (1977–1990) umgestaltet. Planwirtschaft, staatliche Industrialisierung, Ausbau der Verkehrsinfrastruktur, des Schul- und Gesundheitswesens sowie Kollektivierung in der Landwirtschaft veränderten die jahrhundertelang gewachsenen Strukturen, häufig zum Besseren: Die Leibeigenschaft der Bauern wurde abgeschafft, die Dominanz der Kirche beendet, Kirchenland konfisziert und an Bauern verteilt. Das Land hatte eine geostrategische Schlüsselrolle im Wettlauf der Großmächte um Afrika. Es wurde ein bevorzugtes Ziel der Entwicklungszusammenarbeit mit der ehemaligen UdSSR und dem Ostblock. Die gewaltige Aufrüstung verschlang große Teile des Staatsbudges und führte das Land tief in die Verschuldung; der Konflikt mit den Randgebieten wie Eritrea wurde nicht politisch gelöst, sondern über Jahre tobten Bürgerkriege. Der Niedergang, vor allem der nördlichen Landesteile, wurde beschleunigt durch die Auswirkungen von Dürrekatastrophen, die zu Hungersnöten und zu großen Flüchtlingswanderungen führten. Alle Nachbarländer Äthiopiens wurden Zielgebiete von Kriegs- oder Umweltflüchtlingen.

Der *Demokratisierungsprozeß* brachte 1989/90 den Übergang zu einem Mehrparteiensystem. Der Wiederaufbau des durch Bürgerkriege und Naturkatastrophen zer-

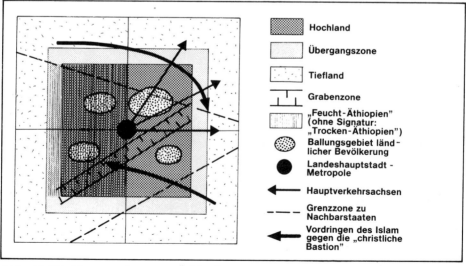

Abb. 60: Die Raumstruktur von Äthiopien

störten Landes, die Demobilisierung seiner riesigen Armee und die Eingliederung der Menschen in den Produktionsprozeß stellen die neue Führung und die Bevölkerung vor erhebliche Aufgaben. Das Engagement der ehemaligen Westmächte für den Wiederaufbau der Landwirtschaft und umfassende Maßnahmen im Ressourcenschutz (z. B. Bekämpfung der Bodenerosion), für den Aufbau der Verkehrsinfrastruktur und der gesamten staatlichen Organisation lassen hoffen, daß diese Region einer alten Hochkultur in Afrika den Weg zu einer menschenwürdigen angepaßten Entwicklung findet. Positiv entwickelt sich das Verhältnis zwischen Äthiopien und Eritrea, während zum islamisch-fundamentalistischen Nachbarn Sudan sowie in den südöstlichen Randgebieten zum früheren Somalia zunehmende Spannungen zu verzeichnen sind.

10.7 Das Horn von Afrika

Das semiaride Tiefland von Ost- und Nordkenia leitet über zum sog. Horn von Afrika. Das Territorium wird weitgehend von Somalia eingenommen, einem zur Zeit nicht mehr existierenden Staatsgebilde. Der Prozeß der Desintegration erfaßte auch die Nachbarregionen in Kenia und Äthiopien, die durch Shifta-Räuberbanden und marodierende Soldaten destabilisiert werden. Zehntausende von Flüchtlingen aus Somalia leben in Lagern in Äthiopien und Kenia. Sie verschärfen die Umweltzerstörung in den semiariden Tiefländern, wo wie in der Sahelzone die Desertifikation um sich greift. Mitte der 90er Jahre hat sich eine Republik Somaliland etabliert, die aber noch keinen Erfolg hatte bei dem Bemühen um internationale Anerkennung. Geostrategisch bleibt der Südausgang des Roten Meeres von erheblicher Bedeutung, so daß die Spannungen zwischen Eritrea und dem Jemen (Ende 1995/Anfang 1996) eine amerikanische Intervention hervorriefen.

10.8 Ostafrika

Die Länder Kenia, Uganda und Tansania bildeten als ehemaliges Britisch Ostafrika bis in die 60er Jahre eine Einheit, deren Entwicklung für viele als mustergültig galt. Positive ökologische Ausgangsbedingungen in den tropischen Hochländern und im humiden Küstensaum, eine aus der Kolonialzeit ererbte funktionsfähige Verkehrsinfrastruktur, sowie die vor allem durch die Inder-Minderheit geschaffene Industriebasis waren positive Elemente für eine „nachholende Entwicklung". Der Zusammenbruch der Ostafrikanischen Wirtschaftsgemeinschaft und das Auseinanderdriften der politischen Entwicklung in den drei Staaten Ostafrikas führten jedoch zu einer politischen, wirtschafts- und sozialgeographischen Differenzierung.

Kenia behielt seine demokratischen Strukturen auf britischer Tradition bei, auch wenn das Land sich mehr und mehr zu einer Quasidiktatur entwickelte. Als eines der wichtigsten Empfängerländer westlicher Entwicklungshilfe konnte es die Infrastruktur erhalten, große Siedlungsprojekte im ländlichen Raum realisieren und ein für

Afrika beachtliches Industrialisierungsniveau entwickeln. Die Einnahmen aus dem boomenden Tourismusgeschäft stützen die Staatsfinanzen, wenn auch allmählich die negativen sozialen Konsequenzen dieses Wirtschaftszweiges sichtbar werden. Seit der Mitte der 90er Jahre sollen auf Druck der Weltbank Privatisierung und Liberalisierung der Wirtschaft neue Impulse geben.

Tansania wählte unter seinem Präsidenten Nyerere seit 1962 die Entwicklungspolitik eines Afrikanischen Sozialismus. Dieses von der Sozialistischen Internationale geförderte und weltweit beachtete Konzept sollte unter Abkoppelung vom Weltmarkt auf der Grundlage der eigenen Ressourcen und Strukturen eine eigenständige, sozial akzeptable Entwicklung gewährleisten. Umfangreiche Verstaatlichungen, eine kollektivistische Veränderung der Landwirtschaft unter dem Schlagwort der Ujamaa, das Zurückdrängen des kapitalistischen Unternehmertums waren wichtige Maßnahmen in Tansania. Sie führten allerdings nicht zum erhofften Erfolg: die Zwangskollektivierungen und die Ausschaltung des freien Unternehmertums bedingten einen Rückgang der Nahrungsmittelproduktion und der landwirtschaftlichen Exportproduktion; steigende Importe ließen die Verschuldung stark ansteigen; der ausufernde Staatsapparat verschlang immer größere Summen. Wegen fehlender Mittel brach die Infrastruktur immer mehr zusammen, Versorgungsengpässe bedrückten die Bevölkerung, ein zunehmender Schwarzmarkt machte die desolate Situation deutlich. Der Rücktritt von Nyerere (1985) machte den Weg frei für ein Mehrparteiensystem sowie für umfangreiche Hilfe der Weltbank. Diese hat jedoch zur Zeit wie in zahlreichen Ländern Afrikas ambivalente Konsequenzen: die Förderung des freien Unternehmertums ermöglicht zwar einen wirtschaftlichen Aufschwung, doch verschärfen sich die sozialen Gegensätze; die Preissteigerungen der „freien Marktwirtschaft" führen dazu, daß größere Teile der Bevölkerung unter die Armutsgrenze geraten und die innenpolitische Spannung zunimmt. Die Steigerung der Erzeugerpreise für landwirtschaftliche Produkte hat einen positiven Einfluß im ländlichen Raum, während die Entindustrialisierung in Folge der Aufhebung der Importbeschränkungen eine wachsende Arbeitslosigkeit in den Städten bedingt.

Uganda war wie Kenia bis in die 60er Jahre eines der Musterländer Afrikas. Auf der Basis einer günstigen Naturraumausstattung in den tropischen Höhenlagen Afrikas, funktionsfähiger afrikanischer Kleinstaaten und der Raum- und Verwaltungsorganisation der britischen Kolonialzeit war das Land zu einem erstrangigen Exporteur von Kaffee und Tee geworden; es war gleichzeitig in der Lage, die Nahrungsmittelversorgung der Bevölkerung zu sichern. Diese Prosperitätsphase endete mit der Herrschaft des Diktators Idi Amin, die 1971 begann. Von ausländischen Beratern in seinem Wahn gestärkt, Kaiser eines neuen Reiches zu werden, rüstete er die Armee völlig überdimensioniert auf, unternahm er Unterdrückungsfeldzüge insbesondere gegen die nomadischen Stämme im Norden, plünderte er die Staatskasse. Das Land versank in Krieg und Anarchie. Erst seit Ende der 80er Jahre gelang es internationalen Bemühungen, einen Friedensprozeß in Gang zu setzen. Entwaffnung und Demobilisierung großer Teile der Armee, Durchführung demokratischer Wahlen und Schaffung eines nationalen Konsens zum Wiederaufbau können die Basis bilden für einen nachhaltigen Aufschwung. Nur langfristig wiedergutzumachen sind die Umweltschäden, die während der Kriegsjahre durch Feuer, Holzeinschlag und Wilderei entstanden; so wurden alle einst so berühmten Nationalparks des Landes geplündert.

Mit erheblicher ausländischer Hilfe beginnt nicht nur in diesem Sektor eine allmähliche Erholung.

Versucht man die *Entwicklungsperspektiven* Ostafrikas zusammenfassend zu charakterisieren, so können die Demokratisierungsprozesse in den drei Ländern des ehemaligen Britisch Ostafrika sowie die Aufbaumaßnahmen in Tansania und Uganda als positive Faktoren bewertet werden. Zunehmende soziale Segregation sowie Massenarmut in den Städten und in übervölkerten Teilen des ländlichen Raumes sind allerdings Alarmsignale. Noch kann eine Intensivierung der Landwirtschaft die Ernährungssicherung verbessern und eine kluge Investitionspolitik einheimisches Kapital mobilisieren. Das Bevölkerungswachstum ist vor allem in Kenia erfolgreich reduziert worden. Es gilt nun, die Vernichtung der natürlichen Ressourcen durch Kriege und Mißmanagement anzuhalten und schon lange bekannte Konservierungsmaßnahmen sowie Techniken nachhaltiger ländlicher Entwicklung zu verbreiten. Der Zusammenschluß der Länder Ostafrikas mit denen des südlichen Afrikas in einer großen Freihandelszone, der Preferential Trade Area (PTA), ist ein Hoffnungsschimmer für eine wirtschaftliche Stabilisierung und einen sozialökonomischen Aufschwung in der gesamten Region. Internationale Wirtschaftsexperten stehen diesem Projekt als überdimensioniert skeptisch gegenüber und raten stattdessen zu einer Wiederbelebung der Ostafrikanischen Wirtschaftsgemeinschaft zwischen Uganda, Kenia und Tansania.

10.9 Der Subkontinent „südliches Afrika"

Der Begriff „südliches Afrika" wird in zwei Bedeutungen verwendet: Er umfaßt das sog. Greater South Africa, die Staaten Republik Südafrika, Botswana, Lesotho und Swaziland, in einer Zoll- und Währungsunion verbunden. Der Begriff wird auch angewendet zur Bezeichnung des gesamten Subkontinents als einer funktionalen Einheit im wirtschafts- und verkehrgeographischen Bereich. Diese Großregion reicht von der Lundaschwelle im Norden bis zum Kap der Guten Hoffnung im Süden, von der Atlantikküste im Westen bis zum Indischen Ozean im Osten. Mit Ländern wie Südafrika, Simbabwe und Botswana umfaßt die Region drei weltwirtschaftlich führende *Bergbauländer* sowie die führende „Industrienation" von ASS, Südafrika. Es besitzt durch seinen erheblichen Industrialisierungsgrad sowie durch die funktionierende Infrastruktur seit dem offiziellen Ende der Apartheid (1989/91) eine Schlüsselfunktion für die Regionen Südafrika und Ostafrika. Mit Mosambik und Angola umschließt die Region aber auch zwei Länder, in denen durch die Destabilisierungspolitik des Apartheidregimes seit über 20 Jahren Bürgerkrieg herrscht; auch die Friedensvereinbarungen von 1994 stehen auf tönernen Füßen, da große Teile der Armeen noch nicht demobilisiert sind und massenhaft Waffen gehandelt werden. Namibia und Botswana sind zwar Großflächenstaaten, aufgrund ihrer geringen Bevölkerungszahl jedoch politisch unbedeutend. Das gleiche gilt für die kleinen Königreiche Lesotho und Swaziland, Binnenstaaten auf der Ostseite Südafrikas.

Als entscheidende *Entwicklungsprozesse* in dieser Region sind zu nennen: Die Perestroika in Südafrika, für die Mandela und de Klerk 1992 den Friedensnobelpreis erhielten; die Unabhängigkeit von Namibia (1990) und die Konsolidierung einer afri-

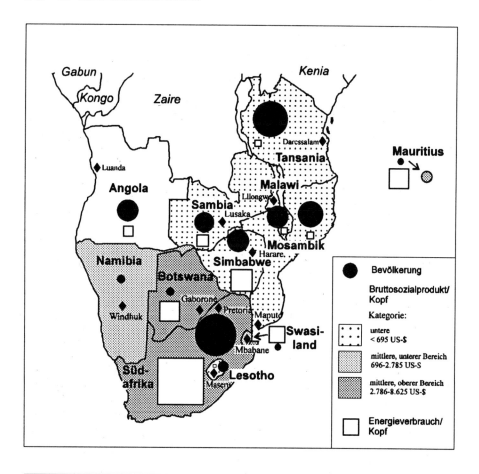

Länder	Fläche (1000 qkm)	Bevölkerung (Mio.)	BIP (Mrd. US-$)	BSP/Kopf (US-$)	Energie- verbrauch (kg ÖE/Ew)	Lebens- erwartung (Jahre)
Angola	1.247	10,3	9,6	----	96	46
Botswana	582	1,4	3,8	2.790	388	67
Lesotho	30	1,9	0,6	650	10	61
Malawi	118	10,5	1,8	200	35	45
Mauritius	2	1,0	2,8	3.030	391	70
Mosambik	802	15,1	1,4	90	43	46
Namibia	824	1,5	2,1	1.820	----	59
Swasiland	17	0,9	1,8	1.080	265	58
Tansania	945	28,0	2,1	90	35	52
Sambia	753	8,9	3,7	380	146	48
Simbabwe	391	10,7	4,9	520	471	53
Südafrika	1.221	39,7	105,6	2.980	2.400	63

Abb. 61: Die SADC-Region

kanischen Regierung nach 25 Jahren Bürgerkrieg; der Beginn des Wiederaufbaus in Mosambik seit 1992/94; ein wenn auch noch gefährdeter Friedensabschluß in Angola. Diesen positiven politischen Entwicklungen gegenüber stehen folgende sich verschärfende soziale Probleme: Die Integration der „geteilten" Apartheidgesellschaft in ein neues demokratisches Südafrika; die Schaffung von sozialer Gerechtigkeit durch Umverteilung von Kapital; die Eindämmung von Gewalt und Kriminalität, die sich über lange Jahre entwickelt haben; eine Umverteilung des Bodens durch eine Landreform, ein Vorhaben, das z.B. in Simbabwe und Namibia noch nicht realisiert wurde. Für Mosambik und Angola besteht die Notwendigkeit, für mehrere Jahre bilaterale und multilaterale Entwicklungshilfemittel zu empfangen, um die Kriegsschäden zu beheben und den Wiederaufbau einzuleiten.

Mittel- und langfristig wird sich in der Region das *Problem der Wasserversorgung* stellen: Die Diskrepanz zwischen Wasserverfügbarkeit und Bedarf an Trink- und Brauchwasser hat in Südafrika und Namibia bereits alarmierende Ausmaße angenommen. Projekte großräumiger Wasserüberleitung wie im Südwesten der USA werden in den randtropisch-subtropischen Trockengebieten Südafrikas unumgänglich. Niederschlagsschwankungen und *Dürregefährdung* können sich mittel- bis langfristig angesichts der regional nachweisbaren Klimaveränderung verschärfen, so daß es zu einer wachsenden Diskrepanz zwischen Nahrungsmittelproduktion und Bevölkerungswachstum kommen wird. Bodenerosion und Desertifikation stellen erhebliche Risiken für die weitere Entwicklung dar. Zwar verfügen Länder wie Südafrika und Simbabwe über das entsprechende know-how zur Bekämpfung dieser Prozesse, doch fehlt es vielfach an Einsicht in die verheerenden Langzeitwirkungen der Landdegradierung sowie an Kapital zur Finanzierung von Gegenmaßnahmen. Gelingt der Region ein wirtschaftlicher Aufschwung im Rahmen der Southern African Development Conference (SADC) bzw. im Rahmen der umfassenderen PTA, so ist auch mit der Verfügbarkeit von nationalem bzw. regionalem Kapital und know-how eine Lösung der ökologischen Risiken zu erwarten. Die Entwicklungsperspektiven für den Subkontinent „südliches Afrika" sind angesichts der vorhandenen Humanressourcen und der Rolle der Region im Rahmen der Weltmineralwirtschaft (Gold, Platin, Diamanten, Mangan u.a.) als positiv zu beurteilen.

11 Szenarien für Afrika:
Armut und Hunger ohne Ende? Lösungsansätze

UNEP und ENDA veröffentlichten 1981 drei Szenarien für die weitere Entwicklung des Kontinentes. Es ging um Kernfragen wie Bevölkerungswachstum, Ernährungssicherung, Gesundheit und Umweltschutz. Die Übersicht gibt die Entwicklungstendenzen wieder, die sich als Ergebnis der drei Szenarien bis zum Jahre 2000 abzeichnen:

Tab. 16: Szenarien für Afrika 1981–2000

	Szenario		
− Verschlechterung der Situation 0 Situation bleibt konstant + Situation verbessert sich	1 abhängige Entwicklung und Umweltzerstörung	2 größere wirtschaftliche Autonomie und stärkere Berücksichtigung des Umweltschutzes	3 ökologisch angepaßte, nachhaltige Entwicklung
1. Nahrungsmittelmangel	−	0	+
2. Unterernährung	0	0	0
3. Waldvernichtung	−	0	0/+
4. Desertifikation	−	0	+
5. Bodenerosion	−	−	0/+
6. Unterbeschäftigung	−	−	+
7. Menschenunwürdiges Wohnen			
in Städten	0	0	0/+
auf dem Lande	−	0	+
8. zunehmendes Risiko der Umweltzerstörung	−	0	+
9. Landschaftsdegradierung	−	−	+
10. Exzessive Nutzung der Meeresressourcen	−	−	0
11. Energieverschwendung	0	+	+
12. Partizipation bei Entscheidungsprozessen	−	0	+
13. Kulturelle Identität	−	0	+
14. Gesundheitsgefährdung	0	0/+	+
15. Wahrscheinlichkeit, daß 10 bis 15 % der Bevölkerung auf dem Standard der Industrieländer leben	+	+	−

Auf der Basis der vorhergehenden Ausführungen, Tabellen und Karten wird deutlich, daß bis zur Mitte der 90er Jahre das Szenario 1: „Abhängige Entwicklung und Umweltzerstörung" in den meisten Ländern Afrikas zutrifft. Die Folgen, eine allgemeine Verschlechterung der sozialen Situation mit Massenarmut, Arbeitslosigkeit/Unterbeschäftigung, Zunahme der Migration (inklusive der Flüchtlingsmigration), Anwachsen des informellen Sektors, Niedergang der Demokratiebewegung, sind nur zu bekannt. Für wenige Staaten wie Tunesien und Südafrika als „Länder mit mittlerem Einkommen" oder Burkina Faso und Simbabwe als „Länder mit niedrigem Einkommen" trifft Szenario 2 zu: „Größere wirtschaftliche Autonomie und stärkere Berücksichtigung des Umweltschutzes". Gleichzeitig haben sich die regionalen Disparitäten innerhalb der Staaten, etwa zwischen ländlichem Raum und Metropole, innerhalb der Regionen, etwa zwischen den Küstenländern und den Binnenstaaten Westafrikas oder zwischen Südafrika und den übrigen SADC-Ländern, sowie zwischen Afrika und den anderen „Entwicklungsregionen" der Erde wie Lateinamerika, Ost- und Südostasien verschärft. Auch die sozialen Disparitäten zwischen Eliten (obere Ebenen der Bürokratie, Parteiapparat, Militär, wenige Unternehmer) und der Masse der Bevölkerung nehmen zu. Die Weltbank leitete mit erheblicher Intervention in 29 Ländern Afrikas Strukturanpassungsprogramme ein, doch der erhoffte langfristige Wirtschaftsaufschwung trat nicht ein. Zwar zeigt die Bilanz der Weltbank nach 10 Jahren (1981 bis 1991) Strukturanpassungspolitik (World Bank 1994), wie in sechs Ländern wie Ghana oder Simbabwe Erfolge aufgetreten sind, aber die Mehrheit der afrikanischen Länder hat das Ziel eines kontinuierlichen Wachstums nicht erreicht (ONIMODE 1992, JAKOBEIT 1995). So lautet die Antwort auf die oben gestellte Frage für die meisten Länder Afrikas: „Armut und Hunger auf lange Zeit". Der Spiegel veröffentlichte Anfang 1994 einen viel diskutierten Artikel mit dem Titel: „Afrika – Kontinent ohne Hoffnung" (Der Spiegel 16/1994, S. 138 f.). Auch die OAU hat auf den Konferenzen der letzten Jahre keine Therapie für die „afrikanische Malaise" gefunden. Beste Köpfe der afrikanischen intellektuellen und politischen Elite sind im Exil, werden unterdrückt oder ermordet. Angesichts der Aussichtslosigkeit einer mittelfristigen positiven Veränderung der Situation vollzieht sich der Verlust von Fachkräften durch legale oder illegale Auswanderung in die Ölstaaten des Mittleren Ostens, in Schwellenländer und Industrieländer.

Weder die menschliche Gemeinschaft noch die Weltpolitik können sich mit einer solchen ökologisch-sozial-politischen Krisensituation von kontinentalem Ausmaß mittel- bis langfristig abfinden, - wenn auch Bereiche wie der Nahrungsmittelhandel, der Waffenhandel, der Drogen-, Gold- und Diamantenhandel oder extreme politische Gruppierungen wie Militärdiktaturen und der fundamentalistische Islam von einer solchen Situation profitieren.

Die Ausführungen in Kap. 3.9 haben gezeigt, daß das natürliche Potential großer Teile des Kontinentes zwar Risiken aufweist, aber nicht grundsätzlich einer „nachholenden Entwicklung" und einer Anhebung des Lebensstandards der Masse der Bevölkerung im Wege steht. Verbesserte traditionelle und angepaßte moderne Agrartechniken, integrierte ländliche Entwicklung und Umweltschutzmaßnahmen sind bekannt, um Nahrungsmittel und Exportprodukte in ausreichender Menge zu produzieren und den ländlichen Raum im Rahmen von Liberalisierung und Marktwirtschaft aus seiner Armut zu führen. In Kap. 5 wurde deutlich, daß das Bevölkerungswachstum zwar einen Problembereich der „Entwicklung" darstellt, daß aber Überlebensstrategien bekannt, innovative Ideen und Organisationsfähigkeit dynamischer sozialer Gruppen (Kleinunternehmer, Händler/Schmuggler, Marktfrauen-Finanziers) vorhanden sind, um Not zu überwinden. Das geringe Niveau der Bildung/Ausbildung und der schlechte Gesundheitszustand des „Humankapitals" sind dagegen gravierende Negativfaktoren. Das hohe Maß der finanziellen, politischen und technischen Außenabhängigkeit sowie fehlgeschlagene nationale Wirtschaftspolitiken, wie sie in Kap. 6 aufgezeigt wurden, haben einen entscheidenden Anteil an der katastrophalen Situation in den meisten Ländern Afrikas. Der zunehmende Verstädterungsgrad (vgl. Kap. 9) kann sich positiv auswirken, falls die Energien und Potentiale umgewandelt werden, die heute im informellen Sektor oder für illegale Aktivitäten eingesetzt werden.

Ein Kenner Afrikas wie MICHLER (1995) zeigte „Wege in die Zukunft" für einen „Kontinent zwischen Bürgerkriegen und Demokratisierung" auf: Erhebliche Einschnitte auf nationaler Ebene, verbunden mit Krisenfall-Intervention von außen, konditionierte Entschuldung, Veränderungen auf globaler Ebene im Sinne der „Einen Welt", soziale Marktwirtschaft im internationalen Maßstab, und ein umfassendes internationales Hilfsprogramm für Afrika (vgl. Tab. 1). Im März 1996 startete die UN ein Projekt, mit dem in den kommenden 10 Jahren bis zu 25 Mrd. US$ (ca. 37 Mrd. DM) bereitgestellt werden sollen. Schwerpunkte sind die Förderung des Bildungs- und Gesundheitswesens, Investitionen für die Sicherung der Nahrungsmittel- und Wasserversorgung und für die allgemeine wirtschaftliche Entwicklung. Es fragt sich aber, wie ohne tiefgreifende politische Veränderungen, ohne Demokratie, ohne eine Entmachtung der korrupten traditionellen und modernen Eliten, ohne soziale Marktwirtschaft und ohne eine Entschuldung (mindestens der ärmsten Länder) ein solches Hilfsprogramm wirken soll. Der Entwurf des Strategiepapiers der Weltbank (JAKOBEIT 1995) liefert folgende Orientierungen für die nächste Dekade:

- Bekämpfung der Armut durch Investitionen in Erziehung, Gesundheit, Bevölkerungspolitik als übergreifendes Ziel;

- Wachstum, insbesondere der Landwirtschaft, unter Berücksichtigung der Umwelt;

- Entwicklung des Privatsektors;

- Ausbau der Infrastruktur.

Neu für die Weltbank ist die Betonung einer differenzierten Sicht der Regionen und Länder des Kontinentes statt „Pauschalrezepten". Die Verfasser des Strategiepapiers betonen deutlicher als bisher, daß ohne Entwicklungsorientierung und ohne die Übernahme von Eigenverantwortung durch Regierungen und Bevölkerung der Länder Afrikas keine Erfolge zu erzielen sind. In dem Weltbank-Dokument bleibt allerdings unberücksichtigt, daß eine Veränderung der weltwirtschaftlichen Rahmenbedingungen und neue Verhaltensmuster in den Industrieländern im Sinne der „Einen Welt" ebenso notwendig sind (vgl. Zukunftfähiges Deutschland 1996). Bei den „Experten" wird neben der Fachkenntnis erheblich mehr Beratungsfähigkeit, Managementkompetenz, Begabung zu Analyse und Planung erwartet. Die Afrikaner selbst sind aufgerufen, „aus Afrika wieder ein Konzept der Afrikaner" zu machen.

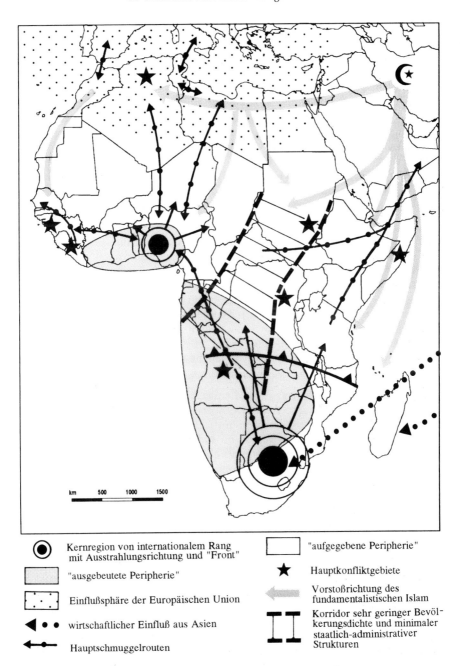

Abb. 62: Afrika – räumliche Dynamik

Die Vereinigung von Afrikanisten in Deutschland (VAD) stellte ihre Jahrestagung im Mai 1993 unter das Thema: „Afrika hilft sich selbst. Prozesse und Institutionen der Selbstorganisation". Im Einladungsschreiben wird das in der Öffentlichkeit für die Zukunft Afrikas entworfene „düstere Szenario" als „einseitige und verkürzte Sichtweise" bezeichnet. Ziel der Veranstaltung war der Nachweis und die Diskussion über „die Chancen selbstbestimmter Entwicklung wie auch die Probleme und Grenzen für eine eigenständige Entwicklungsdynamik". Mit Recht werden kulturelle, soziale und religiöse Bewegungen als Hoffnungsträger für eine selbstbestimmte afrikanische Entwicklung bezeichnet, werden wirtschaftliche Initiativen im lokalen und regionalen Bereich wie Sparvereinigungen, Kleingewerbe oder alteingeführte Handelsnetze in ihrer Entwicklungsfunktion betont. Das Scheitern zwischenstaatlicher und regionaler Kooperation und die allgemeine Verschuldung und Auslandsabhängigkeit der Länder Afrikas lassen jedoch eine selbstbestimmte Entwicklung auf nationaler, regionaler oder kontinentweiter Ebene bisher nicht zu.

Auf Abb. 62 wird das räumliche Gefüge des „Krisenkontinentes" und seiner Perspektiven sichtbar. Das ökologische Risiko der Dürre bedroht ca. 60 % der Gesamtfläche; es bleibt angesichts des Bevölkerungsanstiegs und der anthropogen bedingten Umweltzerstörung ein sich verschärfendes Handicap. Bevölkerungsballung in Ungunsträumen wie im Sahel oder in marginalen Gebirgslagen wie in Äthiopien oder auf der Zentralafrikanischen Schwelle schafft Problemgebiete durch Landmangel und Verarmung. Auf der anderen Seite zeigen die beiden „Diagonalen von Unterbevölkerung", welche Flächenreserven in „Feuchtafrika" noch bestehen; bereits die Umwandlung von Teilen dieser riesigen Gebiete in angepaßt-semiintensiv genutzte landwirtschaftliche Flächen würde einen „Produktionsschub" ersten Ranges ergeben.

Neben den Hauptkonfliktregionen, die das Bild Afrikas in den Medien prägen, stehen die beiden Großmächte Afrikas, Nigeria und Südafrika, mit ihren wirtschaftlichen und politischen Einflußsphären und „Fronten". Dabei wird deutlich, welch gewaltiges Potential die SADC-Region im südlichen Afrika hat; hier ist Südafrika für die EU (und das internationale Kapital) ein Hoffnungsträger für friedlichen Wandel und Entwicklung. Nigerias Expansion in Westafrika ist ebenso eindrucksvoll, – aber beide Regionalmächte erwecken bereits den Neid und Widerstand ihrer Nachbarn. Kritisch ist auch ihre Stellung in der OAU, – ist es doch Mitte der 90er Jahre der Wettlauf zwischen Demokratie (Südafrika) und Militärdiktatur mit schweren Menschenrechtsverletzungen (Nigeria); noch ist die Entschlossenheit der Länder des Kontinents – und von Teilen der internationalen Gemeinschaft (Libyen, Iran) – für Demokratie nicht bewiesen. Sieht man die räumliche Dynamik des islamischen Einflusses, so wird die Hoffnung vieler Menschen auf eine demokratisch-westlich orientierte Entwicklung weiter geschmälert. Der „asiatische Einfluß", Investitionen asiatischer Schwellenländer wie Taiwan, ist wirtschaftlicher Art, und wird bei einer krisenhaften Zuspitzung der Lage in Südafrika schnell beendet sein. Die Darstellung Afrikas auf einer Weltkarte der ökonomisch-politischen Perzeption hochrangiger Unternehmer und Politiker als eines „vergessenen Kontinentes" mit einem „Krisensaum" im Norden und einem „Hoffnungsträger" im Süden entspricht der Wirklichkeit.

Literaturverzeichnis

Dokumentationszentren:

Deutsches Übersee-Institut, Übersee-Dokumentation, Referat Afrika (AFDOK), Hamburg. Tel. (040) 3562-562; Fax (040) 3562-512

Deutsche Stiftung für Internationale Entwicklung (DSE):
Zentralstelle für Erziehung, Wissenschaft und Dokumentation, Bonn. Tel. (0228) 4001-0; Fax (0228) 4001-111
Zentralstelle für Auslandskunde, Bad Honnef. Tel. (02224) 182-0; Fax (02224) 182-151

Für eine Übersicht weiterer Institutionen siehe:
Institutionen der Afrika-Forschung und Afrika-Information in der BRD und in Berlin (West). Übersee-Dokumentation, Referat Afrika. Hamburg 1990

Arbeitskreis der deutschen Afrika-Forschungs- und Dokumentationsstellen (ADAF). Rundbrief (jährlich). Hg.: Institut für Afrika-Kunde, Hamburg. Tel. (040) 3562-523; Fax (040) 3562-511

Für länderbezogene Informationen und Daten sind zu empfehlen:

Afrika Jahrbuch. Politik, Wirtschaft und Gesellschaft in Afrika südlich der Sahara. Hg.: Institut für Afrika-Kunde, R. Hofmeier. Opladen

Nahost Jahrbuch. Politik, Wirtschaft und Gesellschaft in Nordafrika und dem Nahen und Mittleren Osten. Hg.: Deutsches Orient-Institut, T. Koszinowski, H. Mattes. Opladen

Länderberichte. Statistisches Bundesamt Wiesbaden. Stuttgart

African Development Indicators 1996. World Bank. Washington 1996

Literatur

Abkürzungen:
BMZ = Bundesministerium für wirtschaftliche Zusammenarbeit und Entwicklung
GR = Geographische Rundschau
GTZ = Gesellschaft für Technische Zusammenarbeit
HDW = Handbuch der Dritten Welt
PG = Praxis Geographie

African market women and economic power. The role of women in African economic development. House-Midamba, B. (ed.). Westport/Conn. 1995

Afrika. Haack Kartenbuch. Gotha 1989

Agel, P.: Energieproblematik und sozioökonomische Struktur in ländlichen Räumen Senegals. Zeitschrift für Wirtschaftsgeographie 27 (1983) 162–183

Agroforstwirtschaft. Themenheft Entwicklung und ländlicher Raum 27,5 (1993)

Amstrong, J.: Sozioökonomische Implikationen von Aids in Entwicklungsländern. Finanzierung und Entwicklung. 28,4 (1991) 14–17

Anhuf, D.: Klima und Ernteertrag – eine statistische Analyse an ausgewählten Beispielen nord- und südsaharischer Trockenräume -Senegal, Sudan, Tunesien. Bonner Geographische Abh. 77. 1989

Anhuf, D.: Die Zerstörung des tropischen Feuchtwaldes und deren Folgen. Beispiel Afrika. Diareihe mit Erl. Köln 1992

Anhuf, D.; Wohlfahrt-Bottermann, M.: Veränderungen der Vegetationsbedeckung in Côte d'Ivoire. Erdwissenschaftliche Forschung 30. Stuttgart 1994

Arnold, A.: Algerien. Perthes Länderprofile. Gotha 1995

Arnold, F.: Revised estimates and projections of international migration 1980–2000. World Bank Policy, Planning and Research Working Paper 275. Washington 1990

Asche, H.: Rwanda – zur Pathogenese eines Völkermordes. Afrika Jahrbuch 1994 (1995) 26–38

Aubreville, A.: Climats, forets et désertification de l'Afrique tropical. Paris 1949

Bähr, J.: Internationale Wanderungen in Vergangenheit und Gegenwart. GR 47,7–8 (1995) 398–404

Bähr, J.; Jürgens, U.: Die Stadt in der Republik Südafrika. Von der Spät-Apartheid zur Post-Apartheid. GR 45,7/8 (1993) 410–419

Balon, E.K.; Coche, A.G.: Lake Kariba. A man-made tropical ecosystem in Central Africa. Monographiae Biologicae 24. The Hague 1974

Barnett, T.; Blaikie, P.: Aids in Africa. It's present and future impact. Chichester 1994

Barth, H.K.: Probleme der Schichtstufenlandschaften Westafrikas. Tübinger Geograph. Stud. 38. 1970

Barth, H.K.: Der Geokomplex Sahel. Untersuchungen zur Landschaftsökologie im Sahel Malis als Grundlage agrar- und weidewirtschaftlicher Entwicklungsplanung. Tübinger Geograph. Stud. 71. 1977

Barth, H.K.: Mali. Wissenschaftliche Länderkunden 25. Darmstadt 1986

Baumann, H. (Hg.): Die Völker Afrikas und ihre traditionellen Kulturen. Bd. 1: Allgemeiner Teil und südliches Afrika. Wiesbaden 1975. Bd. 2: Ost-, West- und Nordafrika. Wiesbaden 1979

Beadle, L.T.: The inland waters of tropical Africa. 2. Aufl. London 1982

Béguin, H.: Géographie humaine de la région de Bengamisa. Publ. INEAC Sér. sci., No. 74, Brüssel 1958

Belloncle, G.: Participation paysanne et aménagements hydroagricoles. Paris 1985

Bencherifa, Abdellatif: Die Oasenwirtschaft der Maghrebländer: Tradition und Wandel. GR 42,2 (1990) 82–87

Bericht über die menschliche Entwicklung 1995, 1996. UNDP/Deutsche Gesellschaft für die Vereinten Nationen. Bonn 1995, 1996

Besler, H.: Geomorphologie der ariden Gebiete. Darmstadt 1992

Bendjelid, Abed: Industrialisierung und Städtewachstum im algerischen Oranais. GR 42,2 (1990) 100 – 105

Berriane, Mohammed: Fremdenverkehr im Maghreb. Tunesien und Marokko im Vergleich. GR 42,2 (1990) 94–99

Bischoff, G.: Ein erweitertes, globales Modell der Plattentektonik. Spektrum der Wissenschaft 3 (1987) 62–72

Blasco, F. u.a.: Les rivages tropicaux. Mangroves d'Afrique et d'Asie. CEGET. Travaux et Documents 39. Talence 1980

Bliss, F.; Gaesing, K.: Möglichkeiten zur Einbeziehung von Frauen in Maßnahmen zur ressourcenschonenden Nutzung von Baumbeständen. München, Köln 1992

BMZ: Umwelt und Entwicklung. Entwicklungspolitik, Materialien 77. Bonn 1987

BMZ: Sektorkonzept Tropenwald. BMZ aktuell. Bonn 1992a

BMZ: Tropenwalderhaltung und Entwicklungszusammenarbeit. BMZ aktuell. Bonn 1992b

BMZ: Schutz des Tropenwaldes. BMZ aktuell. Bonn 1993a

BMZ: Desertifikationsbekämpfung und Ressourcenmanagement in Trockenzonen. BMZ aktuell. Bonn 1993b

BMZ: Tourismus in Entwicklungsländern. BMZ Materialien 88. Bonn 1993c

BMZ: Handwerk und Kleinunternehmen als gesellschaftliche Kraft und wirtschaftlicher Faktor in der Dritten Welt. BMZ aktuell. Bonn 1994

BMZ: Der informelle Sektor als Handlungsfeld armutsorientierter Enrtwicklungspolitik: Ansatzpunkte, Grenzen, Perspektiven. BMZ aktuell. Bonn 1996

Bodenrecht. Themenheft Entwicklung und ländlicher Raum. 29,6 (1995)

Boehm, U.; Kappel, R.: Kleinbetriebe des informellen Sektors und Ausbildung im sub-saharischen Afrika. Arbeiten aus dem Institut für Afrika-Kunde 72. Hamburg 1990

Boguslawski, M. von; Wiese, B.: Armutsbekämpfung und Entwicklungszusammenarbeit. GR 44,9 (1992) 520–527

Bollig, M.: Krisenmanagement und Risikominimierung bei den pastoralnomadischen Pokot Nordwest-Kenias. Bollig, M; Klees, F. (Hg): Überlebensstrategien in Afrika. Colloquium Africanum 1. Köln 1994, 125–157

Bolton, P.: Mozambique's Cabora Bassa Project: An environmental assessment. Goldsmith, E.; Hildyard, N. (eds.): The social and environmental effects of large dams. Vol. 2: Case Studies. Worthydale Manor 1986, 156–167

Boserup, E.: Die ökonomische Rolle der Frau in Afrika, Asien und Lateinamerika. Stuttgart 1982

Bouillenne, F. u.a.: Esquisse écologique des facies forestiers et marécageux du la Tumba. Brüssel 1955

Bruenig, E.F.; Csomós, S.: Nachhaltigkeit in der Forst- und Holzwirtschaft des tropischen Afrika. GR 46,10 (1994) 577–584

Brunner, H.; Thürmer, R.: Zur Bewertung des Naturpotentials der Tropen und Subtropen für den Pflanzenbau. Petermanns Geographische Mitteilungen (1981) 47–51

Büdel, J.: Klima-Geomorphologie. Berlin, Stuttgart 1977

Bultot, F. (éd.): Atlas climatique du Bassin Congolais. Brüssel 1971

Churchill, A.A.; Saunders, R.J.: Erwärmung der Erde und die Entwicklungsländer. Finanzierung & Entwicklung (1991) 28–31

De Kun, N.: Mineral economics in Africa. The Hague 1987
De Schlippe, P.: Ecocultures d'Afrique. Paris 1986
Diesfeld, H.J.; Hecklau, H.K.: Kenya. A geomedical monograph. Geomedical Monograph Series 5. Berlin 1978
Drilling, M.: Der informelle Sektor als Entwicklungspotential? Handlungsspielräume metallverarbeitender Kleinunternehmer in Accra/Ghana. Freiburger Studien zur Geographischen Entwicklungsforschung 3. 1993

Egger, K.: Methoden und Möglichkeiten des „Ecofarming" in Bergländern Ostafrikas. Gießener Beiträge zur Entwicklungsforschung. Reihe I, Bd 8 (1982) 69–96
Ehlers, E.: Die Stadt des Islamischen Orients. Modell und Wirklichkeit. GR 45,1 (1993) 32–39
Eichler, H.: So stirbt der Regenwald. PG 9 (1987) 44–48
Engelhard, K.: Natürliche Ressourcen, Bevölkerungsentwicklung und kulturlandschaftliche Veränderungsprozesse am Kilimanjaro. Mäckel, R.; Sick, W.D. (Hg.): Natürliche Ressourcen und ländliche Entwicklungsprobleme der Tropen. Festschrift für Walther Manshard. Wiesbaden 1988, 90–104
Engelhard, K.: Tansania. Perthes Länderprofile. Gotha 1994
Engelhardt, W.; Weinzierl, H. (Hg.): Der Erdgipfel. Perspektiven für die Zeit nach Rio. Bonn 1993
Entreprises et entrepreneurs africains. Ellis, St. et al. (éds.). Paris 1995
Erosion des sols. Themenheft. Cahiers d'Outre-Mer No. 185 (1994) Bordeaux
Escher, A.: Ist das traditionelle Handwerk in marokkanischen Städten heute zum „Informellen Sektor" zu rechnen? Zum Beispiel die Mattenflechter von Salé. Die Erde 118 (1987) 79–91

Fage, J.D. (Hg.): An Atlas of African History. 2. Aufl. London 1978
Frankenberg, P.; Anhuf, D.: Zeitlicher Vegetations- und Klimawandel im westlichen Senegal. Erdwissenschaftliche Forschung 24. Stuttgart 1989
Farwer, C.: Die Rolle der Frau in Afrika. Auswahlbibliographie. Hamburg 1990
Farwer, C.: Afrikanische Flüchtlinge. Auswahlbibliographie. Hamburg 1993

Gaebe, W.: Urbanisierung in Afrika. GR 46,10 (1994) 570–584
Gälli, A.: Tourismus in Afrika – Potentiale und Grenzen der „weißen Industrie". Oppenländer, K.H. von; Schönherr, S. (Hg): Strukturprobleme und Reformen in Afrika. Afrika-Studien 119. München 1990, 327–348
Gaesing, K.: Frauenalltag in Afrika. Diaserie mit Erläuterung. Köln 1992
Gantzel, J. u.a.: Kriege der Welt. Ein systematisches Register der kriegerischen Konflikte 1985–1992. Interdependenz 13. Stiftung Entwicklung und Frieden. Bonn 1992
Gaumnitz, E.: Nairobi-Slums of despair oder slums of hope? PG 24,1 (1994) 24–29
Geist, H.: Agrare Tragfähigkeit im westlichen Senegal. Arbeiten aus dem Institut für Afrika-Kunde 60. Hamburg 1989
Geist, H.: Politische Ökologie von Ressourcennutzung und Umweltdegradierung. GR 46,12 (1994) 718–728
Géographie Universelle: Les Afriques au Sud du Sahara. Paris 1995
Germain, R.: Les biotopes alluvionaires herbeux et les savannes intercalaires au Congo. Brüssel 1965
Gertel, J.: Krisenherd Khartoum. Geschichte und Struktur der Wohnraumproblematik in der sudanesischen Hauptstadt. Freiburger Studien zur Geographischen Entwicklungsforschung 2. 1993
Giessner, K.: Sahara – Geographische Einführung in den Naturraum. Göttler, G. (Hg.): Die Sahara. Köln 1984. 12–41
Giessner, K.: Die subtropisch-randtropische Trockenzone. Geoökodynamik 9 (1988) 135–183
Giessner, K.: Geoecological control of fluvial morphodynamics in the Mediterranian subtropics. Geoökodynamik 11 (1990) 17–42
Globale Trends 1996. Daten zur Weltentwicklung. Hg.: Stiftung Entwicklung und Frieden. Frankfurt 1995
Goldammer, J.G.: Feuer in Waldökosystemen der Tropen und Subtropen. Basel 1993
Gourou, P.: La densité de la population rurale au Congo Belge. Brüssel 1955
Grands commerçants de l'Afrique de l'ouest. Grégoire, E. et al. (éds.). Paris 1993

Grenier, P. (éd.): Energie et espace au Sénégal. T 1: Talence 1987, T. 2: Talence 1988
GTZ: Flüchtlingshilfe. Akzente 2 (1993a)
GTZ: Ländliche Regionalentwicklung (LRE) aktuell. Schriftenreihe der GTZ, Nr. 232. Eschborn 1993b
GTZ: Desertifikationsbekämpfung in den Trockengebieten der Dritten Welt. Eschborn o. J. (1994)
GTZ: Landnutzungsplanung. Eschborn 1995

Halbach, A.J. u.a.: Wirtschaftsordnung, sozio-ökonomische Entwicklung und weltwirtschaftliche Integration in den Entwicklungsländern. BMWI-Studienreihe 36. Bonn, München 1981
Handbuch der Dritten Welt. Nohlen, D., Nuscheler, F. (Hg.): 3., völlig neu bearbeitete Auflage. Bd. 4: Westafrika und Zentralafrika. Bonn 1993. Bd. 5: Ostafrika und Südafrika. Bonn 1993. Bd. 6: Nordafrika und Naher Osten. Bonn 1994
Harms Handbuch der Geographie. Afrika 1. München 1983; Afrika 2. München 1985
Hecklau, H.: Ostafrika. Darmstadt 1989
Heine, B. (Hg.): Die Sprachen Afrikas. Hamburg 1981
Helmschrott, H. u.a. (Hg.): Afrika südlich der Sahara: Trotz Rohstoffreichtum in die Armut. Afrika-Studien 116. München 1990
Henkel, R.: Christliche Missionen in Afrika. Sambia als Beispiel für die Raumwirksamkeit der Christianisierung. PG 19,9 (1989) 26–29
Hetzel, W.: Neue Plantagen im Südwesten der Elfenbeinküste. Mäckel, R.; Sick, W.D. (Hg.): Natürliche Ressourcen und ländliche Entwicklungsprobleme der Tropen. Festschrift für Walther Manshard. Wiesbaden 1988, 53–75
Hiskett, M.: The course of Islam in Africa. Edinburgh 1994
Höllermann, P.: Aktuelle Morphodynamik und Morphogenese in den semiariden Randtropen und Subtropen. Erdkunde 41 (1987) 61–64
Hofmeier, R.; Matthies, V. (Hg.): Vergessene Kriege in Afrika. Göttingen 1992
Holtkamp, T.: Dezentralisierung und Partizipation in Ghana. Neue Ansätze der Regionalentwicklung. Freiburger Studien zur Geographischen Entwicklungsforschung 6. 1993
Human Development Report 1992. UNDP. Oxford, New York 1992
Hurni, H.: Guidelines for development agents in soil conservation in Ethiopia. Adisabeba 1986
Hurni, H.: Degradation and conservation of soil resources in the Ethiopian Highlands. Messerli, B.; Hurni, H. (Hg.): African mountains and highlands: Problems and perspectives. o. O. (1990) 51–63

Ibrahim, F.: Ägypten. Eine geographische Landeskunde. Darmstadt 1996
Inikori, J.E.; Engerman, S.L. (Hg.): The Atlantic slave trade. Durham, London 1992

Jakobeit, C.: Korruption in Afrika. Afrika Jahrbuch 1993 (1994) 46–56
Jakobeit, C.: Die neue Afrikastrategie der Weltbank. Afrika Jahrbuch 1994 (1995) 39–49
Jätzold, R.: Ein Beitrag zur Klassifikation des Agrarklimas der Tropen (mit Beispielen aus Ostafrika). In: Tübinger Geographische Schriften 34, (1970) 57–69.
Jätzold, R.: Isolinien humider Monate als agrarplanerisches Mittel am Beispiel von Kenya. Zeitschrift für ausländische Landwirtschaft 15 (1976) 330–350
Jätzold, R.: Savannengebiete der Erde. PG 11 (1985) 6–14
Jätzold, R.: Agro-ökonomische Dynamik in den agro-ökologischen Zonen der Tropen (mit Preisentwicklungsbeispielen aus Kenia). Mäckel, R.; Sick, W.D. (Hg.): Natürliche Ressourcen und ländliche Entwicklungsprobleme der Tropen. Festschrift für Walther Manshard. Wiesbaden 1988, 135–143
Jungfer, E.: Wasserressourcen, Wassererschließung und Wasserknappheit im Maghreb. GR 42,2 (1990) 64–69
Jungraithmayr, H.; Möhlig, J.G. (Hg.): Lexikon der Afrikanistik. Afrikanische Sprachen und ihre Erforschung. Berlin 1983
Jurion, F.; Henry, J.: De l' agriculture intinérante à l' agriculture intensifiée. Brüssel 1967

Kaiser, W.: Siedlungsplanung und Siedlungsentwicklung in Afrika. IRB-Literaturauslese. Fachbibliographie 1872. 3. Aufl. Stuttgart 1993
Kaiser, W.: Stadtplanung und Stadtentwicklung in Afrika. IRB-Literaturauslese. Fachbibliographie 1850. 3. Aufl. Stuttgart 1993
Kaiser, W.: Umweltschutz in Afrika. IRB-Literaurauslese. Fachbibliographie 2830. 2. Aufl. 1993

Kargermeier, A.; Popp, H.: Gastarbeiter-Remigration und Regionalentwicklung in Nordost-Marokko. GR 47, 7–8 (1995) 415–422

Kasper, J.E.: Bissau. Existenzsichernde Strategien in einer westafrikanischen Stadt. Bern 1995

Kayser, K.: Geomorphologie – Südafrika. Afrika-Kartenwerk. Karte S 2 und Beiheft. Berlin, Stuttgart 1983, 1986

Kemper-Bruns, G.: Frauen in Kamerun zwischen Tradition und Moderne. Unterrichtsmaterialien für die Klasse 7/8. PG 22,6 (1992) 25–27

Kerkhof, P.: Agroforestry in Africa. A survey of project experience. London 1990

Klaus, D.: Desertifikation im Sahel. GR 38,11 (1986) 577–583

Klimm, E. u.a.: Das südliche Afrika II: Namibia – Botswana. Wissenschaftliche Länderkunden 39. Darmstadt 1994

Klitzsch, E.: Zur erdgeschichtlichen Entwicklung der Sahara. Erdöl und Wasser. Sahara, Katalog zur Ausstellung. Köln 1978, 12–21, 376–381

Klute, G.: Die schwerste Arbeit der Welt. Alltag von Tuareg-Nomaden. München 1992

Knapp, R.: Die Vegetation von Afrika. Vegetationsmonographien der einzelnen Großräume 3. Stuttgart 1973

Kochendörfer-Lucius, G.: Informeller Sektor. gtz-Info 6 (1990) 6–12

Koechlin, J.: La végétation des savannes dans le sud de la République du Congo. Paris 1961

Kohnert, D.: „Wer hat Angst vorm Schwarzen Mann?" Afrikanische Flüchtlinge in Europa. Afrika Jahrbuch 1992 (1993) 65–76

Kohnert, D.: Wir sind alle abgewertet. Zur Anpassungskrise von Währung, Wirtschaft und Gesellschaft in der CFA-Zone. Afrika Jahrbuch 1993 (1994) 35–45

König, D.: Erosionsschutz in Agroforstsystemen. Möglichkeiten zur Begrenzung der Bodenerosion in der kleinbäuerlichen Landwirtschaft Rwandas im Rahmen standortgerechter Landnutzungssysteme. Mainzer Geographische Studien 37. 1992

König, D.: Dégradation et érosion des sols au Rwanda. Cahiers d'Outre-Mer No. 185 (1994a) 35–48

König, D.: Standortgerechter Landbau als Hilfe zur Selbsthilfe? Möglichkeiten und Akzeptanz ökologisch angepaßter Agrartechnologie am Beispiel Ruandas. Brandstetter, A.-M. u.a. (Hg.): Afrika hilft sich selbst. Schriften der VAD, Bd. 15 (1994b) 381–394

Körner, H.: Immigration aus Afrika: Herausforderung für Europa. Friedrich-Ebert-Stiftung. Eurokolleg 19. Bonn 1992

Krings, T.: Sahel. Islamische und traditionelle schwarzafrikanische Kultur zwischen Atlantik und Tschadsee. Köln 1982

Krings, T.: Die Vorteile und Risiken von Pflugbau und Monokultur in den zentralen und südlichen Savannen der Republik Mali. Die Erde 117 (1986) 201–216

Krings, T.: Die Bedeutung autochthonen Agrarwissens für die Ernährungssicherung in den Ländern Tropisch-Afrikas. GR 44,2 (1992) 88–93

Krings, T.: Struktur- und Entwicklungsprobleme der Sahelländer. HDW 4 (1993) 130–153

Krings, T.: Probleme der Nachhaltigkeit in der Desertifikationsbekämpfung. GR 46,10 (1994) 546–552

Krings, T.: Marginalisation and revolts among the Tuareg in Mali and Niger. GeoJournal 36,1 (1995) 57–63

Kürzinger, E.; Schipulle, H.P.: Desertifikationskonvention. Entwicklung und ländlicher Raum 37,1 (1996) 8–10

Ländliche Entwicklung und Ressourcenschonung – Herausforderung oder Widerspruch? Schriftenreihe der Deutschen Stiftung für Internationale Entwicklung. Baden-Baden 1984

Lauer, W.; Frankenberg, P.: Eine Karte der hygrothermischen Klimatypen Afrikas. Erdkunde 35 (1981 a) 245–248 und Beilage VIII

Lauer, W.; Frankenberg, P.: Untersuchungen zur Humidität und Aridität von Afrika. Bonner Geographische Abhandlungen 66. 1981 b

Lehmann, G.: Die Arbeitsfähigkeit des Menschen im tropischen Klima. Arbeitsgem. f. Forsch. des Landes NRW, H. 144 (1965) 7–47

Leroux, M.: Le climat de l'Afrique tropicale. Paris 1983

Leser, H.: Landschaftsökologische Grundlagenforschung in Trockengebieten. Dargestellt an Beispielen aus der Kalahari und ihren Randlandschaften. Erdkunde 25 (1971) 209–223

Leser, H. (Hg.): Natürliches Potential und Landnutzung in Hochländern und Hochgebirgen Ostafrikas. Geomethodica 4. Basel 1979

Louis, H.: Über Rumpfflächen und Talbildung in den wechselfeuchten Tropen. Z. f. Geom. N. F. 8 (1964) 43–70

Ludwig, H.D.: Ukara – Ein Sonderfall tropischer Bodennutzung im Raum des Victoria-Sees. IFO-Afrika-Studien 22. München 1967

Lundgren, L.: Soil erosion in Tansanian mountain areas. Stockholm 1980

Mäckel, R.: Über Dambos in der zentralafrikanischen Plateauregion. Z. f. Geomorph., Suppl. Bd. 23 (1975) 12–25

Mainet, G.: Douala, Croissance et servitudes. Paris 1985

Management of the Water Resources of the Republic of South Africa. Department of Water Affairs. Pretoria 1986

Management Plan Simen Mountains National Park and surrounding rural areas. Ministry of Agriculture. Addis Abeba 1986

Manshard, W.: Afrika – südlich der Sahara. Große Illustrierte Länderkunde 2 (1963) 233–526

Manshard, W.: Afrika – südlich der Sahara. Fischer Länderkunden 5. Frankfurt, Hamburg 1970

Manshard, W.: Die Städte des Tropischen Afrika. Urbanisierung der Erde 1. Berlin, Stuttgart 1977

Manshard, W.: Die neuen Hauptstädte Tropisch-Afrikas. Zeitschrift für Wirtschaftsgeographie (1986) 1–13

Manshard, W.: Entwicklungsprobleme in den Agrarräumen des tropischen Afrika. Darmstadt 1987

Manshard, W.: Afrika – südlich der Sahara. Fischer Länderkunde 5, überarbeitete Neuausgabe. Frankfurt 1988

Manshard, W.: The Cities of Tropical Africa – Cross-cultural aspects, descriptive models and recent developments. Colloquium Geographicum 22 (1992) 76–88

Manshard, W; Mäckel, R.: Umwelt und Entwicklung in den Tropen. Naturpotential und Landnutzung. Darmstadt 1995

Martin, C.: Die Regenwälder Westafrikas. Ökologie, Bedrohung und Schutz. Basel 1989

Maydell, H.-J. von: Agroforstwirtschaft in den Tropen und Subtropen. Handbuch der Landwirtschaft und Ernährung in Entwicklungsländern, Bd. 3, Stuttgart 1986, 169–190

McEvedy, C.: The Penguin Atlas of African History. Revised edition. London 1995

Menschen auf der Flucht. Interdependenz 8. Stiftung Entwicklung und Frieden (Hg.), Bonn 1991

Mensching, H.: Glacis – Fußfläche – Pediment. Z. f. Geom. N. F. 2 (1958) 165–186

Mensching, H.: Nordafrika. Große Illustrierte Länderkunde 2. Gütersloh (1963) 87–232

Mensching, H. Inselberge, Pedimente und Rumpfflächen im Sudan. Ein Beitrag zur morphogenetischen Sequenz in den ariden Subtropen und Tropen Afrikas. Z. f. Geom. Suppl. Bd. 30 (1978) 1–19

Mensching, H.: Desertifikation. Darmstadt 1990

Mensching, H.; Wirth, E.: Nordafrika und Vorderasien. Fischer Länderkunde 4, überarbeitete Neuausgabe. Frankfurt 1989

Messerli, B.: Umweltprobleme und Entwicklungszusammenarbeit. Geographica Bernensia P 16. 1987

Messerli, B.; Aerni, K.: Simen Mountains, Ethiopia. Vol. 1, Cartography and its application for geographical and ecological Problems. Geographica Bernensia G8. Bern 1978

Messerli, B.; Hurni, H. (Hg.): African mountains and highlands. Problems and perspectives. Geographica Bernensia. o. J. (1990)

Meurer, M.: Macchie und Garrigue im mediterranen Nordwesten Tunesiens. GR 38,7–8 (1986) 395–403

Meurer, M.: Geo- und weideökologische Untersuchungen im Mogod-Bergland Nordwest-Tunesiens. Erdwissenschaftliche Forschung 29. Stuttgart 1993

Meurer, M.: Umweltforschung und ihre Umsetzung in der Entwicklungszusammenarbeit. Ein Beispiel aus dem Norden von Benin. GR 46,6 (1994) 328–334

Meyer, G.: Kairo. Entwicklungsprobleme einer Metropole der Dritten Welt. Problemräume der Welt 11. Köln 1989 a

Meyer, G.: Produzierendes Kleingewerbe in Kairo. Wirtschaftliche Existenzsicherung im informellen Sektor. Geographie heute 72 (1989 b) 38–44

Meyer, G.: Arbeiterwanderung in die Golfstaaten. GR 47, 7–8 (1995a) 423–428

Meyer, G.: Liberalisierung und Privatisierung der ägyptischen Landwirtschaft. Erdkunde 49 (1995b) 17–31

Meyns, P.: Zambia. HDW 5, Bonn (1993) 477–495

Meyns, P.; Nuscheler, F.: Struktur- und Entwicklungsprobleme von Subsahara-Afrika. Handbuch der Dritten Welt, Bd. 4 (1993) 13–101

Michler, W.: Weißbuch Afrika. 2. Aufl. Bonn 1991

Michler, W.: Afrika. Wege in die Zukunft. Unkel 1995

Miracle, M. P.: Agriculture in the Congo Basin. London 1967

Murawski, H.: Geologie – Westafrika. Afrika-Kartenwerk, Beiheft W3. Berlin, Stuttgart 1980

Nairobi Declaration on Climatic Change. UNDP. Nairobi 1990

Oberender, P.; Diesfeld, H.J.: Health and development in Africa. Medizin in Entwicklungsländern 15. Frankfurt/Main 1983

Oberweger, H.G.: Kairo-Entwicklungsprobleme einer orientalischen Metropole. PG 24,1 (1994) 19–23

Oesterdiekhoff, P.: Dimension der Energiekrise in Afrika südlich der Sahara. Energie und Umwelt 1. Bremen 1991

Ominde, S.H. (Ed.): A change in weather: African perspectives on climatic changes. Nairobi 1991

Onimode, B.: A future for Africa: Beyond the politics of adjustment. London 1992

Pearce, D.W.; Warford, J.J. : World without end. Economics, environment and sustainable development. Oxford, New York 1993

Peltzer, K.: Prozesse von Selbstorganisation bei traditioneller Medizin in Afrika. Brandstetter, A.-M. u. a. (Hg.): Afrika hilft sich selbst. Schriften der VAD, Bd. 15 (1994) 57–67

Pérennès, J.-J.: Essai de typologie des irrigations au Maghreb. Popp, H.; Rother, K. (Hg.): Die Bewässerungsgebiete im Mittelmeerraum. Passauer Schriften zur Geographie 13 (1993) 173–184

Petters, S. W.: Regional geology of Africa. Berlin 1991

Plachter, H.: Schutz von Naturgebieten in der Welterbe-Konvention. GR 47,6 (1995) 348–354

Pohl, E.: Einführung und Verbreitung der Ochsenanspannung in Senegal. Saarbrücken 1981

Popp, H.: Die Berber. Zur Kulturgeographie einer ethnischen Minderheit im Maghreb. GR 42,2 (1990) 70–75

Popp, H. (Hg.): Geographische Forschungen in der saharischen Oase Figuig. Passauer Schriften zur Geographie 10. 1991

Popp, H.: Auswirkungen der Gastarbeiterwanderung auf die Oasenwirtschaft – Das Beispiel des saharischen Marokko. Brandstetter, A.-M. u.a. (Hg.): Afrika hilft sich selbst. Schriften der VAD, Bd. 15 (1994) 371–380

Popp, H.; Rother, K. (Hg.): Die Bewässerungsgebiete im Mittelmeerraum. Passauer Schriften zur Geographie 13 (1993)

Preston-Whyte, R.A.; Tyson, P.D. : The atmosphere and weather of Southern Africa. Cape Town 1988

Prinz, D.: Ökologisch angepaßte Produktionssysteme. Handbuch der Landwirtschaft und Ernährung in Entwicklungsländern, Bd. 3, Stuttgart (1986) 115–168

Prinz, D.; Rauch, F.: Das Bamenda-Modell. Entwicklung und ländlicher Raum 19,3 (1985) 22–26

Pritchard, J.M.: Landform and landscape in Africa. London 1979

Richards, P.W.: The tropical rain forest. Cambridge 1952

Richter, R.: Flüchtlingsfragen in Afrika. Baden-Baden 1993

Riddell, R.C. (Hg.): Manufacturing in Africa. London 1990

Riedel, J.: Industriepolitik in Afrika – Staatsunternehmen oder Privatinitiative? von Oppenländer, K.H.; Schönherr, S. (Hg.): Strukturprobleme und Reformen in Afrika. Afrika-Studien 119. München 1990, 141–152

Robert, M.: Le Katanga physique. Brüssel 1956

Rochette, R.M. (Hg.): Le Sahel en lutte contre la désertification. Weikersheim 1989

Ropers, N.: Die friedliche Bearbeitung ethno-politischer Konflikte. Ropers, N.; Debiel, T. (Hg.): Friedliche Konfliktbearbeitung in der Staaten- und Gesellschaftswelt. Bonn (1995) 197–232

Ruthenberg, H.: Probleme des Übergangs vom Wanderfeldbau und semipermanenten Feldbau zum permanenten Trockenfeldbau in Afrika südlich der Sahara. Agrarwissenschaften (1965) 25–32

Rydgren, B.: Environmental impacts of soil erosion and soil conservation: a Lesotho case study. Uppsala 1993

Salomon, J.-N.: Exploitation et mise en valeur traditionelle des terres de mangroves en Afrique de l'Ouest. Cahiers d'Outre-Mer 40 (1987) 313–341

Scaetta, H.: Les paturages de haute montagne en Afrique Centrale. Bulletin Agricole du Congo Belge 27 (1936) 323–378

Schamp, E. W.: Industrialisierung in Äquatorialafrika. IFO-Afrika-Studien 100. München 1978

Schamp, E. W.: Industrie im peripheren Raum der Dritten Welt. Räumliche Wirkungen der industriellen Wachstumsstrategie am Beispiel Garua/Nordkamerun. Die Erde 113 (1982) 43–69

Schamp, E. W.: Einheimische Unternehmer im Industrialisierungsprozeß. Das Beispiel Kamerun. Die Erde 118 (1987) 93–107

Schamp, E. W. (Hg.): Der informelle Sektor. Geographische Perspektiven eines umstrittenen Konzepts. Aachen 1989

Schamp, E. W. (Hg.): African small-scale industries in rural and urban environments. Challenges for development. Frankfurter Wirtschafts- und Sozialgeographische Schriften 63. 1993

Scharlau, K.: Die Schwülezonen der Erde. Ber. Dt. Wetterdienst, US-Zone, Nr. 42 (1952) 246–249

Scherrer, C.: Selbstbestimmung statt Fremdherrschaft. Sezessions- und Autonomieregelungen als Wege zur konstruktiven Bearbeitung ethno-nationaler Konflikte. Ropers, N.; Debil, T. (Hg.): Friedliche Konfliktbearbeitung in der Staaten- und Gesellschaftswelt. Bonn (1995) 257–283

Schlichte, K.: Auf dem Weg zum chaotischen Kontinent? Ursachen der Kriege in Afrika. GR 46,12 (1994) 713–717

Schmidt-Kallert, E.: Der Volta-Stausee in Ghana. Eine Bilanz nach 22 Jahren. GR 40,6 (1988) 40–46

Schmidt-Kallert, E.: Ghana. Perthes Länderprofile. Gotha 1994

Schmidt-Lorenz, R.: Die Böden der Tropen und Subtropen. Handbuch der Landwirtschaft und Ernährung in Entwicklungsländern, Bd. 3, Stuttgart (1986) 47–92

Schmidt-Wulffen, W.: Ökologisches „Fehlverhalten" – Ökologische „Verantwortungslosigkeit"? Ghanesische Kleinbauern zwischen Existenzzwängen, Alltagswünschen und ökologischen Erfordernissen. PG 22,9 (1992) 11–14

Schneider, K.-G.; Wiese, B.: Die Städte des südlichen Afrika. Urbanisierung der Erde 2. Stuttgart 1983

Schneider, K.-G.; Wiese, B.: Namibia und Botswana. Köln 1996

Scholz, F.: Nomadismus – Mobile Tierhaltung. Formen, Niedergang und Perspektiven einer traditionsreichen Lebens- und Wirtschaftsweise. GR 46,2 (1994) 72–78

Scholz, F.: Nomadismus. Theorie und Wandel einer sozio-ökonomischen Kulturweise. Erdkundliches Wissen 118. Wiesbaden 1995

Schröder, H. u.a.: Das Ausmaß geoökologischer Prozesse bodenerosiver Abspülung in Lößlandschaften des Mitteldeutschen Trockengebietes. Bericht. Erlangen 1995

Schwedersky, T.: Nachhaltige Dorfentwicklung. Entwicklung und ländlicher Raum 31,1 (1996) 11–13

Seger, M.: Nairobi. Struktur und Funktion einer postkolonialen primate city. GR 44,9 (1992) 528–535

Seitz, S.: Zentralafrikanische Wildbeuterkulturen. Wiesbaden 1977

Seitz, S.: Ethnische Strukturen und Konfliktfelder im tropischen Afrika. GR 46,10 (1994) 540–545

Semmel, A.: Böden des tropischen Afrika. Afrika im Spiegel neuer Forschung. Frankfurter Beiträge zur Didaktik der Geographie 9 (1986) 214–222

Semmel, A.: Grundzüge der Bodengeographie. 3. überarb. Aufl., Stuttgart 1993

Senghaas, D.: Hexagon-Variationen: Zivilisierte Konfliktbearbeitung trotz Fundamentalpolitisierung. Rospers, N; Debiel, T. (Hg.): Friedliche Konfliktbearbeitung in der Staaten- und Gesellschaftswelt. Bonn (1995) 37–54

Serageldin, I.: Saving Africa's rainforests. World Bank, Africa Region. Washington 1992

Shaire, I.M.; Karan, P.P.: Geography of the Islamic Pilgrimage. GeoJournal 3,6 (1979) 599–608

Sierig, J.: Sanierung von Slums und Squattersiedlungen in Afrika. IRB-Literaturauslese. Fachbibliographie 2609. 2. Aufl. Stuttgart 1992

Sierig, J.: Spontansiedlungen in Afrika. IRB-Literaturauslese. Fachbibliographie 2318. 2. Aufl. Stuttgart 1992

Tetzlaff, R.: Politisierte Ethnizität – Eine unterschätzte Realität im nachkolonialen Afrika. Afrika Spektrum 26,1 (1991) 5–27

Tetzlaff, R.: Sicherheitspolitik in Afrika zwischen Bürgerkriegen, Staatszerfall und Demokratisierungsbemühungen. Daase, Chr. (Hg.): Regionalisierung der Sicherheitspolitik. Baden-Baden (1993) 127–149

Tibi, B.: Islamischer Fundamentalismus. Ein politisch-geographisches Phänomen. GR 45,1 (1993) 10–16

Timberlake, L.: Krisenkontinent Afrika. 2. Aufl. Wuppertal 1990
Thomi, W.H.: Struktur und Funktion des produzierenden Kleingewerbes in Klein- und Mittelstädten Ghanas. Erdkundliches Wissen 94. Stuttgart 1989
Tondeur, G.: L' agriculture nomade au Congo belge. Brüssel 1956
Touré, Abdou: Les petits métiers à Abidjan. Paris 1985
Troin, J.-F.: Casablanca, Algier, Tunis. Die drei Metropolen des Maghreb. GR 42,2 (1990) 88–93
Troll, C.: Termitensavannen. Landeskundliche Forschungen, Festschrift N. Krebs. Berlin (1936) 275–312
Troll, C.; Paffen, K.H.: Karte der Jahreszeitenklimate der Erde. Erdkunde 18,1 (1964) 5–28
Tyson, P.D.: Climate and desertification in southern Africa. GeoJournal, Suppl. Iss. 2 (1981) 3–10

Überleben auf dem Krisenkontinent. Themenheft PG 2/1994
Urban, K.: Bewässerung im Sahel. Sonderpublikation der GTZ Nr. 218. Eschborn 1988

Vennetier, P.: Les villes d'Afrique tropicale. 2. Aufl. Paris 1991.
Voigt-Moritz, H.C.: Umwege ersparen uns Zeit. Von einem partizipativen Projekt zu partizipativer Politik: Stadtsanierung in Senegal. Entwicklung und Zusammenarbeit 33 (1992) 14–16
Vorlaufer, K.: Das Netz zentraler Orte in ausgewählten Räumen Tansanias und die Bedeutung des zentral-örtlichen Prinzips für die Entwicklung des Landes. Deutscher Geographentag 1971. Berichte und wiss. Abhandlungen. Wiesbaden 1972, 446–462
Vorlaufer, K.: Frauen-Migration und sozialer Wandel in Afrika. Das Beispiel Kenya. Erdkunde 39 (1985) 128–143
Vorlaufer, K.: Gewerbeparks in Kenya – Instrumente der Industrialisierung und Regionalentwicklung. Erdkunde 40 (1986) 45–62
Vorlaufer, K. (Hg.): Produzierendes Kleingewerbe und Entwicklung in der Dritten Welt. Zeitschrift für Wirtschaftsgeographie. 32,2. 1988
Vorlaufer, K.: Dritte-Welt-Tourismus – Vehikel der Entwicklung oder Weg in die Unterentwicklung? Anmerkungen zu einer kontroversen Diskussion. GR 42,1 (1990) 4–13
Vorlaufer, K. (Hg.): Urbanisierungsprozesse in schwarzafrikanischen Städten. Themenheft. Zeitschrift für Wirtschaftsgeographie 36 (1992a)
Vorlaufer, K.: Urbanisierung und Stadt-Land-Beziehungen von Migranten in Primat- und Sekundärstädten Afrikas: Dakar/Senegal, Mombasa/Kenia. Zeitschrift für Wirtschaftsgeographie 36 (1992b) 77–107
Vorlaufer, K.: Lebenssicherung in ungesicherter Existenz: Migranten in Kumasi/Ghana. Brandstetter, A.-M. u.a. (Hg.): Afrika hilft sich selbst. Schriften der VAD, Bd. 15 (1994) 342–355
Vorlaufer, K.: Tourismus in Entwicklungsländern. Darmstadt 1996

Wagner, H.-G.: Straßenbau im Sahel von Mali (gourma) als Entwicklungsinstrument. In: Erdkunde 42 (1988) 214–224
Waller, P.P.: Armutsbekämpfung durch ländliche Regionalentwicklungsprojekte? Erfahrungen aus Tropisch-Afrika. Mäckel, R.; Sick, W.D. (Hg.): Natürliche Ressourcen und ländliche Entwicklungsprobleme der Tropen. Festschrift für Walther Manshard. Wiesbaden 1988, 29–41
Wegemund, R.: Politisierte Ethnizität in Mauretanien und Senegal. Hamburg 1991
Weicker, M.: Die Beziehungen zwischen Nomaden und Bauern im senegalesischen Sahel. Bayreuther Geowissenschaftliche Arbeiten 4. 1982
Weischet, W.: Die ökologische Benachteiligung der Tropen. Stuttgart 1977
Weischet, W.: Das ökologische Handicap der Tropen in der Wirtschafts- und Kulturentwicklung. 41. Deutscher Geographentag Mainz 1977. Verhandlungen (1978) 25–41. Diskussionsbemerkungen von E. Wirth 286, 328
Weischet, W.: Agrarwirtschaft in den feuchten Tropen. GR 36,7 (1984) 344–351
Weizsäcker, E. von: Erdpolitik. Darmstadt 1994
Weltbevölkerungsbericht 1995, 1996. UNFPA/Deutsche Gesellschaft für die Vereinten Nationen. Bonn 1995, 1996
Weltentwicklungsbericht 1993, 1995. Weltbank. Washington/Bonn 1993, 1995
White, F.: Vegetation map of Africa. Paris 1981
White, F.: The vegetation of Africa. A descriptive memoire to accompany the UNESCO/AETFAT/UNSO vegetation map of Africa. UNESCO Natural Resources Research 20. Paris 1983

Wiese, B.: Die Blauen Berge (Mts. Bleus, Zaire). Bevölkerung und Wirtschaft eines äquatorialafrikanischen Berglandes. Kölner Geographische Arbeiten, Sonderfolge: Beiträge zur Länderkunde Afrikas, H. 8. Wiesbaden 1979a

Wiese, B.: Gefügemuster ländlicher Siedlungsräume in Afrika. Gefügemuster der Erdoberfläche, Festschrift zum 42. Deutschen Geographentag. Göttingen 1979b. 375–408

Wiese, B.: Zaire. Landesnatur-Bevölkerung-Wirtschaft. Wissenschaftliche Länderkunden 15. Darmstadt 1980

Wiese, B.: Seaports and port cities of southern Africa. Wiesbaden. 1981

Wiese, B.: Stadttypen in Afrika. Lebensräume Land und Meer. Festschrift für H. Kellersohn. Berlin (1987a) 441–453

Wiese, B.: Südafrika. Geographie einer Krisenregion. Köln 1987b

Wiese, B.: Elfenbeinküste. Erfolge und Probleme eines Entwicklungslandes in den westafrikanischen Tropen. Wissenschaftliche Länderkunden 29. Darmstadt 1988 a

Wiese, B.: German geographical research in Africa south of the Sahara. German geographical research overseas. A report to the International Geographical Union. Edited by E. Wirth. Bonn, Tübingen 1988 b. 77–92

Wiese, B.: Plantagen und Bauernwirtschaften in den Tropen. In: GR 41, 7/8 (1989) 406–412

Wiese, B.: Senegal. Gambia. Länder der Sahel-Sudan-Zone. Perthes Länderprofile. Gotha 1995

Wiese, B.; Schwede, D.: Erschließung des tropischen Regenwaldes im Südwesten der Elfenbeinküste. PG 17,9 (1987) 35–39

Willer, H.: Das neue Unternehmertum in Afrika. Motivation und Erfolgsstrategien von einheimischen und von Minoritäten-Unternehmern in Nordnigeria. Bayreuther Beiträge zur Volkswirtschafts-Lehre 8. 1989

Wilmet, J.: Contributions récentes à la connaissance de l'agriculture itinérante en Afrique occidentale et centrale. Bull. Soc. Belge d' Études géograph., Vol. 32 (1963) 65–91

Winiger, M.: Zur thermisch-hygrischen Gliederung des Mount Kenia. Erdkunde 35 (1981) 248–263

Winiger, M. u.a.: Mount Kenya Area. Differentiation and dynamics of a tropical ecosystem. Geographica Bernensia, Reihe A: African Studies/A8. Bern 1990

Winckler, G.; Eger, H.: Der Kampf gegen die Wüste. Entwicklung und ländlicher Raum 37,1 (1996) 14–16

Wirth, E.: Zur Konzeption der islamischen Stadt. Die Welt des Islam 31 (1991) 50–92

Woehlcke, M.: Umweltdegradierung und Wanderung: Das Phänomen der Umweltflüchtlinge. GR 47, 7–8 (1995) 446–449

World Atlas of Desertification. UNEP. London 1992

World Bank: Accelerated development in Sub-Saharan Africa. Washington 1981

World Bank: Sub-Saharan Africa: Progress report on development prospects and programs. Washington 1983

World Bank: Towards sustained development in Sub-Saharan Africa. Washington 1984

World Bank: Financing adjustment with growth in Sub-Saharan Africa, 1986–1990. Washington 1986 a

World Bank: Population growth and policies in Sub-Saharan Africa. Washington 1986 b

World Bank: Sub-Saharan Africa: From crisis to sustainable growth. A long-term perspective study. Washington 1989 a

World Bank: Successful development in Africa. Washington 1989 b

World Bank: Adjustment in Africa. Reforms, results, and the road ahead. Oxford 1994

World Bank: Agriculture, poverty, and policy reform in Sub-Saharan Africa. World Bank Discussion Paper Series 280. Washington 1995a

World Bank: Applying environmental economics in Africa. World Bank Technical Paper Series 276. Washington 1995b

World Bank Atlas 1995. Washington 1995c

Zeese, R.: Oberflächenformen und Substrate in Zentral- und Nordostnigeria. Aachen 1996

Zöbisch, M. A.: Probleme und Möglichkeiten der Landnutzung in den Tropen und Subtropen unter besonderer Berücksichtigung des Bodenschutzes. Der Tropenlandwirt, Beiheft 31. Kassel 1987

Zukunftsfähiges Deutschland. Ein Beitrag zur global nachhaltigen Entwicklung. BUND/Misereor (Hg.) Basel, Berlin 1996

Zur Lage der Flüchtlinge in der Welt. UNHCR-Report 1995/96. Bonn 1995

Abbildungsnachweis

Abb. 1: Wiese nach Daten aus Afrika-Jahrbuch und Fischer-Weltalmanach, versch. Jahrgänge; Michler 1995, 194–199; **Abb. 2**: Wiese nach Unterlagen wie Abb. 1; **Abb. 3**: Wiese nach Lauer, W.; Frankenberg, P. 1981a; **Abb. 4**: Wiese nach Jäger, F.: Afrika. Berlin 1954, Abb. 15; **Abb. 5**: Wiese nach physischen und geologischen Übersichtskarten von Afrika; **Abb. 6**: Wiese nach Wiese 1980, Fig. 15; **Abb. 7**: Wiese nach Troll, C.; Paffen, K.H. 1964; **Abb. 8**: Wiese nach DIERCKE Weltatlas, 4. Aufl., 1996, S. 128,3; **Abb. 9**: Wiese nach Blüthgen, J.; Weischet, W.: Allgemeine Klimageographie. Berlin, New York 1980, S. 528, 529; **Abb. 10**: Wiese nach World Atlas of Desertification, 1992, Map 6, p.4 and 5; **Abb. 11**: Wiese nach Afrika. Haack Kartenbuch, S. 125; FAO-Terminologie nach Schmidt-Lorenz 1986; **Abb. 12**: Wiese nach Knapp 1973, Abb. 2.75; Ganssen, R.: Trockengebiete. Mannheim 1986, S. 80, 81; **Abb. 13**: aus Wiese 1979, Abb. 30; **Abb. 14**: aus Hurni 1986, S. 43, 71; **Abb. 15**: Wiese nach Knapp 1973, Abb. 1.1; **Abb. 16**: aus Reiseberichten des 20. Jahrhunderts; **Abb. 17**: aus Wiese 1980, Fig. 25; **Abb. 18**: Wiese nach Salomon 1987; **Abb. 19**: aus Giessner 1990, Fig. 10, mit freundlicher Genehmigung des Autors; **Abb. 20**: Wiese nach World Atlas of Desertification, 1992, p. 28, 29; **Abb. 21**: Wiese nach BMZ 1993b; **Abb. 22**: Wiese nach Welterbeliste der UNESCO 1995, Beilage zu GR 47, 6 (1995); **Abb. 23**: aus Beständen des Instituts für Afrikanistik an der Universität zu Köln, mit freundlicher Genehmigung des Direktors; **Abb. 24**: aus Wiese 1988a, Abb. 50; **Abb. 25**: aus Wiese 1987b, Abb. 3.2/1; **Abb. 26**: Wiese nach Daten des Weltentwicklungsbericht 1995; **Abb. 27**: Wiese nach Zur Lage der Flüchtlinge in der Welt. UNHCR-Report 1995/96; **Abb. 28**: Wiese nach eigenen Studien; **Abb. 29**: Wiese nach Bericht über die menschliche Entwicklung 1995; **Abb. 30**: Wiese nach Spektrum der Wissenschaft, 02/1994, S. 34; **Abb. 31**: aus Wiese 1988a, Abb. 31; **Abb. 32**: Wiese nach Bericht über die menschliche Entwicklung 1995; **Abb. 33**: aus Beständen des Instituts für Afrikanistik an der Universität zu Köln, mit freundlicher Genehmigung des Direktors; **Abb. 34**: Wiese nach Der politische Weltatlas, Bonn 1992, Abb. 32; **Abb. 35**: Wiese nach Afrika-Jahrbuch 1994; Fischer Weltalmanach; **Abb. 36**: Wiese nach eigenen Forschungen; **Abb. 37**: aus Wiese 1988a, Abb. 14; **Abb. 38**: aus Wiese 1980, Fig. 34; **Abb. 39**: aus Wiese 1980, Fig. 35; **Abb. 40**: aus Schneider, K.-G.; Wiese, B.: Südafrika. Stuttgart 1983, Abb. 44; **Abb. 41**: aus Wiese 1988a, Abb. 18; **Abb. 42**: aus Wiese 1988a, Abb. 9; **Abb. 43**: Wiese nach eigenen Forschungen; **Abb. 44**: aus Prinz und Rauch 1985, Zeichnung 2; **Abb. 45**: aus Wiese 1987b, Abb. 4.2/2; **Abb. 46**: Wiese nach Wiese 1980, Karte 9 und aktuellen Zeitungsausschnitten; **Abb. 47**: Wiese nach Géographie Universelle: Les Afriques au sud du Sahara. Paris 1994, fig. 13.6; **Abb. 48**: Wiese nach Daten des Weltentwicklungsbericht 1995; **Abb. 49**: nach Wiese 1981, Fig. 23; **Abb. 50**: aus Wiese 1988a, Abb. 29; **Abb. 51**: Wiese nach eigenen Forschungen; **Abb. 52**: Wiese nach Bericht über die menschliche Entwicklung 1995; **Abb. 53**: Wiese nach Géographie Universelle: Les Afriques au sud du Sahara. Paris 1994, fig. 3.7, 4.2, 35.1; **Abb. 54**: aus Wiese 1987a, Abb. 1; **Abb. 55**: aus Wiese 1988a, Abb. 41 und Informationen 1996; **Abb. 56**: aus Wiese 1988a, Karte 13 und Informationen 1996; **Abb. 57**: Wiese nach Mainet 1985, Fig. 102; **Abb. 58**: aus Wiese 1988a, Abb. 8; **Abb. 59**: Wiese nach Géographie Universelle: Les Afriques au sud du Sahara. Paris 1994, fig. 9.6; **Abb. 60**: Wiese nach Géographie Universelle: Les Afriques au sud du Sahara. Paris 1994, fig. 22.3; **Abb. 61**: Wiese nach eigenen Forschungen; **Abb. 62**: Wiese nach Géographie Universelle: Les Afriques au sud du Sahara. Paris 1994, fig. 35.2.

Sachregister

Teubner Studienbücher der Geographie

Preisänderungen vorbehalten

 B. G. Teubner Stuttgart · Leipzig

Teubner Studienbücher der Geographie

Preisänderungen vorbehalten

 B. G. Teubner Stuttgart · Leipzig